세계의 코리아타운과 한인 커뮤니티

세계의 코리아타운과 한인 커뮤니티

초판 인쇄   2019년 3월 25일
초판 발행   2019년 3월 30일
지은이   윤인진 외 공저
펴낸이   이찬규
펴낸곳   북코리아
등록번호   제03-01240호
주소   13209 경기도 성남시 중원구 사기막골로 45번길 14
            우림2차 A동 1007호
전화   02-704-7840
팩스   02-704-7848
이메일   sunhaksa@korea.com
홈페이지   www.북코리아.kr
ISBN   978-89-6324-621-5 (93300)

값 25,000원

* 이 저서는 2011년도 정부재원(교육과학기술부)으로 한국학중앙연구원의 지원에 의하여 연구되었음
(AKS-2011-ABC-113).

세계의 코리아타운과 한인 커뮤니티

윤인진 외 공저

북코리아

서문

　　이민자의 거주국 정착에 있어서 에스닉 커뮤니티는 국제이주로 인한 문화충격과 주류사회로부터의 차별 및 배제로부터 이민자를 보호하는 방패 역할과 주류사회로 진출하는 교두보 역할을 수행해왔다. 유대인과 중국인과 같이 세계적으로 성공적인 이민자 집단들을 보면 공통적으로 이민 1세대는 자신들만의 커뮤니티에서 생활하면서 경제력을 쌓고 그것을 자녀교육에 투자하여 이민 2, 3세대에 들어서는 주류사회의 중상층으로 신분상승을 하는 경로를 밟았다. 재외한인도 동일한 패턴을 보인다. 미국 로스앤젤레스와 시카고의 코리아타운은 1970년대 근대 이민 초기에 저렴한 임대료, 도심에의 접근성, 한국 음식과 식품의 수요 등과 같은 요인들이 이민 1세대를 도심 내의 커뮤니티로 집결하게 하였다. 하지만 거주기간이 길어지고 사회경제적 지위가 개선되면서 보다 안전하고 자녀에게 양질의 교육을 제공할 수 있는 교외지역으로 이주하면서 대도시 주변에 위성 코리아타운들이 생겨났다. 이로 인해 원래의 코리아타운은 쇠퇴하여 종적을 감추는 경우가 발생하기도 하지만 또 다른 경우에는 주거지역으로서의 기능은 상실했지만 상업, 문화 지역으로 여전히 영향력을 발휘하기도 한다. 그리고 2000년대 이후에는 한국에서 자본을 갖고 이민 오는 투자 이민자들이 도심의 코리아타운을 거치지 않고 곧바로 교외에서 정착하는 경우도 늘어가고 있다.

한인의 해외 이주가 시기적으로 상이한 배경과 이주 동기를 가진 한인들이 연속적으로 이동하는 방식으로 진행되면서 한 거주국 내 다양한 국적, 세대, 정체성, 사회문화 양식을 가진 한인들이 공존하는 상황에 처해있다. 이로 인해 중국에서는 조선족과 한국인이 한인 커뮤니티 내에서 때로는 협력하면서도 갈등하는 복잡한 관계를 맺고 있다. 미국의 뉴욕과 로스앤젤레스, 영국 런던의 뉴몰든, 일본 도쿄의 코리아타운에는 한국인, 조선족, 탈북민 등이 혼재하는 '다자적 동족집단 관계'의 양상을 보이고 있다. 이렇듯 세계의 한인 커뮤니티는 과거보다 훨씬 더 이주 배경과 시기, 계층 지위, 정체성, 생활양식 등에서 이질적인 하위집단들로 구성되고 공간적으로도 분화되는 과정에 있다. 따라서 빠르게 변화하고 분화하는 한인 커뮤니티를 업데이트된 정보와 지식으로 이해하는 것이 매우 필요하다.

한인 커뮤니티에 대한 연구는 재외한인 연구에 있어서 매우 중요한 위치를 차지한다. 에스닉 커뮤니티는 이민자 개인과 거주국 사회를 연결하는 교량과 같은 역할을 수행하기 때문이다. 이민자 개인의 성공적인 정착과 사회통합은 개인적인 요인들(예를 들어, 인적자본 및 사회자본)에 의해 크게 영향을 받지만 개별 이민자들의 집합적 조직으로서 에스닉 커뮤니티는 이민자들을 동원하고 결집하기도 하고 거주국 사회와 상대해서 이민자 집단의 권익을 보호하고 증진하는 역할을 담당한다. 또한 방법론적으로 보면 에스닉 커뮤니티는 미시적 수준의 개인과 거시적 수준의 사회의 중간에 위치한 중범위 수준의 단위로서 개인들의 자원과 동기가 어떻게 결집되어 집단 수준의 현상으로 표출되는가를 파악할 수 있는 유용한 도구이다. 따라서 한인 커뮤니티가 인구통계적으로, 사회경제적으로, 그리고 공간적으로 어떻게 구성되고, 시기적으로 어떤 변화를 겪는가를 조사하는 것은 재외한인 연구에 있어서 핵심적인 과제라고 할 수 있다.

이런 연구 목적으로 고려대학교 해외 한인연구 중앙허브 사업단은 고려대 한민족 공동체연구센터, 뉴욕 퀸즈칼리지 재외한인 연구소와 함께 2014년에 "Korean Communities in Major Overseas Korean Population Centes"라는 주제로 뉴욕 퀸즈칼리지에서 국제학술대회를 개최하였다. 발표된 논문들 중에서 완성도가 높고 주제 면에서 일관성을 갖는 논문들을 선정하고 이후 최신 정보와 내용으로 보완하여 8편의 챕터를 완성하였다.

제1장에서는 한인들의 해외 이주사 전반을 시계열적으로 정리하고 한인이 많이 거주하는 해외 주요 도시의 한인 타운의 양상을 살펴봄으로써 시대에 따라 해외로 향하는 한인 이주자의 성격이 어떻게 변화하고 있으며, 각기 다른 성격의 한인 이주자들로 구성된 한인 타운들이 어떠한 입지와 경관, 기능을 가지고 있는지에 대해 알아본다. 19세기 말부터 시작된 한인의 이주는, 한국의 정치경제적 발전 정도에 따라 점차 고학력화, 전문화, 트랜스내셔널화되었다. 한편으로 이주를 받아들여오던 주요 선진국에서는, 과거에는 저숙련 노동자를 적극적으로 유치해온 반면 현재는 고숙련 노동자를 선별적으로 받아들이는 정책을

취하고 있다. 이 때문에 해외로 나가는 한인 이주자 집단은 일본의 '올드커머'와 같은 역사적 이유를 가진 이주자, 선진국에서 경제적으로 성공하고 영주하기를 꿈꾸는 이민자, 그리고 글로벌한 시대에 트랜스내셔널한 삶을 영위하고자 하는 이주자의 순으로 질적인 변화를 보이게 된다.

이에 따라 주요 선진국의 대도시, 그중에서도 글로벌 시티라 불리는 도시에서는, 서로 다른 시대에 건너온 한인 이주자들이 도시 내부에서 다른 위치에 거주하며 각자 독자적인 형태와 기능을 가진 한인 타운을 형성해나간다. 한인 타운은 비가시적 형태의 집거지부터(도쿄의 미카와시마, 에다가와 등), 도심 외곽부의 에스닉 엔클레이브(뉴욕의 플러싱, 도쿄의 신오쿠보 등), 교외 주택가의 민족 교외지(뉴욕의 팰리세이즈 파크, 런던의 뉴몰든 등), 도심에 위치한 상업중심적 한인 타운(뉴욕의 K-town 등) 등 다양한 양상으로 나타나며, 최근 이주자는 도심 각지에 분산 거주하는 경향 또한 보인다.

제2장에서는 미국에서 두 번째로 규모가 큰 한인 커뮤니티인 뉴욕-뉴저지 한인 커뮤니티의 인구학적 변화와 정착과정, 사업 패턴, 타 집단과의 관계, 한인단체, 그리고 모국과의 초국가적 연계에 대해서 살펴본다. 미국의 한인들은 정착 기간이 길어지면서 종족경제에의 집중이 감소하고 주류사회 고객과의 사회적 상호작용을 수반하는 개인 서비스업이 증가하면서 사회문화적으로 주류사회에 편입되어가고 있다. 특히 1.5세와 2세의 대부분은 주류 노동시장에 참여하면서 주류사회로의 통합이 가속화되고 있다. 흑인 거주지역에서 사업하는 한인 소매점 수가 줄면서 흑인과의 갈등이 거의 사라졌다. 또한 한인들의 자영업 참여율이 감소하면서 한인청과물협회와 같은 한인사업협회들의 영향력도 축

소되었다.

대신 1.5세와 2세들이 주도하는 한인사회봉사 단체와 권익단체들의 영향력이 확대되고 있다. 한인들이 주류사회에 통합되고는 있지만 한인 커뮤니티와 모국에 대한 사회문화적 애착과 연계가 약해지는 것은 아니다. 과거보다 더 많은 1.5세 및 2세 청년들이 한인사회봉사 단체와 권익단체의 운영에 참여하고 있다. 그리고 많은 수의 한국인 유학생, 방문 학자, 연수생, 한국기업 지점 직원 및 기타 방문객과 같은 단기 거주자들이 뉴욕시에 거주하면서 한국에 있는 가족과 친지들과 과거보다 더욱 광범위하고 강한 사회문화적 유대관계를 맺고 있다. 단기 거주자들이 뉴욕에서 한국 문화전통을 실천함으로써 초기 이민자들과 그들의 자녀들이 한국의 전통문화를 보존하고 계승하는 데 도움이 되고 있다. 또한 통신과 교통의 발달은 모국과 거주국 간의 초국가적 연계를 유지할 수 있게 하였고, 쌍방향적이고 동시적인 문화의 교류는 모국과의 사회문화적 애착을 강화하고 있다. 역설적이게도, 미국의 한인들은 주류사회에 점차적으로 통합되면서도 한인 커뮤니티와 모국 사회에 더 강한 애착을 나타내고 있고, 한인 이민자들과 그들의 자녀들은 이전보다 이중 국가적이고 이중 문화적 특성을 갖고 있다.

제3장에서는 시카고 메트로폴리탄 지역에 거주하는 한국계 미국인들의 사회경제적 지위, 중산층으로의 진입이라는 성취 경험, 교외 에스닉 공동체로서의 주요 특징들, 교회에서의 경험 그리고 그들의 삶의 경험과 한인 이민교회가 1.5세대와 2세대 한국계 미국인 자녀들의 성장 경험에 미치는 영향에 관하여 조사한다. 시카고 메트로폴리탄 지역 내의 한인들은 매우 제한적인 외부로부터의 투입(유입)과 그들 스스로의 결

정을 통해 독자적인 교외 에스닉 공동체를 건설하고 발전시켜왔다. 상대적으로 더 고립적인 사회적 삶의 결과로서 시카고 지역 내 한인 커뮤니티는 로스앤젤레스와 뉴욕-뉴저지 북부지역의 한인 커뮤니티와 비교해서 현지에서 출생하고 성장한 자녀들이 더 많고, 영어를 더 유창하게 구사하고, 평균 연령이 더 높은 것으로 드러났다. 이로 인해 시카고 지역의 한인 커뮤니티는 한편으로는 안정적인, 또 다른 편으로는 침체적인 이미지를 보이고 있다.

제4장에서는 호주 시드니의 한인 커뮤니티의 형성과 발전, 그리고 한국어와 한국 문화의 진흥에 대해서 알아본다. 호주의 한인 커뮤니티는 사면 및 이주노동자, 숙련 이민자, 그리고 비즈니스 이민자라는 세 가지 범주의 이민자들로 형성되고 발전해왔다. 그들은 한국을 떠나 호주에 도착하는 시점에서의 교육 수준과 사회경제적인 지위라는 관점에서 서로 구별되는 집단이다. 사면 이민자들은 한국전쟁 직후 한국이 경제발전의 초기 단계를 거치고 있을 때 해외에서 일자리를 찾기 위해 한국을 떠나왔다. 이 집단은 70년대와 80년대 호주가 필요했던 노동력을 제공할 수 있었다.

숙련 이민자들은 호주사회에 제공하고자 전문적인 기술을 함께 가져왔다. 비즈니스 이민자들은 '실질적인' 사업 운영 기술과 자본을 90년대에 도입하였다. 그러나 특히 시드니에서, 그리고 호주 전반으로 나머지 두 이주민 집단을 위해 길을 터놓고 한인 이주민들의 미래의 지속 가능성을 위한 경제적 및 사회적 토대를 형성한 것은 사면 이주민들이었다. 세 범주의 한인 이민자들의 서로 다른 사회경제적 배경들은 이민자로서의 삶에 있어서 경제적 적응뿐만 아니라 정착 패턴에까지도 영향을 미쳤다. 또 중요한 점은, 한인 교회들이 한인들을 통합하는 데 강력한 제도였다는 것이다. 사면 이주민들은 또한 미래의 세대들에게 한국어를 가르치기 위한 노력을 착수하였고 모든 한인 이민자들은 대학 입학을 위해 점수를 딴다거나, 뿐만 아니라 한인 에스닉 정체성을 유지하고자 하는 그들의 욕망을 충족하고자 하는 등 실용적 이유들 때문에 그들의 노력에 동참하였다.

제5장에서는 브라질 한인사회의 형성과 발전, 위기와 새로운 변환에 대해서 다루고 있다. 브라질 한인사회는 1963년 대한민국 최초의 공식 이민으로 브라질에 도착한 집단농업 이민자들에 의해서 형성되었다. 1960년대 초 그들이 브라질 이민을 준비할 때만 해도 그들은 한국사회로부터 "도피이민"으로 비난받았다. 하지만 그들은 여성의류 제조업에서 경제적 터전을 마련하고, 40년 만에 브라질 언론으로부터 "가장 닮고 싶은 소수민족"이라는 칭송을 받았다. 그리고 2010년에는 상파울루 시(市)정부로부터 자신들의 상업지역이자 주거지역인 '봉헤치루'(Bom Retiro)구(區)를 코리아타운으로 지정받았고, 또한 2013년 이민 50주년을 맞이했을 때는 학계로부터 "세계 이민 역사상 가장 짧은 기간에 가장 성공한 집단"이라는 평가를 받았다.

하지만 오늘날 브라질 한인사회는 2008년 시작된 세계 재정위기로 경제적으로 매우 어려운 상황에 처해있다. 따라서 '한류'(韓流)를 또 다른 경제성장의 도구로 삼고 돌파구를 찾고 있다. 그 과정에서 K-Pop 동호회와 한류행사 관련 기업들의 등장은 브라질 한인사회의 초국적 공동체의 성격을 강화시켜, 오늘날 코리아타운 봉헤치루는 한국문화 확산의 전초기지로서의 역할을 하고 있다. 그리고 이 과정에서 문화한류는 경제한류로 승화되고 있다.

제6장에서는 중국의 베이징 왕징 코리아타운의 형성과 변화과정을 살펴본다. 왕징 코리아타운은 한국기업들이 중국으로 진출하면서 한인 종족공동체로 시작되었다. 베이징의 동북쪽에 위치한 왕징 지역을 중심으로 한국기업들이 진출하고 이들을 따라 동반 이주한 한국인과 조선족이 공생하는 종족공동체가 형성되었다. 초기에는 한국인과 조선족 간의 경제적 공생관계를 맺었으나 점차 경제적 경쟁관계로 변화되었고, 정주권을 갖지 못하고 중국사회의 연결망이 부족한 한국인들이 경쟁에서 밀려나면서 조선족들이 우위에 서게 되었다. 또한 단체 차원에서도 한국인 단체와 조선족 단체가 서로 분리되어 상호 접촉하고 친밀감과 연대감을 형성할 수 없게 되었다.

한국인 집단 내부에서도 주재원과 비주재원으로 구분되는 위계적 서열이 형성되어 삶의 기회와 질에 있어서 현격한 차이를 보이는 등 계층 분화가 발생했다. 이후 왕징 지역의 부동산 가격의 상승과 한국인의 위축된 경제상황이 맞물리면서 베이징 외곽지역으로 한국인이 분산되는 '탈왕징화' 현상이 두드러지게 나타나고 있다. 베이징 도심에서 지리적으로 멀어지는 '탈왕징화'는 한국인이 베이징 주류사회로부터 멀어지는 것을 상징적으로 보여준다.

제7장에서는 2004년부터 심양시조선족기업가협회가 시작한 기업과 문화, 기업과 사회의 공존을 도모한 '심양현상'은 심양의 기업인들이 문화예술 등 민간단체에 경제적으로 지원한 메세나(Mecenat) 활동에 그친 것이 아니었다. 심양 지역 조선족 사회 각계가 화합과 공생, 공동발전을 전제로 서로 뭉치고 단결하여 조화로운 사회를 만들어가는 실천 운동

으로 이어졌다. 나아가 심양의 조선족 사회와 한국인 사회가 서로 교류
하고 상부상조하는 전통도 만들어갔는데, 2014년 7월 이번에는 심양의
한국기업이 설립한 한중교류문화원이 심양의 한민족 공동체에 영향을
주고 있는 다양한 분야의 문화교류사업을 추진하고 있다. 한중교류문
화원은 2015년 7월 개원 1년 만에 중국 국무원 산하 동북아개발연구원
의 '중한교류중심'(中韓交流中心)에 편재되었고, 한국 정부기관들도 중국 사
업을 한중교류문화원에 위탁하고 있다. 한중교류문화원이 조선족 사회
가 시작한 '심양현상'을 심화 발전시키는 '신심양현상'을 일으키고 있다
는 점에서 중국 내 다른 코리아타운, 아니 세계 코리아타운의 주목을 받
을 수 있을 것이다.

　제8장에서는 일본 오사카의 코리아타운의 형성과정, 인구통계학
적 특성, 지리적 분포, 경제적 적응관계, 타 민족과의 관계, 이민세대의
변용들을 조사한다. 오사카 지역에서도 한인들이 가장 밀집한 이쿠노
구 쓰루하시(生野区鶴橋) 국제시장, 미유키도오리 코리아타운(御幸通りコリア
タウン), 히가시나리구(東成区)의 이마자토 신지(今里新地)를 중심으로 한인 커
뮤니티의 형성과정과 변용을 조사한다. 오사카 지역 한인 커뮤니티는
인종적·지리적·세대적 특성에 따라 경제적 적응, 동족관계, 타 민족
관계에서 확연한 차이를 보이고 있는 것으로 나타났다.

　쓰루하시 국제시장은 1945년 전쟁 이후 일본인, 중국인(대만 출신), 재
일조선인들이 모여 가방이나 의류 등 잡화류를 판매하는 국제시장으로
발전되어왔다. 올드커머 중심인 미유키도오리 코리아타운은 재일조선
인 제사음식과 김치 시장을 중심으로 형성되어 2000년 한류 붐 이후에
는 뉴커머들이 한류숍과 화장품 상점을 중심으로 번성하였다. 이마자

토 신지는 1960년대 이후 일본인들에 의한 매춘업이 성행한 지역으로 1980년대 이후에는 한때 뉴커머 한국인들이 진출하여 활기가 넘쳤지만 2000년대 이후에는 중국 조선족 여성들의 풍속업 진출이 활발한 지역으로 지금은 쇠퇴의 길을 걷고 있다. 글로벌시대 오사카의 코리아타운은 인구 구성, 세대 변화, 업종 변화, 지역성의 변화, 공간적 확대 등을 경험하고 있지만 과거와 같은 민족적 색채가 짙은 조선시장으로서의 정체성은 점차 퇴색되고 있다.

본 편저서는 한국학중앙연구원 한국학진흥사업의 2011년도 선정 한국학 특정 분야 기획연구(해외 한인연구)의 연구과제인 "한인 디아스포라 연구 네트워크, DB 및 정책 개발을 위한 중앙허브 구축사업"의 세 번째 결과물로서 출간되었다. 첫 번째 성과물은 『디아스포라와 초국가주의의 이론과 실태』라는 제목으로 북코리아에서 2017년 12월 30일에 출간되었고, 두 번째 성과물은 『재외동포사회의 현황과 정책과제』라는 제목으로 역시 북코리아에서 2018년 11월 30일에 출판되었다. 5년간 연구 활동을 후원해준 한국학중앙연구원 한국학진흥사업단과 이 책이 출판되기 위해 수고하신 북코리아의 이찬규 대표와 송새롬 과장께 감사를 드린다. 끝으로 고려대학교 한인 디아스포라 중앙허브사업단의 연구성과들이 재외한인 연구와 재외동포 정책개발에 기여하기를 희망한다.

2019년 3월 9일
대표저자 윤인진

차례

표 차례

그림 차례

제1장

시대에 따른 한인 이주자의 변화와 글로벌 시티의 한인 타운

신지연(도쿄대)

1. 한인의 해외 이주

한인들의 해외 이주의 역사를 살펴보면, 시대에 따라 각기 다른 성격의 이주자가 이주해 나간 것을 알 수 있다. 또한 이들의 이주는 국내의 제도적 변화뿐만 아니라 국제적인 역사적 사건이나 정치경제적 상황과 맞물려서 이루어진 결과이기도 하다. 이 장에서는 먼저 한인의 해외 이주를 시대적 상황과 대응시키며 이주 송출국인 한국의 정치경제적 변화를 살펴보고, 이와 더불어 주요 이주 목적국인 미국, 영국, 일본의 시대별 이주 정책 변화, 그리고 세계정세의 변화도 함께 확인하여 이러한 여러 흡입, 배출 요인들이 한인 이주자를 얼마나 질적으로 변화시켰는지를 알아본다. 그 후 글로벌 시티라 일컬어지는 세계적 대도시에 세워진 한인 타운들을 간단히 살펴봄으로써 한인 이주자의 질적 변화가 세계 각지의 한인 타운의 형성과 변화에 어떤 영향을 끼쳤는지를 파악하려 한다.

1) 한국의 정치경제적 변화와 이주자의 송출

한인의 해외 이주[1]는 시대적 상황과 한국 정부의 이주 관련 정책에 따라 크게 다섯 단계로 나눌 수 있다.[2] 첫 시기는 19세기 후반부터 1910

---

[1] 이주(migration)는 한 지역에서 다른 지역으로 옮겨가 거주하는 양상 전반을 일컬으며, 이민(immigration)은 다른 지역으로 옮겨간 후 그 지역에 정착하여 영주하는 형태의 이주라는 다소 좁은 의미를 가진다. 본 장에서는 이주와 이민을 구분하여 한 지역에 영주한 이주만을 이민으로 표현하였다.

[2] 많은 선행연구가 한인의 이주를 네 단계로 설명하며 1960년대 이후를 하나의 단계로 설명하지만, 여기에서는 최근의 이주시기가 이렇게 변화되었는지를 좀 더 자세히 알아보기 위해 1960년대 이후의 시기를 두 단계로 세분화하여 설명한다.

년까지로, 19세기 후반부터 계속되던 기근과 빈곤에서 벗어나기 위해 이주를 감행하는 이들이 생겨났다. 가까이는 만주, 연해주로 건너가 농지를 개척하고 정착하는 이들이 있었고, 1903년과 1905년에는 각각 하와이의 사탕수수 농장과 멕시코 유카탄 반도의 에네켄 농장으로 계약 이민을 통해 집단적으로 건너간 이들이 있다.

1910년부터 1945년까지의 시기에는 일제강점기 하에서 일본과 만주로의 이주가 이루어졌다. 1920년대에는 주로 생산수단이 사라진 농민들이 일본으로 건너가 저임금 노동을 담당했으며, 1930년대 이후에는 일본 본토와 전쟁지역으로의 강제 징용, 징병으로 인해 일본으로 이주한 한인이 급증하였다. 1945년 해방 직전에 일본에 있던 한인 인구는 약 210만 명이었으나 해방 이후 귀국하지 않고 현지에 남은 60만 명 정도가 일본에서 정착하게 되었다. 한편 만주로 향한 이들은 주로 해외에서의 활동을 꾀하는 독립운동가들과 농업을 통해 생계를 유지하려던 농민들이었다. 1932년부터는 일본에 의해 만주 개발을 목적으로 한 집단 이주가 이루어지기도 하였다. 이 시기에 만주로 이주한 한인은 약 50만 명 정도인 것으로 알려져 있다.

1945년부터 1960년대 초반까지를 세 번째 시기로 묶을 수 있는데, 이 시기는 한국전쟁으로 인해 발생한, 특수한 이주자 집단이 존재한 시기이다. 한국전쟁 시에 미군과 결혼한 한국인 여성이 휴전 이후 가족과 함께 이주하였고, 그 외에도 혼혈이라는 이유로 버려진 아이들과 전쟁고아의 해외 입양이 이루어져 총 11,000여 명이 미국으로 이주하였다.

1962년부터 1980년대 중후반까지의 네 번째 시기에는 한국 정부에 의해 본격적인 이민정책이 수립되고 집단적인 이민이 조직적으로 이루어졌다. 1962년부터 정부는 해외 각국으로의 집단 계약이민을 실시하였다. 이는 국내의 잉여 인력을 해외에 송출함으로써 외화를 획득하는 동시에 국내의 인구 과잉을 해소하기 위한 것이었다. 독일로는 광부와 간호사가, 브라질을 비롯한 남미 각국으로는 농업 종사자가 이주하였고, 이들은 계약기간이 끝난 뒤에도 현지에 남아 교민 사회를 형성하였다. 또한 1960년대에 시작된 경제개발 5개년 정책이 수출제일주의를 표방하면서 서구 선진국으로의 경공업, 중공업 제품 수출이 급증하였다. 해외 각국으로의 수출을 지원하기 위해 1960년대 후반부터 대한무역진흥공사와 종합 상사의 주재 지사가 해외 각지에 설립되면서 무역 관련업 종사자와 주재원의 이주도 본격화되었다. 이후 1970년대에는 중동특수가 일어나면서 중동으로의 건설업 관련 종사자는 물론, 중동과의 무역, 금융의 거점이 될 수 있는 런던으로도 이주가 증가하였다(김점숙, 2015).

국가적 차원에서의 계약이민과는 별도로 개인의 선택에 따른 대규모 이주도 이 시기부터 시작되었다. 1965년 미국의 이민법이 인종차별적 성격을 줄이고 비서구 국가로부터의 이민도 적극적으로 받아들이는 방향으로 개정되면서 가족 초청 이민제도를 통해 연간 2~3만 명가량이 미국으로 건너가 로스앤젤레스와 뉴욕을 중심으로 정착하였으며, 초청 이민제도를 이용한 이주는 80년대까지 이어졌다.

1980년대 후반부터 오늘날까지는 글로벌화에 조응하여 개인적이고 초국가적인 이주가 나타나는 시기로 볼 수 있다. 1980년대 이후 급격한 경제발전의 성과로 국민 전반의 소득 수준과 교육 수준이 향상되었고, 1981년 정부는 '국민 해외 진출 확대 방안'과 같은 정책을 통해 해외 출국과 이주에 관한 규제를 완화하였다. 특히 이 정책은 해외 유학이 가능한 대상을 대폭 확대하였고 이때부터 장·단기 유학생의 수가 크게 늘어났다. 그 외에도 1980년대에는 경제적 호황을 누리는 일본에서 환차익을 통한 경제적 이익을 얻으려던 이들이 노동이주를 실천하였고, 결과적으로 일본사회에 정착한 이들도 다수 존재하였다.

1988년의 서울올림픽의 개최를 계기로 국민 전반의 해외에 대한 관심이 증대되고 국제화의 필요성도 제기되면서 1989년에는 해외여행 자유화 조치가 시행되기에 이르렀다. 이는 초청이민이나 계약이민과 같은 특수한 형태의 비자에 의존하지 않아도 개인의 선택에 따라 자유로운 이동이 가능하게 되었다는 것, 그리고 그 이동을 가능하게 할 만큼의 경제적 자본을 개개인이 소유하게 되었음을 의미한다. 그렇기 때문에 종래의 가족 초청 이민과 같은 선진국에서의 경제적인 풍요와 현지 사회에의 정착을 목표로 한 이민은 급격히 감소하고, 그 대신 필요에 따라 중장기 체류를 하는 방식으로의 이주가 증가하였다. 또한 1990년대 후반부터는 일반 대학, 대학원 유학생뿐만 아니라 영어권 국가로의 조기유학생이 급증하는 한편, 국제화 사회에서의 영어의 중요성이 강조되면서 청년층의 어학연수, 워킹 홀리데이를 위한 출국도 증가하였다. 2000년대 이후에는 국내의 대학 입시 경쟁과 취업난, 그리고 해외 각국에서의 글로벌한 고도인재 유치 등이 맞물려 대학 재학생과 대졸 이상 인재의 해외 인턴과 해외 취직 또한 증가하고 있다.

2) 유입국의 이주 관련 정책

2017년 현재 해외에 거주하고 있는 한인 동포는 총 742만 명이며 아시아와 북미지역으로의 이주자가 절반을 넘는 것으로 집계되고 있다. 다만 이 수치는 1세대 이주자뿐만 아니라 조선족, 고려인과 같이 현지에 정착하여 현지 국적을 취득한 이들도 모두 포함하고 있다. 여기서 조금 더 범위를 좁혀 비교적 최근 자발적인 이유로 이주한 이들이 향하는 곳, 즉 최근까지도 이주의 목적지가 되고 있는 곳을 찾으면 대부분은 미국, 일본, 그리고 유럽 내의 선진국으로 향하고 있는 것을 알 수 있다. 이에 한인이 주로 향한 국가, 그중에서도 정치경제적으로 중심이 되어 한인 인구가 모여드는 세계적인 대도시를 중심으로 한인의 이주와 생활을 비교하는 것은 한인 이주의 경향성을 파악하기 위해 필수적인 과정이라 할 수 있다. Sassen(2002)은 글로벌화의 진전에 의해 글로벌 시티라 불리는 일부 국제 대도시들이 세계의 정치경제적 중추의 기능을 담

〈표 1-1〉 한인 재외동포의 지역별 분포

		2011	2013	2015	2017	백분율(%)
총계		7,175,654	7,012,917	7,184,872	7,422,242	100
동북아시아	일본	913,097	893,129	855,725	818,626	11.03
	중국	2,704,994	2,573,928	2,585,993	2,542,620	34.26
남아시아태평양		453,420	485,836	510,633	554,717	7.47
북미	미국	2,075,590	2,091,432	2,238,989	2,492,252	33.58
	캐나다	231,492	205,993	224,054	240,942	3.25
중남미		112,980	111,156	105,243	106,794	1.44
유럽		656,707	615,847	627,089	630,735	8.50
아프리카		1,107	10,548	11,583	10,849	0.15
중동		16,302	25,048	25,563	24,707	0.33

출처: 외교부, 2017.

당하게 되고, 이 글로벌 시티에는 정치경제적 엘리트는 물론 이들을 위
한 하급 노동을 담당하는 저임금 노동자들도 모여드는 양극화된 도시
가 된다고 설명한다. 여기에서는 대표적인 글로벌 시티로 분류되는 뉴
욕, 런던, 도쿄를 사례로 하여 한인들의 이주 현황과 한인 타운의 형성
을 알아보기 위해 먼저 이들 도시를 포함하는 미국, 영국, 일본의 이주
관련 정책을 살펴봄으로써 각국의 이주 정책이 글로벌 시티로의 한인
이주에 어떻게 영향을 미쳤는지 알아본다.

(1) 미국의 이주 정책

19세기 후반부터 미국은 경제발전을 위해 필요한 노동력을 해외
각국으로부터 끌어들여왔지만 제2차 세계대전이 끝날 때까지는 유럽계
이주자를 선별적으로 받아들여왔다. 19세기부터 미국의 철도 건설을
위한 중국인 노동자, 하와이 사탕수수 플랜테이션 농장의 일본인과 한
국인 노동자 등 다양한 국가로부터의 이주자가 미국의 필요에 따라 유
입되었다. 하지만 1921년 정부는 출신국별 기존 인구수에 비례하게 새
로운 이주자를 받아들이는 이민할당법(Immigration Quota Act)을 발표하였
고, 이는 이미 이주자의 대다수를 차지하고 있던 유럽계 이주자의 수를
더욱 증가시키는 한편, 비교적 소수였던 아시아, 중남미계 이주자의 입
국을 제한하는 법이었다. 미국 정부는 또한 1924년에 출신국가법
(National Oricins Act)을 실시하여 이민자를 연간 15만 명까지만 받아들이는
등 이민에 소극적인 정책을 시행하였다.

그러나 제2차 세계대전이 끝난 이후부터 노동력 수요가 급격히 증
가하면서, 이민정책은 점차 개방적으로 변화하였다. 1952년에는 이민

국적법(Immigration and Nationality Act)이 시행되어 이민 규제가 완화되었고, 중국인에 대한 입국 거부 법안도 폐지되었다. 1960년대에는 페미니즘과 인종 문제에 관한 사회적 관심이 고조됨에 따라 이민법 또한 인종적인 차별을 줄이는 방향으로 개정되어야 한다는 지적이 이어졌다. 이에 이민법이 1965년 대폭 개정되어, 출신국가별 할당제가 폐지되고 의료 관계자의 이민이 적극적으로 추진되는 한편, 매년 동반구 국가에서 연간 17만 명, 서반구 국가에서 연간 12만 명까지 인종적으로 균형 있게 이민을 받아들이게 되었다.

이 시기에 한국에서도 의사와 간호사 등 일부 의료 관계자를 송출하여, 대도시 인근의 병원에서 한인들이 증가하였다. 또한 이민의 우선순위 제도가 도입되어, 동반구의 인원 할당량과는 별도로 미국 시민과 혼인, 혈연관계에 있는 사람에 대한 초청이민이 가능해졌다. 이 제도로 미국 내의 아시아계, 중남미계 인구가 대폭 증가하였으며 한국에서도 연간 2만 명 이상이 가족 초청 이민을 통해 미국으로 이민을 갔다.

하지만 늘어나는 이민 인구에 경각심을 느낀 미국 정부는 점차 이주 정책을 축소시켜나간다. 1975년의 이민법 개정에서는 의료관계자의 수요는 충족된 것으로 보고 이들의 신규 유입을 대폭 축소시켰다. 1986년에는 이민개혁 및 규제법(The Immigration Reform and Control Act)을 통해 이민과 동시에 늘어나던 불법체류자의 유입을 막으려는 시도가 이루어졌다. 이 법률에서는 1982년 1월 1일까지 미국에 입국한 불법체류자에 대해서는 구제책을 실시하여 거주 자격을 합법화하되, 그 이후의 신규 불법 유입자에 대해서는 처벌을 강화하였다. 1990년에는 이민법을 개정하여 투자 이민의 규제를 완화하고, 전문직 이주과 취업이주를 확대하였다. 이에 이어 2000년에는 21세기의 경쟁력법(American Competitiveness in the 21st Century Act)이 통과되었고 고학력, 전문직종의 이주자만을 받아들이려는 경향이 더욱 강해졌다. 다만 이러한 미국의 흐름은 고학력화 · 전문화되어가는 한인 이주자들의 특성, 그리고 해외여행 자유화로 가족 초청 이민에 의존하지 않아도 되는 상황과도 맞물려 영구 이민의 흐름을 더욱 침체시키고 전문직 이주자들의 중장기 체류형의 이주를 가속화시켰다.

(2) 영국의 이주 정책

영국의 이주 정책은 구 식민지와 영연방 국가와 깊은 관련이 있는 한편, 20세기 이후로 선별적으로 이민을 제한하려는 경향이 계속 이어지고 있다. 20세기 초의 영국은 1905년의 외국인법(Alien Act) 등을 통해 영국사회가 원하지 않는 외국인의 입국을 통제하는 방안을 마련하고 있었으며 섬이라는 지정학적 위치 때문에도 다른 유럽 국가처럼 활발히 이주가 이루어지지는 않았다. 제2차 세계대전이 끝난 후에는 인도와 파키스탄, 그리고 영연방 국가로부터의 이주가 활발히 이루어졌다. 당시의 영국은 냉전체제하에서 세계적으로 영향권을 넓히는 것을 염두에 두고 있었기 때문에 이들 국가로부터의 이주를 규제하지는 않았다. 하지만 이 시기에 동유럽 국가로부터의 노동 이주 또한 함께 증가하면서 산업 발전에 필요한 노동 인구가 충족됨에 따라 영국 정부는 점차 이주를 제한하기 시작하였다.

1962년에는 영연방이주민법(The Commonwealth Immigration Act)이 시행되면서 서인도제도 출신자의 영국 이주가 제한되었다. 1971년에 제정된 이민법(Immigration Act)은 영국으로의 이주와 영국 거주의 권리를 영국에서 태어났거나 귀화한 자들과 그들의 자녀에게만으로 한정하여, 영국 국적자와 친족관계에 있지 않은 연방국가 국민의 입국을 불가능하게 하였다. 또한 1981년의 영국국적법(The British Nationality Act)은 호주, 남아공, 뉴질랜드, 캐나다 출신자에게는 입국과 정착을 가능하게 하는 권리를 제공하는 등 일부 국가 출신에만 관용적인 이주 정책을 펼쳤다. 하지만 유학, 취직, 주재원 근무 등 합당한 이유가 있다면 중장기 체류 비자는 발급받을 수 있었기에 경제발전을 시작한 한국에서 무역 관련 화이트칼라 노동자로 영국으로 향하는 이들은 꾸준히 존재하였다. 특히 중동 특수 이후 중동을 거쳐 영국으로 향하는 이, 그리고 중동과의 무역을 중개하기 위해 한국에서 영국으로 향하는 이가 증가하면서 1980년대부터 런던에는 한인들이 한인 타운과 커뮤니티를 구성하기 시작할 정도로 증가하였다.

그 후 회원국 간의 역내 이동이 점점 자유로워지면서 유럽 각국으로부터 영국으로 향하는 인력이 급격히 증가하였다. 서유럽의 숙련노동자는 물론, 폴란드 등 동유럽 국가 출신의 저임금 노동자 역시 영국으로 유입되면서 영국은 국내의 부족한 노동력을 외국인을 통해 확보하게 되었다. 또한 1997년부터 집권한 노동당 정부가 문호 개방을 염두에 두며 자유로운 이주 정책을 펼침에 따라 다양한 국적의 외국인이 영국으로 향했다. 하지만 2000년대 이후 다문화 공생이 충분히 이루어지지 못해 민족 간 갈등이 고조되고 런던 시내에서 테러가 일어나면서 정부의 이주 정책도 선택적 수용과 불법 이민의 통제를 기조로 하는 쪽으로 변화하였고, 2009년에는 귀화와 영주의 조건이 점차 까다롭게 하는 시민권과 이민법안(Citizenship and Immigration Bill)이 발표되었다.

이는 유학생 등의 일시적인 거주자와 동유럽 각국에서 유입되는 저임금 노동자의 영주를 제한하는 한편 고숙련 노동자만이 장기적으로 정착할 수 있게 하는 법이었다. 이 시기를 기점으로 EU 국가 출신자 이외의 외국인에 대한 취직 비자 발급이 까다로워지고, 영주권 신청을 위해 영국에 거주해야 하는 기간은 길어지는 반면 비자 취득을 위한 유예 기간은 짧아져, 비자를 취득하지 못한 많은 한인 유학생과 직장인의 귀국이 이어졌다.

(3) 일본의 이주 정책

일본의 이주 정책은 외국인의 입출국을 엄격히 통제·관리하고 영주나 귀화와 같은 장기적인 정착을 제한하는 기조를 유지해왔다. 1899년에 제정된 국적법(国籍法)에서는 부계혈통주의를 전제로 하는 단일민족주의가 제시되어 이주 정책의 근간이 되었다. 20세기 초의 일본은 아시아 내 식민지로부터 각종 노동력을 충당해왔고, 재일코리안이라 불리는 한인들은 대부분 이 시기에 일본에 정착하였다. 제2차 세계대전이 끝난 후부터는 본격적인 이주 정책이 설계되어, 1951년에는 출입국 관리법(出入国管理法)이, 1952년에 외국인 등록법(外国人登録法)이 시행되었다.

1960년대에 들어서 일본의 고도성장기가 시작되고 경제 관련 단체와 산업계에서는 노동력 부족을 원인으로 들어 외국인 노동력의 유치를 정부에 요구하였으나 정부는 일관적으로 외국인의 유입을 제한하는 정책을 유지하였고, 1967년의 제1차 고용대책기본계획(雇用対策基本計画)은 외국인 노동력을 받아들일 계획이 없다는 것을 재확인하였다.

1980년대부터는 외국인 유입을 둘러싼 분위기가 변화하기 시작하였다. 1983년에는 유학생수입10만명계획(留学生受入れ10万人計画)이 발표되었고, 2000년대까지 일본과 해외 각국을 잇는 인재를 양성하기 위해 10만 명의 유학생을 유치하기 위한 각종 정책이 실시되어 한국에서 일본으로 향하는 학생들도 증가하였다. 다만 유학뿐만 아니라 경제격차를 이용한 노동과 송금을 목적으로 하여 유학비자로 도일한 후 유흥업, 서비스업에서 종사하려는 한인과 기타 외국인도 증가하였고, 불법노동자의 존재가 사회문제화되며 외국인 유입에 대한 논의가 계속되었다.

동시에 일본에서는 고령화와 출생률 감소로 인한 노동력 부족 문제를 외국인 노동력을 통해 해결할 필요성 또한 증가하였다. 이에 일본 정부는 1989년에 일부 법을 개정하여 남미 출신의 일본계 후손을 정주자(定住者)자격으로 출입국을 가능하게 하여 일본인이라는 혈연관계는 유지하며 해외로부터 노동력을 유치하는 전략을 취했다. 이후에는 산업연수생제도를 확대한 외국인기능실습제도(外国人技能実習制度)를 통해 외국인의 입국을 확대시켰으나 이들 제도는 외국인 단순 노동력을 암묵적, 비공식적으로 받아들이는 제도라는 점에서 비판받았다.[3]

2000년대 이후로도 국가적인 필요에 따라 특정 집단만을 유치하려는 정책은 계속 이어졌다. 2004년에는 고령화에 따른 간호 인력을 외국인 인력으로 충당하려는 정책이 있었으나 일본에 성공적으로 정착한 간호 인력은 그리 많지 않았다. 2008년에는 기존의 유학생수입10만 명

---

[3]   2009년 산업연수생 제도는 폐지되고 현재는 외국인 기능실습 제도만이 남아있는 상태이지만 저임금 단순 노동력에 대한 근본적인 재규정적 변화나 이주 정책 변화는 이루어지지 않은 상태이다.

계획을 확대하여 2020년까지 30만 명의 유학생을 유치하겠다는 계획이 발표되었고, 2017년부터 포인트제 방식의 고도인재 비자제도 또한 시행되었다. 또한 2020년의 도쿄 올림픽을 계기로 국제화를 진전시키는 것, 소자녀화와 고령화에 대비해 관련 직종에 종사할 외국인 노동력을 유입시키는 것에 대한 논의는 계속되고 있지만 근본적인 방향성에 변화는 보이지 않고 있다.

(4) 소결

국가별로 시기에 차이는 있으나 제2차 세계대전 후의 경제발전을 전후하여 저임금 단순 노동력을 필요로 하였다는 점, 그리고 어느 정도 산업발전이 안정된 이후로는 고도인재의 입국을 장려하는 한편으로 저임금 노동자의 장기체류나 영주를 어렵게 하는 방향으로 이주 정책이 변화하는 것을 알 수 있다. 미국은 국민 대부분이 이민으로 구성되어있기 때문에 이민과는 불가분의 관계에 있지만 영국과 일본의 경우 이주자가 필요하다 할지라도 역사적·혈연적으로 가까운 이들만을 받아들이는 방향성이 비교적 강하였다. 글로벌화가 가속화된 이후로는 인적 이동이 자유로워졌지만 세 국가 모두 고숙련 노동자만을 선별적으로 유입시키려는 정책 또한 강화되고 있는 것을 알 수 있다. 이러한 추세에 조응하여 한국에서는 국가 기반이 마련되지 않은 시점에서는 단순 노동자를 송출하는 한편, 글로벌화가 진행된 이후에는 글로벌 시티가 원하는 숙련직 전문가를 계속적으로 송출하는 등 각 도시의 흡입요인에 부합하는 인재의 이주가 이루어진 것을 알 수 있다.

2. 한인 이주자 집단의 성격 변화

앞서 살펴본 한국의 사회경제적 상황과 이주 정책들은 해외로 나가는 한인들의 이주 목적과 이주 후의 생활양식을 변화시켰다. 또한 이들의 해외 이주는 한국 국내의 사정뿐만 아니라 이민을 받아들이는 각국의 이주 정책에도 적응하면서 나타난 결과이기도 하다. 이러한 변화를 정리해보면 20세기 이후의 한인 이주자는 크게 세 유형으로 나누어 볼 수 있다.

첫 번째 유형은 1945년의 해방 전후까지 역사적인 이유로 이주한 이들이다. 이들은 일제강점기라는 상황으로 인해 이주목적지가 만주나 일본 본토로 제한되어있었으며, 일부는 징용, 징병 등으로 인해 강제 이주의 대상이 되었다. 해방을 계기로 자유로운 이동이 가능해졌지만 가족의 유무나 생활 기반과 같은 조건 때문에 자유로이 귀국하지 못한 채 조선족, 고려인, 재일코리안의 상태로 현지에 남아야 했던 이들, 그리고 한국전쟁을 계기로 본인의 의지와는 관계없이 서구 국가로 가야 했던 이들도 이에 포함된다.

두 번째 유형으로는 1960년대부터 1980년대까지 선진국으로 계약 이민을 통해 출국한 이들과 가족 초청 이민을 통해 미국으로 이주해 현지에 정착한 이들을 생각할 수 있다. 일반적으로 '이민자'라는 단어를 들었을 때 쉽게 연상되는 사람들이 이에 해당되는데, 이들은 한번 목적지에 정착하면 한국으로 돌아오는 일은 거의 없으며, 제3의 국가로 재이주하는 경우도 드물다. 이들은 경제적인 이유, 즉 개발도상국을 떠나 선진국에서 경제활동을 함으로써 경제적으로 안정적인 생활을 유지하는 것, 그리고 궁극적으로는 현지사회에 경제사회적으로 편입하고 문화적으로도 동화되는 것을 목표로 한다. 거주 자격도 비자를 넘어서 영주권이나 시민권을 취득하는 것이 목표가 된다. 하지만 한국에서의 사회경제적 지위가 높았다 할지라도 이주한 곳에서의 기반은 갖추어지지 않았기 때문에 사회경제적 자본도 모자란 상태이며 언어적으로도 생활에 어려움이 많다. 또한 이들은 글로벌화되지 않은 사회에서 충분한 정보가 없이 이주하는 경우가 대부분이기 때문에 현지사회에서 겪는 문화적 충격도 크며 일상생활에서도 곤란함을 겪게 된다.

위에서 언급한 역사적인 이유에서의 이주자들과, 1960년대 이후의 이주자들에게는 거주지를 제공하거나 일상에서 도움을 주고받을 수 있는 사람, 직업을 제공할 수 있는 환경, 그리고 빈번하게 돌아갈 수 없는 고향에 대한 향수를 달랠 수 있는 공간이 필요하게 된다. 그렇기 때문에 이주 초기에는 먼저 이주한 친인척이나 지인의 도움을 받기 위해 한인들의 주변에 모여 살게 되며, 직업 면에서도 한인을 타깃으로 한 에스닉 비즈니스에 종사하거나, 먼저 이주한 한인으로부터 도움을 받아 세탁업, 식료품점, 무역업 등 특정 업종에 종사하는 경우가 대부분이다. 이 과정에서 도시 외곽부(인너시티)에 한인 타운이 자생적으로 형성된다. 어느 정도 사회경제적 자본을 갖춘 이후에는 대부분의 이주자가 한인 타운이나 외국인이 많은 지역을 떠나 중상류층 현지인이 거주하는 교외 주택가로 옮겨 살게 된다. 이들에게는 한국을 오가는 일도 쉬운 일이 아니며 한국과의 연결고리를 지속적으로 유지하는 것이 어렵기 때문에 주류사회에 동화되기까지는 현지의 한국인 커뮤니티에 깊이 의존하는 편이다. 자연히 한국 교회, 한인단체, 한인 학교 등 현지에서 구성된 커뮤니티가 인적 네트워크의 구심점이 된다.

세 번째 유형으로는 해외 이주가 보다 자유로워진 1980년대 중후반 이후 개인적인 차원에서의 이주를 실천한 이들을 들 수 있다. 이 시기부터는 한국의 경제발전이 가속화된 결과 선진국과 경제 수준이나 물가의 차이가 적어졌고 현지사회에 직접 유입될 수 있는 전문직 종사자도 증가하였다. 또한 이 시기의 이주자는 이주 전부터 글로벌화된 사회에서 외국의 문화를 비교적 쉽게 접할 수 있게 되었기 때문에 문화적인 저항감도 이전 세대에 비해 적은 편이어서 한인 타운에의 의존도도 종래의 이주자보다는 낮은 편이다.

이주의 목적은 선진국에서의 정착과 동화가 아닌, 커리어의 실현이라는 개인적이고 구체적인 것으로 변화한다. 이주자의 직업 역시 영어능력과 전문지식, 기술을 필요로 하는 회사원, 연구직, 예술직 종사자가 되는 등 고소득, 고학력의 화이트칼라 업종이 중심이 되며, 처음부터 에스닉 비즈니스 형식의 자영업에 종사하는 이는 드물다. 이주의 목적지도 선진국에서 그치지 않고 이들을 위한 일자리가 집중되어있는 일부 대도시로 좁혀진다. 특히 세계 도시나 글로벌 시티라 불리며 세계의 허브가 되는 도시에는 일자리 수 자체가 많을 뿐 아니라 국제이주가 가능할 정도의 언어적 · 직접적 능력을 가진 이들이 종사할 수 있는 전문 관리직이 집중되어있기에 이들 이주자에게 선호된다.

선진국의 이주 정책 또한 이러한 인재를 받아들이는 방향으로 발전해왔기 때문에 이들의 이주를 더욱 가능하게 한다. 또한 이러한 도시에는 예술적 · 문화적인 인프라도 갖추어져 있기 때문에 화이트칼라뿐만 아니라 패션, 디자인, 음악, 연극, 영화 등 예술 관련 업종 종사자들도 유입된다. 이러한 직종은 현지사회에서도 전문직종으로 인정받는 경향이 있기 때문에 과거의 이주자보다 경제적·사회적으로 안정적인 생활이 가능해지며, 이는 이주자의 더 자유로운 국제 이동을 가능하게 만든다. 이들은 한국으로의 귀국 빈도도 높을 뿐만 아니라 다방향적이고 빈번한, 즉 트랜스내셔널한 이동을 경험하게 된다.

한국 본토와의 연결도가 높은 것도 이들의 특징인데, 이들은 한국이나 제3국에 거주하는 가족, 친척과 빈번하게 만날 수 있으며 스마트폰이나 인터넷을 통하여 지인과도 연락을 쉽게 취할 수 있기 때문에 인적 네트워크를 유지하거나 글로벌한 인맥을 적극적으로 활용할 수 있다. 또한 현지사회에도 많은 한국인 이주자가 유입되어있기 때문에 한인 타운이라는 물리적인 지역을 기반으로 한 만남보다는 직업별·성향별로 세분화된 한인 커뮤니티를 형성하게 된다.

3. 글로벌 시티의 한인 타운들

이 장에서는, 위에서 살펴본 여러 유형의 한인 이주자들이 각 글로벌 시티에서 어떠한 장소에, 어떠한 성격의 한인 타운을 형성하고, 그들의 일상에서 이 한인 타운을 어떻게 이용·소비하는지, 혹은 기존의 한인 타운을 어떻게 변화시켜나가는지를 살펴보려 한다.

1) 뉴욕의 한인 타운

2010년 센서스에 따르면 뉴욕의 시내 인구는 약 850만 명이고 뉴

욕과 뉴저지를 포함하는 대도시권 전체의 인구는 약 2천만 명에 이르
나, 이 중 36%의 인구가 외국 출생자이다. 같은 시기의 뉴욕 시내의 한
인 인구는 102,820명이며 대도시권 전체 한인 인구는 약 22만 명으로
추정되고 있다. 현재 뉴욕 대도시권에는 1980년대까지 가족 초청 이민,
의료 관계자 이민으로 이주해온 한인과, 1990년대 이후 개인적으로 이
주해온 한인 등 성격이 다른 두 집단의 한인이 거주하고 있으며 이들에
의해 각각 성격이 다른 세 곳의 한인 타운이 형성되어있다. 본 절에서는
뉴욕 시내의 한인 상업시설 분포를 통해 각종 시설이 집중되어있는 세
지역을 중심으로 한인 타운에 대해 살펴본다.

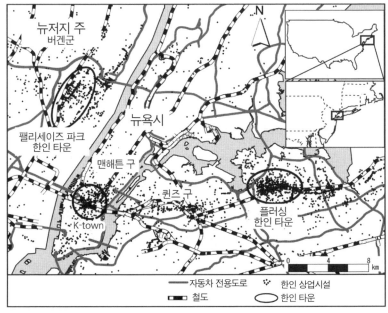

〈그림 1-1〉 뉴욕의 한인 상업시설 분포와 한인 타운의 위치

출처: 申知燕, 2018.

〈표 1-2〉 각 한인 타운 및 주변부의 한인 상업시설 수와 업종별 비율

상업시설	플러싱 및 인근지역		맨해튼 남부		버겐군 북부	
	시설 수	비율(%)	시설 수	비율(%)	시설 수	비율(%)
음식점	117	4.5	44	7.3	79	6.0
병원	348	13.3	58	9.7	141	10.7
부동산	148	5.7	48	8.0	83	6.3
미용실	59	2.3	11	1.8	47	3.6
학원	139	5.3	22	3.7	63	4.8
슈퍼	53	2.0	8	1.3	47	3.6
변호사 사무소	110	4.2	66	11.0	75	5.7
기타 주요 서비스업	507	19.4	145	24.2	274	20.7
기타	1,131	43.3	197	32.9	517	38.9
합계	2,612	100.0	599	100.0	1,323	100.0

출처: Ibid.

(1) 플러싱 한인 타운

플러싱(Flushing)의 한인 타운은 미국 동부에서 가장 규모가 크고 역사가 오랜 한인 타운으로, 약 65,000명의 한인이 거주하고 있다. 이곳에 한인들이 모여들게 된 기원은 명확하게 밝혀지지 않았으나, 플러싱 인근의 빵공장에서 한인들이 근무하면서 모여 살게 되었다는 설, 1964년의 뉴욕 세계박람회 이후 한국관 운영에 관여했던 이들이 박람회가 끝난 이후에도 이 지역을 떠나지 않아 형성되었다는 설, 플러싱 인근의 대학병원에 한인 의사와 간호사가 근무하면서 근처에 터전을 잡았다는 설 등이 있다.

플러싱 메인스트리트(Flushing Main Street)역을 중심으로 식당, 한인 슈

퍼, 잡화점 등의 상업시설이 들어섰고, 자가용 보급이 일반화된 1990년대 이후에는 노던 블러바드(Northern Boulevard)를 따라 상업지역이 선상으로 길게 이어졌다. 2000년대부터는 맨해튼으로 향하는 통근전철인 LIRR(Long Island Rail Road)선의 머레이 힐(Murray Hill) 역 주변에도 식당을 중심으로 한 상업지구가 새로이 형성되었다. 다만 홍콩의 중국 반환 이후 불안정한 정세를 불안하게 여긴 홍콩계와 대만계 자산가들이 미국으로 이주하거나 미국에 부동산을 구입하는 과정에서 플러싱 지구가 주목을 받아 지가가 급증하였고, 초기의 한인 상업 시설이 밀집해 있던 플러싱 메인스트리트역 주변 상점가는 중국계 자본에 잠식당하게 되었다.

현재의 한인 상업지구는 역 동쪽편에서 가장 오래된 한인 상가인 유니언 상가 부근을 중심으로 하고 있으며, 역 주변과 노던 블러바드에서 멀어질수록 사업체 수는 급감한다. 또한 일상생활에 필요한 거의 모든 기능이 갖추어져 있기 때문에 음식점, 부동산, 학원, 기타 서비스업, 기타 업종(교회, 건축 관련업, 보험업, 운송업, 회계업 등) 등의 비율도 높다(<표 1-2> 참조).

이 지역에 거주하는 한인은 가족 초청 이민을 통해 미국으로 건너와 1980년대까지 뉴욕에 정착한 이들이 대부분이며 전형적인 에스닉 엔클레이브로서의 한인 타운을 만들어낸 이들이다. 이들은 한인 타운 내에 일자리와 거주지, 인적 네트워크 등을 총체적으로 마련함으로써 현지사회에 적응하기 어려운 이들이 한인 타운 안에 포섭되어 생활할 수 있는 터전을 마련하였다. 이주자 중에는 플러싱을 거쳐 교외로 재이주해나간 이들도 다수 존재하는 것을 감안하면 플러싱에 남아있는 이들은 한인 타운의 에스닉한 기능에 깊이 의존하고 있다고 생각할 수 있다.

<표 1-2>의 업종 비율을 보면 단일업종으로는 병원이 가장 많은데,

이 역시 한인 타운에 오래 거주한 이주자가 노년을 맞아 병원에 대한 수요가 많아졌을 때 한국식 병원을 선호한 것에 영향을 받은 것으로 생각해볼 수 있다. 그러나 이 지역은 뉴욕 도심으로부터 멀리 떨어져 있고, 오래 거주한 한인 이주자에게 초점을 맞춘 커뮤니티가 이미 형성되어 있어, 최근 뉴욕으로 이주하는 젊은 개인 이주자는 플러싱보다는 시내의 다른 지역에 거주하기 때문에 지역의 성격은 시대가 지나도 크게 변화하지 않고 엔클레이브의 성격을 유지하게 된다.

〈그림 1-2〉 플러싱 메인스트리트
역 부근의 상점가

〈그림 1-3〉 플러싱의 주택가

(2) 팰리세이즈 파크 한인 타운

뉴저지 주 버겐군에 위치한 교외 주택가인 팰리세이즈(Palisades park) 파크에서는 1990년대부터 한인 인구가 증가하였고 현재는 약 1만여 명의 한인이 거주하는 교외형의 한인 타운으로 성장하였다. 이 지역은 1950년대부터 중산층 시민이 거주하는 전형적인 교외지역이었으나, 최근 20~30년간 팰리세이즈 파크를 비롯해 릿지필드(Ridgefield), 레오니아(Leonia), 포트리(Fort Lee) 등지에서 한인 인구가 증가하였고, 그중에서도 가장 중심이 되는 팰리세이즈 파크에는 약 1만 명의 한인이 집거하고 있어 지역 정부로부터도 주목의 대상이 되고 있다. 이 지역에 한인이 모이는 이유로는, 팰리세이즈 파크를 포함하는 학군이 좋은 공립학교를 많이 포함하고 있는 것, 팰리세이즈 파크가 인근의 한국계 회사의 지사나 맨해튼의 회사로의 통근이 편리한 지역인 점을 들 수 있다. 이 지역의 주택은 대부분 단독주택이나 듀플렉스(Duplex)로 구성되어있고 중산층 이상의 가족 단위 이주자가 거주하는 경향이 있다.

상업시설은 팰리세이즈 파크의 중심을 관통하는 브로드 애비뉴(Broad Avenue) 일대를 중심으로 하여 릿지필드까지 선상으로 길게 이어져 있다. 이 지역의 상점가는 당초 유럽계 이주자에 의해 경영되고 있었으나, 한인 인구의 유입과 더불어 점차 한국계 상업시설로 변화하였다. 이곳에는 음식점, 슈퍼, 제과점, 병원, 신문사, 부동산, 생활용품점 등이 입주해 있다. 브로드 애비뉴의 상업지구가 포화상태에 이르면서 인근의 창고지대였던 그랜드 애비뉴(Grand Avenue) 부근에도 노래방, 입시학원, 건강용품점 등이 입주하며 상업지구로 변화하였다. 인적이 드문 저지대에는 창고나 한인 복지단체 등이 들어와 한인들의 생활을 직접적 · 간접적으로 지원한다.

〈그림 1-4〉 팰리세이즈 파크의
상점가 건물

〈그림 1-5〉 팰리세이즈 파크의
주택가

이 한인 타운을 구성하는 한인은 주로 인근 한국 회사의 주재원이
거나 맨해튼으로 출퇴근, 혹은 통학하는 가족 단위 이주자들이다. 이들
은 한인 타운에 의존하지 않아도 한국에서부터 미국의 교외지역에 거
주지를 마련하여 바로 유입될 수 있을 만큼의 사회경제적 자원을 가지
고 있기 때문에 이주 초기부터 플러싱이 아닌 팰리세이즈 파크로 이주

할 수 있다. 직업과 커뮤니티는 한인사회가 아니라 현지사회에서 구할 수 있기 때문에 이들이 한인 타운에 원하는 것은 음식과 간단한 편의 기능, 그리고 법률 상담과 같은 고차위 서비스업이다. 따라서 플러싱과는 업종 구성이나 상업시설의 입지 구성이 조금 다른 한인 타운이 된다. 또한 이 주변에는 자녀를 위한 좋은 학군과 현지 주류사회의 생활을 꿈꾸며 교외지역으로 재이주하였지만 여전히 한인 간의 교류와 지원이 필요한 가족 초청 이민자 역시 존재하여, 이 모두의 수요가 결합된 민족 교외지[4]적 성격의 한인 타운이 형성되었다고 할 수 있다.

(3) 맨해튼 K-town

맨해튼 K-town은, 맨해튼 중심부의 미드타운(Midtown) 일대에서 무역업을 하던 한인 잡화점 경영자들에 의해 계획적으로 조성된 한인 상업지구이다. 1980년대에 미드타운의 브로드웨이(Broadway)에서 한국산 가발과 액세서리를 판매하던 도매업자들이 증가하고, 이들과의 거래를 위해 인근 도시에서도 한인들이 정기적으로 방문하게 되자 한인 도매업자를 중심으로 '플러싱보다 도심에 위치한 한인 타운'을 개발하자는 움직임이 일었다. 당시의 미드타운은 치안이 좋지 않았던 탓에 비교적 지가가 낮은 편이었고, 상대적으로 적은 자본으로 건물을 매입할 수 있

---

[4] 도시 교외지역에 형성된 외국인 이주자의 집거지이다. 주류사회에 진입하기 전에 거쳐가는 장소로서의 에스닉 엔클레이브와 달리, 어느 정도 사회경제적 자본을 가지고 처음부터 교외지역으로 이주한 이주자들이 모여 형성한 공간이기 때문에 비교적 좋은 거주환경을 갖춘 집거지라 할 수 있으며, 이곳으로 진입한 이주자가 주류사회에 동화하기 위한 목적으로 다른 지구로 재이주하는 일은 많지 않다. 주류사회와는 단절되어 에스닉한 성격을 강하게 가지는 에스닉 엔클레이브와는 달리 주류사회 구성원과의 교류가 많은 것 또한 특징이다.

었다. 한인 사업자들은 32번가를 중심으로 하여 4블록 정도를 한인 타운으로 개발하려 했고, 한인 타운의 경계지역으로 설정한 27번가에 한인회 건물을 매입하기도 하였다.

하지만 신용기록이 충분하지 않은 외국인과 부동산 거래를 하는 것을 꺼리는 현지인의 반응, 그리고 한국 본토로부터의 지원 계획 거절 등이 원인이 되어 계획 자체가 축소되었고, 최초로 매매교섭이 성립된 32번가의 빌딩을 중심으로 개발이 시작되었다. 이 빌딩에는, 현재는 한아름마트(H-mart)라는 이름으로 영업 중인 한인 슈퍼가 입점하면서 방문객이 점차 증가하였고, 주변 건물에도 한국계 음식점이 들어섰다. 또한 34번가의 헤럴드스퀘어(Herald Square) 부근이 상업개선지구(BID: Business Improvement District)로 지정·개발됨에 따라 주변 지역에 회사가 늘어나고 치안도 개선되어 한인 타운으로의 인구 유입도 증가하였다.

뉴욕한인경제연합회는 한인에 의한 에스닉 비즈니스의 집적이 지역사회에 공헌하였다는 점을 들어 K-town을 중심으로 한 4~5블록을 공식적으로 한인 타운으로 명명하기를 요청하는 조례안을 뉴욕 시의회에 제출하였다. 이 제안은 1994년에 이르러 구역설정이 다소 축소된 형태의 조례로 받아들여져, 5애비뉴와 브로드웨이 사이의 32번가가 코리아웨이(Korea way)라는 이름으로 명명되었다. 현재의 코리아웨이는 K-town 이라는 애칭으로 더 잘 알려지게 되었다.

〈그림 1-6〉 맨해튼 K-town 전경

〈그림 1-7〉 맨해튼 K-town의 상
업시설들

현재의 K-town은 한국의 유행을 민감하게 반영한 고차위 상업시
설로 구성되어있다. 오래된 고층빌딩이 늘어서 있는 가운데, 건물 저층

부에는 음식점, 슈퍼 등의 요식 관련 시설과 은행, 서점 등이 입점해 있다. 한국에서 인기 있는 프랜차이즈 외식업체나 '일본식 이자카야'가 들어서는 등 동시기의 한국의 유행을 재현해내고 있다. 건물 고층부에는 학원, 병원, 각종 사무실이 입주해 있다. 학원의 경우 영어, 포트폴리오, 네일, 미용 등 청년층을 타깃으로 한 분야가 많으며, 사무실은 변호사, 회계사 등의 전문직종과 유학원, 택배사 등 한국과의 교류가 많은 직종이 중심이 되어있다(<표 1-2>).

K-town 주변에는 가시적인 한인 거주지가 형성되어있지 않다. 주변 지역이 고층 오피스빌딩과 상업시설로 구성된 중심가이기 때문에 주택 자체가 많지 않다. 다만 5애비뉴와 6애비뉴에 입지한 일부 고급 콘도미니엄 중에는 한인 거주자의 비율이 높거나, 한인 민박으로 이용되는 곳도 있다. 이곳의 입주자는 건물 내에 한인이 많다는 것을 스스로도 인식하고 있으나 경관을 통해 커뮤니티에서 한국적인 요소를 가시적으로 나타내지는 않는다.

상주인구가 적음에도 불구하고 K-town에 음식점이 많은 것은, 맨해튼으로 통학·통근하는 한인들과 인근 오피스빌딩에서 근무하는 현지인의 이용이 많기 때문이다. 맨해튼으로 통근하는 이주자들은 1990년대 이후 이주한 이들이 많은데, 이들은 전형적인 엔클레이브에 거주할 필요가 없기 때문에 플러싱보다는 출퇴근이 편리한 시내 중심부에 분산하여 거주한다. 이들에게 필요한 한인 상업시설은 플러싱과는 달리 한인 간의 만남의 장소로서의 음식점과 학원, 부동산, 변호사 사무소 등 고차위 서비스업, 그리고 한국 현지사회를 잇는 한국기업의 지사 등이기 때문에 플러싱과는 달리 상업시설로만 구성된 한인 타운이 형성될 수 있는 것이다. 또한 인근 직장에 통근하는 현지인의 수요도 많다는 점에서 한인 타운이 더 이상 한인들만이 이용하는 지역이 아니라 주류 사회나 다른 민족에게도 열린 공간이 되고 있다는 점을 알게 한다.

2) 런던의 한인 타운

영국으로의 한인 이주는 1960년대부터 시작되었지만 초기 이주자는 일부 상사 주재원과 무역 관련 업자에 한정되어있었다. 본격적으로 이주가 증가한 것은 중동 특수 이후 영국으로 진출한 회사가 많아지고, 한국 정부에 의해 유학생의 해외 출국이 확대된 1980년대부터이다. 2017년 시점에서 영국에 거주하고 있는 것으로 집계된 한인은 약 39,000명이며 이 중 약 절반 이상이 런던에 거주하고 있는 것으로 추정되고 있다.

런던에는 뉴몰든(New Malden) 지구에 유럽 최대 규모의 한인 타운이 형성되어있으며, 그 외에도 골더스 그린(Golders Green)과 그 인근 지역에서도 한인 인구가 증가하는 추세에 있다. 한인 타운이라 부를 수 있는 정도는 아니지만, 시내 중심부의 소호(Soho) 지구에도 비교적 많은 수의 한국 음식점과 한국 식자재점이 입점되어있다.

뉴몰든은 런던 시내에서 전철로 약 30분가량 떨어진 남서부의 교외의 주택가로, 킹스턴 어폰 템즈(Kingston Upon Thames)구에 포함되어있다. 뉴몰든이 한인 타운이 된 데에는 몇 가지 요인이 복합적으로 작용하고 있다. 도심으로 향하는 간선도로와 철도가 지나기 때문에 출퇴근이 용이한 점, 인근지역인 윔블던(Wimbledon)에 당시의 한국 대사관저가 있었

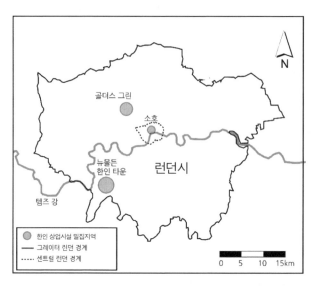

골더스 그린

소호

뉴몰든
한인 타운   런던시

템즈 강

● 한인 상업시설 밀집지역
── 그레이터 런던 경계
···· 센트럴 런던 경계

0   5   10 15km

〈그림 1-8〉 런던의 한인 상업시설 밀집지역과 한인 타운의 입지

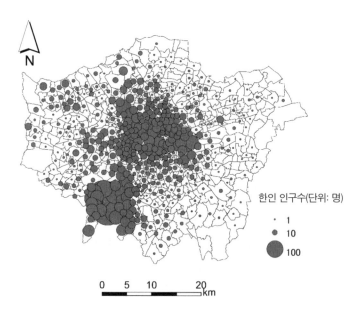

한인 인구수(단위: 명)

·   1
●   10
● 100

0   5   10   20
                 km

〈그림 1-9〉 런던의 지역별 한인 인구수(2011)

던 점, 체싱턴(Chessington)에 한국 학교가 있었던 점, 뉴몰든에 삼성의 공장이 입지해 있던 점 등이다.

이 지역에는 1980년대부터 한인 상업시설이 들어서기 시작하였으나, 역 주변의 상점가가 있는 메인 거리인 하이스트리트(High Street)는 임대료가 비쌌던 탓에 버링턴 로드(Berlington Road) 쪽부터 상업지구가 형성되었다. 그 후 한인 인구가 증가하고 자본력도 높아지면서 역 주변까지 한인 상업지구가 점차 확대되었다. 특히, 1997년의 IMF 위기 직전에 회사의 도산을 예견한 주재원들의 귀국 직전 소비가 급증한 것, 그리고 IMF로 인해 도산한 회사의 직원이 한국으로 철수하지 않고 현지에 정착하게 된 것이 이유가 되어 1990년대 후반부터 뉴몰든에 한인 관련 비즈니스와 인구가 증가하였고, 이들의 정착이 오히려 인근 상점가의 활성화에 기여하기도 하였다. 그렇기 때문에 이 지역에서 오래 살아오던 주민은 한인에 대해 우호적인 인식을 가지고 있어 지역 내의 민족 간 관계 또한 양호한 편이다.

〈그림 1-10〉 뉴몰든 하이스트리트의 상점가

〈그림 1-11〉 뉴몰든의 주택가

　현재는 하이스트리트는 물론 킹스턴 로드(Kingston Road)와 버링턴 로드의 도로변에도 슈퍼와 한국 음식점, 카페, 사무실 등이 입지해 있다. 상점가 주변의 주택가는 전형적인 영국식 2층 단독주택이 대부분이어서 한인들의 경우 가족 단위 이주자가 주로 거주한다. 뉴몰든 지구 주변의 레인즈 파크(Raynes Park), 못츠퍼 파크(Motspur Park), 서비튼(Surbiton), 노비튼(Norbiton) 역 주변에도 많은 한인들이 거주하고 있으며 이 지역의 한인 인구는 약 15,000~20,000명 정도로 추산된다. 또한 뉴몰든에는 400여 명의 조선족[5]과 600여 명의 탈북민도 함께 거주하고 있어, 뉴몰든은 포용적인 형태의 한인 공동체가 되어가고 있다.

　뉴몰든 이외에도, 비교적 최근 형성된 한인 집거지로 골더스 그린과 그 주변을 들 수 있다. 아직 한인 타운이라고 할 수 있을 정도의 규모는 아니지만, 이곳에 유입된 초기 이주자들이 서블렛(Sublet)[6]과 같은 임

---

[5]　과거에는 1,500~2,000여 명 정도까지 조선족 인구가 증가하였던 시기도 있었으나, 현재는 감소추세에 들어서고 있다.

[6]　넓은 주택 한 채, 혹은 아파트의 집 한 채를 빌려 각각의 방을 다른 사람에게 세주는 방식의

〈표 1-3〉 런던의 업종별 한인 상업시설 수[7]

업종	시설 수	
	Korean weekly(2011)	04UK(2018)
기관, 단체	항목없음	14
학교, 학원, 유학원	68	100
의료기관	11	26
미용, 건강	38	40
운송업	22	44
음식점	38	50
슈퍼	18	19
노래방, 주점	2	6
여행, 항공사	20	37
숙박업	13	30
택시	6	81
법률, 회계, 컨설팅	42	40
전자, 통신업	17	20
부동산, 건축, 인테리어	29	27
신문사	13	7
종교단체	66	39
기타	17	39
합계	420	619

대업을 하면서, 지하철을 이용하여 시내로 통근·통학하는 청년층 개
인 이주자의 거주가 잇따르며 형성되었다.[8] 역 주변에는 한국계 슈퍼마

셰어하우스를 뜻한다. 개인 이주자를 위한 작은 평수의 집이 많지 않거나, 외국인에게 쉽게
임대해주는 집이 많지 않은 경우 많이 나타나는 주거 형태이다.

[7] 2011년 수치는 이진영(2012)의 논문에서 인용하였으며, 2010년의 수치는 www.04uk.
com의 업소록을 이용하여 작성하였다(최종열람일: 2018년 3월 14일).

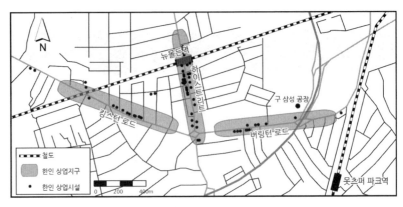

〈그림 1-12〉 뉴몰든 주변의 한인 상업시설 분포

켓이 두 곳, 한국 음식점도 몇 곳 입점하고 있으며, 주변에는 일본인 주
재원과 그 가족을 위한 집거지도 형성되어있어 초밥 요리점, 영어 학원,
부동산 중개업소 등도 존재한다.

　한편 시내 중심부의 소호 지구는 예술 관련 시설이나 최신 유행의
음식점 등이 들어선 곳이다. 최근 수년간 에스닉 요리의 유행의 영향으
로 한국 음식에 대한 관심이 높아져, 최근에는 한국 음식점도 열 곳 이
상 들어서게 되었다. 이 지역은 도심의 상업지구인 탓에 근처에 주택가
가 있는 것은 아니어서 특정 민족의 집거지가 되지는 않지만, 접근성이
좋은 번화가인 동시에 다양한 문화를 추구하는 젊은이들에게 큰 인기
를 얻고 있는 지역이어서 런던 각지에서 사람들이 모여드는 곳이다. 런
던 시내에 거주하는 한인들의 경우 시내에서 거리가 떨어져 있는 뉴몰

8　런던의 지하철 요금은 역 간 거리가 아니라 존(구역)을 기준으로 책정되어있다. 시내 중심부
　가 존 1이며 동심원상으로 존 6까지 존재하는데, 이 존 경계를 넘어가면 역과 역 사이의 직
　선거리가 가깝다 할지라도 지하철 요금이 높게 책정된다. 이 때문에 시내로의 이동이 잦은
　사람의 경우 교통비를 절약하기 위해 존을 고려하여 거주지를 결정하는 경향이 있다.

든보다는 소호 지구의 슈퍼와 음식점을 이용하며 에스닉한 필요를 충족시키는 경향이 있다.

〈그림 1-13〉 소호 지구의 한국 음식점

〈그림 1-14〉 소호 지구의 한국 음식점

런던의 한인 타운의 입지와 구성은 뉴욕과 비슷한 측면을 가진다. 미국으로의 가족 초청 이민제를 통한 이민과 같은 대규모의 인구 이동이 없었기 때문에 플러싱과 같은 에스닉 엔클레이브 형태의 한인 타운은 존재하지 않는다. 뉴몰든과 클러스 그린 지역은 1980년대 이후의 이주자로 형성된 민족 교외지의 성격에 가까운 한인 타운이며, 이는 뉴욕의 팰리세이즈 파크와도 비슷한 성격을 띤다. 또한 집거지에 속하지 않고 시내 각지에서 거주하는 전문직 이주자들은 교외의 한인 타운이 아닌 시내의 한인 상업시설을 이용하는 편을 선호하기에 소호를 중심으로 하여 한인 상업시설이 집적하는 것, 그리고 이 소호에서는 기존의 에스닉 엔클레이브가 가지던 거주지나 커뮤니티가 형성되지 않는 것을 알 수 있다.

3) 도쿄의 다양한 한인 집거지

일제강점기에 이주한 초기 한인 이주자들은 오사카에 먼저 정착하였으나, 이들 중 일부는 일자리와 더 나은 환경을 찾아 수도권으로 유입되었다. 1980년대에 도일한 이주자들도 유흥업과 서비스업의 일자리가 많은 도쿄 주변에 많이 거주하였으며, 수도권 내에 대학과 대학원이 압도적으로 많아 일본으로 향하는 유학생의 절반 이상이 도쿄로 유입되었다.

2015년 기준으로 약 50만 명 정도의 한인이 일본에 거주하고 있는 것으로 집계된다. 실제 인구수는 더 많을 것으로 추정되고 있으나 재일코리안의 일부와 그들의 후손들이 일본으로 귀화함에 따라 한국, 조선적 인구의 통계상 수치는 감소하고 있다. 일본의 한인 중 오사카와 도쿄에 거주하는 이들이 전체의 절반가량을 차지할 정도로 대도시권에 한인 인구가 두드러지게 집중되며 이들의 자녀들을 위한 조선학교, 한국학교가 시내 곳곳에 입지해 있다. 도쿄에 거주하는 한인 이주자는 일제

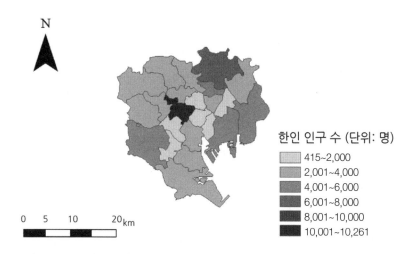

한인 인구 수 (단위: 명)

	415~2,000
	2,001~4,000
	4,001~6,000
	6,001~8,000
	8,001~10,000
	10,001~10,261

0 5 10 20 km

〈그림 1-15〉 도쿄의 구별 한인 인구수(2015)

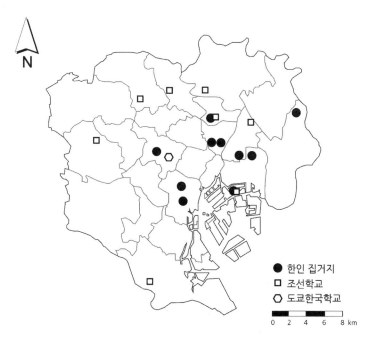

● 한인 집거지
□ 조선학교
⬡ 도쿄한국학교

0 2 4 6 8 km

〈그림 1-16〉 도쿄 23구의 한인 집거지와 한국계 학교 분포

강점기 전후로 오사카를 거쳐 도쿄로 온 재일코리안(올드커머), 1980년대에 경제활동을 위해 도일해서 정착한 이들(뉴커머), 그리고 1990년대 이후 유학, 취직을 목적으로 도일한 청장년층(뉴뉴커머) 등이 있으며, 유입된 시기나 집단의 성격에 따라 각기 다른 곳에 한인 집거지를 형성하고 있다.

(1) 미카와시마(三河島), 에다가와(枝川)

비교적 이른 시기에 형성된 한인 집거지는 도쿄의 노동자 거주지역에 입지하는 경향이 있었다. 1900년대 초반의 도쿄에 제조업 관련 공장이 건설됨에 따라 전국 각지에서 노동력이 도쿄로 유입되었고, 도시 외곽에는 하층민 거주지가 형성되었다. 또한 이 시기의 도쿄는 시내의 위생문제를 해결하기 위해 시내 중심부에 있었던 각종 위생시설을 시가지 밖으로 이전시키고 있기도 하여, 시 외곽지역에서는 하층민의 유입으로 인한 치안 악화나 혐오시설의 입지로 인한 거주환경 악화를 우려하는 서민층의 유출이 가속화되었다.

이러한 사회변화 속에서 한인들은 1920년대부터 도쿄에 정착하기 시작하였다. 당시 한인들이 정착하던 미카와시마쵸(三河島町), 센쥬쵸(千住町), 미나미센쥬쵸(南千住町), 등은 하천이나 바다 근처의 저지대인 점, 주위의 거주환경이 좋지 않았던 점 때문에 기존 주민은 유출되고 노동자의 주거지로 이용되는 곳이었다. 뿐만 아니라, 외국인에게 주택을 빌려주지 않으려는 움직임이나, 당시 한인들의 주택 구입자금 부족 등도 한인의 이 지역으로의 유입에 영향을 주었다.

에다가와는 1930년대 도쿄도가 도쿄올림픽과 만국박람회를 유치하기 위해 불량 주택지구의 정비를 실시하고, 1941년부터 재일코리안

용의 간이주택을 설치하는 과정에서 형성된 집거지이다. 올림픽과 박람회는 중일전쟁으로 인해 취소되었지만, 주택정비는 계속되었고, 194년에는 에다가와 일대에 간이주택이 설치되고, 한인들의 비자발적 이주가 이루어진 것이 집거지 형성의 계기가 되었다. 초기의 이주는 강제성이 강하였으나, 이후에도 한인들의 이주가 일정 기간 이어졌고 인근에 조선학교가 설립되는 등 지역 내 한인 커뮤니티도 형성되었다. 에다가와 지구가 속한 고토구(江東区)에서는 1950년대부터 1960년대에 걸쳐 대규모 공장이 시 외부로 이전함에 따라 대규모의 재개발이 이어졌고, 공장터에는 주택단지가 건설되며 주거 인프라가 개선되었다. 하지만 슬럼가에 가까웠던 에다가와 지구는 재개발 대상지역에 포함되지 않아 수도, 가스, 위생 등이 정비되지 않는, 행정의 사각지대로 남아있었다. 다만 1970년대까지의 도쿄도는 '시빌미니멈정책'을 실시하고 있어 주민의 최소한의 생존권과 교육권은 보장되어있었고, 조선학교에 대해서도 정책적인 배려가 계속되었던 탓에 한인들의 거주도 이어질 수 있었다.[9]

---

9 1980년대 이후 두 쿄두의 재정상태가 악화되고 정책 저반이 신자유주의적이 색채를 띠게 될에 따라 주택지와 조선학교의 토지권에 대한 분쟁이 이어지게 되었다.

〈그림 1-17〉 미카와시마의
주택가

〈그림 1-18〉 에다가와의
한국식품점

　미카와시마와 에다가와에 정착한 한인은 주로 재일코리안 2, 3세
로 이 지역에 뿌리를 내리고 현재까지도 살아오고 있다. 이들은 제주도
에서 오사카로 이주한 후, 대도시로의 재이주를 시도한 사람들로, 고향
을 기반으로 한 인적 네트워크를 유지하며 생활하였다. 하지만 네트워
크를 중심으로 한 커뮤니티가 존재하더라도, 이들은 지역사회에 침잠
하여 그 커뮤니티를 비가시화시키는 전략을 택해왔다. 차별을 피하기
위해 일본식 이름을 사용하기 때문에 가옥의 명패를 봐도 한인이 산다
는 것을 쉽게 확인할 수 없다. 뿐만 아니라 미카와시마의 경우 도쿄에서

가장 규모가 큰 조선학교가 입지해 있을 정도로 한인 인구가 많음에도 불구하고 그 인근에서 에스닉한 경관을 찾아보기도 힘들다. 이들의 직업 역시 에스닉 비즈니스보다는 피혁 관련 산업 등 재일코리안 이주자가 유입될 당시에 그 지역에서 행해지던 업종에의 종사자가 많은 편이다. 그마저도 최근에는 전반적인 노동인구의 고령화와 후계자 문제로 인해 종사자가 점차 감소하고 있다.

(2) 신오쿠보(新大久保) 한인 타운

오늘날 도쿄에서 가장 잘 알려진 한인 집거지인 신오쿠보 한인 타운은, JR 야마노테(山手)선 신오쿠보역을 중심으로 형성된 상업지역과 인근의 주택지구를 일컫는다. JR 소부(総武)선의 선로와 오쿠보도오리(大久保通り), 메이지도오리(明治通り), 쇼쿠안도오리(職安通り)로 둘러싸인 지구에 에스닉 비즈니스가 집중적으로 분포하고 있으며, 이 지구 주변의 주택지구에는 1980년대 이후에 이주해온 뉴커머 한인들이 주로 거주하고 있다.

1920년대 후반부터 신주쿠(新宿) 지구에 백화점, 음식점, 영화관, 다방 등이 들어서며 번화가로 성장함에 따라, 신오쿠보는 터미널 역에 인접한 신흥 주택가로 발전해왔다. 그러나 태평양전쟁 중 공습으로 대부분 주택가가 소실되었고, 1945년 이후에는 신주쿠 주변에 가부키쵸(歌舞伎町)라는 유흥가가 들어섬에 따라 신오쿠보는 인근 상업시설 종사자를 위한 열악한 거주지역으로 변하였다. 1950년대에는 이 지역에 롯데의 껌 공장이 들어서, 공장 내 근무나 외주 노동을 원하는 사람들이 인근에 모여들었다. 1957년에 매춘방지법이 제정된 후로 가부키쵸 부근이 여관으로 변하면서부터는 신오쿠보는 한층 더 치안이 열악한 지역이 되어갔다.

하지만 1980년대부터 외환 차익을 이용한 이주노동을 하기 위한 뉴커머들의 이주가 시작되었고, 신주쿠에서 서비스 노동자나 댄서로 일하는 이들이 신오쿠보에 거주지를 마련하면서 한인 인구가 증가하였다. 또한 이 시기에 신오쿠보와 이케부쿠로(池袋) 인근에 일본어학교가 난립하여 유학생, 취학생의 수가 급증하게 된 것도 한국인 유학생을 신오쿠보에 모여들게 하는 요인으로 작용하였다. 이들 중 귀국하지 않고 일본에 정착하게 되는 이들이 늘어나면서 이들의 생활을 지원하기 위한 에스닉 비즈니스도 함께 증가하게 되었다.

당시 일반적으로 외국인에 대한 사회적 불신이나 임대보증인[10] 제도 등으로 인해 외국인이 도쿄에서 집을 구하는 것은 매우 어려웠다. 하지만 신오쿠보의 경우, 건물의 노후화,[11] 건물 구조의 특이성[12] 등으로 인해 거주희망자를 구하기가 어려워 차선책으로 외국인에게 임대하는 건물이 많았던 것이 외국인 유입의 원인이 되었다. 또한 1990년대 이후에는 일본의 버블경제 붕괴로 인해 주택뿐 아니라 건물 임대료가 전반

---

[10] 일본에서는 주택 임대 시에 임차인이 연대 보증인을 확보해야 임대가 가능하며, 이때의 보증인은 일본인이어야 한다는 암묵적인 규칙이 있었기 때문에 외국인이 친밀한 관계에 있는 일본인 지인 없이 주택을 빌리는 것은 매우 어려웠다.

[11] 노후화된 건물을 철거·신축할 경우 기존 거주자를 일시적으로 퇴거시켜야 하기 때문에 장기 거주가 예상되는 고령자나 미혼 1인 가구보다는, 비교적으로 단기체류의 가능성이 높은 외국인을 들이는 편이 건물 재건축 시의 갈등을 줄일 수 있기 때문에 외국인을 선호하였다는 이유도 있다.

[12] 여관 등을 임대용 주택으로 개조한 탓에, 욕실은 있지만 부엌이 없는 방 등 일반적인 1인 가구 거주 주택과는 다른 구조의 방이 많았다.

적으로 낮아지면서 사업 기회를 노리던 외국인들이 에스닉 비즈니스를
시작하는 계기가 되었다. 처음에는 '오쿠보 1번가'라고 불리는 작은 골
목에 여러 국적의 외국인들의 상업시설이 집적하여 다국적 거리가 형
성되었는데, 한국계 상업시설이 점차 확대되면서 1990년대 후반에는
신오쿠보역 동쪽 산업시설의 과반수를 한국계 업소가 차지하게 되었다
(稻葉佳子, 2008).[13]

〈그림 1-19〉 신오쿠보의 한인 상
업시설

---

[13] 중국, 대만, 태국, 미얀마 등 아시아계 에스닉 비즈니스는 점차 각기 다른 골목에서 집적하
      게 되었고, 현재는 신오쿠보역부터 동쪽에 한국계 산업시설이, 역 서쪽에는 중국, 대만, 미
      얀마, 태국, 아랍계 상업시설이 각각 입지한 상태가 되었다.

〈그림 1-20〉 한류 상품 전문점

2002년에는 한일월드컵이 개최되고 한일 양국 간의 문화 교류 폭
이 넓어지면서 일본 국내에서 한국 문화에 대한 관심이 높아져 갔다. 이
때 일본 미디어들이 신오쿠보를 한인 타운으로 보도하면서, 신오쿠보
는 다국적 타운의 이미지보다는 한인 타운으로서 유명해졌다(山下淸海,
2011). 2000년대의 신오쿠보에서는 한국풍의 문화를 체험하기 원하는 일
본인을 위한 음식점, 연예인 관련 상품 전문점, 화장품 판매점 등이 증
가하였다. 이호상(2011)은 신오쿠보가 한류의 메카로써 관광지화되면 될
수록 이주자의 커뮤니티로서의 신오쿠보의 아이덴티티는 점차 그 성격
이 애매해진다는 것을 지적하였는데, 실제로 한인의 수요를 온전히 충
족시키지 못하는 면이 있어 신오쿠보의 에스닉 엔클레이브로서의 기능
은 점차 약화되었다. 한류 열풍이 사그라듦에 따라 신오쿠보역에서 거
리가 떨어진 곳에 있던 상점의 폐업이 잇따르는 등 상업시설의 쇠퇴와
한인 상점가의 축소 또한 진행되고 있다. 현재 이 지역에 거주하고 있는
것은 1980년대 이후 정착한 뉴커머 이주자들이 중심이 되며, 신오쿠보
의 일본어 학교에 다니는 어학연수생도 학교 인근의 임대주택에 거주

하는 경향이 있다.

(3) 우에노(上野), 오카치마치(御徒町)

우에노와 오카치마치의 한인 집거지가 어떻게 형성되었는지에 관해서는 다양한 설이 존재하는데, 1900년대 초부터 우에노 주변에 하층민을 위한 거주지나 암시장이 형성되어있어 외국인이 유입되기 쉬운 공간이었다는 설이 가장 유력하다. 1926년의 용도구역 지정으로 인해 도쿄 서쪽은 거주지역, 도쿄 동쪽은 공장지대로 설정되고 그 사이의 공간이 상업지구로 변화하였는데, 우에노 일대는 상업지역과 서민층의 거주지의 경계선에 가까운 번화가였기에 서민층의 왕래가 많았다. 또한, 일본의 동북지역에서 도쿄로 연결되는 철도 노선의 종점이 우에노였고 외지 출신의 노동자들이 이 주변에서 터전을 마련하는 과정에서 외지인과 하층민을 위한 공간이 형성되었기 때문에, 또 다른 외지인인 외국인의 유입을 가능하게 했다는 시각도 있다(조경희, 2013). 이 시기의 우에노 주변에서는 전철과 지하철의 철도 공사가 이루어지고 있었고, 인근에서는 고무, 섬유, 피혁 관련 제조공장이 많아 새로이 유입된 한인도 토목업자나 공장노동자가 되었다. 또한 우에노 주변에 집적되어있는 보석업이나 액세서리 가공업에도 한인들이 많이 종사하게 되어 이 인근에서 한인 타운이 생겨나는 배경이 되었다.

우에노 바로 옆에 위치한 지구인 오카치마치의 한 상점가에서는 1948년 '우에노 친선 마켓'이라는 거리가 형성되면서 여러 민족의 식자재점과 양품점이 집적되었는데, 이 거리는 점차 한국계 상점이 모여드는 곳으로 바뀌었고, 현재는 히가시우에노(東上野) 코리아타운이라는 이

름으로 존재하고 있다.[14]

〈그림 1-21〉 히가시우에노 코리
아타운의 가게들

　위에서 언급한 지역 외에도 도쿄 각지에는 소규모의 집거지와 상업
지구가 더 존재하고 있다. 미나토(港)구 아자부주반(麻布十番)에는 한국 대
사관과 재일본대한민국민단본부가 입지해 있으며, 인근의 아카사카(赤
坂)에도 한국 음식점이 밀집되어있는 작은 골목이 있다. 태평양전쟁이
끝난 직후의 혼란스러운 시기에 이 지역에서 외국인 투자자가 토지를 매
입한 결과 한국계, 중국계 등 외국인이 운영하는 상업시설이 입지하기
쉬웠다는 설과, 아카사카의 유흥가에 취직한 한인을 위하여 한국 음식
점을 개점하였다는 설 등이 있으나 정확한 유래는 알려지지 않고 있다.
　그 외에도 도쿄 동쪽의 긴시쵸(錦糸町), 가메이도(亀戸), 고이와이(小岩
井) 인근에서도 한인들을 위한 상업시설이 일부 입지해 있는 것을 확인
할 수 있다. 입지 요인으로서는 한인들이 살고 있던 미카와시마나 에다

---

[14]　출처: 히가시우에노 코리아타운 공식 사이트

70　세계의 코리아타운과 한인 커뮤니티

가와와 가까운 지역에 살기를 희망하던 새 한인 이주자들이 이 지역에 정착하였다는 것과 에도가와구에 일본어 학교가 설립됨에 따라 유학생을 흡수하였다는 것을 들 수 있다. 또한 도쿄 대도시권 전체를 보면 가나가와(神奈川)현 가와사키(川崎)시의 공장지대, 가나가와 현 요코하마(横浜)시 나카(中)구 고토부키쵸(寿町) 부근, 치바(千葉) 현 치바시 주오(中央)구 사카에쵸(栄町) 부근에도 집거지가 형성되어있는 것으로 알려져 있다.

뉴뉴커머로 분류되는 최근의 이주자들은 위에서 언급한 한인 집거지로 유입되지 않는 경향이 있다. 어학연수생은 일본어로 집을 구하기 힘들다는 이유와 일시적인 거주자라는 이유에서 신오쿠보에 거주하기도 하지만, 대학이나 대학원으로의 정규 유학생, 그리고 일본 내 기업으로 취직한 일반 직장인, 주재원 등은 각각 출퇴근이 용이한 도쿄 각 지역에 완전히 분산되어있다. 특히 도쿄의 경우 뉴욕이나 런던과는 달리 1인 가구를 위한 주택이 많아, 한인이 사는 곳에서 서블렛 형태로 모여 살아야 할 필요성도 적기 때문에 분산 경향은 더욱 두드러지게 나타난다. 도쿄에서 뉴욕의 K-town, 런던의 소호와 같이 도심의 한인 타운 기능을 하는 곳은 신오쿠보이다. 신오쿠보에는 한국식 프랜차이즈 음식점이나 한국식 횟집 등 한국에서 유행하는 음식을 즐길 수 있는 곳이 다수 존재하며, 이는 일본인 고객을 타깃으로 하는 음식점과 같은 길목에 혼재해 있으면서도 한국인을 위한 공간으로 형성되어있어, 한 지구 내에서 타깃이 되는 민족이 구별되는 상업시설이 존재하게 되었다는 점에서 독특한 구조를 지닌다고 할 수 있다.

4. 결론

한국은 국내의 정치경제적 상황에 따라 세계 각지로 다양한 유형의 이주자를 송출해왔고, 이는 세계 각국의 시대적 상황과도 맞물려 이루어지며 글로벌 시티의 한인 타운들이라는 결과로 나타났다. 각 글로벌 시티에는 역사적인 이유로 흘러 들어와 정착한 한인들, 경제적인 이유에서 영주를 바라고 이민을 택한 한인들, 그리고 트랜스내셔널한 국제이동을 계속적으로 실천하는 한인들이 모두 모여 같은 한인 타운에서, 혹은 도시 내부의 서로 다른 공간에서 생활을 이어나가고 있다.

인적자본의 국제이동을 가속화시키는 글로벌화는 앞으로도 이주를 더욱 다층적이고 복잡한 과정으로 변화시켜나갈 것이다. 이미 한인 타운은 에스닉 엔클레이브라는 전형적인 공간을 넘어서서 도시 각지에 서로 다른 기능과 형태를 가지고 입지하고 있다. 뿐만 아니라 조선족, 탈북민과 같은 넓은 의미에서의 동포, 그리고 현지사회에 거주하는 다양한 민족들과의 상호작용이 이루어지면 한인 타운은 점점 독특한 양상을 가지고 도시를 변화시킬 것이다. 이러한 상황 속에서 해외의 한인 동포와 한인 타운의 양상을 정확하게 포착하기 위해서는 지속적이고 심층적인 관심과 조사가 필요할 것이다.

참고문헌

김점숙. 2015. "박정희 정부의 수출 제일주의 정책과 재영 한인 사회의 형성". 『한국문화연구』 29: 243-282.

외교부. 2017. "재외동포통계".

이진영. 2012. "런던의 코리아타운: 형성, 구조, 문화". 『재외한인연구』 27: 177-211.

이호상. 2011. "에스닉 커뮤니티의 성장에 따른 지역 사회의 변화: 도쿄 신오쿠보를 사례로". 『한국도시지리학회지』 14(2): 125-137.

조경희. 2013. "도쿄 우에노의 로컬리티 형성과 이동하는 하층민: 우에노 공원 일대를 중심으로". 『사회와 역사』 97: 177-211.

稲葉佳子. 2008. 『オオクボ都市の力－多文化空間のダイナミズム－』. 学芸出版社(이나바 요시코. 2008. 오오쿠보 도시의 힘: 다문화공간의 다이나미즘』. 학예출판사).

申知燕. 2018. "ニューヨーク大都市圏における韓人のトランスナショナルな移住－居住地選択およびコリアタウンとの関係を中心に－". 地理学評論 91(1): 1-23(신지연. 2018. "뉴욕 대도시권의 한인의 트랜스내셔널한 이주: 거주지선택 및 코리아타운과의 관계를 중심으로". 『지리학평론』 91(1): 1-23.)

山下清海. 2011. 『現代のエスニック社会を探る－理論からフィールドへ』. 学文社(야마시타 키요미. 2011. 『현대의 에스닉 사회를 찾는다: 이론부터 필드까지』. 학문사).

Sassen, S. (1991) 2002. *The Global City*, 2nd ed. Princeton: Princeton University Press.

제2장

뉴욕-뉴저지 지역의
한인 커뮤니티

민병갑(퀸즈칼리지)

1. 서론

뉴욕-뉴저지 지역의 한인 커뮤니티는 1965년 이후 한인 이주의 산물이다. 2014년 기준으로 뉴욕-뉴저지 지역의 한인 인구는 25만 명이며, 남부 캘리포니아 다음으로 두 번째로 규모가 큰 한인 중심지이다. 뉴욕-뉴저지 한인 커뮤니티는 한인 이민과 관련한 인구학적 변화를 비롯하여 정착과정, 사업 패턴, 타 집단과의 관계, 한인단체, 그리고 모국과의 초국가적 연계 등의 주요한 변화를 겪어왔다. 이 장은 지난 50년간 뉴욕-뉴저지 지역 한인 커뮤니티가 겪은 이와 같은 변화를 다룬다. 그중에서도 21세기 이후에 발생한 변화에 초점을 맞춘다.

이 글은 먼저 미국 내의 한국계 미국인과 뉴욕-뉴저지 지역의 한인 커뮤니티의 이민 패턴과 인구 성장, 인구학적 특성을 논의한다. 두 번째로 한인 이민자의 정착 패턴의 변화를 논의하고, 세 번째로 한인 자영업의 발전을 다루면서 이와 관련한 1960년대부터 1990년대 사이에 발생한 한인-타 인종 간 갈등을 살펴본다. 네 번째로 이 지역에서 활동하는 한인단체를 다룬다. 최근 들어 한인 자영업 연합회의 영향력은 약화되는 한편, 사회봉사 단체와 권익증진 단체가 더욱 강력한 한인 커뮤니티 단체로 출현하고 있는 현상에 주목한다. 마지막으로 뉴욕의 한인 이민자와 미국사회 간 연계가 증가하는 현상과 더불어 한인 이민자의 한인 커뮤니티와 모국에 대한 애착이 증가하는 현상을 다룬다.

이 글은 다양한 자료를 바탕으로 작성되었다. 우선, 한인 이민, 인구통계, 정착 및 사업 패턴의 변화를 보여주기 위해 인구센서스와 공공기관에서 발간된 자료들을 사용하였다. 한인 이민자의 모국과의 강한 초국가적 연계를 보여주기 위해서 두 가지 설문조사의 결과를 활용하였다. 이들 정량 데이터뿐 아니라 여러 가지 유형의 정성 데이터도 활용하였다. 이 글을 보다 흥미롭게 읽을 수 있도록 한인 이민자 인터뷰와 한인 커뮤니티 기관 인터뷰 자료를 사용하여 많은 부분을 상세히 기록하였고 여러 발췌문을 인용하였다. 한인 이민자 사업과 관련된 인종집단 갈등, 한인 집단행동과 초국가적 문화활동을 살펴보기 위해 지역 한인신문인 『코리아 타임즈』와 『코리안 데일리』의 기사가 활용되었다. 마지막으로 뉴욕-뉴저지 지역에서 26년간 일상적으로 행해온 참여자 관찰의 형식에서 도출된 저자의 내부자적 지식을 사용하였다.

2. 한인 커뮤니티의 형성과 성장

1) 1965년 이전 시기

이 지역에 한인이 정착한 것은 1920년대 컬럼비아 대학교와 뉴욕 대학교 등에 유학 온 한인 독립운동 지도자들과 학생들이 이 지역으로 이주하면서부터이다(Cho, 2012). 대한민국의 건국과 함께 미국과의 돈독한 정치·군사·경제적 유대관계가 증가함에 따라 이 지역의 한인 학생 수는 증가하였다. 그러나 뉴욕 한인회 보고서에 의하면, 1960년대 이 지역의 한인 인구는 고작 400명에 지나지 않았고, 그중 상당수는 콜럼비아 대학교와 뉴욕대학교 등 이 지역 대학교에 등록한 학생들이었다(뉴욕한인회, 1985: 54). 이 시기 학생 신분이 아닌 한인으로는 전문직 종사자, 사업가, 미군과 결혼한 여성, 한국영사관 직원이 있었다. 1926년에 세워진 뉴욕한인교회는 콜럼비아 대학교 건너편에 위치하였는데, 이 교회는 1960년 이전까지 한인 커뮤니티의 중심 역할을 하였다. 이는 1965년 이전의 뉴욕 지역 한인 커뮤니티에서 콜럼비아 대학교를 비롯한 고등교육기관에 수학하는 한인 유학생들이 중요한 역할을 했다는 것을 보여준다.

콜럼비아 대학교와 뉴욕 대학교의 한국 학생들에 의해 1955년 조직된 뉴욕 한인유학생회는 당시 한인 커뮤니티 활동을 주도했다. 1960년에는 한인들이 뉴욕 한인회(Korean Association of New York)를 창립했으며 맨해튼의 6번가(6th ave.)와 7번가(7th ave.) 사이의 23번가(23rd st.)에 위치한 사무실 건물을 매입하였다. 현재 뉴욕 이민자의 활동중심지는 퀸즈, 특히 플러싱이지만, 뉴욕 한인회는 맨해튼에 있는 동일한 사무실 건물을 여전히 사용하고 있다. 뉴욕 초기 이주자에 의하면 1960년대 초까지만 해도 맨해튼은 한인 이민자들의 중심지로 한국 식료품점, 한국 식당 및 한국 교회들은 맨해튼에 위치해 있었다고 한다.

2) 1965년 이후 한인 이민

1965년 이전까지만 해도 한인 이민자들은 캘리포니아, 하와이 등 서부 해안 주(states)에 집중되어있었지만, 1965년 이후 한인 이민자들은 미국 전역으로 퍼져나갔다. 특히, 많은 비율의 이민자들이 뉴욕-뉴저지 대도시 지역에 정착했다. 〈표 2-1〉에서 볼 수 있듯이, 1970년과 1989년 사이에 합법적으로 미국에 입국한 이민자들의 9~12%가 뉴욕주에 거주하였다. 이민자의 다른 3~4%는 뉴저지를 선택했다. 2005~2009년까지

8%가 뉴저지를 선택했고(1990~1994년의 6%보다 증가), 10%는 뉴욕을 선택했다(1990~1994년의 14%보다 감소). 이 통계는 한인 이민자들의 뉴저지 버겐 카운티에 대한 선호의 증가와 뉴욕시를 회피하는 경향을 반영한다. 이 문제는 다음 절에서 다루도록 하겠다.

〈표 2-1〉 뉴욕과 뉴저지주에 정착한 한인 비율, 1965~2011(5년마다)

연도	한인이민자 수 (명)	뉴욕-뉴저지주 한인 정착 비율(%)	
		뉴욕	뉴저지
1965~1969	17,869	—	—
1970~1974	92,745	12	4
1975~1979	148,645	9	3
1980~1984	162,178	10	4
1985~1989	175,803	11	4
1990~1994	112,215	14	6
1995~1999	75,579	12	8
2000~2004	89,871	9	7
2005~2009	125,878	10	8

출처: Immigration and Naturalization Service, Annual Reports, 1965-1978; Statistical Yearbooks, 1979~2001; Office of Immigration Statistics, *Yearbooks of Immigration Statistics*, 2002~2009.

1960년대 후반과 1970년대 초반에는 특정 직업군을 바탕으로 이민이 허용된 이민자와 그의 배우자 및 자녀가 뉴욕-뉴저지 지역에 거주하는 한인 이민자의 다수를 구성하였다. 시민권 취득을 위해 귀화한 한인이 거의 없었으므로 가족 재결합 프로그램을 통해 이민 온 한인은 거의 없었다. 두 가지 요인이 1970년대 뉴욕으로의 새로운 연쇄이주를 가능하게 만들었다. 첫째는 뉴욕-뉴저지 지역의 의료 산업 확대와 의료 전문가에 대한 수요가 많은 한국 의료 전문가들을 끌어들였다(Kim, 1981: 153-56; Liu and Rosenstein, 1993). 한국인과 다른 아시아계 의료 전문가들은 가정의학과, 방사선과 같은 의료계의 주변 분야나, 백인들에게 매력적이지 않은 저소득 소수인종 거주지역에서 빈자리를 채웠다(Kim, 1981: 155-156; Rosenthal, 1995). 1965년과 1975년 사이에 미국 이민이 허용된 6,200명의 한국 의료 전문가 중 3분의 1 이상이 3개 주(뉴욕, 뉴저지 및 코네티컷)에 정착하였다(Kim, 1981: 148~157).

둘째, 동부의 주요 대학에서 공부한 많은 한인 유학생들이 전문직·경영직을 구하거나 자영업을 시작하기 위해 1960년대와 1970년대 초 뉴욕 지역으로 이주하였다. 이들은 한국인 간호사와 결혼하거나 다른 방법을 통해 법적 지위를 학생비자에서 영주권으로 전환했다. 실제로, 뉴욕에서 가장 성공한 사업주의 대부분은 30~40년 전에 대학원 교육을 받기 위해 미국에 온 사람들이다. 사회과학이나 인문학 석사학위는 권위 있고 보수가 많은 직업을 찾는 데 도움이 되지 않기 때문에 많은 이민자들은 사업을 시작하였다.

1965년 이후 한인 이민이 정점에 이른 시기는 1980년대였고, 이 기간 동안 매년 약 3만~3만 5천 명의 한인이 미국으로 이주했으나(<표 2-1> 참조), 1990년대에 들어서는 연간 2만 명 이하로 급격히 감소하였다. 1980년대 말 한국의 급속한 경제발전, 26년간의 군부 독재 체제를 대체하는 민주정부의 수립, 남북한 긴장 완화 등 내부요인이 미국 및 다른 이민 국가로 한국인이 유출되는 것을 완화시켰다(Min, 2011). 다른 한편으로 한국에서 미국으로 이주했던 한인 이주자들의 경제 적응 실태가 널리 알려지면서 한국인의 미국 이민도 줄어들었다. 오히려 1980년대 말

부터 1990년대까지 상당수의 한인 이주자가 매년 한국으로 귀환했다
(Min, 2013).

　이러한 이민 패턴은 2000년대에 들어서서 반전되었다. 2001년에 한국인의 이민은 2만 명 이상으로 증가했으며 2000년대에는 연간 2만 5천 명에 달하였다. 1998년에 시작된 금융 위기로 대학 졸업자들은 한국에서 괜찮은 직업을 찾기가 어려워지고, 2000년대에는 미국 내 한인 임시 체류자들이 증가하면서 한인 이민이 상승세를 탔다. 매년 많은 수의 대학 졸업자들이 대학원, 인턴십 및 영어 교육을 받기 위해 또는 전문직 취업 비자(H1B)의 취득을 통해 미국에 왔다. 또한, 많은 학생들이 초 · 중 · 고등학교 및 대학교 교육을 받기 위해 미국에 왔다(Min, 2011: 217). 한국은 세계 어느 나라보다 인구 대비 많은 유학생을 보냈다(Min, 2011: 216). 단기 거주자에는 미국지사로 파견된 한국회사 직원, 방문 교수, 공무원, 그리고 장기 방문객이 포함된다.

　상당수의 단기 거주자는 몇 년 동안 미국에 거주하면서 법적 신분을 영주권자로 바꾸었다. 이는 미국에 다른 신분으로 입국하여 차후에 영주권을 획득한 신분 조정자의 비율이 계속해서 증가하고 있으며, 새로 입국한 사람의 비율은 감소하고 있는 사실에서도 알 수 있다. 신분 조정자의 비율은 1976년 한인 이민자의 약 7%였다. 그러나, 1991년에는 30%, 1997년에는 45%, 2006년에는 80%, 2009년에는 81%로 증가했다(Min, 2011: 17). 많은 한국인 단기 거주자들(예를 들어, 유학생, 한국기업의 미국 지사 직원, 단기 근로자, 연수생 및 장기 방문객)이 미국에서 합법적 거주자가 되었다. 뉴욕-뉴저지 지역의 한인사회에는 다른 주와 다른 대도시 한인사회보다 단기 거주자의 비중이 높다.

3. 한인 인구의 성장과 인구학적 특성

1965년에서 2014까지 꾸준한 한인 이민자의 유입이 있었고, 미국과 뉴욕-뉴저지 대도시 지역의 재미한인의 인구는 괄목할 만한 성장을 보였다. 〈표 2-2〉는 7만 명에도 미치지 못했던 재미한인 인구가 2010년에 170만 명 이상으로 증가하여 지난 40년 동안 25배 증가하였음을 보여준다. 2010년의 170만 명 이상 되는 재미한인 중에는 재미한인 인구의 약 17%를 차지하는 28만 명의 다인종 재미한인(다른 인종집단과의 결혼으로 태어난 자녀)도 포함된다. 미국에서 태어난 재미한인의 54%는 한국인이 아닌 배우자와 결혼을 하기 때문에 다인종 재미한인의 비율은 앞으로도 계속 증가할 것이다(Min and Kim, 2009). 현재 재미한인은 중국인, 필리핀인, 인도인, 베트남인 다음으로 미국에서 다섯 번째로 큰 아시아 인종집단이다.

〈표 2-2〉 뉴욕-뉴저지 지역 한인 인구의 성장, 1970~2010

	1970	1980	1990	2000	2010
미국 (A)	69,150	354,593	798,849	1,228,427*	1,706,822*
뉴욕-뉴저지 (B)	–	38,081	118,096	179,344*	221,705*
비율(B/A)	–	10.7	14.8	14.6	13.0

출처: US Census Data (1970, 1980, 1990, 2000, 2010)
* 한인 인구는 단일 인종과 다인종 한인을 포함.

〈표 2-2〉는 뉴욕-뉴저지 대도시 지역의 한인 인구가 1980년의 약 3만 8천 명에서 2010년에 약 22만 2천 명으로 증가하였음을 보여준다.

한인 인구는 1980년에서 1990년 사이에 급격히 증가(4배 이상)했으며, 이후 20년 동안에는 완만한 증가율(80년대 30%와 90년대 25%)을 보였다. 하지만 2010년에는 이 지역의 한인 비율이 2000년의 15%보다 감소했다(Min, 2013: 44). 2010년을 기준으로 뉴욕-뉴저지 대도시 지역은 미국에서 로스앤젤레스-롱 비치-리버 사이드 지역 다음으로 두 번째로 많은 한인 인구가 살고 있다. 로스앤젤레스 지역의 한인 인구는 약 32만 5천 명으로 미국 내 한인 인구의 22%를 차지한다. 볼티모어-워싱턴 D.C.-북부 버지니아 지역과 샌프란시스코-오클랜드 지역은 미국에서 각각 세 번째 및 네 번째로 많은 한인 인구가 살고 있다.

뉴욕-뉴저지 대도시 지역의 주요한 아시아계 이민자 집단으로 네 집단(중국계, 인도계, 한국계, 필리핀계)을 들 수 있다. 그중 한국계 미국인은 이 지역에서 세 번째로 큰 아시아계 이민자 집단을 구성한다. 중국계 미국인의 수는 약 80만 명으로 한국계 미국인보다 3배 이상 많으며, 인도계 미국인은 60만 명에 육박하여 한국계 미국인의 2.5배 수준이다. 한국계 미국인의 수는 필리핀계 미국인보다는 약간 상회하는 수준이다(217,340명).

〈표 2-3〉은 미국과 뉴욕-뉴저지 대도시 지역의 다인종을 제외한 단일 인종 재미한인의 세대별 분포를 보여준다. 재미한인의 약 55%는 13살 이후에 미국에 온 이민 1세대이다. 1살에서 12살 사이에 미국에 온 1.5세대와 미국에서 태어난 2세대는 각각 21%와 24%를 차지하며, 전체 재미한인의 45%를 구성한다. 그러나 대부분 성인이 아닌 유아, 어린이 및 청소년이기 때문에 통계가 보여주는 것보다 가시적이지 않다. 뉴욕-뉴저지 지역의 1.5세대 한인 비율은 미국 전체 한인 비율과 비교해볼 때 훨씬 작은 비율을 구성하고 있다. 이 차이는 뉴욕-뉴저지 지역

의 주로 1.5세대에 속하는 한국인 입양아의 비율이 작기 때문인 것으로
보인다. 한국인 아동을 입양한 부모 중에서 백인 개신교도는 과도하게
대표되어있는데(Kim, 2010), 그들은 뉴욕-뉴저지 지역 주민의 작은 비율만
을 차지하고 있다.

〈표 2-3〉 미국 전역과 뉴욕-뉴저지 지역의 단일 인종 한인의 세대 분포, 2007~2011

세대	미국 N (%)	뉴욕-뉴저지 N (%)
1세대	791,537 (55.4%)	114,335 (58.6%)
1.5세대	295,380 (20.7%)	34,053 (17.4%)
2세대 이후(미국 출생)	342,109 (23.9%)	46,757 (24.0%)
총합	1,429,026 (100.0%)	195,145 (100.0%)

출처: The 2007-2011 American Community Surveys

4. 뉴욕지역 한인 정착 패턴

1) 한인 인구의 교외화

〈표 2-2〉에서 볼 수 있듯이 뉴욕-뉴저지 지역의 한인 인구는 1980
년에서 1990년 사이 4배 이상 급격히 증가했으나, 이후 20년 동안에는
각각 완만한 증가율을 보였다. 1990년과 2010년 사이 20년 동안 한인
인구 패턴의 주목할 만한 변화는 뉴욕시(중심 도시)에서 교외지역으로의
이동이다. 1990년 대도시권에 거주하는 한인의 대다수(59%)는 뉴욕시에
살았으며, 퀸즈의 한인 거주지역에 집중되어있었다(Min and Kim, 2013). 그
러나 1990년대 들어 원래 퀸즈에 정착했던 한인 이민자들은 점점 롱아

일랜드와 버겐 카운티의 교외지역으로 이주하였다. 그뿐 아니라 한국에서 온 새로운 이민자들은 곧바로 교외지역에, 특히 버겐 카운티에 정착하였다. 교외지역의 한인 인구는 2000년에서 2010년 사이에 48% 증가한 반면, 뉴욕시에서는 단지 14% 증가에 그쳤다. 2010년을 기준으로 본다면, 교외지역에 거주하는 한인은 도시거주 한인보다 1만 6천 명 정도 더 많다.

뉴욕-뉴저지 대도시 지역은 뉴욕, 뉴저지 및 코네티컷 3개 주의 약 30개 카운티를 가리킨다. 한인은 뉴저지의 버겐 카운티, 롱아일랜드의 나소 및 서픽 카운티, 뉴욕주 북부의 웨스트체스터 및 록랜드 카운티와 같은 5개 교외지역에 널리 분포되어있다(Min and Kim, 2013: 54). 이들 지역 중에서 뉴저지의 버겐 카운티에는 20년 동안 한인 인구가 1990년에서 2000년 사이 130%, 2000년에서 2010년 사이 57% 증가한 것으로 나타났다. 버겐 카운티에는 2010년 기준으로 퀸즈(약 66,000명)보다 약간 적지만, 두 번째로 많은 한인(58,000명 이상)이 거주한다(Min and Kim, 2013: 54). 버겐 카운티에 사는 한인은 팰리사이드 파크(Plisades Park), 포트리(Fort Lee), 레오니아(Leonia)와 리지필드(Ridgefield)에 집중되어있긴 했지만 버겐 카운티의 다른 거주지역에도 상당히 분포되어있다. 이와 대조적으로 퀸즈에 거주하는 한인 이민자들은 백인 중산층 거주지역인 플러싱(Flushing)과 베이사이드(Bayside)의 2개 지역에 집중되어있다.

버겐 카운티의 한인 인구가 왜 급격히 증가하였을까? 뉴욕시에 정착한 많은 초기 이주자들은 더 나은 공립학교와 주택을 찾기 위해 포트리, 팰리사이드 파크, 레오니아 등 버겐 카운티의 교외지역으로의 이동을 시작하여 한인 집거지를 형성하였다(Oh, 2007). 1990년대 중반에 한인 상업지역과 함께 한인 주거지역이 버겐 카운티에 자리를 잡아가자, 교외 편의시설과 한국 식당과 한국 문화를 기반으로 한 사업의 이용이 용이해졌고, 이는 퀸즈 한인 집거지에 살고 있었던 한인들이 이동하는 계기가 되었다.

잭슨 하이츠(Queens)에 살았던 조씨는 1991년 팰리사이드 파크로 이사했다. 버겐 카운티로 이사한 이유에 대해 물었을 때 비슷한 상황의 다른 한인 이민자들과 같은 반응을 보였다.

"1990년대 초 팰리사이드 파크로 이사한 이유가 몇 가지가 있습니다. 잭슨 하이츠는 새로운 이민자들로 넘쳐나고 범죄율도 높습니다. 반면에, 버겐 카운티의 팰리사이드 파크나 포트리는 범죄도 없고 맥도날드 같은 패스트푸드점이 없는 교외지역입니다.

내 친구가 "팰리사이드 파크에서 네 차를 길에 세우고 그것을 잠그지 않고 하루 동안 둘 수 있어. 하지만 잭슨 하이츠에서는 잠근다고 해도 많은 사람들이 차를 잃어버려"라고 하더군요.

또, 공립학교도 퀸즈보다 버겐 카운티가 훨씬 좋습니다.

잭슨 하이츠에서 이러한 모든 이점을 누리면서 5~10분 안에 한국 식당과 빵집에도 갈 수 있습니다. 내가 팰리사이드 파크로 이사하려고 했을 때는 이미 많은 한국 상점들이 생겼습니다."

동시에, 부동산의 과밀과 임대료 상승으로 인해 맨해튼에 위치한 한국기업 지사 및 한국 도매 매장들이 1990년대 이후 버겐 카운티로 이주하게 되었다. 점진적으로 뉴저지에서 근무하는 한인 직원 및 사업주들도 퀸즈(Queens)에서 뉴저지로 이주하였다. 또한 방문 학자, 연수생, 한국 정부 파견 직원 등 취학연령의 자녀가 있는 한국인 단기 거주자들도 퀸즈가 아닌 버겐 카운티에서의 생활을 선호하는 경향이 있었다. 그들 중 일부는 뉴욕시가 가족이 생활하기에는 "너무 거칠고" "다소 위험"하다고 말했다.

롱아일랜드에 위치한 낫소 카운티는 2010년 1만 1천명에 가까운 한인 인구가 거주하는 지역으로 이는 교외 카운티들 중 두 번째로 큰 한인 거주지역이며 2000년과 2010년 사이에는 64%의 가장 높은 한인 인구 성장률을 보였다(Min and Kim, 2013). 낫소 카운티 및 기타 교외지역은 유명한 공립학교가 있는 우수한 교육지역들이 있기 때문에 한인 이민자에게 매력적이다. 뉴하이드 파크(New Hyde Park), 그레이트 넥(Great Neck), 포트 워싱턴(Port Washington), 시오셋(Syosset), 제리코(Jericho)와 같은 한인 인구가 집중되어있는 롱아일랜드의 지역에는 최고 학군의 고등학교가 위치해 있다. 젊은 세대의 한인 청년들은 이들 중산층 및 중상류층 거주지역에 살고 있다. 이 지역은 많은 유대계 미국인들이 살고 있는 지역이기도 하다.

퀸즈(Queens)는 플러싱(Flushing)이 코리아 타운(The Koreatown)의 기능을 하면서 상당 기간 동안 뉴욕시 한인 인구의 중심지였다. 1990년에는 뉴욕시 한인의 약 70%가 퀸즈에 살았다. 그 비율은 2000년까지 변하지 않다가 2010년에 64%로 감소했다. 놀랍게도 2000년에서 2010년 사이에 퀸즈에 사는 한인 인구는 2,000명을 조금 넘는 수준으로 증가했다. 지난 20년 동안 퀸즈에서 한인 인구가 거의 증가하지 않은 것은 두 가지 요인 때문이었다. 첫째, 이미 언급했듯이, 원래 퀸즈에 정착한 많은 한인 이민자들이 버겐 카운티와 롱아일랜드로 다시 이주했고, 둘째, 퀸즈에 사는 많은 한인 이민자들은 특히 2008~2010년 경기 침체기에 더 나은 기회를 찾기 위해 다른 대도시로 이주한 것으로 보인다(Min and Kim, 2012).

반면 맨해튼은 한인 인구의 상당한 증가를 보였는데, 1990년에서 2000까지 4%의 한인 인구가 증가했고 2000년부터 2010년까지는 8%의 증가를 보였다. 1990년에서 2010년 사이 맨해튼 전체의 한인 인구는 3.5배 증가했다. 맨해튼의 한인 인구가 급격하게 증가한 데는 두 가지 요인이 있다. 하나는 맨해튼에 거주하는 한국인 유학생의 수가 대폭 증가하였기 때문이다. 여기에는 컬럼비아대학교, 뉴욕대학교, 뉴욕시립대학교 및 대학원에 재학 중인 대학생 및 대학원생들과 맨해튼의 예술, 음악 및 기타 여러 다양한 전문학교에 다니는 대학생들이 포함된다. 또 다른 요인은 맨해튼 미드타운과 다운타운에 위치한 회사에서 일하는 1.5세 및 2세 재미한인의 수가 꾸준히 증가해왔기 때문이다.

2) 한인 집거지

뉴욕 한인 이민자의 정착 패턴의 중요한 측면 중의 하나는 여러 한인 거주지가 형성된 점이다. 가장 오래되고 규모가 큰 한국인 거주지는 퀸즈 커뮤니티 7구역에 설립되었고, 이는 플러싱, 칼리지 포인트(College Point), 화이트 스톤(White Stone) 및 클리어 뷰(Clear View)를 포함한다. 2010년 기준 퀸즈 커뮤니티 7구역에 사는 재미한인은 약 2만 8천 명이고, 뉴욕시 전체 한인 102,000명 중 약 27%를 차지한다(<표 2-4> 참조). 퀸즈 커뮤니티 7구역은 베이사이드(Bayside), 리틀 넥(Little Neck), 더글라스톤(Douglaston)

및 오클랜드 가든스(Oakland Gardens)를 포함한 커뮤니티 11구역(Community District 11)의 동쪽 방향으로 연결되어있다. 11구역에는 1만 7천 명의 한인이 거주하고 있으며 이는 두 번째로 큰 한인 거주지역이다. 이 두 커뮤니티 지역은 모두 백인 중산층 거주지역으로, 1980년대부터 한인 이민자가 이주하기 시작한 지역이다. 이러한 사실은 한인 이민자의 백인 중산층 거주지역에 대해 강한 선호를 나타낸다. 〈표 2-4〉를 보면, 7구역에 사는 한인 이민자는 1990년에는 중국계 이민자보다 약간 적었다. 그러나, 중국계 이민자 유입은 가속화되고 한인 이민자 유입은 완만해지면서 20년 후인 2010년에는 중국계 이민자와 한인 이민자의 격차는 확대되어 중국계 미국인이 한인보다 2.5배 더 많아졌다.

〈표 2-4〉 퀸즈 7구역의 인종별 인구분포, 1980~2010

인종	1980		1990		2000		2010	
	인구수	%	인구수	%	인구수	%	인구수	%
총합	204,785	100.0	220,508	100.0	242,952	100.0	247,354	100.0
백인	156,282	76.3	128,470	58.3	100,231	41.3	73,668	29.8
흑인	9,580	4.7	9,348	4.2	6,873	2.8	5,512	2.2
아시아계	18,222	8.9	48,765	22.1	87,450	36.0	122,859	49.7
중국계	6,700	3.3	20,044	9.1	41,777	17.1	75,992	30.7
한국계	3,794	1.9	17,794	8.1	27,113	11.2	27,881	11.3
인도계	4,592	2.2	7,146	3.2	11,100	4.6	8,408	3.4
기타	3,136	1.5	3,781	1.7	7,460	3.1	10,578	4.3
히스패닉	20,045	9.8	33,130	15.0	40,976	16.9	41,164	16.6
기타인종 다인종	656	0.3	795	0.4	7,422	3.1	4,151	1.7

출처: New York City Department of City Planning, 1992, 2010.
* 플러싱(Flushing), 칼리지 포인트(College Point), 화이트스톤(Whitestone), 베이테라스(Bay Terrace)와 클리어뷰(Clearview)

2000년에 7구역에 거주하는 백인의 비율이 40%에서 감소하였고 아시아계 미국인의 인구가 35% 이상 증가함에 따라 중국인과 한인 정치 후보들은 뉴욕 시의회와 뉴욕 주의회의 7구역 선거구의 의석을 차지하기 위해 출마하기 시작했다. 그러나, 2001년 뉴욕시의회 선거를 시작으로 한인 후보들은 플러싱 지역에서 중국인 후보에게 연달아 패배했다. 2명의 중국계 정치인 존 리우(John Liu)와 그레이스 멩(Grace Meng)의 시의회와 주의회에서의 당선은 그들이 더 높은 정치적 위치로 향하는 발판이 되었다. 존 리우는 2009년에 뉴욕시 감사관으로 선출되었고, 그레이스 멩은 2012년에 하원의원으로 선출되었다. 2012년에만 한국인 후보인 론 킴(Ron Kim)이 플러싱(Flushing) 지역을 대표하는 뉴욕주 하원의원으로 선출되었다. 론 킴 후보가 2012년 하원의원 선거에서 승리하기 전까지 한인 후보자가 중국인 후보에게 계속 패배한 이유에는 몇 가지 원인이 있다. 그러나 패배의 가장 큰 이유 중 하나는 한인 커뮤니티가 중국인 커뮤니티에 비해 수적으로 불리했다는 점이다.

한인 이민자들은 1980년대 초반부터 한국어로 쓰인 상업용 표지판을 사용하여 플러싱에 한인 비즈니스 지구를 설립했다. 루스벨트 애버뉴와 유니언 스트리트(Union Street)가 교차하는 곳이 한인 상가로 불리는 한인 상업지역의 중심부이다. 〈그림 2-1〉과 〈그림 2-2〉에서 볼 수 있듯이, 독특한 한국 문화 상품으로 한국 고객을 주로 상대하는 수많은 한국기업들이 32번가와 41번가 사이 유니온 스트리트를 따라 9개 블록에 위치해 있다(Min and Joo, 2010). 메인 스트리트 다음 거리는 플러싱 차이나타운(Flushing's China town) 비즈니스 지구의 중심이기 때문에 한인 이민자들은 유니언 스트리트의 서쪽으로는 사업을 확장할 수 없다. 서쪽으로의 확장이 차단된 한인은 노던 대로(Nothern Blvd)를 따라 약 2.5 마일(약 80 블록) 떨어진 베이사이드(Bayside) 방향으로 220번째 거리(220th street)까지 동쪽으로 사업을 확장했다. 한인 이민자들은 7번 구역을 플러싱 지역, 11 번 구역을 베이사이드 지역이라 말한다. 이 두 지역은 노던 불바르 (Northern Boulevard)를 따라 위치한 한국인 고객을 대상으로 한인 사업 지구 와 연결되어있기 때문에, 퀸즈의 한인 인구 중심인 두 지역을 연결하는 긴 한국 비즈니스 지구를 나타내기 위해 "Flushing-Bayside Korean enclave"라는 용어를 사용했다(Min. 2008: 41).

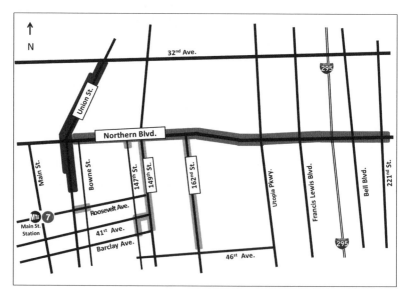

〈그림 2-1〉 플러싱 한인 상업지역

〈그림 2-2〉 플러싱 Union Street의 한인 상가

맨해튼에는 한인이 밀집되어 거주하는 지역이 없다. 그럼에도 불구하고, 많은 한인들이 밤낮으로 눈에 띄고, 한글 간판이 있는 많은 한인 상점들이 위치한 지역이다. 이 지역은 필자의 책 *Caught in the Middle*(Min, 1996: 39)에서 "브로드웨이 한인 사업 지구(Broadway Korean Business District)"라고 불렀고 지금의 젊은이들은 이 지역을 "K-town"이라고 부른다. 한인 사업 지구는 브로드웨이가, 육가, 오가에서 27번가(27th street)에서 35번가(35th street)까지의 직사각형 지역이다. 이 지역의 중심부는 브로드웨이와 32번가(32nd street)가 교차하는 지점이다. 1995년 10월, 뉴욕시 정부는 이 지역을 '코리아타운'이라고 지정하고 교차로에 'Korean Way'라는 공식 표지판을 게시했다.

1990년대 초반 '브로드웨이 한인 사업 지구(Broadway Korean Business

District)'에는 많은 한국 식당 및 기타 한국 문화 기반 사업뿐 아니라 약 400개의 한국산 수입 및 도매 사업이 있었다. 1960년대 후반에 이 지역의 한국산 수입 및 도매업체는 가발, 가죽 가방, 모자, 의류, 보석 및 장난감을 판매했다. 한인 이민자들은 처음에 한국의 수출 지향 경제를 이용하여 이 제조품을 주로 한국에서 수입했다. 그러나 한국의 도매가가 서서히 올라가면서 중국, 인도, 남아메리카로 공급처를 다양화했다. 수입 및 도매업체들은 한국 및 아시아 수입 식품을 뉴욕뿐만 아니라 라틴계 소매점을 포함한 북동부의 다른 지역에 있는 한인 유통업체에 배포했다. 많은 한인 수입 및 도매업체들이 비즈니스 지구에 설립되면서 한인 도매업체를 대상으로 한 한국 식당, 빵집, 여행사, 회계사 및 법률 회사가 급격히 증가했다.

브로드웨이 비즈니스 지역에 위치한 한인 소유의 수입 및 도매업체 수는 1992년 약 400개에서 2005년 250개로 감소하였다가, 2011년 현재 150개로 줄어들었다. 중국인 및 인도인 소유의 도매점과의 치열한 경쟁 및 도시 재개발(urban renovations)로 인한 임대료 인상으로 이 지역의 많은 한인 도매 매장이 문을 닫았고, 나머지는 뉴저지로 이주하게 되었다. 중국인과 인도인 소유의 수입·도매업체는 이제 그 지역에 있는 한인 소유 업체보다 큰 편이다. 따라서 한인 소유의 수입·도매 사업이 줄어들어 더 이상 브로드웨이 한인 상업지역이라고 부르는 것이 적합하지 않다.

이 지역에서 한인 수입·도매 사업이 대폭 감소한 반면, 한국 식당 및 기타 한국 문화 기반 사업의 수는 지난 10년간 기하급수적으로 증가했다. 한글 간판이 있는 많은 업체들은 브로드웨이(Broadway)와 매디슨가

(Madison Avenue) 두 블록 사이의 32번가(32nd street)에 집중되어있다. 필자가 확인한 바로는 2011년에는 32번가에 106개의 한인 소유 사업장들이 있었고, 이 중에는 28개의 한국 식당, 5개의 아시아 식당, 13개의 술집·가라오케 시설, 5개의 한국 빵집이 있었다.

〈그림 2-3〉 맨해튼의 K-town

출처: 임세정 제공 사진(2019.3.)

많은 한인들은 친구와 친척을 만나기 위해 맨해튼의 K-town(한인 타운)을 방문한다. 특히 저녁에는 많은 한인 젊은이들이 한국 식당 및 기타 유흥업소에서의 사교 모임을 위해 K-town을 방문한다. 뉴욕시 근처의 동부에서 대학을 다니는 많은 젊은 한국 학생들은 대학 시절에 최소한 몇 차례 K-town을 방문한다. 젊은 한인들에게 K-town은 뉴욕-뉴저지 지역과 동부의 한인 커뮤니티의 상징적 수도가 되었다.

K-town은 많은 젊은 중국인, 일본인, 인도인, 백인 및 기타 소수민족들에게도 인기가 있다. 그들은 한국 식당, 바, 빵집, 한국 프랜차이즈 가게(교촌, 핑크베리, 레드망고)를 즐기기 위해 밤에 K-town에 온다. 그들 중 일부는 한인 친구나 외국인 친구 또는 데이트 파트너와 K-town을 방문하는데, 어느 한인 2세는 다음과 같이 말한다.

> "나는 브루클린에서 살고 일하지만, 한 달에 한두 번 K-town에 간다. 평소에는 히스패닉과 백인을 비롯한 외국인 친구들과 만나 한국식 바비큐와 두부 요리를 먹는다. 내 외국인 친구들은 한국 음식을 매우 좋아한다. 저녁 식사 후 주로 얼린 요거트나 맥주를 마시러 간다."

많은 비한인 고객들도 한국 음식을 좋아하고 그곳의 젊은 문화와 밤문화를 좋아하기 때문에 밤에 K-town을 방문한다.

32번가에 있는 대부분의 한국 식당은 매일 저녁 7시부터 8시 30분까지 주로 한인이 아닌 젊은이들 — 맨해튼에 있는 기업에서 근무하는 전문가 및 관리자, 대학생 및 대학원생, 관광객 — 로 꽉 차 있다. 밤이 깊어갈수록 젊은 고객의 비율이 증가한다. 밤 10시까지 K-town의 한국 빵집, 술집 및 얼린 요거트 바 고객의 약 90%가 젊은이들이며 이들 중 약 70%가 비한인이다. 맨해튼의 32번가(32nd street)에 있는 K-town은 젊은 세대의 한인 종족성을 강화하거나 증진시키는 것뿐 아니라 뉴요커들에게 한국 문화를 알리는 데에 중요한 역할을 하고 있다. 약 20년 전까지만 해도 한국 음식은 뉴요커들에게 상대적으로 알려지지 않았다. 그러나 오늘날 맨해튼의 있는 많은 젊은이들은 K-town의 한국 식당을 방문하면서 한국 요리에 익숙해졌다.

1980년 버겐 카운티에는 소수의 한인(약 3,000명)이 있었다. 그러나 한인 이민자의 교외 이주의 영향으로 이 지역에 사는 한인 수는 이후 20년 동안 급격히 증가했다. 2014년 버겐 카운티에 거주하는 한인은 서로 다른 지역에 널리 분포되어있으며, 모두 도시 편의시설을 갖추고 있다. 그러나 이들은 다음 지역에 매우 집중되어있다. (1) 팰리사이드 파크 (Palisades Park), (2) 포트리(Fort Lee), (3) 리지필드(Ridgefield) 및 (4) 레오니아 (Leonia) (<표 2-5> 참조). 이들은 이 지역 중 두 곳 팰리사이드 파크와 포트리에 한인 상업지역을 설립했다. 팰리사이드 파크 인구의 대다수는 한인인 반면 다른 세 지역에서는 한인이 약 25%만을 차지한다. 이 지역은 퀸즈의 두 지역(플러싱 및 베이사이드 지역)과 마찬가지로 1980년대에 주로 중산층 백인 지역이었다. 그러나 2010년 미국에서 태어난 백인의 비율은 팰리사이드 파크에서는 22%를 차지하며 다른 세 지역에서는 40%가 넘는다.

앞서 언급한 바와 같이 플러싱 한인 거주지역의 한인 인구는 중국계 미국인보다 훨씬 적은 11%에 불과하기 때문에 한인사회가 플러싱 한인 거주지역(7구역)의 정치적 권한으로부터 혜택을 받지 못했다. 반면에 팰리사이드 파크에 사는 한인들은 2000년대 초반부터 부분적으로는 수적 우세와 또 다른 아시아계 집단의 부재로 인해 선거에서 매우 성공적이었다. 제이슨 김(Jason Kim)은 1995년에 교육위원회 위원으로 선출되었으며, 2004년에 시의회 의원으로 선출되었다. 현재 그는 시의회 의원으로 재직 중이며 팰리사이드 파크에서 부시장으로 임명되었다. 또 다른 한인인 이종철(Jong Chul Lee)은 시의회 의장을 맡고 있다. 한인은 팰리사이드 파크에서 9개의 교육위원회 위원 자리 중 3개를 차지하고 있다. 한인은 다른 주요 아시아 인구집단이 없는 다른 세 지역에서 인구의 약 25%를 차지한다. 따라서 이들은 유일한 소수집단이기에 각 지역에서 교육위원회와 시의회 선거에서 선출되었다.

5. 변화하는 한인 사업 패턴과 집단 간 갈등

1965년 이후 한인 이민자들은 미국의 주요 대도시 지역에서 활발한 비즈니스 활동을 전개했고, 한인의 적극적 비즈니스 활동은 소수 고객 및 백인 공급자와의 잦은 갈등을 유발했다. 한인 이민자는 15개의 대규모 이민자 집단 중 자영업 종사 비율이 가장 높고 여러 가지 노동집약형 소매 및 서비스 사업에 집중되어있었다. 또한 1980년대와 1990년대에는 한인의 소매업은 저소득 흑인 및 라틴계 거주지역에 집중되어있었고 백인 공급업체의 상품 의존도가 높았다. 1980년대와 1990년대 초반에 미국 전반적으로, 뉴욕-뉴저지 지역에서도 한인 이민자들은 흑인 고객과, 백인 공급자들과 심각한 갈등을 겪었다. 그러나 이러한 한인 비즈니스와 관련된 집단 간 갈등은 1990년대 중반 이후 거의 사라졌으며, 이는 한인 이민자들의 사업 패턴의 또 하나의 중요한 변화이다. 이 절에서는 이와 같은 변화가 일어난 이유를 다룰 것이다.

1) 한인의 높은 자영업 비율

언어 장벽과 전반적인 노동시장에서의 취업에 대한 불이익으로 인해 이주 이전에 획득한 높은 교육 수준과 직업 수준을 가진 한인 이민자들은 이에 상응하는 전문직 및 기타 사무직을 찾을 수 없었다(Min, 1988; 1996). 따라서 그들은 노동집약적인 자영업을 선택하게 되었다(Kim and Hurh, 1984; Min, 1996; 2008; Yoon, 1997). 〈표 2-5〉에서 보듯이 인구조사자료에 따르면 1980년 뉴저지 지역의 25~64세 한국계 풀타임 근로자 중 29%가 자영업자였다. 1990년에는 34%로 증가했다가 2000년에는 25%로 감소하였다. 2000년에는 뉴욕-뉴저지 지역의 한인 이민자들은 주요 이민자 집단 중 그리스 및 이스라엘 집단 다음 세 번째로 높은 자영업자 비율을 보였다(Min, 2008: 29). 그리스와 이스라엘 이민자 집단은 한인 이민자보다 인구 규모 면에서 훨씬 작았으므로 그들의 사업은 한국인 사업보다 눈에 띄지 않았다.

〈표 2-5〉 뉴욕-뉴저지 지역의 한인 자영업 비율의 변화(풀타임 근로자 비율)

연도	총합	남자	여자
1980	28.5	35.6	16.2
1990	33.5	36.4	28.7
2000	25.3	29.3	20.3
2005~2007	27.2	29.8	23.6

출처: 1980, 1990, 2000년 US Censuse의 5% Public Use Microdata Sample(IPUMS), 2005~2007년 American Community Surveys의 3%(매년 1% 표본의 합) Public Use Microdata Sample(IPUMS).
주: 조사 대상자는 전년에 매주 35시간 이상 그리고 35주 이상 근무한 25~64세 한인 이민자들임.

〈표 2-5〉에서 분석한 인구조사자료에서는 이민자의 자영업 비율이 낮게 추정되었다. 그 이유는 먼저 가장 일반적인 이민 사업의 유형인 남편-아내가 동업하는 경우 둘 중 1명만을 자영업자로 보고하는 경향이 있었고, 또한 표본에는 1세대 이민자보다 자영업 비율이 현저히 낮은 1.5세대 이민자가 포함되었기 때문이다. 필자가 1988년에 '김씨 표집기법'(Kim sampling method)을 사용하여 뉴욕시에서 한인 이민자에 관한 설문조사를 실시한 결과, 응답자의 56%는 자영업자였고, 30%는 한인이 운영하는 사업에 고용되어있었다(Min, 1996: 48). 따라서 86%의 한인 근로자가 한인 종족경제에 참여하고 있었으며, 일반 경제에는 겨우 14%에 그쳤다. 애틀랜타, 로스앤젤레스, 뉴욕시에서 실시된 이 설문조사는 한인 이민자들이 언어 장벽과 기타 불이익으로 인해 주류 경제에서 의미 있는 직업을 찾을 수 없었기 때문에 노동집약적인 자영업을 선택했다는 일관된 결과를 보여준다(Min, 1988; 1996; 2008). 그러나 이들 중 이들 자녀가 직업으로 자영업을 선택하기를 원하는 사람은 거의 없었다. 대신 이들은 자녀들이 주류 경제에서 성공하기를 바랐다(Min, 1988: 61).

〈표 2-5〉를 보면 한인 이민자의 자영업은 1990년 36%에서 25%로 감소했다. 2006년에는 27%로 반등했지만 1980년과 1990년의 높은 수준에 이르지는 못했다. 2000년대 들어 새로운 한인 이민자들은 1980년대와 1990년대의 전임자들보다 자신들의 사업을 설립하는 데 풍부한 계층적 자원을 가지고 있었다. 실제로 한국에 있는 프랜차이즈 사업의 소유자를 포함한 많은 한인들이 사업 투자를 위해 뉴욕-뉴저지 지역, 특히 한인 집거지에 왔다. 게다가 그들은 이미 다른 유형의 비즈니스에 종사하는 친척 및 친구를 통해 비즈니스 정보에 접근할 수 있었다. 이러한

유리한 사업 환경을 감안할 때, 2000년 이후 뉴욕-뉴저지 지역의 한인 이민자들의 낮은 자영업자 비율은 다소 예상 밖이다.

한인 이민자들의 자영업률 감소에는 세 가지 주요 요인이 있다. 첫째, 한인 이민 형태의 변화에서 언급했듯이, 최근의 한인 이민자들은 미국이나 한국에서 높은 교육을 받았으며 주로 가족 재결합 형태보다는 전문직 형태를 통해 영주권을 받았다. 미국에서 교육받은 한인 이민자들뿐만 아니라 한국에서 대학을 마친 사람들도 1980년대와 1990년대의 한인 이민자들보다 영어를 훨씬 능숙하게 사용한다. 따라서 대부분의 한인 이민자들은 주류 경제에서 자신의 직업을 찾고(Min, 2011: 209), 따라서 새로운 젊은 이민자들이 노동집약적인 자영업을 시작할 필요가 없다.

둘째, 변화하는 한인 이민 패턴에서 언급했듯이, 21세기 한인사회는 1980년대와 1990년대보다 훨씬 더 많은 단기 거주자가 있다. 단기 거주자는 한인 유학생, 방문 학자, 연수생 및 한국기업 직원을 포함한다. 이들은 보통 한국계나 비한국계 회사에서 파트타임이나 풀타임 일자리를 구하며, 자영업을 하는 사람은 거의 없다. 셋째로 중요한 점은 미국의 대형 매장 출현으로 소매 사업을 운영하는 것이 어렵다는 점이다. 이민자들의 사업 유형 변화와 관련하여 다음 절에서 논의할 것이다.

2) 노동집약적 소매업 및 서비스업의 집중

1980년에 이 지역의 자영업자 중 59%는 소매업에 집중했다. 소매업의 비중은 1990년에 다소 감소했지만, 44%로 여전히 높다(Min, 2013). 뉴욕 한인사회와 다른 지역의 한인사회의 주요 소매업 중 첫 번째 유형은 가발, 핸드백, 의류, 의상 보석 및 기타 미용 용품과 같이 주로 한국이나 다른 아시아 국가에서 수입된 제품의 소매 유통이었다. 맨해튼에 있는 한국의 도매업자와 수입업자들은 1960년대부터 1980년대까지 주로 한국에서 가발, 핸드백, 보석류, 의류 및 기타 제품을 주문했다. 이들은 주로 뉴욕-뉴저지 지역의 한국 소매업체 및 애틀랜타의 소규모 한인 커뮤니티에 상품을 납품했다. 그러나 한국의 인건비가 상승함에 따라 다른 아시아 국가나 중남미 국가에서 상품을 수입했다. 이들은 대만과 인도 수입업자들과 경쟁하기가 점점 어려워졌다. 이에 아시아 도매 제품을 판매하는 한국 도매업체와 소매업체의 비율은 1990년부터 2000년까지 감소했다.

연대순으로, 하도급 의류 제조는 뉴욕에 나타난 두 번째로 중요한 한인 사업이었다. 역사적으로, 유대계 미국인들이 뉴욕시에서 의류 제조를 관리했다. 한인과 다른 이민자들은 대개 유대인 의류 제조업체로부터 하청을 받았다. 중국 이민자들은 뉴욕시의 한인들보다 의류 하도급에서 주도권을 가지고 있었다. 그러나 1970년대와 1980년대에 의류 산업은 뉴욕시에서 한인의 중요한 비즈니스였다. 당시 뉴욕시에서 한인 이민 노동자의 대부분은 의류공장 자영업자 또는 한인 공장의 직원으로 의류 제조에 참여했다(Park, 1998: 37). 그러나 1980년대 말부터 대형 의류 제조업체들이 공장을 멕시코 및 다른 라틴아메리카 국가로 이전함에 따라 한인 의류 공장의 수가 크게 줄었다.

1970년대 후반 뉴욕시에는 다른 유형의 한인 이민자 소매 및 서비스 비즈니스가 성장하기 시작하였다. 2개의 중요한 소매업은 청과물 가게와 미국식 식료품점이었다. 1990년대 초 뉴욕-뉴저지 대도시 지역에는 약 1,800개의 한인 소유의 식료품점이 있었다(Min, 1996: 54). 거의 모든 구획에 위치한 한인 소유의 작은 식료품점은 주민들에게 신선한 농산물을 제공했다. 뉴욕-뉴저지 지역의 한인사회에서만 발전한 이 사업은 뉴욕시의 도시 구조 덕분에 가능했다. 밀도가 높은 인구 때문에 주거 및 상업지역은 도시에서 서로 인접해 있었다. 또한 인구 밀집의 영향으로 복잡한 지하철 및 기타 대중교통 시스템이 대부분의 지역에 도달했다. 따라서 도시 주민들은 버스 정류장과 지하철역에서 내려 집으로 가는 길에 한인 식료품점에서 과일과 채소를 살 수 있었다(Min, 2008: 51-52).

한인 소유의 소매업 비율은 1980년 61%에서 1990년 44%, 2000년 30%로 감소했다(Min, 2013: 64). 이러한 감소는 주로 한인 고객을 대상으로 하는 한인 거주지역 내 한국 소매업의 증가에도 불구하고 발생했다. 이 감소는 주로 두 가지 요인에 기인한다. 첫째, 소수종족 거주지역, 특히 흑인 거주지역에 대규모 소매점이 설립됨으로 한국 식료품점 및 수입된 제조품을 판매하는 상점들이 초대형 상점과 경쟁하기가 어려워졌다(Min, 2008: 90-91). 뉴욕시 정부가 조례를 변경한 1990년대 후반에 초대형 소매 상점이 뉴욕시의 소수종족 거주지역에서 출현하기 시작했다. 둘째, 많은 비한인 이민자들이 소매업을 위한 소수종족 거주지역으로 이주하면서 한인 소매업자들은 소매점을 문 닫아야 했다. 비즈니스 창업을 위해 흑인거주지역으로 이주한 새로운 이민자 집단은 중국, 인도, 파키스탄, 중동, 카리브해 및 아프리카 이민자들을 포함한다(Min, 2008: 91). 소수종족 거주지역에서 식료품ㆍ청과물 또는 제조품을 판매하던 한인 이민자 소매업자 대부분이 2000년대에 조기 퇴직하거나 드라이클리닝업이나 부동산 중개사와 같은 다른 서비스 사업으로 전환했다. 이 소매업에서 성공한 남성 소매상들은 슈퍼마켓이나 대형 농산물 매장을 구입했다. 1990년대 한국 소매업에 종사한 많은 한인 이민자 여성들이 한국식 네일 살롱에 취업한 것으로 나타났다.

반면에, 개인 서비스와 관련된 한국 비즈니스의 비율은 20년 동안 급격히 증가했다. 한인 소유의 드라이클리닝업과 네일 살롱은 개인 서비스 사업의 대부분을 구성한다. 1990년 초 뉴욕-뉴저지 지역에는 약 1,500개의 한인 드라이클리닝 업자가 있었는데, 이 지역의 드라이클리닝업자의 대부분을 차지하고 있었고(Min, 1996: 54), 2006년에는 약 3,000개로 증가했다(Min, 2008). 뉴욕에 있는 한인 이민자들 사이에서 인기 있는 다른 개인 서비스 사업은 뉴욕의 한인사회 고유의 주요 사업 중 하나인 네일 사업(nail salon business)이다. 한인 여성들이 처음 네일 살롱 사업을 시작했고, 높은 이윤 창출이 가능했다. 이에 따라 많은 한인 남성들도 사업에 뛰어들어 아내와 같이 살롱을 운영하거나 여성 매니저를 고용하여 운영했다. 뉴욕 네일 살롱 협회(Nail Salons Association of New York)의 회장은 1992년 뉴욕-뉴저지 지역에 1,400개의 한인 소유 네일 살롱이 있다고 말했지만(Min, 1996: 54) 그 수는 천문학적으로 증가하여 2010년에는 4,000개가 되었다. 이 두 가지 비즈니스가 소매업의 감소와 함께 크게 늘어났지만, 한인 운영 사업을 이용하는 소수종족의 고객의 비율은 감소했다.

3) 소수종족 거주지역에 나타난 한인 비즈니스의 과잉

뉴욕시의 한국 소매업은 1970년대와 1980년대 도심 흑인 거주지역과 라틴계 지역에서 과잉되어 나타났다. 사실, 한인 이민자들은 1970년대 초 소수종족 거주지역으로 옮겨갔다. 은퇴한 많은 유대인과 이탈리아계 사업주들이 이미 소수종족 거주지역을 떠났거나 떠날 준비를 하고 있었기 때문이다(Kim, 1981: 111). 백인 사업가들은 주민들의 낮은 소비력과 높은 범죄율 때문에 저소득층 소수종족 거주지역에 투자하는 것을 꺼려했다. 저소득 흑인 지역의 한인 상인들은 슈퍼마켓과의 경쟁이 없었기 때문에 식료품점과 청과물점 사업을 운영하는 데 이점이 있었다. 더욱이, 그들은 적은 자본으로 소매업을 시작할 수 있었고, 중산층 백인 지역보다 훨씬 낮은 임대료를 지불했다. 이러한 이유로 한인 비즈니스는 1980년대와 1990년대 초반에 많은 흑인 지역에서 소매 사업의 대부분을 차지했다.

예를 들어, 1984년 10월 할렘(Harlem)에서 한인 식료품 가게에 대한 보이콧이 일어났을 때, 한인 이민자들은 할렘의 상업 거리(125th Street)의 5번가(Fifth Avenue)부터 세인트 니콜라스가(St. Nicholas Avenue)까지의 160개 점포 중 약 40개를 소유했다(Douglass, 1985). 이곳에 위치한 거의 모든 한인 사업장은 청과물, 식료품 및 해산물을 판매하는 소매점이거나 패션 및 헤어 케어 제품과 같은 제조품을 취급했다. 흑인 거주자들은 자신의 거주지역에서 주로 서비스업을 하고 있었고, 일반적으로 이용원, 미용실, 식당 및 장례식장이 포함된다.

4) 한인 상인의 중개인 역할과 집단 간 갈등

다양한 사회에서 유대인, 중국인, 인도 중개인 상인들은 고정관념, 보이콧, 물리적 폭력, 폭동, 추방의 형태로 거주국 사회로부터 받는 적대감을 경험하였다(Eitzen, 1970; Heidhues, 1974; Zenner, 1991). 다른 사회의 중개인 상인처럼, 미국 대도시의 흑인 거주지역에 있는 한인 상인들도 보이콧, 물리적 폭력 및 폭동에 직면했다. 흑인 지역에 있는 한인 소유의 상점에 대한 보이콧은 다른 어떤 미국 도시들보다 1980년대 뉴욕시에서 더욱 심각했다. 그렇기 때문에 뉴욕시의 한국 상점에 대한 흑인 보이콧에 중점을 두고 쓰인 책이 여러 권 출판되었다(Joyce, 2004; Kim, 2000; Lee, 2002; Min, 1996; 2008). 한인 일간지를 살펴본 결과 1981년부터 1994년까지 뉴욕시 흑인 지역에서 발생한 한인 상점에 대한 보이콧이 13건이 있었다(Min, 2008: 76). 그중 6건은 1개월 이상 지속된 장기 불매 운동이었고 나머지는 3일에서 10일간 지속된 단기 불매 운동이었다. 6건 중 5건의 보이콧은 1980년대에 발생했으며, 가장 긴 보이콧은 1990년에 발생했다. 이는 1980년대 뉴욕시에서 한인 상인과 흑인 고객·지역사회 지도자 간의 갈등이 얼마나 심했는지를 보여준다.

흑인 보이콧 대상은 주로 한인 소유의 농산물 매장이었고, 식료품점도 있었다. 한인 매장의 보이콧은 대개 1명 이상의 흑인 고객과 한인 주인 또는 관리자 간의 개인 분쟁으로 시작되었다. 개인적인 분쟁과 육체적 대립에 이어 흑인 공동체 지도자들이 주로 보이콧을 시작했다. 예를 들어, 1990년 1월에 브루클린(Brooklyn)의 처치가(Church Avenue)와 풀턴가(Fulton Street)에 있는 2개의 한인 농산물 매장에 대한 보이콧은 중년의 아이티 이민자 고객과 농산물 매장의 한인 관리자 사이의 난투 끝에 발생했다. 고객은 한인 관리자가 자신을 때렸다고 주장했지만, 한인 관리자는 고객의 주장과는 다르게 고객이 3달러짜리 물건을 2달러만 지불하고, 의도적으로 바닥에 쓰러졌다고 진술했다.

지역 주민들은 아이티 여자가 들것에 실려 가게 된 것을 보았을 때, 가게 앞에서 신속하게 피켓시위를 시작했다. 며칠 후, 시위자들은 길 건너편에 있는 다른 한인 상점에서도 피켓시위를 시작했다. 왜냐하면 상점 주인이 전날 밤 한인 직원을 숨겨주었기 때문이었다. 집회 첫 주에는 약 150명의 거주민이 참여했다. 이로 인해 대부분의 한인 상점이 문을 닫았다. 나중에 보이콧을 한 흑인 민족주의자들은 십여 명의 유급 시위자를 두면서 장기 불매 운동을 펼쳤다. 이 보이콧은 1년 5개월 동안 지속되었으며, 미국 내 한국 상점에 대한 가장 오래 지속된 흑인 보이콧이 되었다.

청과물점, 식료품점 및 해산물 품목을 판매하는 한인 소매업체는 거의 전적으로 백인 기업에 의존했다. 그들은 기업과의 거래에서 다양한 차별을 경험했다(Min, 1996: 169-176). 특히 뉴욕시의 한인 청과물점 주인들은 헌트 포인트 마켓(Hunts Point Market)의 이탈리아 및 유대인 공급업체의 관리자 및 직원들로부터 차별과 신체적 폭력까지도 경험했다. 한인 식료품점 및 해산물 소매업체가 공급업체로부터 겪은 차별 대우의 경험까지 다루기에는 지면의 한계가 있기 때문에, 다음 단락에서는 한인 청과물점이 받은 차별 및 신체적 폭력 경험에 초점을 맞춘다.

한인 청과물점이 백인 공급업체의 관리자와 직원에 의해 차별과 신체적 폭력을 많이 겪게 된 가장 큰 이유는 뉴욕-뉴저지 지역과 미국에서 가장 큰 농산물 도매시장인 HPM(Hunts Point Produce Market: 헌트 포인트 마켓)에 가야만 하기 때문이었다. HPM은 농산물 공급업체의 협동조합이 관리했기 때문에 한인 청과물 소매업체는 도매업체의 이익을 극대화하기 위해 협회가 정한 규정을 준수해야만 했다. 한인 소매업자들은 주차문제와 농산물의 가격에 대한 차별을 경험했고 농산물이 부족할 때 주문한 농산물을 받지 못하거나 썩은 과일과 채소를 공급받기도 했다(Min, 2008: 58-61). 한인 소매업자들은 대개 농산품 대금을 미리 지불하였는데, 도매업자들은 특정 농산물이 부족한 경우 종종 "다 팔렸음"이라는 간판을 걸어두고, 주문한 물건을 한인 상점 주인에게 주기를 거부하고 대신 백인 소매점과 슈퍼마켓에 팔았다. 한인 농산물 주인들은 물건을 받아 가게에 돌아왔을 때, 상자의 바닥에 썩은 과일이 있는 것을 종종 발견했다. 그러나 도매상들은 다음 날 새로운 과일 상자로 교환해주지 않았다.

HPM에서 직면한 한국 청과물 소매업자들의 가장 심각한 문제는 도매상 관리자와 직원에게 신체적 폭력을 당하는 것이었다. KPA(Korean Produce Association: 한인농산물협회) 회장과의 인터뷰와 KPA 월간 보고서에 따르면, 여러 건의 구타, 여러 형태의 신체적 폭력 및 구두 협박이 있었다. 예를 들어, 1982년 4월 12일 한인 청과물 소매업체가 썩은 플랜틴(바나나의 한 종류) 상자에 대해 불평을 하였는데, 도매상 관리자가 그의 얼굴을 때렸다. 한인 피해자가 밀쳐지자 다른 4명의 직원이 관리자와 함께 그를 때리고 목을 졸랐다. 한인 피해자가 도망 쳤을 때 경비원이 그를 쫓아와 폭행했다(Min, 2008: 60).

1970년대 후반 한인 농산물 가게 주인들은 HPM의 도매상에 거의 의존했기 때문에 무력감을 느꼈다. 따라서 한인은 공급자에 의한 차별적인 대우에 대항할 수 없었다. 그러나, 시간이 지나면서 한인 소매업자의 수가 늘어남에 따라 스스로를 조직화하였다. 한인 청과물점의 수가 1980년대 초반에 임계점에 이르렀을 때, 공급업체를 상대로 힘을 발휘할 수 있었다. 이들 한인은 차별, 학대 및 구타와 관련된 공급업체들에 대항하여 성공적인 보이콧을 했다. 헌트 포인트 마켓에서 한인 생산자에 대한 차별이나 신체적 폭력 사건이 발생했을 때, KPA는 법원에 사건을 제소하거나 보이콧 및 시위를 하기 전에 공급자들과 사건을 해결하려 했다. 유통업자들이 KPA의 평화적 해결책에 대한 요구를 받아들이지 않을 때, KPA는 그들에 대한 보이콧과 시위를 주도했다. 1980년대 중반, 한인 농산물 소매업체들은 대부분의 공급업체 고객의 50% 이상을 차지했기 때문에 보이콧이 발생하면 공급업체에게 피해를 입힐 수 있다는 사실을 알았다. 1977년부터 1995년까지 KPA는 10건의 보이콧과 시위를 했는데, 그중 9건은 농산물 공급업자와 유통업자에 대항한 것이었다(Min, 2008: 65).

5) 흑인 보이콧의 만연과 소멸

앞서 언급했듯이, 뉴욕-뉴저지의 한인 상인들은 1980년대와 1990년대 초 흑인 고객 및 백인 공급업체와 심각한 갈등을 겪었다. 그러나, 1990년대 중반 이후 한인 비즈니스와 관련된 집단 간 갈등은 사라졌다. 이 절에서는 한국 상점에 대한 흑인 보이콧과 헌트 포인트 마켓의 농산물 공급업자와의 갈등이 1995년 중반 이후 어떻게 거의 사라졌는지에 대해 설명하려고 한다.

1990년대 중반 이후 네일 살롱 및 드라이클리닝업자 수의 증가와 함께 이전에 흑인 및 기타 소수민족 지역에 집중되어있던 한인 소유의 소매점 수가 급격히 감소했다는 것을 앞서 설명한 바 있다. 소수종족 거주지역에 집중되어있던 한인 소유의 소매업은 흑인 고객과 백인 공급업체와 큰 갈등을 겪었다. 반면에, 중산층 백인 및 다인종 지역에 집중되어있던 네일 살롱 및 드라이클리닝업자는 고객이나 공급업체와의 갈등이 거의 없었다. 따라서, 1990년대 후반부터 서비스 관련 사업이 증가함에 따라 한국의 소매업이 크게 줄었기 때문에 한인 상인의 비즈니스와 관련된 집단 간 갈등의 주요 원인이 줄어들었다.

1990년대 중반 이후 한국 소매 상점의 흑인 보이콧과 백인 생산자와의 갈등이 어떻게 사라졌는지 필자의 2008년 저서를 바탕으로 설명하고자 한다. 뉴욕시 흑인 거주지역에 있는 한인 상점에 대한 마지막 보이콧은 1992년에 발생했다(Min, 2008: 76). 1993년 이래로 한인 상점에 대한 보이콧은 더 이상 발생하지 않았다. 흑인 거주지역에서 한인 상점에 대한 보이콧이 사라지고 어떤 다른 형태의 거부도 없어진 이유에는 두 가지 주요 요인이 있다.

첫째, 흑인 거주민의 인종적 배경의 다양성은 한인 소유의 상점을 크게 줄이고 중국인, 인도인, 아프리카 흑인 이민자 등 다른 이민자 소유의 사업이 증가함에 따라 흑인 거주자가 한인 및 다른 민족의 상점을 표적으로 삼기가 어려워졌다(Min, 2008: 89-90). 1992년에 센트럴 할렘(Central Harlem)의 중심부에 55개의 한국인 상점이 있었지만, 2006년에는 14개로 줄어들었다. 앞서 언급했듯이, 한인 이민자 수는 최근 몇 년 동안 크게 줄었다. 할렘 및 기타 흑인 지역에 있는 한인 소유의 상점 감소는 대형 매장 수 및 다른 이민자 사업주들의 수의 증가에 따른 것이었다. 둘째, 라틴계 이민자, 아프리카 및 아시아계 이민자의 유입과 도시 재개발로 인해 흑인 거주지역의 인종 구성이 흑인 단일인종에서 다인종으로 다양화되었고 흑인들의 흑인 거주지역에 대한 "나의 영역"이라는 감정을 약화시켰다(Min, 2008: 91-92). 센트럴 할렘 및 기타 흑인 거주지역에서 흑인 인구의 비율은 라틴계, 아시아 및 백인 인구의 비율이 증가하면서 크게 감소했다. 전통적인 흑인 지역은 21세기에 이르러 급격하게 변하였다.

6. 한인 이민자의 주류사회로의 진출과 모국과의 긴밀한 연계

뉴욕-뉴저지 지역의 한인들은 1990년대 중반보다 2010년대에 직업적으로나 조직적으로 주류사회에 훨씬 더 많이 편입되었다. 그러나 역설적이게도 이들은 20년 전보다 훨씬 더 강하게 고국과 연결되어있다. 미국 주류사회로의 통합과 모국에 대한 강력한 애착이 공존하는 것은 미국의 다른 주요한 한인 커뮤니티에서도 마찬가지이다. 이 절에서는 뉴욕-뉴저지 지역의 한인사회에 초점을 맞춰 가능할 것 같지 않은 이 두 가지 측면의 조합을 검토할 것이다.

1) 주류사회로의 통합

주류 경제를 위해 일하는 한인 이민자들은 한인 종족경제에서 일하는 이민자보다 직장에서 영어로 말하고 한인의 문화를 실천하고 한인이 아닌 친구를 사귈 기회가 더 많다(Min, 1991). 앞서 언급한 바의 같이, 비읍적으로 보면 1990년대보다 더 많은 한인 이민자들은 주류 경제에서 일하고 있다. 따라서 한인 이민자들은 15년 또는 20년 전보다 직업적 측면에서 주류사회에 더 많이 통합되어있다. 한인이 소유한 서비스업의 비중 증가와 이에 수반되는 소매업 감소는 한인 이민자의 주류사회로의 문화적·사회적 통합에 기여했다. 특히 비한인과 의사소통이 많은 네일 서비스에서 일하는 한인 여성들 — 사업주와 종업원 모두 — 에게 그렇다. 예를 들어, 한인 여성 네일 관리사는 소매점의 여성직원보다 고객의 대부분인 미국에서 출생한 백인 여성과의 소통이 더 빈번했다. 정기적인 고객을 확보하기 위해 한인 네일 살롱 주인과 직원은 종종 백인 고객에게 그들의 직업, 취미 및 가족에 대해 물어본다. 어떤 이들은 업무 속성인 '감정을 담은 서비스' 덕분에 고객과 친구가 되기도 한다.

또한 대부분의 1.5세와 미국에서 태어난 젊은 한인이 주류 경제에 참여하면서 한인사회는 주류사회와 더욱 밀접하게 연결되었다. 〈표 2-6〉에서 볼 수 있듯이 뉴욕-뉴저지 지역의 1세대 한인 이민자의 29%가 자영업자였던 것과 달리 1.5세대는 12%, 미국에서 태어난 한인은 10%만이 자영업자이다. 앞서 밝혔듯이, 한인 이민자의 자영업 비율이 실제보다 저조하게 나타나는 이유는 주로 남편-아내의 가족 사업에 종사하는 사람들이 남편과 아내 중 1명만 자영업자로 보고하는 경향이 있기 때문이다. 그러나 젊은 세대의 한인 자영업자 중 소수만이 가족 사업을 할 가능성이 높다. 이를 감안할 때, 1세대 한인 이민자와 젊은 세대 한인의 자영업 비율의 차이는 〈표 2-6〉의 통계치보다 클 것이다. 젊은 세대는 단순히 주류 경제에만 참여하는 것이 아니다. 〈표 2-6〉은 젊은 세대의 한인 대다수가 주류 경제에서 전문직과 관리직종에서 일하고 있다는 것을 보여준다. 젊은 세대의 과학기술 분야에 종사하는 한인은 미국 사회에 높은 문화적·사회적 동화를 이루었다. 나중에 살펴보겠지만 이들은 한인 커뮤니티 기관들을 주류사회와 연결시키는 역할을 하고 있다.

〈표 2-6〉 아시아계 미국인의 인종 및 세대별 직업 변천의 주요 지표들(정규직, 25~64세, 뉴욕-뉴저지 대도시 지역, %)

세대	종족	자영업[1]	전문직·관리직[2]	사업과 금융
총합	한국계	24.3	27.4	22.9
	필리핀계	5.6	48.1	14.8
	중국계	10.4	29.9	21.4
	인도계	10.4	38.8	23.3
	미국 출생	12.5	29.2	24.3
	백인			
1세대	한국계	29.1	23.0	20.6
	필리핀계	5.2	49.0	12.4
	중국계	11.5	27.9	18.1
	인도계	10.7	38.4	21.7
1.5세대	한국계	12.0	36.3	31.6
	필리핀계	7.0	40.7	26.6
	중국계	7.3	31.8	30.0
	인도계	9.2	41.8	31.4
미국 출생	한국계	10.0	42.8	24.0
	필리핀계	6.4	47.6	23.9
	중국계	8.3	38.2	30.4
	인도계	8.1	40.9	32.8

출처: 2006~2010 American Community Surveys
주1: 전체 근로자
주2: 전년도에 35주 이상, 그리고 매주 35시간 이상 근로한 풀타임 근로자

2) 모국과의 강한 연계

한인 이민자들이 주류 경제에 더욱 많이 참여함에 따라 20년 전보다 훨씬 미국 사회에 통합되어왔지만, 기술 진보와 세계화의 도움으로 모국과의 초국가적 연대를 유지한다. 우선, 한인 이민자들은 스마트폰, 이메일, 영상통화 및 기타 기술 장치를 사용하여 매일, 매주 또는 적어도 매월 연락을 주고받으며 가족, 친지 및 친구들과 강력한 유대관계를 유지한다. 앞서 언급했듯이 뉴욕-뉴저지 지역의 한인 거주자는 많은 수의 단기 거주자를 포함한다. 한국인 유학생, 인턴 및 기타 임시 거주자는 한국에 가족이나 친한 친구가 있어서 한인 영주권자와 미국 시민권자보다 더 강한 사회적 유대관계를 유지한다. 토론토의 조사 연구에 따르면 한인 이민자의 모국에 거주하는 한국인과의 사회적 유대관계는 캐나다 거주기간과 반비례 관계에 있다(Noh et al., 2013). 그러나 미국에서 오래 거주한 이민자들조차도 20년 전보다 한국에 있는 사람들과 더 강한 사회적 관계를 유지하고 있다.

항공 여행의 대중화로 한인 이민자들과 그 자녀들조차도 15~20년 전보다 훨씬 더 자주 한국을 방문할 수 있게 되었다. 〈표 2-7〉은 한인 이민자 및 젊은 세대 한인의 한국 방문 건수를 보여준다. 이 자료는 예전 시기와 비교하여 최근 몇 년 동안의 한국 방문 빈도 패턴을 이해하는 데에는 도움이 되지는 않지만, 한국 방문 횟수는 미국 거주기간과 높은 상관관계가 있다. 시민권을 획득한 한인 이민자 응답자 중에서 4분의 3은 한국을 3번 이상 방문했으며, 젊은 세대의 한인도 한국을 1번 이상 방문했다. 한국을 8회 이상(42%) 방문한 사람들의 경우는 한국 방문이 지난 10년 사이에 이루어진 것으로 보인다.

필자는 한인 이민자가 최근 몇 년 동안 고국을 얼마나 자주 방문했는지를 보여주는 자료를 구하기 어렵기 때문에 일반적인 패턴의 사례로서 필자의 개인사를 사용하였다. 필자는 1972년에 공부하기 위해 미국에 온 이후 아버지께서 돌아가신 1985년에 처음으로 한국을 방문했다. 두 번째 한국 방문은 1989년에 가족들과 함께했다. 그러나 1995년 이후로는 거의 매년 한국을 방문했으며, 최근 몇 년에는 한 해에 2번 방문하기도 하였다. 필자는 현재 한국에 있는 학자들과 전문적인 네트워크에 적극적으로 관여하고 있다. 많은 다른 한인 이민자들도 미국과 한국을 연결하는 유사한 전문적이고 사업적인 활동을 하고 있다.

〈표 2-7〉 뉴욕-뉴저지 지역 한인 거주민들의 한국 방문 횟수: 법적 지위와 세대 지위별 비교

	전혀 없음	1~2회	3~7회	8회 이상	전체
1세대	53(23%)	68(30%)	59(26%)	50(22%)	230(100%)
단기 거주자	27(47%)	15(30%)	13(22%)	3(5%)	58(100%)
영주권자	19(24%)	35(45%)	16(21%)	8(10%)	78(100%)
시민권자	7(7%)	18(19%)	30(32%)	39(42%)	94(100%)
1.5세와 2세	19(22%)	39(46%)	21(25%)	7(7%)	85(100%)
전체	72(23%)	107(34%)	80(25%)	56(18%)	315(100%)

출처: 건국대학교 통일인문학연구단(김성민 소장)이 2012년 봄에 실시한 설문조사
주: 자료를 본 연구에 사용하도록 허용한 김성민 교수께 감사한다.

한인 이민자들은 한국과의 강한 초국가적 문화 유대를 유지한다. 뉴욕 한인 이민자들의 문화활동에는 두 가지 형태가 있다. 초국가적 문화활동의 한 가지 형태는 이 지역의 초국가적 한국 미디어를 통해 한국

드라마, 춤·음악 및 기타 문화 TV 프로그램을 소비하는 것이다. 뉴욕-뉴저지 지역의 5~6개의 한국 TV 채널은 한국의 여러 TV 방송국에서 진행되는 한국 문화 프로그램을 보여준다. 따라서 한인 이민자들은 다양한 한국 드라마와 다른 문화 프로그램을 볼 수 있다. 2005년도에 필자가 실시한 뉴욕 이민자 설문조사에서 설문 응답자의 약 절반가량이 한국 TV 프로그램을 미국에서 방영하는 영어 TV 프로그램보다 더 자주 시청한다고 응답했다. 체류기간에 관계없이 한인 이민자는 주로 한국어로 방영되는 TV 및 라디오 방송국과 한국 문화 프로그램 및 한국 소식을 주로 접한다. 커뮤니케이션 및 미디어 기술의 발전으로 2005년 이후 한국의 라디오 및 TV 프로그램에 대한 접근이 점점 더 쉽고 쉬워졌다. 뉴욕-뉴저지 지역의 한인 이민자의 대부분은 뉴스와 문화산물을 미디어를 통해 얻고자 한국어로 방영되는 TV프로그램과 라디오 프로그램에 의존한다.

한인 이민자들의 다국적 문화활동의 또 다른 형태는 뉴욕-뉴저지 지역에 방문 온 한국 가수, 무용가, 화가 및 한국의 다른 문화 전문가에 의해 제공되는 한국 문화공연이나 전시회에 참가하는 것이다. 필자는 뉴욕-뉴저지 지역에서 발행되는 두 종류의 한인 일간지에 실린 기사의 콘텐츠 분석을 바탕으로 2010년에만 총 104건의 초국가적 문화 행사가 있었다는 것을 발견하였다(Min, 2012). 한인 일간지에 수록되는 초국가적 문화 행사는 실제보다 더 적을 가능성이 있기 때문에 2010년에 발생한 한국의 초국가적 문화활동은 120건에 가까울 수 있다. 이 수치는 뉴욕-뉴저지 지역에 하루에 1번 초국가적 문화 행사가 열렸다는 것을 의미한다. 뉴욕-뉴저지 지역에는 대규모 한인 인구와, 서울과 뉴욕을 연결하는 항공편의 편리함으로 뉴욕 한인사회의 초국가적 문화 행사가 촉진되어왔다. 예술 활동의 세계적 중심지로서의 뉴욕시의 인기도 한인 초국가적 문화 행사에 중요한 기여를 하는 것으로 보인다.

예상대로 초국가적 문화 행사 중에서 음악, 무용, 연극, 뮤지컬 등 한국 공연예술과 관련된 문화 행사(45건)가 가장 많았고 그다음으로 (1) 한국 미술, 서예 등 관련 행사, (2) 한국 음식 및 음식 축제, (3) 한국 문학 및 언어 행사 순이다. 한국의 음악과 무용 공연은 다른 문화 행사보다 훨씬 많은 한인 이민자와 젊은 세대의 청중을 끌어들였기 때문에 다른 문화 장르보다 한인 커뮤니티에 문화적인 영향력이 컸다.

마지막으로 뉴욕-뉴저지 지역과 미국의 다른 지역에 거주하는 한인 이민자들은 모국과의 정치적인 초국가적 유대관계를 형성하기 시작했다. 한국 국회는 해외에 거주하는 한인이 투표를 할 수 있도록 법을 제정했다. 뉴욕과 로스앤젤레스의 한인사회 지도자들은 1990년대와 2000년대에 한국의 선거 투표권을 포함한 재외동포의 이중 국적 법안 통과를 위해 한국 국회의원에게 집중적인 로비 활동을 벌였다. 이중 국적을 위해 로비 활동을 벌였던 미국의 거의 모든 지역의 한인사회 지도자는 귀화한 미국 시민권자였지만, 한국에서 새롭게 제정된 법률은 해외 한인 중에서 한국 시민권을 보유하고 있는 임시 거주자들과 귀화하지 않은 한인 이민자들에게만 투표권을 부여했다.

한국 시민권을 갖고 있는 미국 거주 한인에게 주어진 투표권은 한인 이민자가 한국 정치 이슈에 더 많은 관심을 갖도록 하는 데 기여했다. 또한 한국 정당의 지도자들은 해외 한인의 필요와 요구에 관심을 갖게 되었고 젊은 세대 한인의 민족교육 강화와 모국과의 관계 강화에도 많은 관심을 기울였다. 미국에 이민 온 지 오래된 구이민자의 일부도 지난 한국 대통령 선거 이후 한국 정치에 깊이 관여해왔다. 미국에 귀화한 시민은 한국의 대통령 선거에서 투표권이 없다. 그러나 이들은 미국에 거주하는 다른 한인의 투표권을 이용하여 한국 정당의 정치 기반을 세우려는 시도를 해왔다.

3) 한인사회 봉사(social services) 단체 및 기타 한인단체의 변화

1990년대 말에 뉴욕-뉴저지 대도시 지역에는 한국의 550개의 개신교 교회를 포함하여 약 1,100개의 한인단체가 설립되어있었다(Min, 2001). 2014년까지 한인단체의 수는 약 1,300개로 약간 증가하였다. 그러나 2000년 들어 한인단체에는 몇 가지 중요한 변화가 있었다. 한인 권한 강화(empowerment) 증진과 사회 봉사를 제공하는 한인단체는 도움이 필요한 한인에게 보다 적극적인 서비스를 제공하고 있다. 한인 비즈니스협회는 전보다 영향력이 훨씬 약해졌다. 또한 1.5세대 및 2세대 한인은 한인단체의 이사, 직원 그리고 기부자로 참여하고 있다.

(1) 권한 증진 및 사회봉사 단체의 보다 적극적인 역할

1990년대 말 필자의 조사에 따르면 뉴욕-뉴저지 지역에 약 40여 개의 한인사회봉사 단체가 있었다. 이런 단체의 수는 2014년에 약 100개까지 증가했다. 한인 개신교에서 운영하는 약 20개의 사회봉사 단체는 가장 최근에 등장한 단체로 전도를 위한 노력과 서비스를 동시에 제공하는 단체이다. 최근 몇 년 동안 한인 노인 서비스에 대한 한인사회의 요구가 커짐에 따라 한인 노인과 지역 노인의 자조(self-help)를 돕는 단체를 돕는 데 초점을 맞춘 여러 사회봉사 단체도 최근에 설립되었다.

최근 사회 봉사 기관에 보조금을 제공하는 두 재단이 설립되었는데, 이는 뉴욕-뉴저지 지역 한인사회의 성숙함을 나타낸다. 2006년에 창립된 '주미 아름다운재단'(The Beautiful Foundation USA)은 한국의 '아름다운재단'의 미국 지부로, 초기에는 한인 이민 1세 리더들이 주도했다. 그러나 2014년 현재 이사회의 절반과 이사장은 젊은 세대들이다. 한인 개인과 성공한 한인 사업가를 중심으로 기부금을 받고, 한인사회봉사 단체에 기부금을 보조금의 형태로 배분한다. 2002년 1.5세 및 2세 한인 지도자들에 의해 설립된 한인커뮤니티재단(The Korea American Community Foundation)은 주로 어려운 한인 이민 가족을 돕기 위해 사회봉사 단체들의 보조금 유치 경쟁을 통해 기금을 배분한다. 이들 재단은 주로 1.5세대 및 2세대 한인과 미국 기업으로부터 기부금을 받는다. 맨해튼의 첼시 피어스(Chelsea Piers)에서 2010년 10월에 개최된 연례 기부 행사에서는 400달러에 달하는 입장 티켓을 구매하여 약 1,000명이 참석하였다. 한인 참가자의 대다수는 1.5세 한인과 미국에서 태어난 한인이며 비한인 참가자도 상당한 비중을 차지하였다. 한인 2세 리더들은 개인적 친분을 활용하여 많은 미국 기업의 대표자들과 함께 참석하였다.

한인사회봉사 단체는 그 수뿐만 아니라 수입과 프로그램 측면에서도 확대되었다. 앞서 언급한 두 재단을 포함하여 12개의 한인 복지단체 및 권한 강화 단체의 연간 예산은 2011년에서 2014년까지 25만 달러 이상이다. 어떤 한인사업협회나 전문직 협회도 이 규모의 연간 예산을 갖고 있지 않다. 1973년 설립된 코리안복지센터(Korean Community Services)는 뉴욕-뉴저지 지역의 최초 그리고 최대 규모의 한인 복지단체로 연간 약 300만 달러의 예산을 보유하고 있다. 이 한인단체는 퀸즈, 브루클린 및 맨해튼에 위치한 5개 사무소에서 여러 다양한 프로그램을 제공한다. 이러한 프로그램들은 노인, 청소년 및 중년 이민자를 대상으로 인력 개발을 위한 서비스 제공에 집중한다. 또한 수혜자의 범위를 비한인, 특히 중국계 이민자로 확대했다.

코리안 YWCA(Korean Young Women's Christian Association)는 플러싱에서 노인, 청년 및 기타 사회 봉사 프로그램을 운영하고 보육원, 노인 학교, 여성 합창단, 어린이 합창단과 같은 노인 및 여성, 어린이를 대상으로 한 복지 프로그램을 운영한다. 이 단체는 한인사회에 사회 서비스를 제공하기 위해 설립되었지만 최근에는 중국계, 라틴계 등 다른 이민자들과 자녀들에게도 서비스를 확대해왔다. 이 단체는 선교 활동은 배제하고 사회 봉사 활동에 중점을 두는 2개의 한인 기독교 사회봉사 단체 중의 하나다. 다른 하나는 버겐 카운티에 위치한 아시아여성기독교협회(Asian Women's Christian Association)다. 한인가정서비스센터(뉴욕가정상담소)는 1989년 한인 이민 여성들이 설립하여 가정 폭력 피해자를 위한 서비스를 제공하였다. 이 단체는 상담 및 가족 관련 서비스를 점차적으로 증가시켜 그 범위를 아이 및 청년, 성인까지 확대하였다. 2011년에는 연간 예산이 백만 달러인 주요 한인사회봉사 단체로 성장했다.

한인의 권익을 증진하기 위한 단체로, 민권센터(Minkwon Center for Community Action)와 시민참여센터(Korean American Civic Empowerment)가 있다. 민권센터는 한인의 권익과 등록 및 미등록 이민자의 권리를 보호하고 권익 옹호 활동과 사회 활동을 결합시키는 노력을 해왔고, 이를 통해 뉴욕시의 강력한 시민참여단체로 성장했다. 민권센터는 미등록 이민자들을 합법화하는 법안마련을 위해 워싱턴 DC에서 여러 인종이 함께하는 여러 시위를 조직하여 의회에 압력을 가하기도 하였다. 민권센터가 주최한 2012년 연례행사에 참여한 참가자의 절반 정도가 비한인이었고, 이는 한인 권익 차원을 넘어 소수집단의 권익 증진에 힘쓰는 민권센터의 특성을 보여준다.

시민참여센터는 시민 참여를 통해 한인사회에 권익을 증진하는 데 초점을 맞춘 전형적인 한인 권익증진기관이다. 시민참여센터는 1996년 로스앤젤레스 폭동으로 약 2,300개의 한인 상점이 희생된 이후에 설립되었다. 이 센터는 한인과 한인사회의 이익을 보호하기 위한 법안 통과를 위해 한인 이민자의 유권자 등록과 하원의원에 대한 로비활동에 집중한다.

(2) 한인사업협회의 힘과 영향력 약화

앞서 언급했듯이 한인사업협회는 1980년대와 1990년대 초반에 한인 비즈니스와 관련되어 인종집단 간 갈등해결을 노력하면서 한인사회에서 힘과 영향력을 증가시켰다(Min, 1996: 202-209). 1991년에 수집된 자료에 따르면 한인사업협회는 뉴욕한인변호사협회와 미국동부치과의사협회와 같은 한인전문직협회보다 훨씬 연간 예산규모가 컸다. 한인사업협회는 사무실과 1명 이상의 유급 직원도 있었지만, 한인전문직협회는 사무실도, 유급 직원도 없었다. 장기간 지속된 흑인 불매 운동, 백인 공급업자와의 갈등 및 까다로운 정부 규제를 해결하기 위해 한인사업협회는 한인 집단행동을 위해 한인들을 동원했다. 이 과정은 한인사회에 대한 사업협회의 영향력을 강화시켰다.

비즈니스와 관련된 인종집단 간 갈등이 사라지자, 한인 상인의 단결력이 약화되면서 사업협회의 힘도 약화되었다. 한인청과업협회와 흑인 고객 또는 백인 공급업체와의 분쟁이 거의 없어졌기 때문에 2006년에 한인청과업협회(KPA: Korean Produce Association)가 회원들로부터 받은 불만 사례는 매월 몇 건도 되지 않았다(Min, 2008: 133). 회원들의 서비스 수요가 줄어들면서 KPA의 회원 수와 예산도 감소했다. 그 결과 KPA가 한인사회에 서비스를 제공하는 데 필요한 인력과 자원도 줄었다. 다른 한인사업협회도 회원과 한인사회에 제공하던 서비스와 예산에 비슷한 변화를 겪었다. 물론 한인사업협회가 한인전문직협회보다 회원들에게 더 많은 서비스를 제공한다는 점은 분명하지만, 최근 몇 년 동안 한인사회봉사 단체 및 권익단체의 영향력이 커짐에 따라 한인사업협회의 영향력은 감소해왔다. 2013년에 연간 예산이 25만 달러를 넘는 사회봉사 단체와 민권단체는 12개가 되었으나 어떤 사업협회도 그런 예산에 못 미쳤다.

(3) 젊은 세대의 한인사회 참여

1990년대에는 2세대 한인은 뉴욕-뉴저지 지역의 한인사회에서 별로 눈에 띄지 않았다. 그 당시 2세대들은 주로 한인 이민교회들 안에서 여러 영어로 진행되는 종교적 활동에서만 적극적이었다. 그러나 2000년 초반부터 젊은 세대들은 점차 한인단체에 참여하기 시작하였다. 2014년에는 1.5세 및 미국에서 태어난 한인들이 9개의 주요 한인 복지단체 및 권익단체 중 여섯 곳에서 임원 및 직원의 대부분을 차지하고 있다. 한인 2세는 12개의 한인 복지단체 및 권익단체 중 다섯 곳에서 단체장으로 활동한다. 한인 1세로 구성된 이사회의 대다수가 성공적인 사업가인 반면, 젊은 세대로 구성된 이사회의 대다수는 전문직종에 종사한다. 유대계 미국인에 대한 연구에 따르면, 성공적인 사업가 지역사회 기부에 적극적으로 참여하지만 전문직종의 사람들은 지역사회 기부에 거의 참여하지 않는다(Bakal, 1973; Cohen, 1978; Kosmin and Litterband, 1991). 이러한 사실을 고려할 때 전문직종의 많은 젊은 세대들이 한인단체 이사회에 참여하여 큰 기부금을 내는 것은 고무적이라 할 수 있다.

6개의 한인 복지단체 및 권익단체는 직원과 이사회가 대부분 젊은 세대 한인이기 때문에 정부기관, 비영리 재단 및 기업에 보낼 보조금 제안서를 작성하는 방법을 알고 있어 자금 확보에 유리하다. 또한 젊은 세대의 직원과 이사들은 뉴욕 지역의 대기업과 비영리 단체에서 일하는 다른 젊은 세대와도 연계되어있다. 따라서 그들은 대기업 및 비영리 단체로부터 보조금 또는 기부금을 받을 수도 있다.

이 지역에서 세 번째 혹은 네 번째로 큰 한인사회봉사 단체인 뉴욕가정상담소(Korean American Family Service Center)를 예를 들어보면, 이 단체는 한인 이민 1세 여성 리더들이 가정 폭력의 희생자에게 서비스를 제공하기 위해 1980년대 초 뉴욕가정상담소를 창립했지만 1990년대 후반부터는 2세대 한인 여성들이 이끌어가고 있다. 필자는 2014년 4월에 뉴욕가정상담소가 맨해튼의 그랜드 하얏트 호텔에서 주최한 연례행사에 참석한 적이 있다. 참가비는 400달러였는데 약 800명이 참석했다. 참가자들은 대부분 주류 경제에서 일하는 1.5세 및 2세 젊은이들이었으며, 다양한 비영리 단체 및 회사를 대표하는 비한인 리더들도 상당수 참석했다.

필자는 그 단체가 연례행사에서 100만 달러를 모았다고 들었다. 800명의 참가자로부터 받은 참가비만 치자면 32만 달러가 되겠지만, 기업을 포함해서 많은 참가자들이 추가적인 기부금을 냈기 때문에 100만 달러의 기부금을 모을 수 있었다.

7. 결론

　90년대 후반에 출판한 필자의 저서에서 뉴욕 지역에 거주하는 한인 이민자들이 문화적 · 사회적 · 언어적으로 주류사회와 격리되어있다고 지적한 바 있다. 한인 이민자 대다수가 한인 종족경제에 참여하는 것이 이 사회적 격리를 설명해주는 주된 요인이었다(Min, 2001). 약 15년이 지난 2014년 한인 이민자들은 필리핀인이나 인도인과 같은 다른 아시아 이민자 집단과 비교해 볼 때 여전히 사회적으로 격리되어있다. 그러나 2014년 한인 이민자들의 종족경제에 대한 참여율의 감소와 고객과의 사회적 상호작용을 포함하는 개인 서비스 비즈니스의 집중도의 증가에 따라 전보다 문화적으로나 사회적으로 주류사회에 편입되었다고 할 수 있다. 1.5세대와 2세대의 압도적인 다수가 주류 노동시장에 참여함으로써 한인사회가 주류사회로 통합되었다. 또한 한인사회봉사 단체는 어려운 한인을 돕기 위해 미국 지방정부와 연방정부로부터 1990년대보다 훨씬 많은 보조금과 기부금을 확보하고 있다.

　1980년대와 1990년대 초, 뉴욕시의 한인사회는 비즈니스와 관련된 인종집단 간 갈등으로 어려움을 겪었다. 이로 인해 지역, 국가 및 심지어 국제 언론의 주목을 받았다. 이 기간 동안 흑인 거주지역에 있던 한인 상점은 12번이 넘는 불매 운동의 표적이었고, 한인청과물협회 (KPA)는 헌트 포인트 마켓(HPM)에서 농산물 공급업자를 상대로 시위와 불매 운동을 조직하기도 하였다(Min, 2008). 1990년대 중반 이후로, 한인 이민자 사업과 관련된 인종집단 간 갈등은 뉴욕시에서 거의 사라졌다. 흑인 보이콧이 사라진 것은 한인사회의 중대한 변화를 의미하며, 앞서 주장한 바와 같이, 흑인 거주지역에 있는 한국의 소매점 수가 줄어든 것과도 관련이 있다. 다시 말해, 한인 이민자들은 뉴욕시의 흑인 지역에서 중개인 역할을 더 이상 하지 않으며, 이는 한국인이 주류사회에 편입되었다는 것을 보여주는 하나의 지표이다.

한인 이민자와 재미 한인이 주류사회에 보다 통합되었다는 것은 한인 커뮤니티와 모국에 대한 문화적·사회적 애착이 줄어드는 것을 의미하지 않는다. 한 가지 지표는 과거보다 더 많은 1.5세 및 2세 청년이 한인사회 봉사 및 권익단체의 운영에 참여한다는 것이다. 전반적으로 한인 이민자와 그 자녀들은 15년 전에 비해 뉴욕의 한인 커뮤니티와 한국에 더 강한 애착을 가지고 있다. 많은 수의 한국인 유학생, 방문 학자, 연수생, 한국기업 지점 직원 및 기타 방문객과 같은 단기 거주자가 뉴욕시에 있으며, 이들은 미국으로 오래전에 이민 온 시민권자보다 한국에 있는 가족 구성원들과 보다 광범위하고 강한 문화적 및 사회적 유대관계를 맺고 있다. 실제로 단기 거주자가 맺는 한국에 있는 가족 및 친구와의 유대관계는 초기 이주자들이 한국에 있는 사람들과 새로운 네트워크를 구축하는 데 도움이 되었다. 단기 거주자가 뉴욕에서 한국 문화전통을 실천함으로써 초기 이주자들과 그들의 자녀들이 한국 전통을 보존하는 데에도 도움이 되었다.

기술의 진보는 한인 이민자와 자녀들이 모국과 초국가적 연계를 유지할 수 있도록 했다. 한인들은 15년 전보다 더 쉽게 더 싸게 한국에 있는 친지, 친구들과 전화 통화를 하고 모국을 방문한다. 요즘 인터넷을 통해 영상통화와 실시간 메시지를 사용하여 한국에 있는 사람들과 의사소통할 수도 있다. 게다가 한국 언론의 영향력과 접근성은 15년 전보다 훨씬 강해졌다. 한국에 대한 뉴스와 정보는 모두 인터넷으로 쉽게 접근할 수 있는 한인 일간신문과 TV · 라디오 프로그램에 주로 의존하며, 한국에서 발행되고 생산된 미디어 프로그램을 대부분 재생산한다(Min and Kim, 2009). 한인 이민자들의 초국가적 활동은 뉴욕과 다른 미국 도시에서부터 한국의 도시로 향하는 일방향이 아니다. 오히려 한국에 있는 친척과 친구들도 한인 이민자들을 방문하는 양방향의 활동이다. 많은 정치 지도자, 가수 및 연예인, 한국기업 경영진도 뉴욕에서 개최되는 한인 축제에 방문한다.

마지막으로, 젊은 세대 한인의 한인사회봉사 단체 및 권익단체 참여는 뉴욕-뉴저지 지역 한인사회에 또 다른 중요한 변화이다. 1980년대 이후 한인단체들은 대부분 남성 이민 1세 리더들에 의해 설립되었다. 그러나 세대 교체를 거치면서 대부분의 단체들은 이제 젊은 세대로 구성된 이사회와 직원들에 의해 주도적으로 운영된다. 젊은 세대가 주도하는 사회봉사 단체는 1세대 이민자들이 주도했던 사회봉사 단체에 비해 미국 정부기관, 비영리 단체 및 기업으로부터 보조금 및 기부금을 받는 데 있어 이점이 있다. 한인사업협회는 1980년대와 1990년대에 커다란 영향력과 권력을 행사했다. 그러나 사회봉사 단체와 권익단체들은 현재 한인사회에서 더 큰 영향력을 행사하고 있다. 젊은 세대가 한인사회봉사 단체와 권익단체에 참여함으로써 한인사회는 미국 사회에 한층 더 통합될 수 있었다.

요약하면, 뉴저지-뉴저지 대도시권의 한인사회는 지난 20년 동안 극적인 변화를 경험했다. 그중에서도 가장 최근 이주한 많은 사람들의 새로운 특성, 한인사회의 경제적 토대 변화, 한인단체의 변화를 들 수 있다. 역설적이게도, 한인은 미국 사회에 점차적으로 통합되면서도 한인 커뮤니티와 모국 사회에 더 강한 애착을 나타냈다. 미국 사회에의 편입과 한인사회의 한국에 대한 애착이라는 다소 역설적인 이중의 변화는 한인 이민자들과 그들의 자녀들이 이전보다 이중 국가적이고 이중 문화적 특성을 갖고 있다는 것을 의미한다.

필자는 필자의 개인적 삶에서부터 한인 이민자의 이중 문화와 이중 국가를 누리는 혜택을 분명하게 보아왔다. 필자는 뉴욕에서 한식과 미국식 요리를 모두 즐기며 한미 양국의 관습과 가치에 긍정적인 요소를 실천한다. 1972년 유학생으로 미국에 온 후, 필자의 부친이 돌아가셨을 때인 1985년에 한국을 처음 방문했다. 2000년 이후부터는 매년 1번 또는 2번씩 한국을 방문했다. 필자는 40년 이상 미국에서 살았고, 20년 전만 해도 결코 상상할 수 없었던 이중 문화와 이중 국가의 삶을 살고 있다. 필자를 포함하여 다른 많은 초기 이주자들도 그전에는 결코 기대할 수도 없었던 이중 문화와 이중 국가의 생활을 누리고 있다고 확신한다.

참고문헌

Bakal, Carl. 1979. *Charity U.S.A. 1979: An Investigation into the Hidden World of the Multibillion Dollar Charity Industry.* New York: The Times Book.

Bonacich, Edna. 1973. "A Theory of Middleman Minorities." *American Sociological Review* 35: 583-94.

Cohen, Steven. 1978. "Will Jews Keep Giving? Prospects for the Jewish Charitable Community." *Journal of Jewish Communal* 60: 25-31.

Douglass, Carle. "Korean Merchants are Targets of Black Anger." *The New York Times,* January 19, 1985.

Eitzen, Stanley. 1970. "Two minorities: The Jews of Poland and the Chinese of the Philippines." In D. Gelfand and R. Lee (eds.), *Ethnic Conflicts and Power: A Cross-National Perspective.* New York: John Wiley and Sons.

Harper, E. J. 1979. *Immigration Laws of the United States, 1978 Supplement.* Indianapolis: Bobbs-Merrill.

Heidhues, Mary Somers. 1974. *Southeast Asia's Chinese Minorities.* Hawthorne Victoria: Longman.

Hurh, Won Moo, and Kwang Chung Kim. 1984. *Korean Immigrants in America: A Structural Analysis of Ethnic Confinement and Adhesive Adaptation.* Teaneck, NJ: Fairleigh Dickinson University Press.

Illsoo Kim. 1981. *New Urban Immigrants: The Korean Community in New York.* Princeton: Princeton University Press.

Institute of International Education. 2010. *Open Doors 2009': The Annual Report on International Education.*

Joyce, Patrick D. 2003. *No Fire Next Time: Black-Korean Conflicts and the Future of America's Cities.* Ithaca: Cornell University Press.

Kim, Claire Jean. 2000. *Bitter Fruit: The Politics of Black-Korean Conflict in New York City.* New Haven: Yale University Press.

Kosmin, Barry, and Paul Litterband. 1991. *Contemporary Jewish Philanthropy in America.* Savage, MD: Rowman and Littlefield.

Lee, Jennifer. 2002. *Civility in the City: Blacks, Jews, and Koreans in Urban America.* Cambridge: Harvard University Press.

Liu. John, Paul Ong, Carolyn Rosenstein. 1991. "Dual Chain Migration: Post-1965 Filipino Migration." *International Migration Review* 25: 487-513.

Loewen, James. 1971. *The Mississippi Chinese: Between Black and White*. Cambridge, MA: Harvard University Press.

Min, Pyong Gap. 1984. "From White-Collar Occupations to Small Business: Korean Immigrants' Occupational Adjustment." *Sociological Quarterly* 25: 1370-94.

____. 1988. "Ethnic Business Enterprise: Korean Small Business in Atlanta." Staten Island: Center for Migration Studies.

____. 1991. "Cultural and Economic Boundaries of Korean Ethnicity: A Comparative Analysis." *Ethnic and Racial Studies* 14: 255-241.

____. 1996. *Caught in the Middle: Korean Communities in New York and Los Angeles*. Berkeley and Los Angeles: University of California Press.

____. 2001. "Koreans in New York: An Institutionally Complete Community." In Nancy Foner (ed.), *New Immigrants in New York*, Second Edition. New York: Columbia University Press, pp. 173-200.

____. 2006a. "Settlement Patterns and Diversity." In Pyong Gap Min (ed.), *Asian Americans: Contemporary Trends and Issues*. Thousand Oaks, CA: Pine Forge Press, pp. 32-53.

____. 2006b. "Asian Immigration: History and Contemporary Trends." In Pyong Gap Min (ed.), *Asian Americans: Contemporary Trends and Issues*. Thousand Oaks, CA: Pine Forge Press, pp. 7-31.

____. 2008. *Ethnic Solidarity for Economic Survival: Korean Greengrocers in New York City*. New York: Russell Sage Foundation.

____. 2011. "The Immigration of Koreans to the United States: A Review of 45 Year (1965-2009) Trends." *Development and Society* 40: 195-223.

____. 2012. "Transnational Cultural Activities among Korean Immigrants in the New York-New Jersey Area." *Studies of Koreans Abroad* 28: 573-640.

____. 2013. "Korean Americans Residing in Korea: Transnational Lives between the United States and Their Homeland." In Younghee Cho (ed.), *Emigration Trends and Policies of Major Sending Countries to Korea*. IOM Migration Research and Training Center, pp. 121-156.

Min, Pyong Gap, and Chigon Kim. 2013. "The Growth and Settlement Patterns of the Korean Population." In Pyong Gap Min (ed.), *Koreans in North America: Their Twenty-First Century Experiences*. Lanham, MD: Lexington Books.

Min, Pyong Gap, and Young Oak Kim. 2009. "Ethnic and Sub-ethnic Attachments among Korean, Chinese, and Indian Immigrants in New York City." *Ethnic and Racial Studies* 32: 225-232.

New York City, and John F. Zuccott. 1973. *Community Planning District Profiles, Part I: Population and Housing*. New York: New York City Planning Commission.

New York City Department of City Planning. 2009. "American Community Survey

(ACS) Demographic and Housing Estimates: 2006-2008." New York City Department of City Planning.

Ong, Paul, and John Liu. 1994. "U.S. Immigration Policies and Asian Migration." in Paul Ong, Edna Bonacich, and Lucie Cheng (eds.), *The New Asian Immigration in Los Angeles and Global Restructuring*. Philadelphia: Temple University Press, pp. 45-53.

Park, Kyeyoung. 1998. *The Korean American Dream: Immigrants and Small Business in New York City*. Ithaca, NY: Cornell University Press.

Rinder, Irwin. 1958-59. "Strangers in the Land: Social Relations in the 'Status Gap." *Social Problems* 6: 253-260.

Rosenthal, Elizabeth. 1995. "Competition and Cutbacks Hurt Foreign Doctors in the U.S." *The New York Times,* November 7.

Yoon, In-Jin. 1997. *On My Own: Korean Businesses and Race Relations in America*. Chicago. University of Chicago Press.

Zenner, Walter. 1991. *Minorities in the Middle: A Cross-National Analysis*. NY: State University of New York.

제3장

시카고
메트로폴리탄 지역
한인 커뮤니티

김광정(웨스턴일리노이대)

1. 서론

이 연구에서 우리는 시카고 메트로폴리탄 지역 내 한인 이민자들의 삶의 경험과 부모들의 삶의 경험과 한인 이민교회들이 자녀들에게 미치는 영향에 관하여 알아보고자 한다. 한 가지 강조하고 싶은 점은 시카고 메트로폴리탄 지역 내 한인들은 로스앤젤레스와 뉴욕-뉴저지 북부 메트로폴리탄 지역들 내 한인들과 달리 자신들의 일상 활동들을 더 고립적인 방향으로 유지하고 있었다는 것이다. 또한 시카고 메트로폴리탄 지역 내에 거주하는 한인의 인구수는 로스앤젤레스와 뉴욕-뉴저지 북부 메트로폴리탄 지역들에 비해 훨씬 적었다.

시카고 메트로폴리탄 지역은 미국에서 세 번째로 큰 메트로폴리탄 지역이다. 1990년대까지 시카고 메트로폴리탄 지역 내 한인 커뮤니티 역시 미국 내에서 세 번째로 큰 한인 커뮤니티였다. 그러나 그 이후, 다른 메트로폴리탄 지역들 내 한인 커뮤니티가 시카고 지역보다 훨씬 더 빠르게 성장하였다. 특히 한인 커뮤니티의 성장률이 서부(시애틀-타코마 메트로폴리탄 지역, 로스앤젤레스 메트로폴리탄 지역)와 동부(뉴욕-뉴저지 북부 메트로폴리탄 지역, 워싱턴 디시 메트로폴리탄 지역)에서 모두 극적인 변화를 보였다. 결과적으로 2010년 인구조사에 따르면, 오늘날 시카고 메트로폴리탄 지역 내의 한인 커뮤니티는 미국 내에서 다섯 번째로 한인 인구수가 많다.

최근 들어 시카고 메트로폴리탄 지역으로 영구적인 정착을 위해 이주하는 한인 이민자들은 많지 않다. 매년 미국을 방문하는 한국 관광객 수는 100만 명에 달함에도 불구하고, 시카고 메트로폴리탄 지역에서 한인들은 눈에 잘 띄지 않는다. 오로지 몇몇의 한국기업들만이 시카고 메트로폴리탄 지역에 지부를 두고 있다. 이와 같은 조건에서, 시카고 지역 내 한인 커뮤니티는 지역 정착민 커뮤니티(local settlers' community)처럼 보이는데, 이 지역 정착민 커뮤니티란 외부와의 유의미한 사회적 접촉이 매우 제한적인 상태로 이루어지며 그 지역의 종족(ethnic) 거주민들에 의해 발전되고 유지되는 종족 커뮤니티(ethnic community)를 말한다.

오늘날, 상대적으로 더 고립적인 사회적 삶의 결과로서, 시카고 지역 내 한인 커뮤니티는 로스앤젤레스와 뉴욕-뉴저지 북부지역에 비해 현지에서 태어난 자녀들이 비교적 더 많은 것으로 나타났다. 또한 시카고 지역 내 한인들은 영어를 더 유창하게 구사하고 미국 내 두 한인 메트로폴리탄 지역들에 비해 평균 연령이 더 높은 것으로 드러났다(Park, 2014). 이러한 조사 결과는 시카고 지역 내 한인 커뮤니티가 로스앤젤레스와 뉴욕-뉴저지 북부 메트로폴리탄 지역들 내 한인 커뮤니티와 비교하였을 때, 더 안정적이거나 혹은 침체적임을 시사한다. 이로 보아, 시카고 지역 내 한인 커뮤니티 분석에 있어서 지역 정착민 커뮤니티의 이미지와 안정적 혹은 침체적 커뮤니티의 이미지가 가장 두드러질 것이다.

위와 같은 시카고 한인 커뮤니티 이미지의 특징과 함께, 이 연구는 (1) 노동시장 내 지위에 관한 충격적인 경험과 그들의 사회경제적 지위를 개선하고자 하는 차후의 노력이라는 관점에서 시카고 지역 내 한인들의 사회경제적 지위를 분석하고, (2) 중산층으로의 진입이라는 성취 경험(중산층의 꿈을 성취한 경험)과 이와 같은 성취에 대한 현재의 사회심리적 반응, (3) 교외 종족 커뮤니티의 주요 특징들에 대한 분석, (4) 매우 중요한 자발적 결사체로서의 한인 이민교회와 한인 이민자들의 삶, 그리고 (5) 1.5세대 혹은 2세대 한인으로서의 자녀들의 성장 경험에 한인 이민자들과 한인 이민교회가 미치는 영향에 관하여 검토하고자 한다.

2. 사회경제적 지위

　미국 인구조사(U.S. Census)에 따르면, 시카고 메트로폴리탄 지역에 거주하는 한인의 수는 1980년 당시에 21,057명인 것으로 보고되었다. 10년 후인 1990년에 한인의 수는 36,235명에 달하였다. 2000년에 한인의 수는 48,467명이었고 2010년에는 59,467명인 것으로 나타났다. 이와 같은 인구 성장률은 1980년과 1990년 사이에 나타난 한인 인구수의 증가가 상당한 것이었음을 보여준다. 그 이후로부터 시카고 메트로폴리탄 지역의 한인 인구 성장률은 완만한 수준을 유지했다.

　1965년 이후에 이주해온 이민자들의 일부로서, 시카고 지역 내 한인 이민자들은 한국에서 도시 중산층 배경을 갖고 시카고 지역으로 이주해왔다(Hurh and Kim, 1988). 그러나, 그들은 시카고 지역에 도착하자 충격적인 직업 하강 이동을 경험하였다. 1986년 시카고 메트로폴리탄 지역의 한인들에 대한 허원무·김광정의 연구(Hurh and Kim, 1988)는 한인들이 경험한 직업 하강 이동에 대한 분석에 있어 유용한 실증적 데이터를 제공한다. 그들은 1986년에 시카고 지역 내에서 무작위로 선별한 622명의 한인 성인 이민자들을 대상으로 인터뷰를 진행하였다.

　과반수 응답자(N=349)가 이주 전 한국에서 직업 경력이 있었던 것으로 조사되었다. 그들 중 거의 반(N=159, 45.5%)이 전문직·기술직·관리직에 종사하였고, 4분의 1(N=97, 27.8%)이 판매직 혹은 행정지원직에 종사한 것으로 드러났다. 한국에서 판매직 혹은 행정지원직에 종사한 이들은 일반적으로 대학 졸업자인 것으로 나타났으며, 대부분 고위관리직으로 상승 이동하고자 하는 전망을 가지고 정부기관, 은행, 그리고 기업 등 큰 규모의 관료 조직에서 일했던 것으로 조사되었다(Hurh and Kim, 1988). 또한 한인들이 이주 이전에 경험했던 직업 경력의 특성은 그들이 존경 받고 위신 있는 직업군에 종사했고, 주요 도시지역에서 살면서 중산층 혹은 그 이상의 계층 지위를 유지하고 있었음을 암시한다.

허원무·김광정이 인터뷰를 진행했던 당시, 많은 응답자들(N=433)이 시카고 지역에서 풀타임 근로자인 것으로 밝혀졌다. 응답자의 4분의 1(N=136, 28.2%)만이 전문직 혹은 기술직에 종사하고 있었다. 이와 같은 조건하에서, 시카고 지역 내에서 고용된 응답자의 대부분은 육체적으로 고된 두 가지 유형의 직업을 가지고 있었다. 응답자의 30%(N=146, 30.2%)는 자영업에 종사하고 있었고 이들 중 거의 30%(N=138, 28.6%)가 저숙련 육체노동이나 서비스업을 수행하고 있었다. 나머지 응답자(N=63, 13%)들은 판매업 혹은 행정지원 직원으로 고용되어있었다. 시카고 메트로폴리탄 지역에서, 판매업 혹은 행정직에 종사하고 있는 이들은 저숙련 사무직 혹은 대개 한인 고용주에 의해서 고용된 사무직 종사자인 것으로 드러났다(Hurh and Kim, 1988).

한인 응답자들이 경험한 한국과 시카고 지역에서의 직업 경력은 대부분의 한인 성인 이민자들이 혹독한 수준의 직업 하강 이동을 경험했다는 점을 명백히 보여준다. 한국에서 고용된 경험이 있던 대부분의 응답자들이 사회적으로 인정받거나 명망 있다고 간주되는 화이트칼라 직군에 종사한 반면에, 극히 제한된 비율의 응답자들만이 1986년 시카고 지역에서 그러한 화이트칼라 직군을 유지할 수 있었다. 실제로 1986년 시카고 지역에서 고용되었던 응답자들 중 상당수가 한인, 히스패닉, 아프리칸 아메리칸과 같은 소수집단 노동자와 직장 동료, 상사, 혹은 고객의 관계를 맺으며 이들과 깊이 연관되어있는 직업군에 고용되어있던 것으로 드러났다(Hurh and Kim, 1988). 이와 같은 근로 환경은 응답자들이 시카고 지역 노동시장 내에서 매우 불리한 부분에 고용되어있었음을 나타낸다. 즉 이러한 관찰 결과는 많은 한인 이민자들이 미국으로의 이주 이전에 가지고 있던 도시 중산층 배경에도 불구하고 일반적으로 여타 이주노동자들에 할당되는 종류의 일을 맡았다는 점을 나타낸다.

자영업에 종사하고 있던 한인 이민자들 또한 매우 불리하거나 위험한 조건에서 근로하고 있는 것으로 조사되었다. 이들 중 많은 사람들이 시카고 남부에서 사업을 운영하고 있었는데, 이 지역은 아프리칸 아메리칸 주거 지역이었다(Kim and Hurh, 1995). 또한 이들 중 높은 비율이 노동집약적 세탁업을 운영하고 있었다. 다른 이들은 한인 타운에서 같은 한인 이민자들을 주요 고객으로 하는 사업을 운영하고 있었다. 위에서 언급된 세 가지 유형의 한인 자영업은 상대적으로 작은 규모의 사업이었고 사업 경쟁의 압박하에서 여러 어려움을 겪었다.

허원무·김광정의 연구가 제시하는 바는 시카고 지역의 많은 한국인이 이주 이전에 상대적으로 높은 사회경제적 지위를 가졌음에도 불구하고 그러한 사회경제적 배경이 시카고 지역에서 사회적으로 명망 있는 직업을 얻고자 하는 그들의 갈망과 노력에 그다지 도움이 되지 않았다는 것이다. 안타깝게도, 상대적으로 불리한 직업을 한번 얻고 나면, 기본적으로 시카고 지역에서 그들의 직업 지위를 바꿀 수 없었다. 이는 한인 이민자들이 아주 사소한 수준의 직업 이동성을 경험하며, 사실상 권위가 낮고 고된 직업을 은퇴할 때까지 유지했다는 것을 의미한다.

이와 같은 조사 결과가 이주 이전의 사회경제적 지위 그리고 관련된 자원들이 한인 이민자들에게 전혀 도움을 주지 않았다는 것은 아니다. 허원무·김광정의 연구에서 한인 이민자들이 지녔던 이주 이전의 사회경제적 지위는 취업에 두 가지 방식으로 도움이 되었다. 첫째로, 몇몇의 한인 이민자들은 이주 이전에 한국에서 획득한 교육 수료증에 대한 인정을 통해 전문직 혹은 기술직 노동자로 고용되었다. 둘째로, 시카고 지역에서 대단히 높은 비율의 한인 이민자들이 그들의 이민 생활의 초기 단계에서 자영업에 종사하는 것으로 밝혀졌다. 이와 같은 한인 이민자들의 영세자영업으로의 진출은 1970년대 그리고 1980년대에 한국이 가발과 여타 미용 제품을 대량으로 생산했고, 또 이 제품들이 미국 내 많은 도시들에서 아프리칸 아메리칸들에게 매우 인기가 많았다는 사실로부터 비롯된다(Kim and Hurh, 1995). 기업가적으로 활동적인 많은 한인 이민자들은 가발과 이와 연관된 사업 기회를 활용하면서 시카고 지역 내에서 사업을 시작했다. 이와 같은 사업의 창업과 운영에는 한인 이민자의 사회경제적 자원과 한국에서 맺어진 사업 연고를 적극적으로 활용할 필요가 있었다(Hurh and Kim, 1988).

총괄하자면, 전문직 혹은 기술직 노동자로서 고용되었던 예외적인 한인 이민자들을 제외하고, 피고용인으로서 고용되었던 다른 두 가지 유형의 한인 이민자 노동자들은 매우 불리한 노동시장 조건에서 근로했던 것으로 밝혀졌다. 그들 직업의 불리한 특성은 제한적인 수준의 개인 소득을 통해서 드러났다. 〈표 3-1〉에서 보이는 것과 같이, 두 가지

<표 3-1> 1986년 시카고 지역에서 세 가지 유형의 직업에 고용되었던 한인 응답자들의 연간
         개인소득과 가족 소득 수준

	29,999달러 이하	30,000달러 이상	총합
(1) 개인 소득	76 (67.9%)	36 (32.1%)	112 (100%)
(1) 가족 소득	23 (20.2%)	91 (78.8%)	114 (100%)
(2) 개인 소득	52 (91.2%)	5 (8.8%)	57 (100%)
(2) 가족 소득	29 (48.3%)	31 (51.7%)	60 (100%)
(3) 개인 소득	104 (84.6%)	19 (15.4%)	123 (100%)
(3) 가족 소득	65 (52.8%)	58 (47.2%)	123 (100%)

(1) 전문직·기술직, 그리고 관리직
(2) 판매직 그리고 행정지원직
(3) 저숙련 육체노동 그리고 서비스직

유형의 직업에 종사했던 응답자들은 풀타임 근로자로서 고용되었음에
도 불구하고 그들의 개인 소득 수준이 매우 낮았다. 결과적으로 판매업
혹은 행정지원직에 고용되었던 대다수(N=52, 91.2%) 혹은 저숙련 육체노
동 혹은 서비스직에 고용된 이들(N=104, 84.6%)은 1985년을 기준으로 1년
에 30,000달러보다도 더 적게 버는 것으로 드러났다. 심지어 전문직 혹
은 기술직에 종사하고 있던 상당수(N=76, 67.9%)조차 1985년 기준으로 1
년에 30,000달러보다 더 적게 버는 것으로 밝혀졌다(Hurh and Kim, 1988).

위에서 언급한 시카고 지역 내 한인 응답자의 개인 소득의 특징들
은 두 가지 문제를 초래했다. 첫째로, 노동자 1명(일반적으로 아버지)의 개인
소득은 대개 가족을 부양하기에 충분하지 않았다. 둘째로, 도시 중산층
이라는 사회적 배경을 지니고 시카고 지역으로 이주해온 만큼, 한인 응
답자들은 자신들의 사회적 지위와 평판을 의식하고 있었다. 그들은 이
와 같은 사회적 지위와 평판에 관한 민감성을 지닌 채, 시카고 내 교외

지역사회에서 중산층 지위를 다시 확립하고자 하는 열망과 목표를 가지고 미국에 이주해왔다. 그들이 이와 같은 목표를 성취하기 위해서는 1980년대 기준으로 최소한 연간 30,000달러의 수입을 벌었어야 했다.

이와 같은 문제에 대한 한인 응답자들의 해결책은 자연스럽게도 시카고 지역 내 대부분의 한인 이민자 가정 내에서 다른 가족 구성원(일반적으로 아내)이 풀타임 노동을 수행하는 것이었다. 많은 한인 이민 가정에서 부인의 추가적인 고용만이 중산층의 꿈이라는 높은 목표와 현저히 불리한 노동시장 내에서의 지위라는 현실 사이의 격차를 좁힐 수 있는 유일한 해결책으로 보였다. 이와 같은 조사 결과는 한인 이민자 가정 내에서의 부인의 풀타임 노동이 부인 본인의 경력 지향이나 동기보다도 시급한 재정 문제를 반영하고 있다는 점을 시사한다.

이러한 삭막한 조건하에서, 1986년에 이루어진 허원무·김광정의 연구는 대부분의 한국 응답자 가정 내에서 남편들이 풀타임으로 고용되었다는 점을 제시했다. 남편들의 고용에 덧붙여, 대부분의 한인 이민자 가정 내 부인들 또한 고용되었다는 사실을 밝혀냈다. 이 연구에서는 여성 응답자의 3분의 2(N=198, 68.8%)가 고용된 것으로 드러났다. 고용된 여성 응답자들 가운데, 기혼 여성의 노동 참여율(N=163, 74.8%)이 비혼 여성의 노동 참여율(N=32, 51.4%)보다 높은 것으로 드러났다. 풀타임 노동을 일주일에 35시간 이상 하는 것으로 정의하면, 허원무·김광정의 조사자료는 고용된 남편들의 95.2%(N=218)와 고용된 부인의 91.4%(N=128)가 전임으로 근로하고 있다는 사실을 나타냈다. 실제로 조사에 참여한 많은 풀타임 근로자가 하루에 8시간 이상 노동을 하는 것으로 밝혀졌다(Hurh and Kim, 1988).

이 같은 조사 결과는 한인 이민자 가정 내에서 남편과 부인이 모두 고용되었을 때 거의 대부분의 이들이 풀타임 노동자로 고용되었다는 사실을 보여준다. 그들의 취업률이 미국 내에 거주한 기간과 관계가 없는 것으로 드러났기 때문에, 이와 같은 연구 결과는 기혼 응답자들의 노동 참여율이 미국 내 거주기간과 관계없이 높게 나타남을 의미한다(Hurh and Kim, 1988). 이는 시카고 내 한인 이민자 가정에서 부부들의 장기 고용을 실증적으로 설명한다. 이는 또한 대부분의 한인 이민자 가정 내에서 부인의 취업이 가족의 재정 문제를 해소하기 위함이었다는 점을 명백히 시사한다.

시카고 지역 내 한인 부동산 중개업자들에 따르면 일반적으로 1980년대에 한인 이민자가 집을 소유하기 위해서는 연간 30,000달러 이상을 벌어야 했다. 〈표 3-1〉에서 조사된 개인 소득 수준을 고려했을 때, 시카고 교외지역에서 집을 산다는 것은 가능성이 희박한 일이었다. 이 같은 조건하에서 부인들이 취업하여 소득을 급여, 임금 혹은 공동 소득의 일부와 같은 형태로 벌어들였을 때, 시카고 지역 내 대부분의 한국인 응답자 가족의 남편과 아내의 합계 소득은 분명히 가족 소득을 증가시켰을 것이다. 〈표 3-1〉은 (90% 이상의) 전문직 혹은 기술직 노동자들의 가족(N=91, 79.8%)이 1985년을 기준으로 가족 연 소득으로 30,000달러 이상을 벌었다는 것을 보여준다. 나머지 두 유형의 직군에 종사하고 있던 이들 역시도 절반 정도의 가족들이 1985년을 기준으로 연간 30,000달러 이상을 연 가족 소득으로 벌어들였다는 것을 알 수 있다.

자영업에 종사하는 한인 이민 가족은 다른 한인 이민 가족들보다 더 높은 연소득을 버는 것으로 보고되었다. 1979년 로스앤젤레스 지역의 한인 이민자들에 관한 허원무 · 김광정의 연구가 이와 같은 지점을 보여주었다(Hurh and Kim, 1984). Portes와 Rumbaut(2006) 또한 마이애미 지역 내 쿠바계 미국인들 사이에서 한인 자영업자들이 다른 쿠바계 미국인들보다 더 높은 가족 소득을 벌어들였다고 보고한 바 있다. Light와 Roach(1996)는 로스앤젤레스 지역에서의 이민자들 중 사업을 운영하고 있는 이들이 다른 이민 노동자들보다 더 높은 소득을 벌어들였음을 밝혀냈다. 위와 같은 연구들의 실증적인 조사 결과로 미루어 보아, 시카고 지역 내 개인사업을 운영한 한인 가족들이 다른 한인 이민자 노동자들에 비해 더 높은 가족 소득이 있었을 것이다. 이는 상대적으로 더 많은 한인 자영업자들이 다른 한인 노동자보다 시카고 교외지역에서 주택을 소유하며 가족들을 정착시켰음을 시사한다.

〈표 3-1〉이 1980년대 한인 이민자들의 직업과 수입을 보여준다면, 시카고 메트로폴리탄 지역 내 한인 이민자들의 1990년대의 직업 경험은 어땠을까? 전반적으로 1990년대 시카고 지역은 경제적으로 번영하였다. 이러한 상황에서 시카고 지역 내 한인 자영업의 수와 영업 이익은 상당히 증가하였다. 이는 또한, 1990년대 시카고 지역에서 자영업에 종사하고 있던 한인 이민자들의 비율과 수가 급격히 증가했다는 것을 의미한다. 이와 같은 사실은 1990년대에 (1) 판매직 혹은 행정지원직 노동자, 혹은 (2) 저숙련 육체노동 혹은 서비스 노동자로서 고용되었던 많은 한인 이민자들이 자영업으로 전직했다는 점을 보여준다. 결과적으로 1990년대에 이 두 가지의 고된 직종에 고용된 한인 이민자의 비율이 약간 감소했다. 이와 대조적으로, 1990년대에 한인 이민자들 사이에서 다른 여타 직종들로부터 전문직 혹은 기술직으로의 직업 이동은 거의

일어나지 않았다.

결론적으로 다른 사람들에 의해 고용되었던 한인 이민자들은 운이 좋게 시카고 지역에서 더 오랫동안 근로할 수 있었다. 1980년대보다 1990년대에 그들은 시카고 지역 내에서 구직에 대한 더 많은 정보를 보유하고 있었다. 직업 경력을 쌓으면서 동시에 그들은 더 숙련된 노동자가 되었다. 이 두 가지 요소의 결합으로 인해 그들은 더 높은 수준의 기술을 갖춘 채 고용되었고, 1980년대보다 1990년대에 더 소득 수준이 높았다는 것을 암시한다. 결과적으로 1980년대에 비해 1990년대에 더 많은 한인 이민자들이 주택을 소유하며 그들의 가족들을 시카고 지역에 정착시킬 수 있었다.

그러나 1990년대 말부터 시카고 지역의 경제 상황은 침체되기 시작했다. 이에 따라 노동자로서 고용되었던 한인 응답자들은 2000년대에 들어서 점차 더욱 경직된 노동시장의 압박을 경험하게 되었다. 그들은 허리띠를 더욱 졸라매는 생활양식과 방어적인 노동시장 행동을 필요로 하게 되었다. 자영업에 종사하고 있던 이들 역시 극심한 경제적 압박을 경험하였다. 지난 몇 년간 많은 아프리칸 아메리칸 거주민들이 시카고 남부지역에 있는 자신들의 커뮤니티를 떠나 다른 곳으로 이주하였다. 시카고 남부지역의 아프리칸 아메리칸의 소득 수준 또한 최근 몇 년 새에 점진적으로 하락한 것으로 나타났다(Kim and Kim, 2009).

또한 1990년대에 급증한 한국의 자영업자들 사이에서는 심각한 사업 경쟁이 발생하였다. 또 다른 유형의 사업 경쟁은 1990년대 중반부터 시카고 남부 시장에 진입하기 시작한 인도, 파키스탄, 그리고 다른 이주민 사업자들로부터도 발생하였다. 심지어 1960년대 시카고 남부에서 발생한 인종 폭동으로 시장을 떠났던 백인 사업자들 또한 시카고 남부 시장으로 돌아왔다. 2000년대의 이와 같은 상황에서 시카고 남부지역의 많은 한인 영세사업자들은 사업의 규모를 축소하거나 결국에는 사업을 접게 되는 상황에 처하였다(Kim and Kim, 2009).

시카고 지역 내에서 한인 세탁업의 주요 고객층은 백인들이었다. 그러나 그들의 생활양식은 점차 바뀌었고 이와 같은 변화는 백인들로 하여금 한인 세탁업을 이용해야 할 필요성을 감소시켰다. 오늘날, 대부분의 백인들은 자택에 있는 세탁기로 빨래할 수 있는 드레스와 셔츠를 입는다. 최근 들어, 많은 백인들이 직장에 출근할 때 격식을 갖춰 차려입지 않게 되었다. 오히려 그들은 캐주얼한 복장으로 직장에 출근하는 것을 선호하였다. 이처럼 시장의 조건이 변화하게 되면서 많은 한인 세탁업소가 서로 치열한 사업 경쟁을 벌이게 되었다. 이미 많은 한인 세탁업자들이 세탁소를 폐업했으며 앞으로 가까운 장래에 더 많은 한인 세탁소가 폐업할 것으로 예상된다. 더 많은 한인 이민자들이 시카고 교외지역으로 이주해오고 가족들을 정착시키면서, 한인 타운에 있는 많은 한인 자영업자들은 사업을 운영하는 데 중대한 문제들을 마주하게 되었다. 이러한 시장의 조건들은 한인 타운에 있는 한인 영세사업자들로 하여금 사업의 규모를 축소하게끔 만들었다.

3. 중산층이라는 꿈의 성취

한인 이민자들 중 고용된 적이 있거나 은퇴할 때까지 고용되었던 이들은 시카고 지역에 각기 다른 시기에 이주해왔다. 1970년대 초반에 시카고 지역으로 이주해온 이들은 2000년대에 은퇴하기 시작한 기점까지 거의 35년 혹은 40년간 고용되었다. 1970년대 후반 혹은 1980년대 초반에 시카고 지역으로 이주해온 한인들은 2000년대 혹은 그 이후에 은퇴하기 시작한 기점까지 거의 25년 혹은 더 오랜 기간 동안 고용되었다. 1980년대 후반 그리고 1990년대 초반에 이주해온 이들은 2000년대 이후에 은퇴할 계획으로 좀 더 장기간 동안 고용되어있을 것으로 예상되었다.

이러한 맥락에서 하나의 의문점이 제기될 수 있다. 한인 이주자 가족 내에서 남편과 부인 모두 시카고 지역 내에서 오랜 기간 동안 고용되어있었을 때, 그들은 시카고 지역에서 이루고 싶었던 것들을 모두 이루어낼 수 있었을까? 이에 대한 답으로는 남편과 부인이 장기간 동안 함께 고용됨으로써 대부분의 한인 이민자들이 시카고 지역에서 중산층의 꿈을 성취해냈다고 느낀다고 볼 수 있다.

그들이 이민 이전에 가졌던 도시 중산층 배경은 높은 비율의 한인 이민자들이 한국에서 이미 대학교육을 마친 상태였다는 것을 보여준다 (Hurh and Kim, 1988). 이와 같은 사회경제적 배경을 지닌 대부분의 한인 이주민들은 그저 가족 구성원들을 먹여 살리기 위해 미국으로 오지 않았다. 그들은 자신들의 사회적 지위에, 평판에 대하여 매우 민감한 계층의 사람들로서 미국에 이민 왔을 때 중산층으로서의 지위를 미국에서 다시 구축하고자 하였다. 미국으로 이민 온 후부터 대부분의 한인 이민자들은 지속적으로 그러한 욕망을 마음에 품고 강화하였다.

이 꿈의 원형을 더 상세하게 설명한 형태는 중산층의 꿈이라고 알려져 있다. 원래 한국에서 구상되었으나, 최종적으로 미국에서 다듬어진 그 중산층의 꿈은 세 가지 요소로 구성되어있다. 첫 번째 요소는 미국에서 가족들을 충분히 먹여 살리는 것이다. 두 번째 요소는 그들의 가족들을 안전하고 편안한 교외 커뮤니티나 쾌적하고 편안한 도심지역 커뮤니티에 정착시키는 것이다. 세 번째 요소는 자녀들의 명문 대학이나 여타 대학 입학을 위해, 그리고 궁극적으로는 미래의 사회적 이동을 위해 자녀들이 좋은 성적을 유지하도록 독려하는 것이다. 따라서 중산층이라는 꿈은 미국에서 자신의 가족들이 중산층 지위를 획득할 수 있도록 하고 또 그들의 자녀들이 미국에서 중산층 혹은 더 높은 계층 지위를 획득할 수 있도록 한인 이민자들에 지속적으로 동기를 부여해준 꿈이자 열망이었다.

미국에서 한인 이민자가 겪은 일들은 중산층이라는 꿈을 성취하고자 하는 열망을 강화하였다. 이미 논의한 바와 같이, 높은 비율의 한인 이민자들은 이민 과정에서 혹독한 직업 하강을 경험하였다. 일부 전문직 혹은 기술직 노동자를 제외하고는 이주 이전에 획득한 교육과 경력의 이력이 미국에서 인정받지 못하였기 때문에 그들은 은퇴할 때까지 덜 명망 있고 고된 것으로 여겨지는 직업에 종사하게 되었다. 그와 같은 직업 하강 이동의 경험은 미국에서 중산층이라는 꿈을 추구하고자 하는 그들의 결심을 강화하였을 것으로 판단된다.

이러한 열망이 강화되고 정제되면서, 시카고 교외지역에서 한인 이민자 가족들을 정착시키고 중산층이라는 꿈을 성취하기 위해 그들에게 요구된 것은 장기 담보대출로 교외지역에 있는 주택을 구매할 수 있는 경제적인 능력이었다. 시카고 교외 커뮤니티에서 안정적이고 장기적으로 정착하기 위해서는 지속적으로 집을 임대하기보다는 소유하는 것이 필요했다. 이와 같은 관점에서 대부분의 한인 이민자 가정에서 볼 수 있는 남편과 부인의 장기적인 취업은 시카고 지역에서 절대적으로 필요했다.

1970년대와 1980년대에 시카고 지역으로 많은 수의 한인 이민자들이 이주하였는데, 그들은 시카고 도심보다 교외지역에 정착하고자 했다. 따라서 1970년대 중반부터 많은 한인 이민자들이 시카고 교외지역으로 이주하여 가족들을 정착시키기 시작했다. 1970년의 한인 이민자들의 이동 패턴을 보여주는 1980년 인구조사는 한인 이주민과 그들의 가족 구성원의 절반(N=10,892, 51.7%)이 교외지역에 정착하였음을 나타냈다. 1980년 한인 이민자들의 이동 패턴을 보여주는 1990년 인구조사는 시카고 지역 내 한인 이민자의 대다수(N=22,372, 61.2%)가 시카고 지역에 정착했음을 보여준다.

시간이 흐르면서, 1990년대 한인 이민자들의 이동 패턴을 반영한 2000년 인구조사에 따르면 상당수의 한인 이민자들(N=35,600, 73.5%)이 시카고 지역에 가족을 정착시켰다. 2010년 인구조사는 한인들의 80% 가까이(N=46,049, 77.4%)가 시카고 교외지역에 가족을 정착시켰음을 보여준다. 그러나 2010년 시카고 인구조사에 포함된 교외 거주 한인들은 주로 한인 이주민들과 그들의 성인 자녀들(1.5 혹은 2세대 한인)로 구성되었다는 점을 염두에 두어야 한다. 이는 2010년 인구조사에서 많은 성인 자녀들과 그들의 가족 구성원들이 시카고 교외지역에서 정착했다는 것을 의미한다.

시카고 교외지역에 정착한 대다수의 한인들은 자신들의 교외 커뮤니티에서 오랫동안 지낼 의향이 있었다. 그러한 한인들의 결심은 현재 교외 커뮤니티에서의 자택 소유 현황을 통해 설명된다. 안타깝게도, 현재의 연구를 작성하는 지금 우리는 시카고 지역 내 교외 한국 거주민들의 주택 소유에 대한 2010년의 데이터를 가지고 있지 않다. 따라서 우리는 한인들의 주택 소유에 대한 2000년의 인구조사를 검토하겠다. 다행인 점은 2000년의 인구조사가 한인들의 주택 소유에 관한 경험을 상당히 반영하고 있고, 이러한 경험은 주택 소유에 관한 자녀들의 기여를 포함하지 않았다.

2000년 인구조사에 따르면, 한인 중 시카고 지역 도심에 거주하는 이들(21.4%)과 교외에 거주하는 이들(60% 이상) 사이에 주택 소유에 관하여 큰 격차를 보였다. 샴버그(Schaumburg)(54.7%)와 마운트 프로스펙트(Mount Prospect, 51.6%), 이 두 지역을 제외하고는 2000년을 기준으로 많은 한인들이 거주하고 있던 모든 시카고 교외지역에서 60% 이상의 한인들이 주택을 소유하고 있는 것으로 나타났다. 사실, 주택 소유 비율은 모튼 그로브(Morton Grove, 95.2%), 링컨우드(Lincolnwood, 92.5%), 노스브룩(Northbrook, 91.6%), 글렌뷰(Glenview, 84.6%), 버팔로 그로브(Buffalo Grove, 81.2%), 윌미트(Wilmette, 75.5%), 버논 힐(Vernon Hill, 74.3%)과 같은 쿡 카운티(Cook County) 교외지역들에서 더 높게 나타났다.

교외지역에서 주택을 소유한다는 것은, 이들이 은퇴 이후에도 도심지역에 있는 공공 노인 주거 아파트보다 현재 자신들이 거주하고 있는 교외지역의 주택에서 계속 지낼 것을 의미한다. 주택을 소유하는 한인들의 비율은 미국 내에서의 거주기간과 연관되어있기 때문에, 시카고 교외지역에서 주택을 소유하는 한인들의 비율이 2000년보다 2010년에 더 높게 나타날 것으로 예상된다.

한인 이민자들의 주택 소유에 관한 경험의 이 같은 특성은 한인 이민자들이 주택을 소유함으로써 자연스럽게 그들의 가족을 부양하고 대다수의 이들이 시카고 교외지역에 정착할 수 있었음을 암시한다. 이는 또한 대부분의 자녀들이 대학교육을 위해 부모의 집을 떠날 때까지 시카고 교외 커뮤니티에서 성장했음을 제시한다. 교외 커뮤니티에서 자녀들은 그들 부모로부터의 강한 독려와 압박감과 함께, 백인 혹은 한인이 아닌 다른 인종의 친구들과 함께 놀고 초등학교와 고등학교를 함께 다녔다.

이 같은 한인 이민자 부모들의 지난 노력으로 인해, 오늘날 한인 이민자들의 자녀들이 좋은 학업 성적을 유지하고 일반적으로 명망 있는 주류 업종에 종사하게 되었다. 따라서 많은 한인 이민자 부모들은 자녀들의 그러한 교육적 그리고 직업적 성공과 자녀들의 성취를 위한 자신들의 기여에 대해 뿌듯해해야 할 것이다. 그러나 시카고 지역에 거주하는 한인 이민자 부모들에게서 예상과는 다른 경향을 목격할 수 있다. 중산층이라는 꿈을 성취했다는 것에 그들이 뿌듯한 감정을 지니고 있다고 하더라도, 대부분의 한인 이민자 부모들은 심지어 은퇴한 뒤에도 중산층이라는 꿈의 성취와 자녀들의 교육적 그리고 직업적 성공을 위한 자신들의 기여에 대하여 터놓고 이야기하고 싶어 하지 않는다. 이는 한인 이민자 부모들이 힘들었던 직장 경험과 시카고에서 중산층의 꿈을 이룬 것에 대한 감회에 관해 이야기하거나 자랑하기보다는 침묵하는 경향이 있다는 것을 보여준다.

왜 시카고 지역 내 한인 이민자 부모들은 중산층의 꿈을 성취하기 위한 자신들의 지난 희생과 기여에 대해 침묵하고자 하는 것일까? 우리는 한인 이민자 부모들로 하여금 침묵하게 만드는 다섯 가지 요인들을 제시하고자 한다. 첫째로, 그들이 중산층의 꿈을 적극적으로 추구할 때, 그들은 언제나 다른 한인 이민자 부모들과 자신들의 노력과 활동들을 비교해왔다. 과거에 한인 이민자 부모들은 종종 다른 한인 이민자 부모들이 달성한 것으로 보이는 성취 수준에 도달하기 위해 열심히 일하도록 크게 자극 받았을 수도 있다. 그러나 은퇴 이후에, 대부분의 한인 이민자 부모들은 자신이 다른 여타 한인 이민자 부모들도 달성한 성취 수준에 도달했다고 느끼게 된다. 자신의 성취를 여타 한인 이민자 부모들의 성취와 비교했을 때, 대부분의 한인 이민자 부모들은 그들이 두드러지게 뛰어난 결과를 성취했다고 생각하지 못할 것이다. 주관적으로 그들은 자신이 도달한 성취 수준은 시카고 한인 이민자 커뮤니티 내에서 흔하게 관찰될 수 있는 수준의 성취 결과라고 강하게 여길 것이다.

두 번째로, 자녀들은 자신들의 부모가 자녀의 교육적 그리고 직업적 성취를 위해 독려하고 자녀의 미래를 위해 희생을 감수한 것에 대하여 감사하게 생각하면서도 그들의 부모에 대한 의견과 태도를 전환하기 시작한다. 시간이 지나고 그들 자신의 성취와 성공의 결실을 즐기면서 그들의 부모의 지난 기여와 희생에 대하여 점차 잊기 시작한다. 이같은 일이 일어날 때 부모들은 자녀들의 변화하는 생각과 태도를 즉각적으로 알아챈다. 한인 자녀들이 자신들을 위해 부모가 한 일에 더 이상 감사하는 태도를 보이지 않을 때, 한인 부모들은 매우 실망하고 낙담한다. 그러나 한인 이민자 부모들은 그들의 자녀들이 생각과 태도를 바꾸는 것에 대해 터놓고 불평하거나 비난하지 않는다. 이와 같은 조건하에서 부모들의 반응은 차라리 침묵을 지키는 쪽을 택한다.

세 번째로 한인 이민자 부모들은 점차 그들 자신의 현재 계층 지위에 대해 불확실성을 느끼게 된다. 그들 대부분은 미국 내에서 자신의 직업 지위가 노동자 계층 혹은 프티 부르주아에도 못 미치는 계층이라고 생각할 것이다. 그러나 그들이 시카고 교외 커뮤니티에서 자신의 주택을 소유하게 되었을 때, 그들은 주관적으로 그들이 괜찮은 교외지역에 가족들을 정착시킴으로써 중산층의 지위에 도달하였다고 느꼈을 것이다. 그리고 나서 그들은 자신의 현재 계층 지위에 대한 평가에서 상당한 불일치를 느낄 것이다. 한인 이민자들은 노동시장 경험의 측면에 있어서 낮은 계층 지위에 위치하고 있지만 주택 소유의 측면에 있어서의 중산층 지위를 갖고 있다. 그와 같은 불확실성과 괴리감은 그들이 시카고 지역 내에서 자신의 현재 계층의 의미를 진지하게 탐색하도록 유도하지는 않는다.

넷째로, 한인 이민자 부모들은 그들의 힘든 삶의 경험과 심지어 과거 직업 활동으로 축적된 굴욕적인 경험을 간직하고 있다. 그러한 불쾌한 기억을 떠올리는 것은 자연스럽게 많은 사회심리적 고통을 유발할 것이다. 따라서 많은 한인 이민자 부모들은 그토록 고통스럽고 굴욕적인 경험의 기억으로 돌아가고 싶어 하지 않을 것이다. 이는 그들이 굴욕적이고 고통스러운 기억과 직업 경험에 대해 생각하고 이야기하고 싶어 하지 않는다는 것을 의미한다.

다섯째로, 한인 이민자 부모들은 최근 몇 년 동안 또 다른 유형의 비교 준거집단을 가지게 되었다. 최근 들어 그들은 종종 그들의 삶의 경험을 한국에 있는 친척들과 친구들의 경험과 비교한다. 많은 한인 이민자 부모들은 그들의 친척과 친구들이 더 좋은 삶을 살고 있다고 느낄 가능성이 높다. 따라서 많은 한인 이민자 부모들은 미국에서의 이민 생활을 후회하는 지경에 이르렀고, 누구에게도 말하지는 않았지만 한국으로 귀국하고 싶다는 생각을 하게 되었다. 이는 많은 한인 이민자 부모들이 그들 현재의 삶과 한국에 있는 친척들과 친구들의 삶을 비교함으로써 높은 수준의 상대적 박탈감을 경험하고 있다는 것을 의미한다. 이와 같은 비교는 미국 내에서 중산층의 꿈을 이룬 그들의 성취감을 약화시키기도 한다.

4. 주거 정착 패턴

많은 한인 이민자들이 시카고 교외지역에 그들의 가족을 정착시키는 데 성공하였을 때, 그들은 궁극적으로 시카고 교외지역에 한인 커뮤니티를 건설하였는가? 우리는 이와 같은 문제를 한인이 미국으로의 이민 초기에 시카고 도시 내에서 한인 종족 커뮤니티를 설립하는 과정에 대한 검토를 통해 살펴보고자 한다. 이를 통해 우리는 한인 이민자들이 실제로 시카고 교외지역으로 이주했고, 그곳에 한인 커뮤니티를 확고히 세웠다는 것을 보여주고자 한다.

1970년대 초반에 새로이 도착한 한인 이민자들은 시카고 도시 북동부에 가족들을 정착시켰다. 그 이후, 그들은 가족 정착의 지역을 점진적으로 확장하였다. 1970년대 많은 한인 이민 가정이 레이크뷰(Lakeview), 래븐스우드(Ravenswood), 얼바니 파트(Albany Part) 그리고 어빙 파크(Irving Park)와 같은 시카고 북동부 지역에 정착하였다. 더 많은 한인 이민자들이 그러한 지역에 정착하게 되면서, 한인 이주민 소비자들을 위한 한국 마트, 식당 그리고 여타 가게들이 클라크가(Clark Street)의 북부지역을 따라 설립되었다.

그러나 1970년대 중반부터, 한인들의 정착 및 거주 중심지는 클라크가에서 로렌스가(Lawrence Avenue)로 바뀌었다. 그 이후, 로렌스가는 한인들의 거주 및 정착과 상업 활동을 위한 중심지로 부상하였다. 로렌스가에 있는 한인 타운은 원래 킴볼(Kimball)과 케지(Kedzie) 사이에 있는 로렌스가의 3블록에 해당되는 곳이었다. 1970년대와 1980년대에 많은 한인 이민자들이 유입되면서 한인 거주지와 상업 활동지는 로렌스가를 따라 확장되었다. 결국, 한인 거주지 및 상업지의 중심은 약 10블록에 걸치는 풀라스키(Pulaski)와 시카고강 사이로 확장되었다. 1980년대 중반부터 시카고 내 한인 타운은 로렌스가 북부에 위치한 킴볼과 케지 사이의 브린모우어가(Bryn Mawr Street)의 3블록으로까지 확장되었다. 로렌스가의 남부에 위치한 몬트로스가(Montrose Street)에서도 몇몇 종족 사업체들을 찾을 수 있었다. 로렌스가와 모우어가를 따라 있는 한인 타운은 약 300여 개의 한인 소유 사업체들이 있는 상업지역이었고 한인 이민자들과 그들의 가족들을 위한 주거 지역이기도 하였다. 이 지역의 사업들은 한인 소비자들과 히스패닉 주거민과 같은 한인이 아닌 현지인들 모두의 일상적 필요를 충족시켜주었다.

교외지역에 사는 한인들은 시카고 교외의 특정 지역에 집중되는 경향을 보이는가? 이에 대한 답변은 '그렇다'이다. 2010년 인구조사에 따르면, 교외지역에 사는 한인들의 대부분(N=25,994, 61.8%)이 실제로 시카고 전체를 포함하는 쿡 카운티의 북부 교외지역에 거주하고 있다. 그리고 교외 거주 한인들의 5분의 1 이하의 인구(N=7,463, 17.8%)가 쿡 카운티의 북부에 위치한 레이크 카운티에 거주하고 있는 것으로 밝혀졌다. 모두 합해 교외지역 거주 한인의 5분의 4(N=33,457, 79.6%)가 인접한 두 카운티인 쿡 카운티와 레이크 카운티에 거주하는 것으로 나타났다.

이와 같은 조사 결과는 시카고 교외 북부지역에서 나타나는 교외 거주 한인 인구의 집중을 명백히 보여준다. 이는 또한 교외지역에 거주하는 한인들 중 극히 낮은 비율만이 시카고 지역 내 나머지 4개의 카운티에 정착했음을 의미한다. 2010년에는 교외에 거주하는 한인들 중 10분의 1(N=4,888, 11.6%)이 듀페이지 카운티(DuPage County)에 거주하는 것으로 조사되었다. 나머지 세 개의 카운티, 칸 카운티(Kane County), 맥헨리 카운티(McHenry County) 그리고 윌 카운티(Will County)에서는 10% 이하(N=3,700, 8.8%)의 교외 거주 한인들이 거주하고 있는 것으로 나타났다.

쿡 카운티(Cook County)에 위치한 두 교외지역인 글렌뷰(Glenview)와 노스브룩(Northbrook)은 시카고 지역에서 가장 큰 한인 교외 거주지역인 것으로 밝혀졌다. 2010년 인구조사 데이터에 의하면, 글렌뷰에는 2,321명의 한인이, 노스브룩에는 2,005명의 한인들이 거주하고 있었다. 이 두 교외지역의 동쪽에는 쿡 카운티에 위치한 4개의 교외 타운들이 있는데 이는 바로 윌멧(Wilmette), 스코키(Skokie), 에번스턴(Evanston), 모튼 그로브(Morton Grove)이고 많은 한인들이 이 지역에 거주하고 있다. 2010년 인구조사 데이터에 따르면 윌멧에는 935명, 스코키에는 1,880명, 에번스턴에는 1,239명, 그리고 모든 그로브에는 1,069명의 한인들이 거주하고 있었다. 이 동쪽 타운에 사는 사람들은 차로 30분 이내로 글렌뷰나 노스 브룩에 도달할 수 있다.

글렌뷰와 노스브룩의 남부에는 몇 개의 크고 작은 한인 타운들이 존재하는데 이 역시도 쿡 카운티에 위치해 있다. 이 타운들 중에서도 규모가 큰 한인 타운 중 하나는 나일스(Niles)이다. 2010년 인구조사 데이터에 따르면 나일스에는 929명의 한인들이 거주하는 것으로 나타났다. 남쪽에 있는 또 하나의 지역은 파크 리지(Park Ridge)이다. 2010년을 기준으로 파크 리지에 거주하고 있는 한인의 수는 적은 것으로(N=189) 나타났다. 그러나 상대적으로 많은 한인 이민교회들이 이 교외지역에 위치해 있다(N=7). 보통 이 두 지역에서 글렌뷰나 노스브룩까지 가려면 차로 30분이 채 걸리지 않는다.

글렌뷰와 노스브룩의 서쪽에는 크고 작은 한인 교외 주거 지역들이 많이 있다. 이 지역들 중에서 4개의 지역이 규모가 큰 한인 교외지역으로 여겨진다. 이 지역들 중 쿡 카운티에 위치한 알링턴 하이츠(Arlington Heights), 쿡 카운티와 레이크 카운티에 위치한 버발로 그로브(Buffalo Grove), 쿡 카운티의 마운틴 프로스펙츠(Mountain Prospects), 그리고 쿡 카운티와 듀페이지 카운티에 위치한 샴버그(Schaumburg)가 규모가 큰 한인 교외 거주지역으로 꼽힌다. 2010년 인구조사 자료에 따르면 알링턴 하이츠에는 1,193명, 버팔로 그로브에는 1,780명, 마운틴 프로스펙츠에는 1,101명, 그리고 샴버그에는 1,194명의 한인들이 거주하고 있었다. 이같은 서쪽 지역의 한인 교외 타운들은 글렌뷰와 노스브룩에서 차로 30분 이내의 거리에 위치해 있다.

데스 플레인스(Des Plaines)는 그리 크지 않은 규모의 한인들(N=664)이 거주하고 있는 쿡 카운티 내의 또 다른 교외지역이다. 이 지역은 글렌뷰와 노스브룩의 남쪽 그리고 서쪽 사이에 위치해 있다. 데스 플레인스에서 글렌뷰와 노스브룩까지 가기 위해서는 차로 30분 미만이 소요된다. 이제 한인 종족 커뮤니티의 영역은 쿡 카운티를 넘어 북쪽으로까지 뻗어있는 것으로 나타났다. 쿡 카운티 건너편의 레이크 카운티에는 작거나 그리 크지 않은 규모의 한인 교외 타운들이 존재한다. 그중의 하나는 먼델라인(Mundelein)이다. 먼델라인에서 글렌뷰나 노스브룩까지는 차로 운전하여 대략 30분 혹은 그보다 적게 걸린다.

위와 같은 교외 거주 한인들의 분포는 시카고 교외지역의 한인 종족 커뮤니티의 지리적 영역을 보여주는데, 이는 글렌뷰와 노스브룩의 동쪽에 있는 윌멧과 에반스턴, 글렌뷰와 노스브룩의 남쪽에 있는 파크 리지, 글렌뷰와 노스브룩의 서쪽에 있는 샴버그, 그리고 글렌뷰와 노스브룩의 북쪽에 있는 먼델라인으로 구분될 수 있다. 2010년을 기준으로 하여, 대략 교외 거주 한인의 3분의2(N=29,674, 64.4%)가 위에서 언급한 쿡 카운티와 레이크 카운티 지역의 한인 종족 커뮤니티의 지리적 영역 내에서 거주하고 있는 것으로 밝혀졌다. 미국의 다른 메트로폴리탄 지역의 교외 거주민들이 광범위하게 분포되어있다는 것을 고려하면, 시카고 교외지역 내 한인 거주민의 집중 현상은 매우 이례적이다.

〈그림 3-1〉 시카고 한인 거주 교외지역 지도

출처: pinterest.com

　우리는 시카고 교외의 한인 종족 커뮤니티에서 나타나는 현재의
패턴이 시카고 메트로폴리탄 지역의 현재의 사회경제적 조건들을 반영
한다고 본다. 첫째로, 시카고 메트로폴리탄 지역에서, 가정생활에 관한
한 도심지역의 삶과 교외지역의 삶이 철저히 구분된다. 시카고 지역의
사람들이 쾌적하고 안전한 커뮤니티에 가족을 정착시키고 자녀들에게
좋은 교육적 기회들을 제공하기를 바란다면 그들은 도심지역에서 지내

기보다 교외지역으로 옮겨야 한다. 오늘날에는 보통의 사람들이 시카고 도심지역에서 좋은 교육 환경을 갖춘 쾌적한 주거 지역을 찾기는 매우 어려운 상황이다. 이는 특히 시카고 지역의 다양한 특성들에 대하여 매우 제한적인 정보를 가지고 있는 이민자들에게 더욱 해당된다. 따라서 가족을 좋은 커뮤니티에 정착시키고 자녀들에게 좋은 교육 기회를 제공하고자 하는 이민자들에게 주거 정착의 선택지는 자연스럽게 교외지역의 커뮤니티가 된다.

둘째로, 19세기 후반부터 20세기 초반에 걸쳐 미국으로 이주해온 유럽 이민자들에게 그 어떤 교외지역에서도 그들의 가족을 정착시키는 것이 거의 불가능했다(White, Biddlecom and Guo, 1993). 그러나 제2차 세계대전이 종전된 이래로 시카고 교외지역이 급격히 확장되면서 1965년 이후에 시카고 지역으로 이주해온 아시아계 이민자들은 방대한 교외지역을 이용할 수 있게 되었다. 동시에, 1960년대에 시민권 법들이 통과되면서 교외지역의 백인 주거민들은 한인 그리고 다른 아시아계 이민자들이 자신들의 동네에 정착하는 것을 상당한 수준으로 받아들이고 있었다. 결과적으로, 한인 이민자들이 그들의 가족을 시카고 교외지역에 정착시킬 가능성은 가족을 교외지역에 정착시키고자 하는 자신들의 결정의 문제이자 교외지역에서 주택을 구매할 수 있는 경제적 능력의 문제였다(Alba and Logan, 1993a; 1993b; White, Biddlecom and Guo, 1993).

셋째로, 위와 같은 조건하에서, 두 개의 구체적인 요인이 한인 이민자들의 시카고 교외지역에서의 정착 패턴을 구체화하였다. 첫 번째 요인은 오늘날 한인 이민자가 후기 산업경제의 시대에 살고 있다는 사실이다. 산업경제의 시대에 유효했던 취업 기회들과는 달리, 후기 산업경제 시대의 취업 기회는 매우 광범위하게 분산되어있어 한인들이 지리적으로 특정 지역에 집중되어있을 필요가 없어졌다. 심지어 한인들이 특정 교외지역에 집단을 형성하여 주거하고자 해도 특정 교외지역에 한인들이 함께 정착하는 데 드는 비용이 매우 비싸다는 것을 경험하게 된다. 자가용이 보편화됨에 따라 사람들은 장거리 또한 운전할 수 있게 되었다. 따라서 그들은 지리적으로 특정 교외 커뮤니티에 가족들을 집단적으로 정착시킬 필요가 없게 되었다.

그러나 시카고 교외지역에서 한인들이 분산되어 정착해야 할 필요성에도 불구하고, 두 번째 요인은 시카고 교외지역에서 가족이 정착하는 중에도 다른 한인 이주민들과 긴밀한 관계를 유지하고자 하는 그들의 강한 열망을 반영한다. 시카고 교외지역에서 동료 한인 이주민들과 긴밀한 관계를 형성하고자 하는 그들의 열망은 제2차 세계대전 이후 시카고 교외지역에 가족들을 정착시켰던 백인 미국인들의 과거 경험과는 대조적이다. 제2차 세계대전 이후에 교외지역에서 백인 미국인들은 가족들을 종족적으로 다양하거나 '인종적으로 중립적인' 백인 교외 커뮤니티에 정착시켰다. 백인 미국인들은 그와 같은 교외 정착으로 인해 그들이 교외지역으로 이주하기 이전 한때 시카고 도심지역에서 유지했던 특정한 종족적 유대관계들로부터 단절되었다. 결국 백인들은 교외지역에 살면서 인종적 용광로(melting pot)를 경험하게 되는데, 이는 특별한 종족적 · 사회문화적 유대 없이 시카고 교외지역에서 단일 백인 미국인 커뮤니티를 형성하였다(White, Biddlecom, Guo, 1993).

그러나 한인 이민자들은 시카고 교외지역에 정착할 때 상당히 다른 경험을 했다. 그들이 가족을 시카고 교외의 어느 곳에서든 차별 없이 정착시키는 동안, 그들은 백인 이웃이 그들의 친구가 될 수 없고 친구로서 백인 이웃과 긴밀한 관계를 맺을 수 없었다. 따라서 시카고 교외지역의 한인 이주자들은 그 어떠한 사회문화적 동화 없이 주거 동화만을 경험하게 되었다. 백인 이웃들과의 그러한 경험은 다른 한인 이주민들과 긴밀한 관계를 맺고자 하는 그들의 열망을 강화하였다(Alba and Logan, 1993a; 1993b).

위와 같은 딜레마에 대한 해결책은 백인 이웃들이 거주하는 시카고 교외 동네로 가족들을 정착시키는 것이었다. 그들의 이웃은 백인이었지만, 한인 이주민들은 30분 내외 운전으로 한인 이민자들과 쉽게 접촉할 수 있는 거리에 그들의 가족을 정착시켰다. 시카고 교외의 한인 종족 커뮤니티의 현재 패턴양상은 이와 같은 그들의 열망을 반영한 것으로 보인다. 현재 시카고 교외의 한인 종족 커뮤니티의 지리적 영역 내에서 한인들이 고도로 밀집되어있기 때문에 한인들은 30분 정도의 운전을 통해 그 지리적 영역 내에 거주하는 다른 많은 한인들과 쉽게 접촉할 수 있다.

시카고 교외에 위치한 한인 종족 커뮤니티의 위와 같은 특징은 시카고 한인 종족 커뮤니티의 교외 버전으로 간주된다. 교외 한인 종족 커뮤니티는 그들의 일상적인 가정생활을 영위하는 장소이다. 그들은 가족들의 생활을 유지하는 데 필요한 대부분의 소비재들을 교외 한인 종족 커뮤니티의 지리적 영역 내에서 구매할 수 있다. 자녀들은 대학에 진학하여 그들의 부모를 떠날 때까지 이웃에 사는 백인 그리고 한인이 아닌 다른 인종의 친구들과 어울려 놀고, 초등학교와 고등학교를 같이 다닌다. 주중에 교외 한인 가족들의 아버지들은 직장에서 대부분의 시간을 보내고, 일요일에는 대다수의 이들이 교외 한인 종족 커뮤니티 지리적 영역 내에 위치한 한인 이민교회에 나간다. 교외 한인 가족들의 어머니들은 집에서 지내며 가사노동을 하거나 가정의 경제적 지원을 위해 취업을 한다. 일요일에는 대다수의 어머니들 역시 남편이 나가는 한인 이민교회에 참석한다. 교외 한인 가족들의 부모들이 은퇴하게 되면, 그들은 교외에 있는 집에 머무르며, 주중에는 은퇴한 사람으로서 여러 가지 일을 하고 일요일에는 교회에 나간다.

위에서 언급한 가정 및 업무 관련 활동들과 한인 이주민 교회의 다양한 프로그램에의 참여와 더불어, 교외 한인 이주민 종족 커뮤니티의 한인 이민자들은 그들의 개인적인 필요를 충족시키고 시카고 지역 한인 커뮤니티의 집단적 이익을 위해 여러 가지의 자발적 활동들을 수행한다. 그들의 자발적 활동들은 대개 교외 한인 종족 커뮤니티의 지리적 영역 내에서 이루어진다. 위에서 언급한 활동들은 결국 그들이 교외 한인 종족 커뮤니티의 지리적 영역 내에서 높은 수준의 제도적 완결성(institutional completeness)을 경험한다는 것을 보여준다.

시카고 교외지역 한인 종족 커뮤니티의 현재 패턴은 기본적으로 1965년 이후에 이주해온 한인 이민자들과 그들 자녀들의 집단적 정착에 의해 형성되었다. 이 패턴은 다른 메트로폴리탄 지역에서는 나타나지 않을 것이다. 오늘날, 로스앤젤레스와 뉴욕-뉴저지 메트로폴리탄 지역은 너무 다양화되고 복잡하기 때문에 이 지역의 한인들은 시카고 지역의 한인 이민자들과 같은 정착 유형을 보이지 않는다. 심지어 시카고 지역에서조차도 중국인 이민자들은 기본적으로 차이나타운 중국인과 교외 중국인으로 나뉜다. 그들은 그들의 종족 커뮤니티 내의 대다수 중국인 이민자를 포함하는 단일의 종족 커뮤니티를 발전시키지 못한다. 오늘날, 아시아의 인도인들과 필리핀인들은 시카고 교외지역에서 매우 다양하게 분포되어있기 때문에 이민자 구성원들의 대다수를 포함하는 그들만의 교외 종족 커뮤니티를 형성하는 것은 불가능하다.

이러한 시카고 교외 커뮤니티의 특징과 더불어 시카고 교외 한인 커뮤니티가 갖는 또 다른 특성이 있다. 시카고 교외의 한인 커뮤니티는 기본적으로 눈에 띄지 않는 종족 커뮤니티로 여겨진다. 이러한 특성은 로스앤젤레스와 뉴욕-뉴저지 지역의 한인 커뮤니티와는 대조적이다. 로스앤젤레스의 많은 한인 가게들은 한인 타운의 거리들에 눈에 띄게 줄 지어서 연결되어있다. 상당수의 뉴욕-뉴저지의 한인 상점들 역시 유니언가(Union Stresst)와 플러싱의 노던가 블러바드(Northern Boulevard), 팰리세이즈 파크(Palisades Park)의 브로드가(Broad Street)에 줄 지어 자리하고 있다.

이와는 대조적으로, 시카고 교외 한인 커뮤니티 내에서는 눈에 띄는 표시가 보이지 않는다. 시카고 교외 한인 종족 커뮤니티는 대부분 현지 한인 거주민 가족들의 정착을 통해서 발전되어왔다. 그러나 그들이 거주하는 교외 주택의 외관은 백인 교외 거주민 주택의 외관과 다르지 않다. 따라서 시카고 교외지역에 거주하는 많은 수의 한인 거주민들의 존재가 외부인에게 잘 드러나지 않는다. 그러나 실제로는, 많은 현지 한인 거주민들이 시카고 교외지역에 가족들을 정착시켰고, 그들은 시카고 교외 북부지역에서 상당히 복잡한 대인 관계를 유지하고 있는 것으로 드러났다. 같은 교외지역에서, 한인 이민교회들과 한인 가게들 또한 광범위하게 분산되어있다. 시카고 교외지역에서 많은 한인 이민교회나 가게들이 가시적으로 줄 지어 위치해 있는 거리는 없다. 따라서 매우 분산되어 위치하고 있는 교외 한인 이민교회들과 한인 가게들은 비가시성이라는 시카고 교외 한인 종족 커뮤니티 특징을 더욱 강화한다.

5. 한인 이민교회들에 대한 경험

앞서 논의하였듯이 한인 이민자들은 가족을 부양하고 중산층의 꿈을 이루기 위해서 매우 불리한 시카고의 노동시장에서 은퇴할 때까지 오랫동안 시간을 보냈다. 이렇게 긴 시간 동안, 그들은 종교적 필요나 사회심리적인 필요와 같은 개인적인 필요를 충족시키기를 간절히 원했다. 대다수의 한인 이주민들이 개인적인 필요의 충족을 위해 받아들인 종교는 개신교였다. 150년 전 미국 선교사들은 개신교를 조선에 전파했다. 지난 150년 동안, 개신교 신앙은 한국에서 현지화되었는데, 이에 따라 한국판 개신교 신앙과 교회 관습이 형성되었다(Hurh and Kim, 1990).

최근 몇 년간, 많은 아시아계 이민자 집단들 역시 그들의 본국에서 종교를 가져와 미국 내에서 신앙생활을 하고 있다. 문화적으로 다른 미국에서 그들은 종종 그들의 종교적 믿음과 관습의 몇 가지 측면을 조정해야 한다는 필요성을 느낀다(Ebaugh and Chafetz, 2000; Warner and Wittner, 1998). 그러나 한인 개신교 이민자들의 경우 한국적인 개신교 신앙이 이미 미국 내에서의 개신교 신앙의 일환이기 때문에 미국에서 한국적인 개신교 신앙과 관습을 조정해야 한다는 필요성을 느끼지 않는다. 이는 한인 이민자 개신교도들이 미국으로의 대규모 이민이 이루어진 시기였던 1970년대, 그리고 1980년대에 한국에서 널리 실천되어온 한국적인 개신교 신앙과 교회 관습을 미국에서 지속적으로 실천해왔다는 것을 의미한다.

미국에 있는 한인 이민자들의 종교적 삶을 위해 제기되어야 할 중요한 문제는 왜 개신교 신자들의 믿음이 한인 이민자들 사이에서 널리 공유되었는지에 관한 것이다. 이 질문에 대한 답은 세 가지 이유를 바탕으로 구할 수 있다. 첫째로, 개신교는 미국에서 지배적인 종교이기 때문에 한인과 다른 이민자 신도들이 미국에서 개신교를 수용하고 지속적으로 실천하기 수월하다. 개신교를 믿는 많은 미국인들은 대부분의 사람을 개신교 신자로 생각한다. 또한 필요한 경우에, 개신교도 이민자는 미국에서 개신교도이기 때문에 받는 혜택을 경험을 하기도 한다. 예컨대, 개신교 이민자 집단은 예배와 다른 종교 활동들을 위한 공간이 필요할 때 미국의 개신교회와 다른 개신교 기관들로부터의 도움을 기대할 수 있다(Hurh and Kim, 1990).

둘째로, 다른 그 어떤 종교들보다 이민자 개신교 교회들은 다양한 종류의 종교적 그리고 비종교적인 개인적 필요들을 충족할 수 있는 여러 기회들을 제공한다. 개신교 신자들은 예배를 드리기 위해 일주일에 1번 교회에 모인다. 교회에서 신자들이 자주 정기적으로 만나는 것은 그들의 종교적인 요구와 종교적이지 않은 개인적인 요구를 모두 만족시킬 수 있는 많은 기회를 만들어낸다. 다른 교회 구성원들과의 정기적이고 빈번한 만남을 통해서, 몇몇 교회 구성원들은 개인적인 위기나 고립에 처했을 때 심리적인 지지를 받거나 편안함을 경험한다. 교회의 구성원들은 서로 친구가 되어 많은 활동들을 함께 하기도 한다. 교회는 그들에게 그들의 지도력을 행사할 수 있는 기회나 교회의 과업을 성취할 수 있는 힘을 주기도 한다. 그러한 기회들은 교회 구성원들의 평판과 명망을 높이고 궁극적으로는 권력, 사회적 인정 그리고 지도력에 대한 그들의 필요를 만족시킨다(Hurh and Kim, 1990).

셋째로, 그 어떤 것들보다도 교회 구성원들은 그들 사생활의 종교적 측면과 비종교적 측면 모두를 포함하는 많은 측면에서 서로에게 비교 준거집단이 된다. 이 같은 교회 구성원들 사이의 개인 간의 비교는 교회 구성원들이 시카고 지역에서 그들의 능력을 향상시키고 사적 그리고 공적인 삶을 조직하는 데 새로운 관점을 효과적으로 얻도록 자극한다. 예를 들어, 교회 구성원은 그의 자녀들을 특정 교회 구성원의 자녀들과 비교할 수 있다. 그리고 교회 구성원은 그의 자녀들이 다른 교회 구성원의 자녀들보다 더 잘하거나 혹은 못하고 있다고 결론을 내린다. 그러한 판단은 교회 구성원이 자신의 삶의 상황에 만족하게 하거나 혹은 자녀들이 더 잘하도록 독려하게 할 것이다.

한인 이민교회가 교회 구성원들에게 매우 중요한 역할을 하고 있기 때문에, 시카고 메트로폴리탄 지역에 있는 한인 이민교회는 대부분 한인들의 주거지역에 위치할 것으로 예상된다. 1971년 시카고한인연합회(Korean American Association of Chicago) 명부에 따르면, 시카고 지역에는 이미 14개의 한인 이민교회가 있었고, 그중 하나만이 교외지역[에반스턴(Evanston)]에 위치해있었다. 1975년 시카고한인연합회 명부에는 시카고 지역에 위치한 22개의 한인 이민교회가 등록되어있었다. 그중 3분의 1만이(N=7, 31.8%) 교외지역에 위치해 있었다. 1979년 한인 연합회 명부에 따르면, 48개의 한인 이민교회가 있었다. 그중 낮은 비율의 교회(N=9, 18.7%)만이 교외지역에 위치해 있었다.

1980년대 초반부터, 시카고 지역에 있는 2개의 주요 한인 신문인 코리아타임즈(Korean Times)와 미주중앙일보(Korean Central Daily)가 매년 한인 사업체 명부를 발행했다. 명부가 발행되는 그 해에 시카고 지역에서 관측되는 모든 한인 이민교회의 목록이 명부에 열거되어있었다. 1985년에 발행된 코리아타임즈의 사업체 명부에 의하면, 당시에 116개의 한인 이민교회가 시카고 지역에 있었다고 한다. 같은 명부는 또한 1990년에 한인 이민교회의 수가 160개로 증가했음을 보여주었다.

1990년대에 미국으로 이주해온 한인 이민자의 수는 대폭 감소하였다. 그러나 1990년대 한인 이민교회의 수는 지속적으로 증가하였다. 1995년에 발행된 코리아타임즈의 사업체 명부에 보고된 한인 이민교회가 173개였으나, 2001년에 한인 이민교회는 212개로 증가했고, 2004년에는 257개에 이르렀다. 이와 같은 한인 이민교회의 지속적인 증가의 주요 원인은 시카고 지역에서 많은 한인 성직자의 유입이 있었기 때문이다. 즉 시카고 지역 내에서 한인 이민교회 수가 최근 들어 증가한 것은 한인 성직자들이 과도하게 공급되고 있기 때문이다. 이는 또한 시카고 지역 내의 한인 이민교회 중에서 구성원이 30명도 안 되는 작은 규모의 한인 이민교회들의 비율이 증가했음을 의미한다.

그러나 한인 성직자의 과도한 공급조차도 시카고 지역 내 한인 이민교회들을 무한정으로 증가시킬 수는 없었다. 오히려 시카고 지역 내 한인 이민교회의 수는 최근 몇 년간 상당히 감소했다. 이 같은 주장을 뒷받침할 한 가지 증거로 2014년 미주중앙일보의 사업체 명부를 들 수 있다. 이 사업체 명부에 따르면, 2014년에 시카고 지역에 있는 한인 이민교회는 180개뿐이었다. 2014년 기준 한인 이민교회의 수는 2004년에 보고되었던 한인 이민교회의 수(N=257)보다 훨씬 적었다.

더 많은 한인 이민자가 시카고 교외로 이주함에 따라, 더 많은 한인 이민교회들도 교외지역으로 이동했다. 이 같은 추세가 반영된 결과, 1985년에 한인 이민교회의 절반(54.3%)이 교외지역에 위치한 것으로 나타났다. 1995년에는 한인 이민교회의 절반 이상의 비율(58%)이 교외지역에 위치한 것으로 나타났다. 그리고 2001년에는 한인 이민교회의 대다수(69%)가 교외지역에 위치하였다. 2010년에는 대부분의 한인 이민교회(80.2%)들은 교외지역에 위치한 것으로 나타났다. 이와 같은 사실이 나타내는 바는 한인 이민교회의 지리적 이동이 한인 거주민의 지리적 이동을 따라갔다는 것이다. 그러나 교회의 교외로의 이동은 한인의 지리적 이동보다 다소 느린 경향을 보였다.

그렇다면 한인 이민교회는 교외의 어느 지역으로 이동하였는가? 미주중앙일보의 2014년 사업체 명부에 따르면 시카고 지역 내 한인 이민교회의 3분의 2(N=116, 64.4%)가 쿡 카운티의 북부 교외지역 그리고 레이크 카운티의 남부 교외지역에 위치한 것으로 나타났다. 이 같은 사실은 시카고 지역 내 개신교 한인 이민교회들의 대다수가 한인들이 많이 거주하는 교외지역에 위치해 있음을 나타낸다. 그리고 한인 이민교회의 5분의 1(N=36, 20.0%)은 시카고의 다른 교외지역에 위치한 것으로 밝혀졌다. 나머지 한인 이민교회(N=28, 15.6%)는 시카고 도심지역 내에 위치한 것으로 나타났다.

시카고 메트로폴리탄 지역에는 4개의 대형 한인이민교회가 있는데, 그것들은 한인 제일연합감리교회(First Korean United Methodist Church), 헤브론교회(Hebron Presbyterian Church), 그레이스교회(Grace Presbyterian Church), 그

리고 한미장로교회(Han Mee Presbyterian Church)이다. 한미장로교회를 제외하고, 나머지 세 한인 이민교회는 쿡 카운티의 북부 교외지역에 위치해 있다. 교회들이 쿡 카운티의 북부 교외에 위치했다는 점은 쿡 카운티의 북부 교외지역이 시카고 지역 내 한인들의 다양한 사회적 활동들을 위한 역할을 해왔음을 보여준다.

6. 한인 이민자들의 자녀들, 1.5세대 그리고 2세대 한인

필자는 다양한 방식으로 한인 이민자 자녀들의 삶의 경험에 대하여 연구하고자 한다. 이 연구에서 필자는 한인 이민자 부모들의 인생 경험과 한인 이민교회들의 교육적 프로그램이 공동으로 혹은 개별적으로 자녀들의 삶의 경험에 미친 영향을 살펴보고자 한다. 다시 말해 이 연구는 한인 이민자 부모들이 자녀들의 삶의 경험에 미치는 영향과 더불어 한인 이민교회들이 1.5세대 혹은 2세대 한인인 한인 이민자 자녀들의 삶의 경험에 미친 영향에 대하여 검토한다.

한인 이민교회는 교회 구성원들의 종교적 삶을 안내하는 종교적 기관이기도 하지만, 교회가 종족적 조직으로서 기대되는 역할을 수행하기도 한다. 특히, 교회 구성원 자녀들의 사회화에 있어서 한인 이민교회들은 한인 이민자 부모들의 요구에 따라 그들의 자녀가 받아들이고 따르기를 바라는 것들을 가르쳐왔다. 이러한 맥락에서, 한인 이민자 부모와 한인 이민교회가 자녀들에게 미치는 영향을 분석하는 데 있어 그 둘의 영향을 분리하기는 어렵다. 따라서 이 연구에서는 한인 이민자 부모와 한인 이민교회의 공동 영향에 대하여 검토할 것이다. 그러나 그들의 개별적인 영향 역시 가능한 선에서 최대한 검토될 것이다.

필자는 한인 이민자들과 한국 이민교회들이 자녀들의 생애 전반에 끼치는 영향에 주목한다. 그러한 영향력은 두 가지 종류로 나누어질 수 있는데, 명시적 기능(manifest functions)과 잠재적 기능(latent functions)이다. 머튼(1975)이 제시한 바에 따르면 한인 이민자 부모와 한인 이민교회의 한인 이민자 자녀들에 대1명시적 기능은, 부모와 한인 이민교회가 자녀들의 생각 안에 심고자 의도하는 자녀들에 대한 실제적 영향을 의미한다. 이에 대비하여, 한인 이민자 부모와 한인 이민교회의 잠재적 기능은 한인 이민자 부모와 한인 이민교회가 자녀들에게 영향을 미치는 것을 의도하지 않거나 예상하지 못하는 실제적인 영향을 의미한다. 이 절에서는 먼저 자녀들에 대한 한인 이민자 부모의 명시적 기능을 논의하고 이후에 한인 이민교회의 잠재적 기능에 대해서 논의한다.

1) 한인 이민자 부모와 한인 이민교회의 명시적 기능

(1) 교육적 그리고 직업적 열망과 성취

한인 이민자 부모들은 지속적으로 자녀에게 좋은 교육적 기회를 제공하기 위해 미국으로 이주해왔다고 이야기한다. 이 같은 발언은 일반적으로 미국에서의 영구적인 정착을 위해 한국을 떠났을 때 한인 이민자 부모들이 미국에서 성취하고자 했던 것을 반영한다. 그러한 의도로 한인 이민자 부모들은 미국에서 중산층이라는 꿈을 적극적으로 추구해왔다. 자녀들을 먹여 살리는 것과 더불어 한인 이민자 부모들의 대다수는 교외 커뮤니티에 가족들을 정착시켰다. 중산층이라는 꿈을 적극적으로 추구하는 노력의 일환으로, 부모들이 자녀들로 하여금 좋은 성적을 유지하기 위해 강하게 독려할 때, 자녀들은 좋은 성적을 얻고자 하는 강한 의욕을 가지게 된다. 따라서 그들의 부모들이 자녀들이 성취하길 바라는 것들을 어느 정도 충족하게 된다.

권위적인 부모의 압박과 아이들을 대하는 부모들의 처벌 중심적인 방식은 자녀들에게 부정적인 반응과 감정을 유발했을 가능성이 높지만, 이러한 자녀들의 대부분은 결국 그들의 부모가 자녀들에게 바라는 것들을 이해하게 되고 왜 그들의 부모가 자녀들이 공부하도록 강하게 압박했는지 이해하게 된다.

자녀들은 자신들의 부모가 불리한 노동시장 조건에서 열심히 분투해 온 것을 보면서, 미국 내에서 소수자로서의 지위가 무엇을 의미하는지 점차 이해하게 된다. 그들은 자신의 세대가 부모들이 이민자로서 혹은 소수자 노동자로서 미국에서 해왔던 일을 반복하지 않기를 바란다. 동시에, 그들은 부모들의 진실된 동기에 깊은 인상을 받는다. 그들은 부모들이 자녀들의 좋은 미래를 위해 최선을 다하고 또 희생을 감수하고 있음을 이해하게 된다. 소수자로서의 지위와 자녀들을 위한 부모들의 희생에 대한 자녀들의 각성은 일부 반항적인 자녀들을 제외하고는, 고등학교에서 그리고 그 이후 대학교에서 공부를 열심히 하고자 하는 의지와 동기를 더욱 확고하게 한다.

또한 시카고 지역의 한인 이민교회들은 청소년 프로그램의 구성원들이 학교에서 뛰어나고 높은 수준의 교육적 그리고 직업적 열망을 갖도록 명시적으로 혹은 암묵적으로 격려한다. 따라서 한인 이민교회들은 한인 종족 기관으로서의 역할을 수행하기도 한다. 한인 이민자 자녀들의 관점에서, 그들은 원래 부모로부터 높은 수준의 교육적 그리고 직업적 열망을 갖도록 독려 받아왔다. 자녀들은 한인 이민교회 역시 높은 수준의 교육적 그리고 직업적 열망을 가지도록 자녀들을 자극한다는 것을 인지하게 된다. 자녀들이 부모와 교회 모두로부터 독려 받을 때, 그들은 미국에서의 삶을 위해 높은 수준의 교육적 그리고 직업적 열망을 실로 확고히 가지게 된다(Kim, 2006; Kim, 2010).

위와 같은 종류의 격려에 덧붙여, 한인 자녀들은 교회 내의 청소년 프로그램을 통해 또래들과 자신을 비교하게 되고 이는 높은 수준의 교육적 및 직업적 열망으로 이어진다. 개인 간의 비교는 청소년 프로그램 내 구성원 사이에 높은 수준의 경쟁의식을 유발하면서, 종종 강력한 동기요인으로 작용하기도 한다. 전체적으로 이와 같은 자극적인 교회 분위기는 교육적 그리고 직업적 열망의 수준을 향상시킨다. 청소년 프로그램 내의 구성원 중 한두 명이 롤모델로 부상하면, 그들은 다른 한인 청소년 자녀들을 더욱 자극한다. 종합하면 한인 이민자 부모와 한인 이민교회 내 청소년 프로그램은 2세대 한인 자녀들의 성인 그리고 노인으로서의 삶에 장기적인 영향을 미칠 것이라고 예상한다. 그러한 높은 수준의 교육적 그리고 직업적 열망을 가진 채로, 한인 이민자 자녀들은 대학교 전공분야를 선택하고 그리고 이후에 그들의 대학 혹은 대학 이후의 학위를 기반으로 미국의 정규 노동시장 내에서 취업하게 된다(Kim, 2006).

(2) 기독교 신앙

한인 이민자 부모들이 한인 이민교회에 다닐 때, 그들은 자연스럽게 그들의 자녀들을 한인 이민교회에 데려간다. 자녀들은 고등학교를 졸업할 때까지 일반적으로 한인 이민교회를 다닌다. 한인 이민교회에서 2세대 자녀들은 자녀들의 필요에 맞게 고안된 교회 프로그램에 배정되고 프로그램 지도는 청소년부 목사가 맡게 된다. 청소년부에서 전문 목회자들은 젊은 한인들에게 성경 말씀을 체계적이거나 조직적인 방법으로 가르친다. 효과적인 목회자는 아이들이 신의 말씀의 의미를 찾도록 감정적으로 자극하거나 동기를 부여할 수 있다. 자녀들이 어렸을 때부터 종교기관에 의해 종교에 노출되고 신앙의 본질적인 부분을 받아들일 때, 그들은 성인이 되어서도 종교적인 믿음을 지속적으로 수용하는 경향을 보인다.

비록 한인 이민교회에서는 한국적인 개신교 신앙을 실천하고 있지만, 이는 미국 내에서 개신교 신앙의 일환으로 인식되었다. 따라서 한인 자녀들이 한인 이민교회 내 청소년부(youth ministry)에 소속되어 개신교 신앙을 학습하는 것은 2세대 한인 개신교 신자들이 미국 내에서 지배적인 종교를 그들의 개인적인 신앙으로 받아들이고 학습하였음을 의미한다. 이후에, 그들이 성장하여 대학생 혹은 성년의 단계에 이르면서, 이들은 미국 중산층의 삶의 방식과 미국의 복음주의에 입각하여 그들만의 고유한 기독교적 신앙과 교회 관습을 발전시켰다. 이는 그들이 대학생 혹은 젊은 성년으로서 부모님의 기독교적 삶의 방식에 비판적이고, 따라서 부모님의 기독교적 삶의 방식과는 독립된 그들만의 기독교적 생활 방식을 수행해왔다는 것을 의미한다. 그러나 부모와 한인 이민교회와의 초기 관계로 인해 2세대 한인들은 지속적으로 기독교적 신앙을 고수해왔다. 우리는 2세대 한인들이 기독교 신앙을 고수하는 것에 대해 다음과 같이 간결하게 표현할 수 있다. 2세대 한인들은 1세대 한인 커뮤니티로부터 그들 자신을 분리하고자 강하게 열망하지만 그들은 공통적인 종교적 믿음을 버리고 싶어 하지 않는다.

(3) 한인 종족성 자각

어린 아이들은 스스로를 지배적인 집단의 구성원으로 인식하는 경향이 있다(Cha, 2001). 그러나 점차 성장하면서, 그들은 일반적으로 그들이 인종적으로 그리고 문화적으로 지배적인 집단의 구성원이 될 수 없음을 자각하게 된다. 그러한 각성은 그들로 하여금 자신의 인종적 그리고 종종적인 지위의 의미를 탐색하게끔 만드는데, 이는 일반적으로 고등학생의 나이 때에 발생한다. 고등학생으로서, 2세대 한인들은 교회 청소년 프로그램에 있는 다른 2세대 한인들 또한 종족적 지위에 관한 문제를 직면하고 이에 대해 고민하고 있다는 것을 알게 된다. 그들이 공통된 문제를 가진 이들과 가깝게 지내게 되면, 그들은 함께 고민하게 되고 자연스럽게 집단적인 정체성을 형성하게 된다. 그들은 서로를 비교하고 서로를 자극한다. 이는 2세대 한인들이 서로에게 비교 및 규범 준거집단 혹은 개인의 역할을 한다는 것을 의미한다(Merton, 1957).

한인 이민교회의 청소년 프로그램은 한인 어린이들이 자신의 종족 정체성을 탐색할 수 있는 소중한 기회를 제공하는 특별한 집단이다. 2세대 한인들의 다른 한인에 대한 강한 애착에 대한 관찰은 그들에게 한인 송속 정체성에 대한 강한 애착이 존재함을 명백히 보여준다. 그러나 한인 이민교회의 청소년 프로그램이라는 제한 내에서 그들이 발전시키는 한인 종족 정체성이란 좁은 의미의 종족 정체성이다. 이러한 종족 정체성은 한인 이민자와 그들 자녀들의 삶의 경험이 복지와 긴밀하게 연관되어있다(Cha, 2001).

대학생 혹은 젊은 성인이 되면서, 그들은 넓고 포괄적인 의미의 한인 종족 정체성을 발전시키도록 자극받을 수 있다. 삶의 경험과 전적으로 혹은 제한적으로 다른 한인들과 관련되어있는 한인 이민교회의 구성원들과는 달리, 대학생 혹은 젊은 성인으로서의 한인 이민자 자녀들은 다른 인종 혹은 종족집단의 구성원들과 어떻게 잘 어울려 지낼 수 있을지 고민한다. 한인 종족 정체성의 의미의 전환은 한인 종족 정체성의 구체적인 내용의 변화를 보여준다. 그러나 한인 종족 정체성의 구체적인 내용이 변화한 이후에조차도, 자녀들은 지속적으로 그들 자신을 한인이라고 규정하고, 스스로를 한인이라는 뿌리를 지닌 미국인이라고 사회적 그리고 심리적으로 인지한다(Cha, 2001).

2) 잠재적 기능: 부모 및 한인 이민교회 구성원과의 갈등

초중고교생으로서, 한인 이민자 자녀들은 높은 수준의 열망을 가지고, 신의 말씀을 받아들이고, 한인으로서의 정체성을 발전시키도록 상당한 요구를 받았다. 대학생으로서, 위에서 언급한 세 가지의 개인적인 문제들과 계속하여 고군분투하면서도 그들은 자신만의 비판적인 시각을 발전시키기도 하였다. 이는 그들이 점진적으로 자신만의 사고방식과 삶의 방식을 개발하고 있음을 의미한다.

한인 이민자의 자녀들이 비판적 사고방식의 단계에 이르면, 그들은 자신의 부모들이 미국에서 고지식하고 구시대적인 방법으로 한국적 생활 방식에 집착해왔다고 생각하게 된다. 미국에서, 한인 이민자들은 부모들 자신이 바라는 대로 자녀들이 따르게끔 만들고자 한다. 이는 자녀들이 좋은 성적을 유지하고 그 이후에 미국 내에서 높은 수준의 사회적 이동성을 경험하기를 기대한다는 것을 의미한다. 한인 이민교회의 맥락에서, 대다수의 한인 이민자는 자신의 자녀들이 개신교 신앙을 충실히 따르고, 한국적인 기독교적 믿음과 교회 관습을 받아들이고 학습하여 한인 이민교회를 넘겨받기를 바란다.

중산층의 꿈을 추구하는 노력의 일환으로, 한인 이민자 부모들은 또한 그들의 자녀들이 미국화 되기를 장려했다. 그러나 그들의 자녀들이 교외 이웃 동네에서 그리고 학교에서 백인 친구들과 교사들과의 개인적 접촉을 통해 급격히 미국화되자, 한인 이민자 부모들은 자신들이 바라는 것보다 훨씬 더 자녀들이 미국화되었다는 것을 깨닫게 된다. 한인 이민자 부모들이 자녀들에게 바라는 것은 영어 학습, 적절한 미국 방식의 행동, 미국 방식의 합리적 계획 설계, 근면함 및 경쟁의식을 배우는 것이었다. 동시에 한인 이민자 부모들은 자녀들이 한국에서 전통적으로 기대되는 것처럼 부모에게 지속적으로 순종적이고 가족 구성원들의 집단적인 이익에 관심을 가지기를 바랐다. 그러나 시간이 지나면서, 한인 이민자 부모들은 점차 자녀들이 자신이 바라는 대로 따르지만은 않을 것을 깨닫게 된다. 반대로, 2세대 한인 자녀들의 시각에서 그들이 원하는 것은 자신들의 행위에서 어느 정도의 자유를 누리고 부모들이 자신들의 개인적 의견을 존중하는 것이다.

2세대 한인 자녀들이 성장하여 고등학생 그리고 결국에는 대학생이 되면, 그들은 한인 이민교회와의 심각한 갈등 또한 경험하게 된다. 미국에서 출생한 사람으로서, 2세대 한인 자녀들은 어린 시절부터 미국적인 삶의 방식을 사회화하면서 성장하였다. 대다수의 이들은 나중에 복음주의적 기독교 신앙을 받아들이도록 사회화되어왔다(Alumkal, 2001; Cha, 2001; Chai, 1998; Kim, 2010; Park 2004). 위와 같은 미국 내 기독교 삶의 특성으로 인해, 2세대 한인 자녀들은 한인 이민교회와 자기 세대의 교회를 많은 측면에서 대조하게 된다. 2세대 자녀들은 권위주의적인 구조와 직함 중심적인 한인 이민교회와는 대조적으로 그들의 교회가 민주적이고, 평등하고, 역동적이라고 생각한다. 2세대 한인 자녀들은 그들의 교회는 개인의 사회적 지위보다 능력을 고려한다고 확신한다. 전체적으로 2세대 자녀들은 그들의 교회가 미국 내 한인 이민교회보다 더 미국화되었고 다가가기 쉽다고 생각한다(Kim, 2006).

  그리고 그들은 미국 중산층 삶의 방식과 복음주의 기독교 삶의 방식이 결합된 관점에 기반을 두어 한인 이민교회의 개신교적 신앙과 교회 관습들을 비판한다. 2세대 한인의 구성원들은 부모들의 교회가 진정한 종교기관이라기보다는 오히려 유연하지 않고 고지식한 체계를 지닌 종족 기관이라고 생각한다. 2세대 한인 기독교인들은 자신들의 예배 방식은 진실되고 영적인 반면에 한인 이민교회의 교회 생활과 예배 방식이 너무 형식적이고 위선적이라고 생각한다(Park, 2001). 그러한 판단을 지닌 채, 2세대 한인 교회의 구성원들은 오늘날 한인 이민교회의 구성원들이 (1) 그들의 종교적 신념과 행동 속에 한국스러움을 과도하게 보유하고, (2) 교회 활동과 사적인 생활 속에서 위선적인 행동을 드러낸다고 생각한다.

이민자 부모 교회의 기독교 생활과 교회 활동들에 대한 비판적 태도를 통해서, 많은 2세대 한인 개신교도인들은 그들만의 독립적인 교회를 설립하기를 강하게 열망한다. 그들은 또한 미국 복음주의에 광장히 헌신적이다. 그와 같은 강한 열망과 격렬한 헌신을 바탕으로, 2세대 한인 개신교인들은 이제 미국에서 이용 가능한 제도적 자유를 이용하며 그들의 사회경제적 자원을 적극적으로 활용한다. 이와 같은 방식으로 2세대 한인들은 한인 이민교회와는 독립된 그들 세대만의 교회를 미국 내에 설립하였다.

한인 이민교회와 독립된 자녀들만의 고유한 교회의 설립은, 한인 이민자 부모와 한인 이민교회가 예상하거나 기대한 일이 아니었고, 이는 한인 이민자 부모와 한인 이민교회가 미친 영향력의 잠재적인 기능이었다.

트리니티신학대학교(Trinity Theological Seminary)의 피터 차(Peter Cha) 교수의 증언에 의하면, 시카고 지역에는 1.5세대 혹은 2세대 한인들이 정규 회원으로 활발하게 참여했던 20개의 교회가 있었다고 한다. 이 중 60%의 교회에서 80% 이상의 신도들이 1.5세 혹은 2세 한인이었다. 그러나 이 교회들의 20%는 사실 다양한 인종이 참여하는 교회였고 다른 20%는 범아시아계 교회였다고 한다. 시카고 지역 내 1.5세대 혹은 2세대 한인 교회들의 인종 구성은 로스앤젤레스 그리고 뉴욕-뉴저지 메트로폴리탄 지역에 있는 1.5세대 및 2세대 한인 교회에 비해 시카고 지역의 교회가 한인이 아닌 사람들을 교회 정규 회원으로 수용하는 데 성공적이었음을 보여준다. 아마도, 로스앤젤레스나 뉴욕-북부 뉴저지 메트로폴리탄 지역에 비해 더 적은 규모의 시카고 지역 내 1.5세대 및 2세대 한인 인구가 시카고 지역 내 한인이 아닌 사람들을 교회의 정규 구성원으로 확장할 수 있는 능력을 증가시키는 데 기여했을 것이다.

위와 같은 조사 결과를 고려하여, 차 교수는 시카고 지역 내 1.5세대 및 2세대 한인 교회에서 관찰될 수 있는 세 가지 유형의 다양성을 언급한다. 첫째로, 시간이 지나면서 교회 구성원의 구성이 종족-인종이라는 점에서 더 다양화되는 경향을 보인다. 둘째로, 지리적인 위치 역시도 훨씬 다양한 것으로 관찰되었다. 앞서 검토된 것처럼, 시카고 한인 이민 교회의 80%가 시카고 교외지역에 위치한 것으로 현재 관찰되는 반면에, 1.5 및 2세대 한인 교회들은 상대적으로 시카고 도심 혹은 시카고 교외지역의 서부에 위치하였다. 셋째로 두드러지게 나타나는 경향으로, 1.5 및 2세대 한인 교회들은 독립적인 교회로 지속되거나 교회 간 네트워크의 일환으로 유지된다. 시카고 지역에서 1.5 및 2세대 한인 교회들이 미국 종파인 미국복음규약교회(American Evangelical Covenant Church)를 제외하고는, 기존의 한국 혹은 미국의 종파와 그 어떤 교류도 하지 않으려는 경향을 보인다.

위에서 언급한 1.5세대 및 2세대 한인 교회들의 특징들에 덧붙여, 시카고 지역에는 학내에서 가능한 기독교적 활동을 유지하고자 하는 몇 개의 대학들이 있다. 이러한 대학에는 시카고대학교(University of Chicago), 노스웨스턴대학교(Northwestern University), 일리노이대학교(University of Illinois at Chicago), 노던일리노이대학교(Northern Illinois University) 그리고 시카고예술대학교(Chicago Art Institute)가 있다. 앞서 언급한 대학들에서는 적극적인 복음주의 기독교 활동들이 현재까지도 보고되고 있다.

7. 결론

미국 메트로폴리탄 지역 내 한인 종족 커뮤니티의 발전을 설명하는 두 가지의 모델은 열린 모델과 닫힌 모델이다. 한인 종족 커뮤니티의 발전의 열린 모델은 한인 종족 커뮤니티가 어떻게 미국 메트로폴리탄 지역에서 외부로부터의 강력한 투입이 존재하는 상태에서 발전하고, 확장하고, 일상적으로 작동하는지에 대하여 설명하는 모델이다. 이러한 경우에 강력한 외부로부터의 투입은 미국 메트로폴리탄 지역 내 현지 거주민들과 한국에 거주하는 사람들 사이에 발생하는 활발한 인적 그리고 물적 자원의 교류를 의미한다. 한인 종족 커뮤니티 발전의 닫힌 모델은 미국 메트로폴리탄 지역에서 외부로부터의 강력한 투입이 없는 상태에서 한인 종족 커뮤니티가 발전하고 일상적으로 작동하는 과정을 설명한다. 이러한 관점에서 닫힌 모델을 따르는 한인 종족 커뮤니티는 매우 제한적인 외부로부터의 투입과 미국 메트로폴리탄 지역에 정착한 현지 한인들의 결정, 권력, 그리고 자원들을 통해 발전한다고 제시한다.

로스앤젤레스와 뉴욕-북부 뉴저지 지역 내 한인 종족 커뮤니티는 열린 모델에 입각하여 발전하고, 확장하며, 일상적으로 작동해왔다. 워싱턴 DC 메트로폴리탄 지역 또한 열린 모델의 경로를 따르는 듯 보인다. 이와 대조적으로 시카고 지역 내 한인 에스닉 커뮤니티는 닫힌 모델의 경로를 따른다. 1970년대와 1980년대에 시카고 한인 에스닉 커뮤니티는 한인 종족 커뮤니티 발전의 열린 모델을 따르는 것처럼 보였으나 1990년대부터는 닫힌 모델의 경로를 따른다는 것이 명백해졌다.

시카고 지역 내 한인 종족 커뮤니티의 발전은 몇 가지의 중요한 사회경제적 요인들을 반영해왔다. 1970년대와 1980년대에는 이주 이전 도시 중산층 배경을 지닌 많은 한인 이주민들이 시카고 메트로폴리탄 지역으로 이주했다. 그들은 시카고 지역 내에서 극심한 직업 하강 이동을 경험하며, 중산층의 꿈이라는 원대한 목표와 시카고 지역 노동시장 내에서의 그들의 지위라는 현실 사이의 막대한 격차 속에서 불행한 상황을 마주하게 되었다. 이러한 상황에서 그들은 중산층의 꿈을 성취하기 위해 열심히 노력해왔다. 중산층의 꿈을 이루기 위한 그들의 노력의 핵심 요소는 대부분의 한인 이민자 가정 내에서 이민 생활의 오랜 기간 동안 남편과 아내가 풀타임 노동을 수행하는 것이었다. 매우 불리한 노동시장 조건하에서 중산층의 꿈을 추구하면서 대부분의 한인 이민자 가정 내에서 요구되는 것은 남편의 노동, 검소한 삶, 희생뿐만 아니라 아내의 노동, 검소한 삶 그리고 희생도 해당되었다.

한인 이민자들이 동료 한인 이민자들과 긴밀한 관계를 유지하고자 하는 강한 욕망과 함께 중산층의 꿈을 추구할 때, 그들은 시카고 교외지역에서 그들만의 종족 커뮤니티를 발전시켰다. 시카고 교외지역에서 그들이 설립한 교외 한인 종족 커뮤니티는 외부인들에게 쉽게 눈에 띄지 않는 커뮤니티였다. 그러나 그러한 한인 종족 커뮤니티는 복잡한 종류의 대인관계 네트워크를 유지해왔다. 이러한 시카고 교외 한인 종족 커뮤니티는 로스앤젤레스와 뉴욕-북부 뉴저지 메트로폴리탄 지역과 같이 매우 복잡하고 큰 지역에서는 발생할 수 없는 종류의 커뮤니티다. 한인 커뮤니티의 교외 형태는 시카고 지역 내 아시아계 인도, 필리핀, 혹은 중국 이주민들 사이에서도 나타나지 않는다. 그러나 한인 이민자들은 30분 정도의 운전을 통해 다른 한인 이민자들과 어울릴 수 있는 종족 커뮤니티를 건설했다. 이러한 맥락에서, 한인 이민자들은 높은 수준의 제도적 완결성을 통해 일상생활을 즐길 수 있었다.

최근에는 낯선 일들이 발생한다. 시카고 지역 내 한인들이 시카고 내 불리한 노동시장 내에서의 장기적인 취업 이후에 중산층의 꿈을 일반적으로 이루었지만, 대부분의 한인 이민자들은 대개 그들이 성취한 것에 대하여 공개적으로 이야기하고 싶어 하지 않는다. 우리는 왜 그들이 중산층의 꿈이라는 자신의 성취에 대하여 침묵을 유지하려 하는지에 대하여 몇 가지 이유를 제시하였다. 이러한 경향은 시카고 지역 내에서 중산층의 꿈을 성취하려는 과정 속에서 축적되어온 그들의 정교하고 복잡한, 그러나 불확실한 삶의 경험을 보여준다.

그들이 시카고 지역에서 중산층의 꿈을 추구하고 한인 종족 커뮤니티를 건설하는 동안, 그들은 종교적 그리고 비종교적인 개인적 필요를 충족하기 위해 한인 이민교회에 적극적으로 참여하고 있었다. 대부분의 한인들이 시카고 교외지역으로 이동하게 되면서, 한인 이민교회 역시 시카고 교외지역으로 이동하였다. 한인 이민자 부모들과 한인 이민교회는 자녀들의 기본 태도 발달에 크게 영향을 끼쳐왔다. 어릴 적부터 이루어진 한인 이주민 부모와 한인 이민교회의 영향력은 자녀들로 하여금 자신의 일생 동안 이러한 기본적 태도를 유지하도록 만들었다.

그러나 자녀들이 성장하여 대학생 그리고 성인이 되면서 그들은 부모와 한인 이민교회에 대하여 비판적인 태도를 갖게 된다. 이는 한인 이민자의 자녀들이 한인 이민교회의 기독교적 신념과 교회 관습과는 다른 그들 방식만의 기독교적 신앙과 교회 관습을 형성해왔음을 의미한다. 또한 최근에는 한인 이민자의 자녀들이 그들 일생의 초기 단계에 발전시켰던 한국 종족 정체성의 편협한 경계를 넘어서는 광의적 종족 정체성을 형성하게 되었다. 총괄하면 한인 이민자 자녀들이 현재 유지하고 실행하는 기본적인 태도는 부모와 한인 이민교회의 입장에 대해 비판적이다. 그럼에도 불구하고 한인 이민자의 자녀들은 어린 시절부터 그들의 부모와 한인 이민교회로부터 학습한 한인으로서의 종족 정체성, 높은 수준의 교육 및 직업 열망, 개신교 신앙을 유지하고 있다.

참고문헌

Alba, Richard D., and John R. Logan. 1993a. "Minority Proximity to Whites in Suburbs: An Individual-level Analysis of Segregation." *American Journal of Sociology* 98: 13808-1427.

_____. 1993b. "Locational Returns to Human Capital: Minority Access to Suburban Community resources." *Demography* 30: 243-268.

Alumkal, Anthony W. 2001. "Being Korean, Being Christians: Particularism and Universalism in a Second Generation Congregation." In Kwon, Ho-Youn, Kwang Chung Kim and R. Stephen Warner (eds.), *Korean Americans and Their Religions: Pilgrims and Missionaries from A Different Shore*. University Park, PA.: The Pennsylvania State University Press, pp. 181-191.

Chai, Karen. 2001. "Beyond 'Strictness' to Distinctiveness: Generational Transition in Korean Protestant Churches." In Kwon, Ho-Youn, Kwang Chung Kim, R. Stephen Warner (eds.). *Korean Americans and Their Religions: Pilgrims and Missionaries from A Different Shore*. University Park, PA.: The Pennsylvania State University Press, pp. 157-180.

Cha, Peter. 2001. "Ethnic Identity Formation and Participation in Immigrant Churches: Second Generation Korean American Experiences." In Kwon, Ho-Youn, Kwang Chung Kim, and R. Stephen Warner (eds.), *Korean Americans and Their Religions: Pilgrims and Missionaries from A Different Shore*. University Park, PA.: The Pennsylvania State University Press, pp. 141-156.

Ebaugh, Helen Rose, and Janet Saltzman Chafetz (eds.). 2000. *Religion and The New Immigrants*. Walnut Creek, CA.: Alta Mira.

Hurh, Won Moo, and Kwang Chung Kim. 1984. *Korean Immigrants in America*. Rutherford, New Jersey: Fairleigh Dickinson University Press.

_____. 1988. "Uprooting and Adjustment: Sociological Study of Korean Immigrants' Mental Health." Final Report, National Institute of Mental Health, U.S. Dept of Health and Human Service, Washington, D. C.

_____. 1990. "Religious Participation of Korean Immigrants in the United States." *Journal for the Scientific Study of Religion* 29: 19-34.

Kim, Kwang Chung Kim, and Won Moo Hurh. 1985. "Ethnic Resources Utilization of Korean Immigrant Entrepreurs." *International Migration Review* 19: 82-111.

Kim, Kwang Chung Kim, and Shin Kim. 2009. "Chapter 6: Korean Business in

Chicago's South Side: A Historical Review." In Eui-Young Yu, Hyojoung Kim, Kyeyoung Park, and Moonsong David Oh (eds.), *Korean American Economy and Community in the 21stCentury*. Los Angeles, CA.: Korean American Economic Development Center, pp. 183-208.

Kim, Rebecca Y. 2006. *God's New Whiz Kinds? Korean American Evangelical on Campus*. New York: New York University Press.

Kim, Sharon. 2010. *Faith of Our Own: Second Generation Spirituality in Korean American Churches*. New Brunswick, New Jersey: Rutgers University Press.

Light, Ivan, and Elizabeth Roach. 1996. "Self-employment: Mobility Ladder or Economic Lifeboat?" In Roger Waldinger and Mehdi Bozorgmehr (eds.), *Ethnic Los Angeles*. New York: Russell Sage Foundation, pp. 193-213.

Merton, Robert K. 1957. *Social Theory and Social Structure*. New York.

Park, Soyoung. 2001. "The Interaction of Religion, Race, Gender and Ethnicity in the Identity Formation of Korean American Evangelical Women." In Kown, Ho-Youn, Kwang Chung Kim and R. Stephen Warner (eds), *Korean Americans and Their Religions: Pilgrims and Missionaries from Different Shore*. University Partk. PA.: Pennsylvania State University Press, pp. 193-207.

Portes, Alejandro, and Ruben G. Rumbaut. 2006. *A Portrait of Immigrant America*, 3rd edition. Berkeley, CA.: University of California Press.

Warner, R. Stephen, and Judith G. Wittner (eds.). 1998. *Gatherings in Diaspora: Religious Communities and The New Immigration*. Philadelphia, PA.: Temple University Press.

White, Michael J., Ann E. Biddlecom, and Shenyang Guo. 1993. "Immigration, naturalization and residential assimilation among Asian Americans in 1980s." *Social Forces* 72: 93-117.

제4장

시드니 내 한인 커뮤니티: 정착, 경제적 적응, 그리고 한국어와 한국 문화의 진흥

한길수(모나쉬대)

1. 서론

호주는 다문화주의의 성공으로 잘 알려진 바 있다. 한인들은 1970 년대에 처음 호주에 이주하기 시작했으며 그 이후 상당히 중요한 소수자 공동체로 확립되었는데 이는 부분적으로 한국 경제발전의 궤적을 반영하는 것이었다. 최근 몇 년간 사회적 통합은 호주와 그 밖의 다른 지역에서의 에스닉 연구에 있어서 다시 논쟁을 일으키는 주제가 되었다. 다양성이 호주와 같은 다문화적인 사회에서 본질적인 특성으로 장려되는 반면에, 얼마나 다양한 에스닉 집단들이 자신의 국가적인 정체성으로서 '호주인임'을 표방하는가는 중요한 질문인 것으로 판단되고 있다.

한인 이주민들은 어떻게 이 문제를 해결했는가를 이해하기 위해서 이 연구는 특히 이민자들의 사회경제적 특성과 관련하여 호주로의 한인 이민 역사를 재검토한다. 이러한 특성들은 호주사회에서 한인 이민자들의 정착 패턴과 경제적 적응에 명백하게 영향을 끼쳤다. 이에 따라 한인 이민자들은, 다문화적 호주의 다양한 사회적 풍토에 정착하게 되면서, 젊은 세대가 한국어 능력을 유지할 수 있도록 장려하기 위해 혼신의 노력을 다하였다. 호주 내 대다수의 한인 이민자들은 뉴사우스웨일스(New South Wales)주와 그리고 특히 시드니 내 메트로폴리탄 지역에 정착하였다. 지난 국가 인구조사에서 나타난 호주에서 살고 있는 한국 태생 74,538명 중, 41,819명(56.1%)이 뉴사우스웨일스에 살고 있었다(ABS, 2011).

2. 시드니로의 한국 이민 역사

1920년대에 소수의 아이들이 호주에 정착하였는데, 이들은 한국에서 온 호주 선교사들에게 입양된 아이들이었다. 1921년과 1941년 사이에 몇몇의 학생들이 학업을 위해 호주로 오게 되었다 (ADIC, 2011: 1). 호주 시민권을 획득하는 것과 관련하여, 곽묘임 씨는 호주 군인과 결혼하여 1957년에 호주 시민권을 부여받은 첫 번째 한국인이 되었다. 1960년대 후반에 이민 규제가 약간 완화된 이후에 상당수의 한국인 전문직 종사자들이 1969년에 이주하였다. 그렇다 하더라도, 1971년의 인구조사에 따르면, 호주에 살고 있는 한국 태생의 사람들은 468명에 불과했다 (ADIC, 2011: 1).

대략적으로, 1970년대와 2000년대 사이에 한국으로부터 호주로의 이민은 세 가지 유형으로 분류될 수 있다. 1970년대에서 1980년대 중반까지의 '사면', 가족상봉 이민, 1980년대 중반에서 1990년대 초반까지의 숙련되고 독립적인 이민, 그리고 1980년대 후반에서 1990년대까지의 사업 이민이 있다. 본국의 경제 그리고 사회 발전의 주요 단계들과 한인들을 해외로 송출하는 데에 있어서의 변화들은 이주민들이 한국을 떠나는 시기와 그들 각각의 사회경제적 특성들에 반영되어있다. 호주 정부가 이민자들의 수용을 그들의 구체적인 자격과 요구조건들에 따라 달리하는 것 역시 호주의 경제 그리고 사회 발전의 다른 단계들에 상응한다.

1960년대에 한국인들 중 자본을 소유했으나 미국이나 캐나다로 이민을 갈 수 없었던 이들은 최종적으로는 차후에 아메리카의 북부로 이주할 수 있기를 바라면서 남미로 향하였다. 물론 많은 한인들이 미국에서 영주권을 획득하였다(Kim, 1981). 자원과 직업이 없었던 한인들은 고등교육을 받았음에도 불구하고 일자리를 찾아 전쟁 중인 베트남이나 서독으로 떠났다. 1960년대에 한국의 높은 실업률과 1962년에 정부의 이민정책은 농촌지역에서 대도시로 이주한 이들을 포함하여, 많은 도시 빈민들로 하여금 해외에서 일을 하거나 이주하는 것을 고려하도록 부추겼다. 해외 취업은 특히 대학교육을 받지 못한 이들에게 매력적이었다. 일정 기간의 직업 훈련 기간은 그러한 사람들로 하여금 해외에서 일을 할 수 있도록 자격을 부여하곤 하였다(Han, 2000b; 2003; Yoon, 1993).

약 25,000명의 군인들과 민간 노동자들이 베트남 전쟁 중에 미국인, 영국인, 그리고 호주인과 연합하여 일을 수행하기 위해 남베트남으로 떠났으며(Kim, 1981: 54; Vogel, 1991: 62), 이는 한국으로 하여금 상당한 자본을 획득하도록 하였다(Cole and Lyman, 1971: 135). 미국인과 한국인은 1973년에 남베트남에서 철수하기 시작했다. 1975년 4월의 전쟁 바로 직전과 직후에 몇몇의 한국인들은 미국으로 떠났고, 500명의 한국 민간 노동자들은 진보적인 휘틀럼(Whitlam) 노동 정부 계획의 일환이었던 1개월짜리 'Easy Visas'를 통해 호주로 여행을 떠나게 되었다(김형식, 2000b; Han, 2003: 40; 이재형, 2011). 다른 나라에서 온 이들뿐만 아니라 486명의 한국인들 역시 비자기간보다 더 오래 머물렀으나 이후 1976년 1월에 휘틀럼 정부에 의해 호주 내에서 합법적인 상태로 머무를 수 있도록 사면을 받았다(이재형, 2011: 143; 백시현, 1990: 24; 양명득, 2010: 120).

1976년의 사면이라는 좋은 소식은 중동, 서독, 그리고 우루과이와 브라질과 같은 남미 국가에 있는 한인들에게도 전해졌다. 그 소식은 심지어 한국 내 미군 부대의 군사기지인 동두천시에까지 전해졌는데, 이곳은 베트남에서 일하기로 선택했던 수많은 한국인들이 거주하는 곳이었다. 이로 인해 수많은 한국인 관광객들이 호주로 오게 되었다. 호주 정부의 통계에 의하면 1970년대 중반에 비자기간 초과 체류자들의 수는 2,500명에 달하였다(김정엽·원종인, 1991: 129에서 재인용). 1980년 6월에 있었던 두 번째 사면은 188명의 한국인들에게 영주권을 제공하였다(백시현, 1990: 24). 그 이후 수년간 한국인들, 주로 남성들은 호주의 이주민 가족 재회 계획을 통해 가족 구성원들과 함께 지낼 수 있게 되었다(김방이, 1986: 21; 김정심, 1992: 431).

〈표 4-1〉 1960년대와 1970년대에 호주로 이민을 간 한국인 수

연도	1962~ 1968	1969	1970	1971	1972	1973	1974	1975	1976	1977	1978	1979
수	7	34	32	45	75	25	86	55	728	454	476	509

출처: 한인 이민자 통계(한국외교부, 2007; 이재형, 2011: 143에서 재인용)

한국에 있는 노동력 수출 중개업체들이 라틴아메리카로 이주하는 첫 번째 집단을 꾸린 것은 일제강점기 시대였다. 중개업체는 존 메이어스(John Meryers)라는 영국 중개인과 협력하였는데, 그는 멕시코 농장으로 이주할 일본인과 중국인 노동자들을 모집하는 데 성공하지 못하였다. 극심한 빈곤에 시달리고 일본 정권하에서 고통을 받고 있었던 많은 한국인들은 그러한 제안을 받아들였다(현규환, 1976). 총 1,033명이었던 첫 번째 집단은 1905년 5월 15일에 멕시코, 살리나 크루즈(Salina Cruz)의 항만에 도착하였다. 22개의 다른 농장에서 노동자로 일하면서 그들은 강제

수용소에서 일하는 것처럼 느꼈고 많은 이들이 무단이탈을 시도하였다 (탁나현, 1987).

1960년대 초반에 브라질 정부는 자국 농장의 발전을 위해 농업 이주민을 찾고 있었다. 17개의 가구 내 91명의 사람들이 1962년 브라질에 도착하였고, 브라질, 아르헨티나, 파라과이, 멕시코 그리고 볼리비아와 같은 남미 국가로의 한국인 이주가 재개되는 시점이었다(Kim, 1981: 49; KDI, 1979: 37). 그러나 농부가 되기 위한 선별 기준과는 달리, 그들 중 절반은 농부가 아니었고 농사에 관심이 있는 것조차 아니었다. 이에 따라 농장에 정착하기 훨씬 이전에 그들은 브라질 내의 도시들이나 쿠바, 미국 그리고 캐나다와 같은 다른 목적지로 떠나갔다. 남미에서 대다수의 한국인들은 상파울루, 부에노스아이레스, 그리고 리우데자네이루와 같은 대도시에서 정착하였고 농업을 그만두었다(동아일보, 1974; Kim, 1981: 55에서 재인용; 현규환, 1976: 1036; KDI, 1979: 124).

이주와 해외 공동체에 대해서 다루는 한국 학술지『해외 동포』 (1992)에 의하면, 잠재적 한국 이주민에게 멕시코가 매력적인 목적지가

〈표 4-2〉 해당 연도 기준 국가 · 대륙별 한국 노동자 및 이주자 수

지역	인원 수(기간)
남베트남	25,000 (1954~1973)[*]
서독	17,000 (1963~1974)[**]
중동	50,000-100,000 (1972~1978)[***]
중앙아메리카 및 남아메리카	29,739 (1962~1979)[****]

출처: [*] (Kim, 1981: 54; Vogel, 1991: 62); [**] (현규환, 1976: 1050); [***] (New York Times, 1978; Kim, 1981: 84); [****] (Han, 1992: 31).

된 이유는 미국으로 입국하기에 좋은 전환지점이었기 때문이다. 멕시코는 또한 호주로 입국하기에 좋은 전환지점이기도 하였다. 남미에 있는 많은 한국인들은 호주에서 사면을 받은 이들에 대해 전해 듣고 호주로 이주해왔다(Coughlan, 1995: 384).

1972년에서 1978년까지 대략 50,000명의 한국인들이 중동지역에 있는 아랍 국가들의 건설 현장에서 일했다(New York Times, 1978). Kim(1981)은 100,000명 이상의 많은 한국인들이 당시에 해당 지역에서 일하고 있었다고 언급한 바 있다. 1979년에는 사우디아라비아 지역에만 68개의 한국 건설기업과 93,000명의 한국인들이 진출하였다(Vogel, 1991: 62). 중동지역에서 계약기간이 만료된 이후, 많은 이들이 미국(문광환, 1989: 32)이나 호주와 같은 다른 목적지로 이주하였다.

『동아연감』(Kim, 1981: 54에서 재인용)에 따르면, 1963년과 1974년 사이에 약 17,000명의 한국 광부와 간호사가 서독에서 일했다고 한다. 한국 광부들은 유고슬라비아, 이탈리아, 터키와 같은 다른 국가들에서 온 광부들에 비해 높은 수치의 사상자를 기록했다(현규환, 1976: 1050). 서독에 파견된 한국 간호사 중 20%는 자격이 있는 간호사로 고용되었고, 80%는 간호 보조업무를 담당하게 되었다. 나중에 대부분은 간호사로 등록되는 자격을 충족하였다(현규환, 1976). 1970년대 후반의 경제 침체기간 동안, 서독은 이주노동자를 추방하였다. 이들 중 많은 사람들이 배우자와 함께 숙련 간호 이주민으로서 미국에 입국하였고(Kim, 1981: 54), 다른 이들은 캐나다로 떠났으며(현규환, 1976; 엄인호, 1987: 45), 약 20~30개 가구가 호주로 떠났다(김만석, 1988).

요약하자면, 해외에서 계약을 맺은 한국인들 중에서 몇천 명은 계약이 만료되고 나면 관광 비자를 통해 호주로 입국하여 그 이후에 사면으로 영주권자가 되었다는 것이다. 1970년대와 1980년대 초반에 적은 수의 숙련·독립 이주민들만이 호주 내 한인 공동체를 구성하고 있었을 때 베트남, 중동, 남미, 그리고 서독에서 온 한국인들이 호주 한인 이민자의 대다수를 차지하였다(Han, 2003: 46). 서독에서 온 이들은 유일하게 호주에 도착하기 이전에 이민 신청을 제출하고 그들의 기술이나 간호직 자격조건에 의해서 숙련 이주민으로 호주에 입국하였다. 처음에 관광객으로 입국하여 나중에 1970년대에 이르러 영주권자로 정착하게 된 한국인 집단은 동두천시에서 온 80가구였다. 그들은 이전에 동료였던 사람들이 호주에 정착했다는 소식을 듣고 나서 호주에 이주해왔다(Han, 2003: 46). 1970년대에 이주해온 거의 대부분의 초기 이주민들은 시드니 지역에 정착하였다.

1976년도와 1980년도 사면은 호주의 성장하는 경제에 노동력을 공급할 뿐만 아니라, 이웃 아시아 국가들과의 협력관계를 전략적으로 구축하는 데 기여했다. 더 나아가, 이러한 발전은 1973년 소위 말하는 백호주의 정책의 공식적인 폐지 이후로 진행되었다. 건강한 신체적 노동을 수행할 수 있는 역량은 두 차례의 사면에 대한 자격을 충족하는 데 중요한 기준인 것으로 드러났다. 1979년에 호주 정부는 다면적 수치 평가를 시행했는데, 이는 잠재적 이주자들이 이수교육, 영어 구사 능력, 연령 기준에 반하는지 여부 그리고 호주사회 및 경제발전에 기여할 수 있는 잠재성에 대한 평가였다.

이러한 새로운 이민 계획하에서, 숙련·독립 그리고 비즈니스 이주가 1980년부터 이루어졌다. 사면 이주자들과는 달리 숙련 이주자들은 한국에서 비교적 더 잘 교육받고 사회경제적으로 부유했다. 그들은 신체적으로 건강했을 뿐만 아니라 전문적인 기술을 갖추고 있었다. '비즈니스 이주민'이라는 범주는 고용을 창출하고 호주 경제를 다시 활성화하기 위해 설계되었다. 비즈니스 이주민들은 건강하고 숙련된 사람일 것으로 기대되었을 뿐만 아니라 사업을 시작할 자본을 갖추고 있을 것으로 기대되었다. 1987년과 1993년 사이에 3,490명의 한국인이 비즈니스 이주민 범주로 호주에 입국하였다(김영성, 1998: 51).

1988년 서울 하계올림픽은 한국 경제에 있어서 전환점이었는데, 한국은 국제적으로 좋은 경제성과를 보이기 시작했고 상당히 많은 수의 한국인들이 해외교육과 해외여행을 추구하기 시작했다. 1990년대부터 호주는 한국인들에게 가장 인기가 많은 여행 · 이민 목적지 중 하나였다. 2002~2003년에는 호주에서 공부하고 있는 한국인 학생이 11,270명이었고, 2003~2004년에는 14,735명, 그리고 2009년에는 35,708명이었다. 마지막 수치는 세 번째로 높은 숫자였는데, 중국인 학생이 첫 번째 그리고 인도인 학생이 두 번째로 많았다. 또한 많은 수의 워킹 홀리데이 비자 소지자들이 호주에서 12개월 혹은 더 오랫동안 머무르고 있었다. 이러한 학생들은 시드니, 브리즈번, 멜버른에 있는 한인 공동체 내 활발한 경제의 중요한 요소였다.

3. 정착 패턴

소수의 전문가들과 단기 직업 훈련생이 시드니에서 성장하는 한인 공동체의 주요 구성원을 이루었다. 그러나 시드니 내에서 한국인들이 적었기 때문에 그들의 정착이 1970년대 중반까지도 가시적으로 드러나지 않았다(김영성, 1998: 42, 46). 논의한 것처럼, 호주에서 한인들의 수가 상당히 증가한 것은 1976년과 1980년의 사면을 통해서였다. 1976년에는 1,460명의 한국인이 그리고 1981년에는 4,514명의 한국인이 있었다(양명득, 2010: 121). 이에 따라 1980년 즈음에 한인 공동체의 형성이 분명해졌다.

〈표 4-3〉해당 연도 기준으로 호주에서의 한국인(한국 태생) 수

연도	1976	1981	1986	1991	1996	2001	2006	2011
인원 수	1,460	4,514	9,290	20,580	30,091	38,840	60,873	74,538

출처: ADIC, 2011; Coughlan, 2008.

1970년대와 1980년대에는, 거의 모든 한국인이 시드니를 통해 호주로 입국한 듯했고 이들의 대부분이 시드니에 정착하였다. 1973년 기준으로 그들 중 73.4%가 시드니에 거주하고 있었다. 1977년에는 66.7%, 1979년에는 65.9%, 1984년에는 79.0%, 그리고 1991년에는 73.5%가 거주하고 있었다. 이미 언급한 것처럼 호주에 사는 한국 태생의 사람들이 74,538명이었고 그중 53.9% 혹은 40,175명은 시드니 메트로폴리탄 지역에서 거주하고 있었다(ABS, 2011). 시드니 지역에 거주하는 한인들의 비율이 이처럼 상당히 감소한 것은 뉴사우스웨일스 이외의 다른 주로 새로운 이주자들을 분산시키고자 한 정부 정책 때문이었다. 두 번째로, 시드니에 사는 한국인은 호주의 다른 지역에 사는 한국인보다 상대적으로 나이가 많고 시드니 지역에서는 사망률이 더 높게 나타났다. 또한 2001년 ABS 통계는 비교적 나이가 어린 아이들보다 나이가 많은 아이들의 수가 많았으며 이는 출산율의 감소를 의미했다(이경숙, 2008: 174).

김영성(1998: 45-6)은 왜 한국인이 시드니 지역에 집중되어 살게 되었는지에 관한 몇 가지의 원인들을 제시했다. 첫 번째로, 도시생활에 익숙한 한국인은 호주에서 가장 대도시인 시드니에서 규모의 경제와 더 나은 고용 기회를 누릴 수 있었다. 두 번째로, 시드니 지역에는 이미 많은 한국인이 거주하고 있었으며 더 많은 한국인을 끌어들였는데, 이는 연쇄이주 현상에 해당된다. 세 번째로, 많은 수의 한국인으로 인해 존재했던 식당과 같은 에스닉 사업들 그리고 현지 에스닉 · 언어에 기반한 관광산업이 성장하면서 더 많은 한국인을 끌어들이기도 했다. 네 번째로, 시드니와 서울 간의 직항이 도입되어 두 도시 간의 항공 여정이 용이하게 되었다. 더 나아가, 시드니에는 많은 한인사회 네트워크와 우수한 교육기관이 있다.

시드니에 거주하는 한국인의 공간적 정착은 그들이 호주로 이주해 왔을 때 지녔던 그들의 사회경제적 특징을 반영했다. 사면 이주민들은 레드펀과 같이 낮은 사회경제적 인구가 거주하고 있는 도심지역에서 그들의 삶을 시작하였다. 그들은 점차 자신의 경제적 지위를 개선함에 따라 도심지역으로부터 옮겨가고자 했다. 중요한 점은 잠재적 한인 이민자들이 이민 이전에 경험했던 '사회경제적 괴리감'의 지속은 시드니에서의 공간적 정착에 있어 중요한 역할을 하였다는 것이다.

1960년대 후반에 직장에 다닐 뿐만 아니라 시드니대학교나 시드니공과대학교, 혹은 전문대학에 다니고 있던 소수의 학생들은 글리브(Glebe)와 같은 캠퍼스 근처에 살고 있었는데 이는 직장으로의 출퇴근과

학업을 위한 선택이었다. 소수의 학생들은 동남아시아에서 온 새로운 한국인들을 시드니 공항에서 맞이해주었고 새로 온 이들은 글리브와 근처의 레드펀에 정착하게 되었다. 사실, '260 Charlmers Street, 레드펀'은 베트남과 캄보디아에 있는 미군 기지에서 일하다가 1973년에 관광객으로서 호주에 입국한 김동삼의 유명한 거주지였다. 동남아시아에서 이주해온 이들은 취업 기회, 아파트 구하기, 영주권 신청서 제출 방법에 대한 정보를 제공하는 시설을 통해 입국하였다(이경숙, 2008: 175). 레드펀 주변에 초기 한국 이주자들의 잠재적 고용주가 될 수 있는 곳으로는 봉제 공장, 신발 제조공장, 그리고 타이어 공장이 있었다. 시드니 내 중심 상업지역이나 산업 공장들과 가깝거나 혹은 철도역 근처라 접근성이 좋은 도심지역으로는 서리힐스(Surry Hills), 레드펀, 달링허스트(Darlinghurst), 매릭빌(Marrickville), 서머 힐스(Summer Hills) 그리고 뉴타운(Newtown)이 있었다. 이 지역에서의 임대료는 비교적 지불 가능한 수준이었다(김영성, 1998: 46-47).

1976년과 1980년의 사면 이후에, 사면 받은 한국인은 그들의 가족들과 재회하게 되었다. 그들은 임대할 수 있는 저렴한 주택과 상점 그리고 교통이 편리한 장소를 찾아다녔다. 자녀들의 교육은 거주지의 선택에 있어서 또 하나의 중요한 요인이었다. 많은 한인들이 캠시(Campsie), 애시필드(Ashfield) 그리고 캔터베리(Canterbury)에 정착하기 시작하자 더 많은 한인들을 이 지역으로 끌어들이게 되었다. 이는 원심 주거 이동성에 관한 실례의 시초였다(김영성, 1998: 47-48).

1986년에 캔터베리시에는 캠시, 벨모어(Belmore), 캔터베리 그리고 라켐바(Lakemba)를 아울러 1,000명이 조금 넘는 한국인이 살고 있었다.

새로이 이주해온 한인들은 이미 정착한 친척이나 새로운 지인들의 근처 지역에 정착하고자 하였다. 2001년의 경우, 캔터베리에 사는 한인들의 수는 3,131명에 도달했고, 이 지역은 시드니 메트로폴리탄 지역 내에서 한인 이주민들이 가장 집중되어있는 곳이 되었다(이경숙, 2008: 176). 그러나 2006년에는 2,998명으로 감소하였고 이로 인해 캔터베리는 네 번째로 한인들이 가장 많이 살고 있는 지역이 되었다. 이러한 감소의 일부는 호주에 사는 한국인 중 적은 비율이 시드니 지역에 사는 것을 선택했을 뿐만 아니라, 캔터베리에 초기에 정착했던 이들이 노령으로 인해 더 높은 사망률을 기록했기 때문에 나타난 것이다.

점차 더 적은 한인들이 캔터베리에 거주하고자 하면서, 캔터베리 지역은 신생아의 수가 상대적으로 낮게 나타났다. 덧붙여, 젊은이들이 캔터베리 지역을 떠나 스트라스필드(Strathfield), 이스트우드(Eastwood) 그리고 채스우드(Chatswood)와 같은 지역으로 새로이 옮겨가면서 캔터베리는 인구가 적고 상대적으로 상업 활동이 부진하게 되었다. 2006년 인구조사 자료에 따르면 혼스비(Hornsby, 3,271명)가 한인들이 가장 많은 지역이고 그 뒤로 파라마타(Parramatta), 라이드(Ryde), 스트라스필드, 시드니, 오번(Auburn), 볼크햄 힐스(Baulkham Hills)의 순서로 뒤이었다. 지역 내 쇼핑센터 주변에 세워진 고층 아파트들 또한 한인들을 그 지역으로 끌어들이는 데 한몫을 했다(이경숙, 2008: 178).

북시드니의 한국인 인구가 눈에 띄게 증가한 한 가지 중요한 이유는 오클랜드에 살던 많은 한국인 이주자들이 혼스비, 칼링포드(Carlingford), 이스트우드 그리고 디와이 같은 시드니 북부지역으로 이동하였기 때문이다. 그들은 지불할 수 있는 가격의 주택, 교통 접근성이 좋고 자녀들을 위해 평판 좋은 고등학교가 있는 장소를 찾아다녔다(김지환, 2008c: 107). 파라마타가 현재 주거 지역으로 인기가 많은 이유는 비교적 저렴한 임대료, 평판이 좋은 학교, 그리고 교통수단에 대한 쉬운 접근 때문이다. 파라마타에서 시드니 중앙역까지는 기차로 40분, 급행으로 20~25분이 소요된다.

〈표 4-4〉 한국인(한국 태생, 한국계)이 가장 많은 지역들(명)

지역	파라마타	이너웨스트 (스트라스 필드)	노스 시드니 & 혼스비	라이드	이너 사우스 웨스트	시티 & 이너 사우스	볼크햄 힐스 & 혹스베리	블랙타운
수 (한국태생)	7,470	6,379	6,282	5,373	3,788	3,035	2,376	1,169
수 (한국계)	9,564	7,788	7,561	6,626	4,894	3,355	3,128	1,532

출처: ABS, 2011.

라이드는 한국인에게 인기가 많은 또 하나의 지역인데, 특히 학생들과 어린 아이를 둔 가정에게 유독 인기가 많았다. 2001년에는 2,018명의 한국인이, 2006년에는 3,028명의 한국인이 살고 있었다. 이 지역은 기차와 버스를 통해 도시와 편리하게 연결되어있었다. 아파트의 많은 공급으로 인해 시드니에 있는 대학에 다니고 있는 학생들의 수가 증가하였다. 더 나아가, 이 지역은 이스트우드와 가까웠는데, 여기에는 꽤 규모가 크고 이미 자리를 잡은 한인 소유의 사업체들이 있었다(이경숙, 2008). 2006년 당시에 시드니 시내의 인기와 비슷한 정도로, 2011년 라이드에 사는 한국인들은 3,035명에 달하였다.

이경숙은 이러한 인기가 다음과 같은 요인들로 인해 나타났다고 제시한다. 한국 출신 유학생들은 도시 중심이나 자신이 다니는 전문대학교 근처에 거주한다. 학업을 마치고 영주권자가 되면, 그들은 자신이 학생이었을 때 지내던 곳에서 계속 머무른다. 나아가, 워킹 홀리데이 비자 소유자, 관광객, 그리고 여타 단기 방문자들 또한 시드니 시내에 머무르고자 한다. 인구조사가 8월 9일에 실시되었다는 점을 고려하자면, 한국 여름방학 기간 동안 영어를 공부하고자 온 학생들의 수가 상당수 포함되었을 것으로 짐작할 수 있다.

원심 주거 이동의 일환으로, 월러비(Willoughby), 볼크햄 힐스, 스트라스필드 그리고 캐나다 베이(Canada Bay)와 같이 상대적으로 풍요한 시드니 메트로폴리탄 지역에 정착하는 한국인이 증가하였다. 이는 1.5세와 2세대 한인들의 사회경제적 상향 이동의 결과라고 할 수 있다. 채스우스를 아우르는 월러비 지역은 특히나 한인 사업 대표, 어린 자녀를 둔 '기러기 엄마', 그리고 최근에 이주해온 젊은 숙련 이민자들 가정에게 인기가 많았다(이경숙, 2008: 178-9). 시드니 메트로폴리탄 지역에 사는 305명의 한인들을 상대로 지리 조사를 수행한 김영성은 한인 이주자들이 자신들의 경제적 부를 모을수록 더 좋은 거주환경으로 옮겨가고자 함을 발견하였다. 좀 더 비싼 지역으로 이주한 사람들과 덜 비싼 지역으로 이주한 사람들의 비율은 1: 0.83이었다. 더 좋은 생활환경으로 옮겨가는 것은 현재의 거주지역보다 주택가격의 중간값이 더 높은 지역에서 주택을 구매하는 것을 의미할 수 있다. 43.3%가 더 비싼 지역으로 옮겨갔고, 27.8%가 비슷한 가격의 지역으로, 그리고 39.8%가 더 저렴한 지역으로 옮겨갔다(김영성, 2006: 509).

요약하자면, 1세대 이민자들, 즉 사면, 숙련·독립 그리고 비즈니스 이민자들은 원심 거주 이동성에 상대적으로 거의 기여한 바가 없는 것처럼 보인다. 1.5세대와 2세대들은 사회적 상향 이동을 성취했고 그들의 부모가 있는 곳에서 더 좋은 생활환경으로 이동하였다. 덧붙여, 최근에 이주해 온 한인 이민자들, 단기 학생 그리고 단기 거주민들은 상대적으로 풍요로운 지역에 정착하였는데 이는 한국에서 자본을 가져왔기 때문이거나 혹은 호주로 이민을 오기 이전에 그곳에서 학생으로서 거주한 경험이 있기 때문이다. 이는 1세대가 80년대 후반과 90년대에 한국인 공동체 내에서 한국인들 사이의 '사회경제적 거리감'을 지속하였다는 것을 암시한다. 즉 사면 이주자와 같은 '구포(구교포)'와 숙련·독립 그리고 비즈니스 이주민 등과 같은 '신포(신교포)'가 있다는 것이다. 이 두 집단은 서로를 향해 비우호적인 발언을 했고 이는 한인 공동체에서 광범위한 집단이 형성되는 것을 반영하고는 했다(Han, 2001: 547).

4. 아시아 금융 위기와 'IMF 방랑자'

호주는 80년대와 90년대 동안 점차 경기 침체를 겪게 되었다. 그 기간 동안 호주 정부는 국제 시장의 맥락에서 자국의 경제 활성화를 위해 몇 가지의 경제 개혁을 시행하였다. 호주 국내 경제는 1997년 아시아 태평양 지역을 강타했던 아시아 금융 위기로부터 거의 영향을 받지 않은 것으로 보였다. 그러나 자국 내 경제적 역경은 시드니 내 한인 공동체에 눈에 띄는 영향을 미쳤다(Seol, 1999).

국제통화기금은 한국 통화가치의 붕괴 이후에 한국 경제를 개혁하기 위한 여러 조치들을 도입했다. 한국인들은 이 같은 과정을 'IMF(개입) 위기'라고 부른다(Han and Han, 2010). 한국 경제의 회복을 위해 경제 개혁이 이루어지면서 시드니에 있던 한인 공동체는 심각한 사회경제적 어려움에 직면하게 되었다. 시드니로 오는 관광객의 유입이 멈추었고 워킹 홀리데이 비자 소유자와 '정상적인' 방문자들이 1997년 이후에 상당히 줄어들었다. 대신에 한인 공동체는 한국에서 새로운 실직자 혹은 파산자 혹은 사회경제적으로 소외된 시민들로 이루어진 임시 이주자들의 강한 존재감을 알아차리게 되었다. 시드니의 한인 이주민들은 이러한 새로운 임시 이주민들을 'IMF 방랑자'라고 이름을 붙였다(Han and Han, 2010: 28).

호주로 이주하는 이민자의 수가 급격히 감소한 이후에 그 숫자가 회복되기까지는 10년이 걸렸다. 이 같은 감소는 한인 공동체의 사업 활동에 심각하게 부정적인 영향을 미쳤는데, 이는 상대적으로 규모가 작은 공동체 내에서 비슷한 사업장들 사이에 극심한 경쟁을 유발하였다. 결과적으로 한인 공동체 내에는 많은 사업들의 폐업과 임금 수준의 하락이 관찰되었다. 기존 주민들과 임시 이주자들 사이에 갈등이 일었던 것은 말할 필요도 없다(Han and Han, 2010: 28).

지금까지 호주로 이주한 한국인 중 가장 많은 수인 4,255명이 영주권자로 호주에 정착한 것은 2006~2007년 회계 연도 중이었다고 한다. 그러나 최근 들어 영구 정착민의 수가 증가하고 있다고 한다. 2009~2010년도에는 4,350명, 2010~2011년에는 4,326명, 2011~2012년에는 4,874명, 그리고 2012~2013년에는 5,258명이었다. 반면에, 한국사회가 점차 풍요로워지면서 최근 몇 년간 해외에 있는 한인들의 귀환 이주를 상당히 촉진하였다는 점은 주목할 만하다. 2011년에는 그 수가 4,257명에 달하였다. 2,122명은 미국으로부터 귀환했고, 693명은 캐나다, 629명은 중앙 그리고 남부 아메리카, 115명은 뉴질랜드로부터, 67명은 호주로부터 그리고 631명은 여타 다른 국가들로부터 귀환하였다.

5. 경제적 적응

1) 사면 이주자

영어를 사용하지 않는 다른 이주민들과 마찬가지로, 한국인 이주민들 또한 이주 이전에 가지고 있던 자격조건들을 활용할 수 없었는데, 이는 종종 이주민의 부족한 영어 실력으로 인해 고용주들이 자격조건들을 인정하려고 하지 않았기 때문이다. 따라서 한국인들은 일반적으로 자신들의 자격조건과 상응하는 직업에 종사하지 않았다(Castles and Miller, 1993: 109).

한국 남성들이 과거 그리고 현재에 종사한 유형의 직업은 호주에 입국한 방식 그리고 호주에 입국한 시기와 밀접한 연관이 있다. 호주 경제가 상대적으로 건실했던 1970년대에 도착한 후 사면된 이주노동자들은 공장 작업, 용접, 세차, 식기 세척, 청소, 트럭 운전, 배달 및 광업과 같은 일반적으로 육체노동에 종사하였다. 필자의 다른 연구(Han and Chesters, 2001)에 참여했던 응답자들에 따르면 한인 사면 이주자들은 배터리 생산, 타이어 제조, 철 정제 및 플라스틱 용기 생산공장에서 일자리를 구하는 데 문제가 없었다고 한다. 모든 사면 이주자들은 그들의 교육 수준과 영어 실력과 무관하게 가능한 어떤 일이든 할 준비가 되어있었다(Han, 1999b: 11). 마취 기술, 법학 학위, 그리고 전기공학 기술 등과 같은 전문적 훈련을 받은 한인들은 자신들의 전문적 훈련을 호주에서의 직업에 전혀 사용하지 못했다(Iredale, 1988).

'곧 사면을 받고자 하는 이주자'들이 호주에 '관광객'으로 도착하자마자 호주 기업들은 이들을 '낚아채'듯이 고용했다. 사면 이주자들은 일반적으로 기술을 상대적으로 빨리 습득할 수 있었기 때문에 그들이 '좋은' 급여를 받을 수 있는 직종에 집중되었다. 번영하는 경제 환경하에서, 1970년대에 한인들은 급여를 더 많이 받을 수 있는 직종으로 전직하였다. 인기가 많은 직종은 장시간 동안 일할 수 있거나 2개 이상의 상근직을 가질 수 있었던 용접, 청소 그리고 여타 공사 관련 직업이었다. 용접공에 대한 수요가 높았을 때 기업들은 잠재적 노동자들에게 기술을 배우도록 돈을 지불했다(Han, 1999b: 12).

많은 한국인들은 때로 용접을 위해 함께 이동하기도 했다. 뉴캐슬(Newcastle)에 있는 캐나다 정제회사는 한때 70명의 한인 용접공들을 고용하였고, B.H.P. [Broken Hill Proprietary, Ltd.]는 180명의 한인 용접공들을 고용하였다. 나는 하루에 12시간을 일했고 매주 일요일에는 쉬었다(심무호, 파라과이에서 온 사면 이주자).

1970년대 한인들이 호주에 입국하기 전에 이탈리아인과 독일인과 같은 비영국인 이민자들은 보통 '더럽고, 어렵고, 굴욕적인' 직업을 가졌다. 1970년대 이후, 그러한 일자리는 한인들에게 '이양'되었으며, 이는 에스닉 집단과 그들이 도착한 시기에 따른 노동시장에서의 분업을 반영한다. 대부분의 사면 이주자들과 동두천에서 온 사람들은 호주에 도착했을 당시 40대였다.

그들은 청소나 기타 육체노동을 통해 임금노동자로서의 일을 시작하여 적은 자본을 축적하였고 이후에는 청소사업 계약을 따내어 소(小)자본가로 변신하였다. 그리고 더 많은 돈을 저축하자 더 많은 청소 계약을 따내기 위해 재투자하였다. 한인 청소부들이 청소업계에서 명성을 얻게 되면서 이들은 청소 '권리'를 획득했다. 새롭게 획득한 권리가 시간이 지나 자리를 잡아가면서 새롭게 이주해온 한인들이나 청소 산업에 진출하기를 원하는 사람들에게 팔 준비가 되었다. 전문직의 자격을 충족하지 않거나 자격을 인정받지 못한 사람들이 보상받을 수 있는 방법은 그들이 장시간 근무하여 고소득을 버는 것이다. 이런 방식으로 한인들은 호주인 평균 소득의 2배 이상을 벌기도 했다.

이들 중 상당수는 용접공이나 목수 등과 같은 노동자 혹은 반숙련 노동자로 남아있었으나 또 다른 상당수는 영세사업을 운영하는 것으로 전환하기도 하였는데 이는 상당한 성취인 것으로 여겨졌다(이경숙, 2008: 188; Collins and Shin, 2012). 계층 이동 사다리를 오르기 위한 다른 특별한 방법은 없는 것처럼 보였다. 사면 이주자들이 수년간의 노동 경험과 수년간 습득해온 기술을 지닌 채 호주에 입국했다는 사실에 주목할 필요가 있는데(Han, 2000b), 이는 숙련 이주민 그리고 비즈니스 이주민과는 구별되는 지점이기도 하다.

호주에서 일하는 초기 기간 동안 그들은 전반적으로 호주사회에 대한 이해가 깊어졌고, 또 호주에서 사업 활동이 어떻게 진행되고 있는지를 더 많이 알게 되었다. 그들은 또한 호주에서 사업을 시작할 수 있는 약간의 자금을 지니고 있었는데, 당시는 1980년대 후반과 90년대에 비해 경제적으로 유리한 시기였다. 몇몇의 사면 이주자들은 한국 식료품 가게, 식당, 관광 대행사 그리고 건설 운영을 시작하였다. 건설 회사들은 종종 한인이 아닌 이들이 소유한 기업의 하청업체였다.

1970년대 말까지 시드니에는 한인이 소유한 사업이 20개 미만이었다. 그러나 1986년에는 등록된 한인 소유 사업이 250개로 증가했다(백시현, 1990: 25). 시드니에 있는 한인 소유 사업들은 주로 한인들을 자신들의 주요 고객으로 다루어왔다. Inglis와 Wu(1992: 207)는 취업 중인 이주민들의 대다수는 고용주라기보다는 피고용인이라는 점을 발견했다. 그러나 매우 예외적으로 한인 이주민 중 상당히 높은 비율이 자영업자였다. Inglis와 Wu에 따르면, '그들 중 몇몇은 의심할 여지없이 비즈니스 이주 프로그램의 초기에 이주해왔으나, 많은 다른 이들은 명백히 기타 진입 범주하에 입국하였고, 그리고 이후에 자영업에 종사하기 시작했다'는 것이다. Inglis와 Wu의 이러한 연구결과는 비즈니스 이민으로 호주에 온 한인이 전체적으로 약 40명에 불과했던 1986년 인구 총조사에 기초한 것이다. 따라서 '기타 입국 범주'들은 사면 이주민에 해당할 것이다(Kim, 1995: 55).

작은 사업을 위한 종잣돈을 마련하기 위해 빈번히 사용했던 방식은 계(契)였다. 자조집단 회원들은 계주를 중심으로 모이고 회원들은 매달 일정 액수의 금액을 납부한다. 집단의 회원 1명이 다른 회원들로부터 모든 돈을 받고 이후에 다른 사람들이 그들의 몫을 돌려받을 때까지 이 돈을 갚는다. 계는 특별한 목적을 위해 '뭉칫'돈을 모으고자 할 때 사용되는 전통적인 방식이며 계의 성공은 구성원들 간의 완전한 믿음이 있어야만 가능하다. 사면 이주자들과 같이 삶의 경험을 공유한 사람들은 기꺼이 서로를 신뢰하고자 하고 계에 참여하고자 했었을 것이다.

　시드니의 한국인 공동체는 1980년대 중반부터 숙련 이주민의 이주, 가족 재회, 그리고 비즈니스 이주자들의 등장과 함께 그 규모가 커지기 시작했다. 더욱이 호주를 방문하는 한국인 관광객의 수가 크게 증가했다. 1970년부터 현재까지 가장 인기가 많은 사업은 식당, 식료품, 건강식품 가게, 관광 대행사, 기념품점, 그리고 미용실이다(Han, 1999b: 14). 이경숙(2008: 180)은 한국 경제의 성장에 따른 한국인 여행자의 증가로 인해 이러한 사업 종목이 주로 증가하였다고 밝혔다. 한국 경제가 침체할 때는 그러한 사업들이 부진했다.

　시드니에 있는 한인 공동체 내에서는 잘 알려진 사업가들의 성공담이 존재한다. 청소부로 시작한 사면 이주자 중의 하나는 한때 600명의 사람들이 고용된 청소업체를 운영했다. 또 다른 사면 이주자는 용접공으로 시작하였으나 이후에 꽤 큰 철강 회사를 운영하였다. 또한 정병률 씨는 고등학교 졸업 이후 이란에서 트레일러 운전수로 일을 하기 위해 이주하였다. 그는 1976년에 호주에 입국하였고 이민부처로부터 호주를 떠나라는 통지를 받았으나 1980년 사면 이후에 정착하게 되었다. 그는 용접 기술을 배워 장시간을 일하면서 7년 동안 주당 1,000달러를 벌었다. 그는 시드니에서 2에이커의 땅을 샀고 용접 작업을 계속하면서 다양한 한국산 야채를 심었다. 2년 만에 그는 16에이커의 땅을 매입하였고 더 다양한 한국 채소들을 기르기 위해 땅을 개발하였다.

　그의 농장은 1992년에 32에이커에 달하였는데, 뉴사우스웨일스주에서 가장 큰 아시안 야채 생산농장이었다. 그의 소득은 호주달러로 연간 10만 달러를 넘는 수준이었다(김정심, 1992: 435). 의심의 여지없이 정씨의 근면한 노동과 신중한 전략이 기여 요인이 되었으나, 비교적으로 호황이었던 호주의 경제상황이 아니었다면 어려웠을 것이다. 이러한 성공담들은 한인 공동체에서뿐만 아니라 호주 전체에서도 매우 예외적이고 드문 사례라고 할 수 있다.

2) 숙련 기술 이주민

독립이민과 숙련 기술 이민을 통해 입국한 한인 이주자들은 한국에서 혹은 호주로 이주하기 이전에 교육을 잘 받았으며 전문적인 직업을 가지고 있었다. 그러나 호주에서 이들 중 대다수는 전문직에 종사하지 않았고 호주 이주의 선발에 기준이 되었던 기술을 활용하지 않았다. 한인 숙련 기술 이주자 중 10~20% 미만이 전문적인 직업을 가지고 있었다(Han, 1999b: 15).

이러한 연구 결과와 일치하는 것으로 Inglis와 Wu(1992: 207)는 자신들의 연구 시기에 한인 공동체 내에서 숙련 기술 · 독립 이주민의 비율이 높게 나타남에도 불구하고 한인을 제외한 여타 남성 이주자들이 전체 신규 이주민들보다 관리직, 전문직, 그리고 준전문직에 종사하는 비율이 높다고 보고하였다. Inglis와 Wu는 또한 다른 에스닉 집단과 비교해봤을 때, 한인 남성과 여성들이 공장 기계공 · 노동자로 고용되는 경향이 더 크다고 보고하였다. 필자는 이들 중 높은 비율이 숙련 기술 · 독립 · 가족 재회 이주자들로 구성되어있다고 본다(Han, 1999a; Han and Han, 2010; Min, 1984).

필자는 숙련 기술 이주자의 노동 참여율에 부정적인 영향을 미친 몇 가지 요인을 제시하고자 한다. 사면 이주자들이 육체적 노동을 수행하도록 준비되어있던 반면에, 숙련 노동자들은 그렇지 않았다. 그 이유는 그들은 교육을 잘 받았고, 전문적 직업을 가지고 있었으며, 호주 이민 담당 공무원에 의해 '선별'되었기 때문이었다. 구조적으로 깊이 뿌리내려져 있는 차별적 문화와 숙련·기술 이민자들의 높은 열망은 사면 이주자들보다 숙련 이주자들의 노동 참여에 부정적으로 영향을 미쳤다(Han, 1999b: 15).

더 나아가, 1980년대의 경제 불황이 심화되면서 이들의 부족한 영어 능력은 직업을 찾거나 해외에서 취득한 자격을 호주에서 인정받는 과정에 있어서 불리하게 작용하였다(Laurence, 1986; Inglis and Philps, 1995). Birrell과 Hawthorne(1997)은 1980년대 중반부터 이주해온 숙련 이주민들이 그 전에 이주해온 이주민들, 예컨대 사면 이주자들보다도 적절한 일자리를 찾는 데 덜 성공적이었다고 보고한 바 있다. 이는 한국에서 온 숙련 이주민의 대부분에게도 해당되는 일이었다(Han, 2000b: 94).

필자의 선행 연구에서 밝혔듯이 대부분의 숙련 이주자들은 성인을 위한 영어 수업을 6개월 혹은 그 이상 수강하는 것이 그들로 하여금 실용 영어를 습득하거나 직장에서 동료들과 어울릴 수 있도록 하지 못했다는 것을 알게 되었는데, 이는 그리 놀랍지 않은 일이었다(Han, 1999a). 사실상 숙련 이주자들이 적절한 직업을 찾을 수 있게 하는 다른 지원은 없다(Duivenvoorden, 1997). 적은 수의 숙련 이주자들만이 그들의 전문지식에 관련한 직업을 찾는 기쁨을 누렸지만 그 기쁨은 오래 가지 않았다. 그러한 이유 중의 하나는 영어 능력의 부족이었다.

자신의 전문 분야에서 일자리를 찾은 숙련된 이주자들 사이에서는 성공의 정도가 다양하다. 혼자서 일하기를 거부하고 주어진 과제가 무엇인지에 대해 기꺼이 질문하는 사람들은 잘 어울리는 편이다. 반면 고립되어있고 질문을 '잘 하지 않는' 사람들은 업무 수행 성과가 좋기 어렵고 그들은 한 조직에서 일하는 데 있어 어려움에 처하게 된다. 직장에서 중요한 것은 효율성과 생산성이기 때문에 이러한 해석은 납득할 만하다(Han, 1999b: 16).

1990년대 초반에 이주해온 컴퓨터 기술 숙련 이주자 130명 중에서 약 30%가 90년대 중반에 컴퓨터 관련 전문직에서 근로하고 있었다. 나머지는 청소와 같은 '단순' 노동에 관여하고 있었고 적은 수는 배관 작업, 한국 식료품 가게, 한국 식당 등과 같은 영세사업을 운영하고 있었다. 이러한 관찰 결과는 Birrell과 Hawthorne(1997)의 연구 결과와 놀라울 만큼 차이가 났는데, 이들은 비영어권 출신 컴퓨터 전문가들이 중국이나 필리핀과 같이 불리한 송출국에서 이주해왔음에도 불구하고 이주 후 곧 짧은 기간 내에 성공할 수 있었다고 밝혔다(Han, 1999b: 18).

언어와 문화를 제외하고 한국 숙련 이주자들에게는 효율적으로 일을 수행하고 조직 내에서 구성원으로 인정받기 위해 극복해야 할 장애물이 많았던 것으로 보인다. 이러한 어려움은 결코 극복하기 쉽지 않으며 한국 이주민에 국한되는 것도 아니다. 예컨대, 많은 수의 교사들이 호주로 이주해왔으나, 비영어권 출신의 교사들이 교직에서 일하는 숫자는 매우 적은 것으로 나타나고 있다. 교사로 일을 하고 있는 이민자들은 '호주인' 경쟁자들보다 훨씬 더 자격을 갖춘 사람들임에도 불구하고 교직을 구하는 데 어려움을 겪는다(Inglis and Philps, 1995).

필자는 한인 숙련 이주자들이 직면하고 있는 많은 어려움 가운데 에서도 특히 제한된 영어 실력이 작업 능력을 약화했다고 제시한 바 있다(Laurence, 1986). 이주자로서의 삶을 위해 소득을 벌어야 한다는 압박감 은 그들로 하여금 영어 실력을 더 향상시킬 수 있는 기회를 박탈한다. 그러는 동안, 그들의 실력은 시대를 따라가지 못하여 구식이 되고, 이는 그들의 자존감에 부정적인 영향을 미치며 그들이 전문직으로 돌아갈 수 있는 기회로부터 더 멀어지게 만든다. 이는 한국에서 비교적 재정적 으로 부유하고 호주에서 전문직업을 통해 경제적인 풍요 이상의 것을 얻을 것이라고 기대한 숙련 이주자들에게는 실망스러운 일이다. 대신 에 그들은 육체적으로 힘들고 긴 근무시간을 요하는 '단순' 노동이나 영 세사업에 의존하고 있다. 이민 생활 초기에는 품위 있고 질 좋은 생활이 중요했는데, 시간이 지나면서 경제적 필요를 충족하는 것이 더욱 중요 하게 느껴졌다(Han, 2000b: 100-1).

시드니 한인 공동체의 2명의 한인 저널리스트들에 따르면, 90년대 중반에, 한인 노동 인구의 50%가 육체노동, 청소, 건설현장 일용직, 혹 은 상거래에 관여했었을 것이라고 한다. 또한 한국인들은 그러한 '단순 노동'에 관여하는 것에 대하여 문화적으로 부끄러워하는 경향이 있었다 고 한다. 1991년 인구조사에 의하면(BIMPR, 1995: 22), '한국 출생 남성들은 육체노동자와 이와 관련된 노동자(24.9%), 그리고 상인(21.9%)으로 고용될 가능성이 더 높았다'고 한다.

1996년 인구조사에 따르면 호주에서 한국 출생 인구의 실업률은 12.7%를 기록했다고 하는데, 이는 호주의 국가적 평균수치인 9.1%보 다도 훨씬 높은 수준이었다(Coughlan, 2008: 55). 1990년대의 인구 총 조사의 시점과 사면 이주자의 상당 부분이 영세사업 소유주, 무역업자 또는 은퇴자인 점을 고려할 때 위의 통계 수치에는 상당수의 숙련 이주자가 포함되었을 수 있다. 숙련 이주자들은 육체노동 혹은 영세사업에 관여했을 가능성이 매우 높았는데, 그런 직업들은 상대적으로 적은 초기 자본금이 요구되었을 것이다. 김용호(Kim, 1995)의 조사 역시 사면 이주자가 숙련 이주자 그리고 비즈니스 이주자에 비해 영세사업에 관여했을 가능성이 더 높다는 것을 보여주었다.

3) 비즈니스 이주자: 사업자에서 '스포츠 장기 휴가객'으로

시드니 한인회의 이배근 전 회장은 1995년까지 약 400명의 이주자들이 호주에 도착했으며 그들 중 어느 누구도 '상당한 규모의 사업'을 운영하지 않았다고 필자에게 말해준 바 있다(Han, 1996: 83). 이민 자문관, 필자의 연구정보원, 그리고 비즈니스 이주민 응답자들에 의하면, 대략 한인 비즈니스 이주민의 10%가 한국으로 귀국하였고, 다른 10%가 사업을 운영하고 가족이 호주에 머무르는 동안 한국과 호주를 오갔으며, 30%가 호주에서 사업을 운영하고, 50%가 골프나 낚시와 같은 스포츠를 하거나, 혹은 엄밀히 말하자면 무직 상태에 있었다. 그들이 사업에 관여하지 못했던 일반적인 이유로는 영어 실력의 부족함, 호주사회에 대한 이해의 부족, 그리고 높은 임금을 들 수 있다.

특히 마지막으로 더욱 까다로운 조건으로 작용한 것이 있는데, 한국에서는 값싸고 훈련된 노동력에 쉽게 접근할 수 있었지만 호주에서의 사정은 전혀 다르기 때문이었다. 그들은 사업을 설립하고 운영하는

데 필요한 신뢰할 만한 정보 자원을 찾을 수 없었다. 한국에서 자산의 일부를 처분한 후에 1980년대 후반에 이주해온 비즈니스 이주자들은 약 350,000달러를, 1990년대의 비즈니스 이주자들은 최소 650,000달러를 기본 요건으로 구비하여야 했다(Han, 1996: 82). 따라서 사업 설립에 필요한 금액의 하한에 거의 가까운 금액을 가져온 이들에게는 사업을 시작하는 데 충분한 자본을 갖추고 있지 않았을 것이다.

비즈니스 이주자들은 사업과 이민자 삶 전반에 관한 정보를 자유로이 공유할 수 있는 그들만의 동호회를 유지하곤 했었다. 사업 실패와 상당한 자본 손실에 대한 실제 경험은 그들로 하여금 새로운 사회경제적인 맥락에서 새로운 사업을 시작하는 것을 꺼리게 했다. 한인 비즈니스 이주자들은 보통 50대 후반이거나 혹은 그보다 나이가 더 많았기 때문에 호주에서 소득을 벌어들일 수 있다는 보장이 없는 이상 '돈 없이 외국에서 사는 것은 비참할 것이기 때문에 그냥 가지고 있는 것을 고수하는 것이 더 나을 것'이라고 생각했다(Han, 1999b: 24).

필자의 연구에 참여한 비즈니스 이주자 응답자들은 새로운 사업을 시작하기까지는 적어도 5년이 걸릴 것이라고 생각했다. 그러나 결국 그들이 사업을 시작하지 않는 경우가 더 많았다. 그들의 관점에서는 몇 가지의 정당한 이유가 있었다. 한국에서 '큰' 사업을 운영하는 이들은 호주에서 '작은' 사업을 운영하는 것이 그럴 만한 가치가 없었다고 생각했다. 또한 그들의 자존감과 은행 잔고에 의존하는 생활은 그들로 하여금 육체노동을 찾는 것을 가로막았다. 다른 사람들은 그들이 충분히 나이가 들었고 '은퇴'할 만하다고 생각했다(Han, 1999b: 24).

호주에서 사업을 운영했거나 노동 일과 같은 다른 직업에 종사했던 비즈니스 이주자들은 1989년 이후보다 1987년이나 1988년에 이주해온 사람들일 가능성이 높다. 그들은 대개 연령대가 낮았고 자녀들이 학교에 가거나 대학교를 다니고 있는 경우가 많았다. 이는 비즈니스 이주에 필요한 공식적 금액이 1987~1988년에 350,000달러에서 1989년과 그 이후에는 650,000달러로 증가했기 때문이다. 1987-88년에 이주해온 이들은 더 적은 자본을 가지고 있었고 이는 새로운 장소에 빠르게 적응하는 촉매제로 작용하게 되었다. 비즈니스 이주자들은 한국에서 가져온 자본 덕분에 사업을 시작할 수 있는 유리한 점을 좀 더 갖추고 있었음에도 불구하고 그들의 전반적인 생활 방식과 직장에서 정착하게 된 방식은 숙련 이주자들과 비슷한 것처럼 보였다(Han, 1999b: 24).

몇몇 비즈니스 이주자들은 한국에 자본을 좀 남겨두고 사업을 운영하고 있었는데 이는 그들에게 중요한 소득 원천이 되었다(Han, 1999b: 26). 마지막으로 상당한 비율의 비즈니스 이주자들은 무직 상태였고 비즈니스 이주자만의 독점적인 협회를 통해 '호주는 돈을 벌기 위한 장소가 아니라 소비하기 위한 장소'라는 생각을 고취시켰다. 이들은 주로 함께 골프를 치며 지내곤 한다.

4) 시드니에 있는 한인 공동체 내 영세사업

한국인 이주자의 수가 증가하면서 한인 사업 활동이 한인 공동체 내에서 활발해지기 시작했다. 한인 공동체 내 사업 활동은 많은 한인 이민자들에게 중요한 소득 원천이 되어왔다. 1970년대 말에는 한인 소유의 사업체가 20개 미만이었지만 1986년에는 250개로 증가하였다(백시현,

1990: 25). 그 수치는 1990년에는 400개로, 1997년에는 1,300개로 증가하였다. 사업체 수와 더불어 사업 종류도 1992년에는 62개에서 1997년에 101개로 증가하였다(이경숙, 2008: 180).

시드니 CBD(Central Business District), 파라마타, 그리고 채스우스에 있는 한인 소유 사업체들은 한인 고객들뿐만 아니라 한인이 아닌 고객들 또한 확보하였다. 그러나 캠시, 스트라스필드, 그리고 이스트우드에 있는 한인 소유 사업체들은 주로 한인 고객들을 대상으로 하며 사업들 간의 경쟁 또한 위에서 언급한 세 지역들에서보다 치열하다.

호주동아의 2004년 공동체 조사(이경숙, 2008: 180에서 재인용)에 따르면 가장 인기가 많은 사업 10개는 식당(87), 미용실(56), 식료품 가게(55), 건강식품(51), 이주 대행사(41), 의류(39), 약초(35), 해외유학 대행사(34), 회계사(34), 그리고 여행 대행사(31)였다. 이 중 몇몇의 사업체들은 한국인 여행객 혹은 한국에 있는 잠재적 이주민 혹은 학생들에 크게 의존하였다. 이경숙은 그러한 종류의 사업이 번영하기 시작하면 비슷한 업종들이 짧은 시간 안에 우후죽순처럼 늘어나며 이 같은 치열한 경쟁은 특히 공동체의 경제적 상황에 부정적인 영향을 끼치게 된다고 지적한 바 있다.

캠시 지역에 있는 한인 소유의 사업체들은 베트남을 통해 이주한 사면 이민자들과 1970년대 중후반 이들과 결합하기 위해 이주한 가족들에 의해 설립되기 시작하였다. 캠시 지역은 다양한 종류의 많은 수의 사업체들로 '코리아타운'의 이미지를 유지하고 있는데 스트라스필드와 이스트우드는 한인 소유의 사업체들을 지속적으로 끌어모으고 있다. 이스트우드는 1984년부터 한인 소유 사업체들을 끌어들이기 시작했는데, 신발 수선가게가 가장 처음 설립되었고, 그 이후 1987년에 식료품 가게가 들어섰다.

경제적으로 부유한 한인 이주자들은 특히 자녀들의 교육을 목적으로 이스트우드에 정착하기 시작했다. 2008년 당시에는 8개의 사립 코칭 스쿨이 있었다(이경숙, 2008: 180). 한인 유학생들과 그들의 가족은 스트라스필드에 있는 한인 사업체의 주 고객을 이룬다. 이들 고객들은 한국적 생활 방식, 헤어스타일, 패션을 유지하고자 하며 이는 특히 미용실, 의류점, 식당 그리고 식료품 가게의 설립으로 이어지게 한다. 또 중요했던 사업은 비디오 대여점이었는데 이는 1990년대에 한국 TV 시리즈와 영화를 공급하던 곳이었다.

킹스크로스(Kings Cross)와 본다이 정선(Bondi Junction) 또한 중요한 한인 사업지역으로 발전하였다. 1980년대 후반에 한인 소유의 캐피탈 호텔(Capital Hotel) 개업 이래로 식당과 기념품점과 같은 사업들이 뒤따라 생겨났다. 영어를 배우는 많은 학생들이 본다이 정선에 있는 한인 소유 사업체의 주 고객을 이루었다. 2011년 ABS 조사에 따르면, 교외지역에는 1,666명의 한국 태생 사람들이 살고 있었다고 한다. 채스우스에 있는 한인 사업들은 특히 숙련·비즈니스 이주자, 외교관, 한국기업에 의해 파견된 노동자들을 유인하였다. 마지막으로 파라마타는 최근 들어 한인 이주자들에게 가장 인기가 많은 거주지역이 되었고 이 지역에서의 사업체들이 지속적으로 번영하고 있다(이경숙, 2008: 184-186).

6. 한국어, 한국 예술과 한국 문화의 보전

한국 문화와 전통을 유지하는 것은 한인 이민자가 자신의 에스닉 정체성을 지키기 위한 노력의 일환이라고 할 수 있다. 자신의 정체성을 유지하는 것은 자신이 한인 공동체 내에서 모국의 문화를 공유하는 내집단의 구성원임을 확인시켜준다. 이는 또한 나머지 호주 인구와 상호 작용하면서 그들이 외집단의 구성원들과 자신을 구분하는 방식이기도 하다. 이 장에서는 한인 이민자가 젊은 세대에게 한국어를 가르치고 한국 예술과 문화를 진흥시키는 방식에 대하여 논의하고자 한다.

대체로 시드니에서는 한국어를 가르치고 홍보하는 다섯 가지 방법이 있다. (1) 대학교 학과를 통한 방법, (2) 정부가 운영하는 고등학교 졸업증서를 위해 학생들을 준비시키는 토요일 한국어 학교를 통한 방법, (3) 초등학교에서 한국어를 제2언어로 배우는 방법, (4) 교회나 절 같은 종교조직 내에서 한국어를 가르치는 방법, 그리고 (5) 린필드(Linfield) 한국학교 혹은 호주한국학교와 같은 독립학교를 통한 방법이다.

한글, 한국 문화 그리고 역사를 가르치는 것은 한인 공동체 내에서부터 시작되었는데, 이는 한인 이민자들이 다음 세대에게 이를 가르치는 것이 중요하다고 여겼기 때문이다(김인기, 2008b: 234). 김인기는 한국 정부 지원의 교육센터가 한국어 교육과 학습이 효율적으로 이루어질 수 있도록 시드니에 있는 한국 영사관 내에 설립되었다고 언급하였다. 그러나 센터는 어떤 종류의 조직적인 지원도 거의 받지 못했다. 한인 공동체 내에서의 이런 교육에 대한 노력은 다양한 교육 프로그램에 참여하는 아이들을 둔 한인 이민자들에 의해 재정적으로 지원받고 있다. 다음은 몇 가지 성공적인 한국어 교육 노력에 대한 소개이다.

첫 번째로, 시드니한인학교는 176 레드펀가, 레드펀에서 1978년 11월 13일에 개교하였다. 개교식에 참석한 하객들로는 시드니 한국 영사관, 서울에서 온 두 명의 교회 목사, 그리고 시드니 한인연합교회의 김상우 목사가 있었다. 처음에 학생들은 화요일과 목요일마다 학교에 참석하였고 이후에는 학생들의 일상적인 학업 부담으로 인해 주말로 변경되었다. 시드니한인학교와 시드니 내 한인사회는 1979년 시드니타운 홀에서 3·1절 기념식을 공동 주최하였다. 기념식은 '한국인의 밤'을 포함했는데 이중창, 독창, 춤, 그리고 시 낭송 등의 공연이 진행되었다. 타운 홀의 좌석은 만석이었다. 시드니한인학교는 계속 성장하였고 학생 수는 120명에 달하였다.

학교는 84 레드펀 Street, 레드펀에 있는 더 넓은 부지로 옮겼고 1985년에는 또다시 141 로슨가, 레드펀에 있는 부지로 이동하였다. 후자는 박상규에 의해 기부되었는데 그는 학교의 교감 선생님이자 청소 용역업체를 운영하고 건물을 매입하기 위해 소득을 벌었다고 한다. 부모들은 카풀을 통해 학생들의 통학을 제공했고, 학교 운영비는 한국 정부와 학교 간부들이 부담했다(김인기, 2008b: 235).

시드니한인학교는 또한 한국어 말하기 대회를 주최하였는데, 이는 한국어와 '한국의 민족정신'을 홍보하기 위한 목적에서 이루어졌다. 학교는 한인 이주민, 외교관 그리고 한국기업의 임시 거주민의 자녀들이자 1.5 및 2세대 한인들에게 한국어를 가르치는 데 유일하게 적절한 장소였다. 그러나 학생 수가 급격하게 감소하면서 학교의 역할 역시 줄어들었는데, 결국 2004년 12월에 폐교하였다. 이는 많은 한인 교회들이 그들만의 한글학교를 운영하기 시작했기 때문이었다. 사실, 한인 교회는 호주 내 한인 공동체에서 한국어와 한국 문화를 유지하는 데 가장 중요한 영향을 끼쳐왔다(Han, 1994).

두 번째로, 린필드 '한국학교'와 '호주한국학교'는 독립적 학교들이었다. 한인 이주민들과 대한상공회의소는 1993년 5월 1일에 린필드학교를 처음 설립하였다. 처음에는 린필드초등학교에서 매주 토요일마다 교육이 이루어졌다. 그러다가 이후 1997년 4월에 터라머라(Turramurra)초등학교로 장소를 옮겼다. 이 학교는 한국에서 사용하는 교육과정, 교과서, 그리고 보충 자료를 각 학년마다 사용한다. 이는 미래에 한국으로 귀국했을 때 학교에서의 적응을 촉진시키기 위함이었다. 이 교육과정은 또한 한인 이민자 자녀들로 하여금 한국어와 한국 문화를 높은 수준으로 학습하게끔 만든다. 이들이 토요일 하루에 학습하는 분량은 한국에 있는 학교에서 학생들이 일주일 동안 배우는 학습량의 수준이다.

2008년을 기준으로 25명의 교사와 280명의 학생들이 있었으며 유치원에서 12살까지 13개의 다른 학년으로 이루어져 있다. 학습 과목은 한국어, 수학, 사회, 한국사, 지리학, 음악 그리고 중국어였다. 그러나 신기현 박사(UNSW 한국어학과 교수)는 이 학교 교장으로서 교육과정을 조정했고 임시 거주 학생들과 영주권 취득 학생들의 교육과정을 구별하였다. 학생들의 과외 활동은 한국 문화와 긴밀한 연관이 있는 춤, 음악 밴드 그리고 오케스트라를 포함한다. 학교 교사들은 대부분 한국에서 몇 년간 가르친 경험이 있었다. 학부모협의회는 학교 근처에 매점을 운영하기도 하였다(김인기, 2008b: 240).

1991년에 NSW 교육부가 한국어를 중학교와 고등학교 교육과정에 포함할 중요한 외국어 중의 하나로 채택하면서 호주한국학교는 1992년 9월에 설립되었다. 시드니 한국 영사관, 한국교육센터, 그리고 시드니 한인사회는 이 학교 설립을 지원하였다. 학교는 본래 벨모어에서 개교하였고 현재는 페넌트힐고등학교에서 교육이 이루어지고 있다. 학교의 핵심목표는 한국어, 한국사, 한국 문화 그리고 중국어를 가르침으로써 '자랑스러운 한국계 호주인'을 양산하는 것이다. 학생은 유치원에서 고등학교, 그리고 대학교 학생까지 다양하며, 학생의 한국어 능력 수준에 따라 8개의 다른 분반에서 공부를 하게 된다. 또한 여러 가지의 교외 활동도 존재하는데, 창의적 글쓰기, 전통 스포츠, 한국 전통노래 부르기, 그리고 전통악기 연주 등이 있다(김인기, 2008b: 242).

세 번째로 커뮤니티 랭귀지(Community Languages)의 토요일학교(Saturday School)가 특히 중요한데 학생들(9학년에서 12학년)로 하여금 대학교 입학시험인 HSC(High School Certificate)를 준비할 수 있도록 하기 때문이다. 위에서 언급한 것처럼, 한국어는 1992년에 HSC 과목 중 하나로 채택되었고 첫 코호트가 한국어 시험을 1994년에 치렀으며 대학 공부를 1995년에 시작하였다. 대학교 입학시험의 일환으로 한국어를 선정한 것은 한반도 이외의 지역에서는 처음 있는 일이었다. 시드니 지역에서는 4개의 다른 학교에서 학습이 이루어진다: 채스우스 High School(12개 수업), Randwick North High(2개 수업), Dulwich High(5개 수업), and Grantham High(4개 수업) [김인기, 2008b: 242-3].

NSW의 교육과정의 일환으로 한국어 교육을 포함시킨 이후, 많은 초등학교와 중학교 역시 한국어를 교육과정 일환으로 채택하였다. 2013년 12월에는 14개의 초등학교와 15개의 고등학교가 한국어를 가르쳤다. 몇몇의 학생들은 대학 공부를 하는 동안에도 한국어와 문화에 대한 관심을 지속하기도 하였다.

　　호주 정부는 한국어를 중국어, 일본어, 인도네시아어, 힌디어와 함께 5대 아시아 언어 중 하나로 지명했다. 시드니에서 한국어를 가르치는 데 있어서는 성공적인 결과를 내기 위한 공동의 노력이 있었다. 첫 번째로 한인학교협의회는 위에서 언급한 '한인학교'의 연합회이다. 이 연합회는 한국 정부의 지원을 받는 시드니 내 한국어 교육센터와 긴밀히 협력하는데, 한국 정부로부터 학교의 연구 교과서와 적당한 재정적 지원을 받는 측면에서 그러하다.

　　두 번째로, 시드니 한국 영사관과 교육센터는 한국어와 한국 문화를 진흥하는 데 중요한 지원을 제공하였는데, 한국계가 아닌 한국어 교사들로 하여금 일정 기간 동안 한국을 방문하여 한국 문화와 역사를 경험하고 배울 수 있는 기회를 제공하는 데 재정적으로 지원하였다. 교육센터는 또한 60여 명의 한국어 교사들과 함께 'Go Korea! 워크숍'을 1년에 4번씩 주최하기도 하였다(김인기, 2008b: 246-247).

　　문학, 시, 동양화, 그리고 봉산탈춤과 같은 한국 예술과 문화 분야에서 전문적으로 훈련을 받은 사람들이 많다. 특히 1985년부터 민속무용학원을 운영해온 송민선 선생님은 주목할 만하다. 그녀는 시드니 오페라하우스에서 매년 개최되는 이주민 축제와 에스닉 소수자 축제에 정기적으로 초대받아왔다. 그리고 시드니에서 50개의 춤 공연을 담당하기도 하였다. 그녀는 7년 동안 그녀와 함께 지낸 학생이 있었음에도 불구하고, 학생들의 대부분은 3년에서 4년 동안 춤을 배우고 그만둔다고 아쉬워했다(송홍자, 2008a: 261).

한국 문화 진흥을 위한 다른 활동으로는 Maek(한국 연극 기업), 음악 밴드 그리고 필하모닉 합창단이 있다. 호주한인문화재단은 한국 스포츠·문화를 홍보하고 지원하고자 하는 풀뿌리 조직이며 한국 문화와 전통에 대한 지식을 다음 세대에 전승하고자 하는 촉매제 역할을 한다(송홍자, 2008b: 566). 한국문화원은 전 세계에 한국 문화와 언어를 홍보하기 위한 한국 정부의 계획에 의해 설립되었으며 사무실은 시드니에 있다.

7. 시드니 내 한국 에스닉 동호회 및 조직

시드니에는 한인들에게 개인적·문화적·종교적 욕구를 충족하는 수많은 사회 및 공동체 조직이 있다. 우리는 많은 한인 동호회와 협회들이 한국 정부와 한국에 있는 다른 조직들과 밀접하게 관련되어있는 방식에 주목할 필요가 있다. 이들은 또한 한국 에스닉 정체성을 계승하는 데 깊이 연관되어있다.

1) '호주한인복지협회'

이 협회는 1979년에 한인 호주 이민자로서의 삶이 의미 있고 만족스러운 것이 되도록 만들기 위해, 한인 이주민들에게 복지를 제공하고 호주사회에 성공적으로 정착할 수 있도록 지원하기 위해서 설립되었다. 동료 한인들이 새로운 삶에 정착하는 과정에 있어서 영어 능력의 부족함과 문화적 차이로 인해 어려움과 불리한 일을 경험하는 것을 몇몇의 한인 이주민이 목격하게 된 것은 1976년이었다. 이 협회는 동료 한인들의 그러한 부정적 경험들을 최소화하고자 하였다.

1980년에 뉴사우스웨일스 정부에 자선단체로 공식 등록한 이후로 협회는 1983년부터 한정된 정도의 재정적 지원을 정부로부터 제공받을 수 있었고, 이 덕분에 당시에는 몇몇 비정규 노동자를 고용할 수 있었다. 2008년 이후로 협회는 캠시, 이스트우드, 그리고 파라마타 교외지역에 사무실을 열고 시드니 메트로폴리탄 지역에 거주하는 한인들의 필요를 충족하였다(조양훈, 2008c: 445).

협회 설립 초창기에 제공하는 일반 서비스는 새로이 이주해온 이들이 정부의 복지 지원과 여러 프로그램의 수혜를 받을 수 있도록 돕는 것이었고, 그들이 새로운 곳에서 정착할 수 있도록 관련 지방 공무원들과 그들을 연결해주는 것이었다. 어떤 경우에는 노년 부부들이 정부가 제공하는 주택에 입주할 수 있도록 도와주었고, 다른 경우에는 한인들의 초기 정착을 위해 서류를 적절히 준비할 수 있도록 도움을 주었다.

기타 지원 분야로는 아파트 임대와 관련된 문제, 가정 폭력, 임금 체불, 노동 착취, 불공정 해고, 바람직한 지역사회에의 정착, 아이들에게 알맞는 학교 찾기 등이 있었다. 가정 폭력 혹은 이혼과 같은 구체적인 분야의 경우 전문적 지원과 상담을 필요로 함에도 불구하고, 협회 초창기에는 제공될 수 없었다. 2000년대에 들어, 그러한 전문 서비스와 상담이 여성의 공간, 그리고 정신 심리 상담소라는 개별적인 조직을 통해 제공이 가능해졌고 협회와 협력하기 시작했다(조양훈, 2008c: 446).

새로이 이주해온 이들의 지속적인 정착으로 인해, 그들의 초기 정착과정과 경제적 필요는 협회가 제공하는 서비스의 중요한 일부로 남아 있다. 그러나 한인 공동체 사회의 긴 역사로 인해 결혼 안에서의 갈등과 자녀들의 교육에 대한 우려와 같이 재정적인 문제를 넘어서는 인간관계에 대한 사례가 증가하고 있다. 적절한 전문가의 지원과 자원이 부재한 협회는 관련된 서비스를 제공하는 한인 공동체 안팎의 조직들과 협력함으로써 이러한 문제들을 해결하고자 하였다(조양훈, 2008c: 446). 2007년에 협회는 전문적으로 훈련을 받은 3명의 사회복지사들을 캠시, 이스트우드, 파라마타, 스트라스필드, 그리고 채스우스, 이 다섯 교외지역에 배치하였다. 또한 노년층 고객들을 위한 3명의 직원과 협회의 일을 지원하는 6명의 자원봉사자를 확보하였다(조양훈, 2008c: 447).

2) '월남전참전자회'

베트남 전쟁에 참전한 한국 군인과 민간인들이 사상 처음으로 한국인들의 호주 진출을 이끌어냈기 때문에 동포사회에 대한 그들의 초기 공헌은 특별히 인정할 필요가 있다. 이들은 힘거운 전장에서 이미 긴밀한 우정을 형성하였고 이들의 '상부상조'의 정신은 불굴의 의지를 지닌 삶의 원천이 되었다.

이 협회는 구성원들과 그 가족들을 위해 주기적으로 야외 파티를 주최하였고 한국의 주권을 보호하기 위한 일환으로 한국 정부에 기부금을 내기도 하였다. 그리고 시드니 한국 영사관과 한국 보건부와 긴밀히 협력하여 사면을 통해 영주권을 얻은 구성원들의 이민을 용이하게 도와주기도 하였다. 이 협회는 1989년에 정식으로 설립되었으며 설립 20주년을 오리온센터(Orion Centre), 캠시에 있는 동료 한인 300명과 기념하면서 한인 공동체 내에서 이 협회의 중요성을 분명하게 보여주었다.

물론 협회의 멤버들은 한인 공동체 내에서뿐만 아니라 외부에서도 중요한 리더십을 발휘했으며, 특히 호주에서 한인 이주민들이 잘 정착할 수 있도록 길을 마련해왔다(조양훈, 2008c: 458-9).

3) '민주평화통일자문회의'

이 자문기관은 전두환 전 대통령이 집권하던 제5공화국 기간에 한국 안팎에 있는 한인들의 통일에 대한 견해를 청취하기 위해 1980년 10월에 설립되었으며 한국 내 7,000여 명의 사람들과 해외에 있는 10,000명의 한국인들로 구성되었다. 자문회의를 설립할 당시에, 통일부는 자문회의 운영의 책임을 지고 있었고 호주에 있는 한국 대사가 두 번째 책임 담당자였다. 자문회의는 한국 대통령과 통일부를 직접적으로 자문하였다. 자문회의가 수행하는 핵심 역할 중 하나는 한국 정권에 해외·국제 지원과 관련된 정책을 제공하는 것이었다. 자문회의는 또한 해외에 있는 한인들에게 한인 에스닉 정체성을 보존하도록 장려하기도 하였다(조양훈, 2008c: 459).

4) '세계한민족여성네트워크'
(KOWIN: Korean Women's International Networks)

지속적인 사회경제적 그리고 문화의 발전 덕분에 한국 정부는 여성의 권리와 기회를 신장하기 위해서 여성가족부를 1988년 2월 28일에 설립하였다. 첫 번째 장관 한명숙은 세계 곳곳에 있는 한국 여성의 능력을 발전시키기 위해 KOWIN을 설립하였다. KOWIN은 또한 해외에 있는 한국인 여성들이 자신의 에스닉 정체성을 유지하고 미래지향적인 비전을 발전시킬 수 있도록 장려하는 것을 목표로 했다. 또한 한국 여성의 리더십을 기르고, 이를 통해 한국이 국제 공동체에서 높은 경쟁력을 지닐 수 있도록 하는 것을 목표로 하였다. 한국 정부는 매년 회담을 주최하였는데, 해외에 있는 한국 여성 100명과 한국에 있는 여성 250명이 서로 정보를 교환하고 네트워크를 확대하였다. 2004년 1월에 KOWIN 호주 지부가 만들어졌고 80명의 등록된 구성원이 있다(조양훈, 2008c: 467).

5) 경제적 및 전문직 협회

다음은 경제적 및 전문직 협회의 범주에 해당하는 동호회와 조직들에 대한 간단한 설명이다. '세계해외 한인무역협회'(World-OKTA)는 1982년에 설립되었다. 이는 호주 내 한인 공동체의 지속적인 발전에 있어 중요한 효율적인 경제적 활동을 촉진하는 데 필요한 비즈니스 정보들을 교환하는 한인 사업가들의 모임이다.

'World-OKTA(Overseas Korean Traders Association) 시드니'는 한인 경제 네트워크 중 가장 큰 네트워크인데, 이는 세계 곳곳에 있는 해외 한인 무역인의 조화, 성공, 그리고 통합을 가능케 한 해외 한인 무역인들을 지원한다. World-OKTA는 한국산업통상자원부의 지원하에 1994년에 설립되었다. 2007년 이래로 51개국에 97개 협회 지부와 6,000명의 회원들이 존재한다(김익균, 2008a: 470-473). 다른 비즈니스 및 경제 협회로는 '재호한인실업인연합회'와 '한호경제인연합회'가 있다.

'호주한인과학기술협회'는 1993년 10월에 한인 과학자와 기술자에 의해 설립된 비영리 단체이다. 이 조직의 목표는 호주와 한국 간의 과학적 교환을 촉진한다. 예컨대 협회는 젊은이들을 위한 과학 경진을 주최하여 호주 대학생들로 하여금 한국기업과 연구기관을 방문하도록 지원하였다. 2003년에는 협회가 국제적 IT 회담을 주최하였는데 150명의 대표단이 참석하여 10주년 기념을 축하하였다. 교민사회의 한 신문은 다음과 같이 보도하였다.

> 이 회의에는 14개국에서 온 대표단이 참석했으며 북한에서 온 과학자 4명도 처음으로 호주로 초청했다. 연방과학산업연구기구(CSIRO: The Commonwealth Scientific and Industrial Research Organisation)에서 온 대표단과의 교류는 기억할 만한 역사적인 순간이었다. 북한 대표자였던 리원시(Rhee Won-Si)는 한국의 민족적 정체성을 계승하는 데 기여한 호주 한인 이민자들의 역할을 인정하였다(호주일보, 21 Nov 2003; 김익균, 2008: 482에서 재인용).

'한인간호인협회'는 1988년에 119명의 회원들과 함께 설립되었으며 정보 공유를 통해 전문적 지식을 탐구하는 데에 구성원들을 지원하고자 하였다. 구성원들 간의 유대감을 증진시킴과 더불어, 협회는 한인 공동체 안팎의 공공 보건을 증진하는 데에 기여하였다. '한호 한의학 협회'(KAOMA: Korean Australian Oriental Medicine Association)는 대학교육 수료 후 자격증이 있는 젊은 의료 전문가들이 모인 협회이며 2004년 1월에 설립되었다. 구성원들은 질병 치료에 관한 정보를 공유하고 자신의 의학적 경험을 넓히고 월간 모임을 통해 한의학에 대한 고전 저서들을 공부한다. 협회는 동료 한인들의 건강에 기여하고 호주에서 한의학의 발전에 기여하고자 하는 목표를 가진다(김익균, 2008a: 485).

다른 전문직 조직들로는 '한인상담협회'(2006년 10월 설립), '한인호주변호사협회'(2003년 10월 설립), '한인호주정보통신협회'(1997년 10월 설립), '한인인큐베이터신용조합'(1993년 11월 설립), '호주한인건설협회'(1999 10월 설립), '한인건설기술자협회'(1999년 10월 설립), '한인택시운전사협회'(1983년 11월 설립) 등이 있다(김익균, 2008a: 486-94).

한국에서는 건장한 젊은 남성이 일정 기간 동안 군 복무를 하는 것이 의무이다. 육군, 해군, 공군에서 다양한 역할로 복무하는 것은 한국 국경을 넘어서도 지속되는 네트워크를 만들어낸다. 이러한 네트워크에는 '재호재향군인협회', '해병대전우회', '625참전유공자회', '월남전참전자협회', '한호해군재향군인협회', '한인기독교육군장교협회', '예비역장교훈련단(ROTC)협회'(조학수, 2008b: 495-507)가 있다.

여러 스포츠 관련 협회도 존재한다. 예컨대 '호주내한인올림픽위원회', '한호태권도협회', '재호주대한축구협회', '한인배구협회', '한인골프협회', '한인시니어골프협회', '한인복싱협회', '한인수영협회', '한인테니스협회' 등이 있다(조학수, 2008a: 508-28).

복지단체들은 한인들의 행복을 위해 일하고 한국 문화를 홍보하는 것을 목표로 한다. '시드니민족문화원'은 1987년에 설립되었으며, 한국 문화의 홍보 및 계승과 동료 한인 이민자들의 권리를 신장하고 보호하는 것을 목표로 한다. 1.5세대가 센터의 활동을 이끌어가는 역할을 맡았으며 한국전통학교, 탈춤 클럽, 무료 영어학교를 운영하였다. 센터는 한인들에게 노동자의 권리에 대한 정보를 제공하기도 하였다. '한국민족자료실'과 같은 도서관을 세우고 영어 학습 프로그램을 주최하였다.

자료실은 영주권을 얻으려고 하는 미등록 한인 이주자들을 도와주었고 노동자 권리의 침해 문제를 해결하기 위해 노동자의 권리에 대한 세미나를 주최하였다. 인권과 한반도의 통일에 대한 전망 역시 자료실의 관심 주제이다(강기호, 2008: 530).

'소수민족선교원'은 방문자와 학생에게 단기적으로 숙소를 제공하는 '등대의 집'에서 설립되었다. 선교원은 양명득 박사의 지도하에 인종차별에 대한 영향력 있는 운동을 주도했고 이는 호주 매체를 통해 보고되었다. '여성의 공간'은 1993년 7월에 여성들이 서로를 돕기 위한 목적으로 설립되었다. 다른 복지단체들로는 '한인돌봄및공유'(Korean Caring and Sharing), '중국호주서비스사회'(Chinese Australian Service Society), '한인여성복지회', '재호장애우모임', 'Life Line', '여성문화센터'(City Women's Cultural Centre), 'Spring Institute of Cancer Aid' 등이 있다(강기호, 2008). 다른 협회들로는 문화, 예술, 학술 등에 관심을 가진 고령자들에 의해 만들어진 것들이 있다. 또한 한인들은 학교 동창회, 향우회 등을 만들기도 하였다(호주한인 50년사편찬위원회, 2008).

많은 협회 중에서도 교회는 시드니에 사는 한인 이주민의 삶에 매우 큰 영향을 행사했기 때문에 특별히 주목할 만하다. 지난 수십 년 동안 한국에서 불교와 기독교는 주요 종교였으나, 불교는 호주 한인 공동체에서 영향력이 그리 크지는 않다. 시드니 지역에서 발행된 한인 신문들과 잡지들을 분석해보면 한인 불교 사원은 한인 활동의 중심지가 아니며 스님 역시 사회 지도자가 아님을 확인할 수 있다.

호주에 처음 세워진 사원은 홍법사로 1986년에 설립되었고 시드니 지역에는 현재 4개의 절이 존재한다. 반면 첫 한인 교회는 1974년에 설립되었고 그 이후로 그 숫자가 증가하여 오늘날에는 약 300여 개에 달한다. 불교가 호주에는 상대적으로 생소한 편이고 한국에서 불교는 승려들에 의해 제도적 확장을 크게 보이지 못한 반면 한국에서 개신교는 많은 수의 신학대학 졸업생들에 의해 빠르게 성장했다(Han, 1994: 104-5).

8. 종교, 한인 이민자, 그리고 호주 공동체로의 통합

소수 이민자의 주변인적 지위는 새로운 현상이 아니며 시드니 내의 한인 역시 예외는 아니었다. 한인 교회는 한인 이민자들이 사회에서 소외되는 어려움, 영어 능력의 부족함, 사회에서 승인받고자 하는 노력 등을 보상해주거나 해결하는 사회적 기관의 역할을 한다. 한국에서 많은 수의 신학대학 학생들이 졸업하면서 그들 중 대부분이 호주와 다른 여러 나라에서 한인 이민자들의 종교적 그리고 사회·경제·문화적 측면에 대해 도움을 주고자 하였다(Han, 1994; 2004). 『크리스찬 리뷰』(August 2014)는 시드니에서 발간되는 월간지인데 시드니 메트로폴리탄 지역에 있는 170개의 교회 목록을 기록하고 있다. 각 교회는 2명 이상의 신학대 졸업생들을 고용하고 있으며 다양한 직업군에 종사하는 수백여 명의 교인들이 있다. 교회는 호주에 있는 한인들의 에스닉 활동들의 중요한 중심지가 되어왔는데, 한인들은 자신의 에스닉 정체성을 유지하고 한국식 생활 방식을 편안하게 지속하도록 독려받고 있다.

교회 내에서의 조직 활동과 운영, 그리고 의사결정권은 대개 이민자 1세대 남성 회원들에 의해 관리된다. 1.5 혹은 2세대 혹은 여성 회원들은 소외되는 경향이 있으며 한인 교회 내에서 그들의 목소리는 제한적이다. 한국 교회들이 진정으로 그들 자신의 종파 내에 있는 '비한인 교회'들과 협력관계를 맺고 있는지 여부는 현재 진행 중인 문제이다. 한인 교회는 일반적으로 한국사회에 널리 퍼져 있는 일반적인 조직구조, 즉 일반적인 지도자의 선발, 그들의 교회에 대한 재정적 기여, 교회 조직체의 운영을 위해 참여하고자 하는 평신도들의 높은 열망과 관계되어 있다(Han, 2004: 119). 교회 활동에 참여함으로써, 한인들은 다른 한인들과 긴밀하게 교류하고, 그들의 에스닉 문화를 실천하고, 그들의 후손들이 한국 문화를 계승하도록 장려한다.

한인에게서 나타나는 분절 동화(segmented assimilation), 예컨대 후손들로 하여금 한인(한국인) 정체성을 유지하도록 교육하는 것이라든가에 대해 한인에게 전적으로 책임을 돌릴 수는 없다(Portes, 1993). 그러나 여성이 지도자로서의 역할을 수행하고 교회 생활에 기여할 수 있는 능력과 잠재력을 제한하는 것은 조직적으로 그리고 신학적으로도 문제이다. 한인 이민자들이 더 넓은 사회의 일원으로 살 수 있도록, 더 넓고 세계적인 문화에 통합될 수 있는 충분한 수단이 있다면 민족 정체성의 유지는 바람직하다. 만약 한인의 민족 정체성의 보존이 세계화의 보편주의에 반하는 방향에서 추구된다면 이는 재고되어야 한다.

지금껏 유럽계-호주 교회의 영향력이 감소하면서 한인 교회의 영향력이 증대되는 경우를 제외하고는 유의미한 움직임을 관찰하지 못하였다. 또 하나의 의도하지 않은 교회의 암시적인 역할은 다른 종족 간의 결혼을 저지하는 것이었다. 다른 한인과 결혼하는 것의 편안함과 미덕은 교회 소속뿐만 아니라 다른 동료 한인들과의 교류를 통해서 지속적으로 가치 있게 여겨지고 강화되었다. 오랫동안 유지되어온 한국 순혈통주의는 한인 교회와 같은 디아스포라적 한인 종족 조직들 내에서 쉽게, 또 무비판적으로 고취되는데, 이는 모국과의 연계에 대한 의지 표명이기도 하다.

교회가 종족 간 결혼에 대해 명백하게 반대하는 것은 아니지만, 1세대 남성 지도자들이 한국적 가치를 장려하고 한국적 종족성이 자연스럽게 강화되는 공간으로서 교회는 한인들 사이의 전통적인 결혼 관행을 옹호한다. 어떤 한인들은 자신들이 대학 시절이나 전문직 관계를 통해 구축한 관계를 통해서 종족 간에 결혼을 하는 경우도 있다. 그들 모두가 한인 교회와 긴밀한 관계를 유지하지는 않으며 다른 이들은 한인 정서와 잘 맞지 않는 '혼혈'에 대한 논쟁을 피하기 위해 아이를 낳지 않는 경우도 있다. 이는 국제결혼이 장려되어야 하는가의 문제가 아니라(cf. Kim, 2000a), 문화 · 언어의 차이를 받아들이고자 하는 의지와, 더욱 중요한 것은 더 넓은 사회 안으로 통합되고 호주사회의 구성원으로서 기여하는 것에 관한 문제이다.

유교문화 가치는 한인의 정신에 깊게 배태되어있으며 한인 교회에서도 실천된다. 교육 열풍, 특히 고등 교육에 대한 열의는 해외 한인 공동체에서 만연한 일이다. 서울의 명망 있는 대학의 졸업생들은 취업의 기회에 있어서 남보다 유리한 출발을 하는 경향이 있다. 유교문화가 사회 역사적으로 강하게 뿌리 박혀 있기에 한인은 힘과 권위라는 관점에서 매우 구조화되어있는 위계질서를 지지하는 경향이 있다. 이는 한국에서뿐만 아니라 해외 한인 공동체에서도 발견되는데, 이곳에서는 상대적으로 낮은 비율의 한인 이민자만이 화이트칼라 직업군에 종사한다

(Han, 2004: 120). 이러한 경향이 소통지향적인 한인 공동체를 구축하는 데 긍정적인 요소는 아니며, 또한 한인들이 한국인이 아닌 사람들 혹은 다른 호주 사람들과 교류할 때 잠재적인 장애물이 될 수가 있다.

점차 지식을 기반으로 하는 환경에서 교육에 대한 열풍을 비난할 이유는 없다. 다만, 필자는 교육에 대해 높은 가치를 두는 것은 사회적 능력과 여타의 개인적 발전의 측면들과 동반되어야 한다고 지적하는 바이다. 필자는 한인 이민교회가 무비판적으로 모국의 문화를 재생산함으로써 개인적 특성이 양육되도록 충분히 조력하지 못하고 있다고 생각한다. 그 결과로서 한인 이민자가 다른 이들과 교류하고 호주사회에 기여할 수 있는 잠재성은 충분히 실현되지 못할 것이다.

일부 학부모들은 자녀들의 학교를 필요 이상으로 자주 방문했으며, 교사와 학부모들 사이에 오명을 남기고 많은 학교에서 한인과 다른 학생들 사이에 불필요한 긴장을 유발하는 뇌물을 통해 교사들에게 청탁을 하기도 하였다. 사실, 한인 교회의 신도들이 어떻게 한국에서의 일반적인 문화적 관습을 초월할 수 있는지, 그리고 한인들이 어떻게 유능한 일원이 될 수 있는지는 호주에 있는 한인 교회들이 고려해야 할 중요한 문제이다.

호주에 있는 한인 교회들이 설날, 광복절, 추석, 제헌절, 개천절, 현충일과 같은 한국 축제나 기념일을 챙기는 것은 일반적인 일이며 교회 신자뿐만 아니라 교회 신자가 아닌 한인들도 이와 같은 행사에 참석한다. 그와 같은 행사에 애국가를 부르는 것은 일반적이며 이는 눈물과 향수를 불러일으키기도 한다. 몇몇 구성원들은 한복을 입고 떡, 잡채, 불고기와 같은 한국 음식을 나눠먹기도 한다(Han, 2004: 121).

한인 이민자가 한국 민족성을 유지하고자 하는 노력에 대한 의문에도 불구하고 그들의 행위에 대해서는 타당한 많은 이유들이 있으며 필자는 그 이유들에 대하여 동조하는 부분이 많이 있다. 한인 이민자들은 정착 사회에서 사회적 혹은 구조적 배제에 직면한다. 많은 연구들은 비영어권 국가 이민자들의 삶의 기회를 제약하는 여러 가지 장벽들에 관하여 설명한 바 있다(Han, 1999b; 1999a; 2000c; 2000a; 2000b; 2002; Min, 1996a; Light and Rosenstein, 1996).

예컨대, 호주의 고등학교 졸업생들은 의사와 치과 의사는 변호사처럼 전문적인 네트워크에의 가입이나 멤버십 유지 등에 대해 걱정하지 않아도 되고 개인적인 업무에 집중할 수 있으며, 높은 수입을 누릴 수 있다고 생각하여 법조계보다는 치과 또는 의료계 종사를 더 선호하는 경우가 많다. 이는 단지 한인이 전문직 활동에 있어 네트워크를 필수적이라고 생각하는 인식에 관한 것이 아니라, 비영어권 국가에서 온 한인 이민자들이 경험할 수 있는 잠재적 장벽에 관한 것이다(Han, 2004: 121).

한인 교회들은 한인 공동체에서 가장 대표적인 조직인데 이는 높은 비율의 한인들이 교회 서비스에 정기적으로 그리고 자발적으로 참여하기 때문이다. 따라서 한인 교회들은 어떻게 한인 이민자들이 사회적 장애물을 극복하고 호주 공동체에 유능한 일원이 될 수 있는지에 관한 전망을 제시할 수 있는 조직체이다. 목표는 평판 좋은 호주의 다문화주의를 지속적으로 발전시키고 종족적으로 그리고 문화적으로 좀 더 포용적인 사회로 발전하며, 뿐만 아니라 한인들로 하여금 다양한 문화와 신념에 대한 관용을 실천할 수 있는 방법을 배울 수 있도록 돕는 것이다. 포용해야 하는 다른 가치들로는 관용, 평등, 정의, 공정, 그리고 표현의 자유를 들 수 있을 것이다(Han, 2004: 121).

필자는 한인 공동체가 이러한 제안들을 실천에 옮기는 데는 시간이 걸릴 수 있다는 점을 지적하고 싶다. 호주에 있는 한인 교회들은 일반적으로 더 넓은 지역사회에 '손을 뻗기'보다는 그들 자신의 필요에 의해 몰두하면서 내부적인 일에 초점을 둔다. 한인 교회들이 물질만능주의에 몰두한 모국의 교회들의 발자취를 따라가는 징후들이 보인다(Han, Han, and Kim, 2009). 교회들 자신의 '잔이 넘쳐흐르기' 전까지 그들은 더 넓은 공동체에 제공할 수 있을 만한 것이 별로 없을지도 모른다.

9. 결론

특정한 사회경제적 배경을 지닌 한인 이민자들은 특정한 자원·노동·기술 또는 투자가치를 지닌 이주 인구를 찾는 호주에 정착했다. 사면, 기술·독립 그리고 비즈니스 이주민은 그들이 지니고 온 자원을 최대한으로 활용하면서 호주에서의 삶에 서로 다른 방식으로 정착하였다. 그들의 지리적 정착은 다양한 집단의 사회적인 필요와 경제적 관여에 의해 결정되었다. 한인 이주민이 시드니 메트로폴리탄 지역에 산재함에도 불구하고 그들의 정착 패턴은 여전히 예전과 크게 다를 바 없다.

시드니의 한인 이민자들은 다음 세대들이 한국어와 한국 문화를 유지할 수 있도록 장려하는 제도적 지원을 가능하게 하는 바탕을 잘 구축하고 있다. 여전히 남아있는 질문은 그래서 한인 이민자들이 다문화 호주로부터 혜택을 받을 수 있을 뿐만 아니라, 의미 있는 기여를 할 수

있도록 그들이 여타의 호주 사람들과 얼마나 더 밀접하게 상호작용할
수 있는가 하는 점일 것이다. 한인 이민교회는 그러한 움직임을 시작하
고 목표를 성취하기 위한 과정을 촉진할 수 있는 최적의 장소이다.

참고문헌

강기호. 2008. "복지단체". 호주한인 50년사 편찬 위원회 편집, 『호주한인 50년사』. 시드니: 진흥사.

김방이. 1986. 『호주 이민과 유학의 길』. 서울: 미주 생활 연구원.

김영성. 1998. "시드니 한국인의 거주 유형". 『지리학 연구』 32: 39-58.

_____. 2006. "호주 한국인의 사회, 문화적 거주 이동". 『지리학 연구』 40: 497-512.

김익균. 2008a. "경제 및 전문가 단체". 호주한인 50년사 편찬 위원회 편집, 『호주한인 50년사』. 시드니: 진흥사.

김인기. 2008b. "후세들을 위한 한글교육". 호주한인50년사편찬위원회 편집, 『호주한인 50년사』. 시드니: 진흥사.

김정심. 1992. "호주 한국인 뿌리내리기 20년". 『신동아』, 428-437쪽.

김정엽 · 원종인. 1991. 『호주 이민 유학 총 정보』. 서울: 삼신각.

김지환. 2008c. "한인동포사회의 성장과 질적 변화, 2000년 이후". 호주한인50년사편찬위원회 편집, 『호주한인 50년사』. 시드니: 진흥사.

김형식. 2000b. 『호주의 사회와 문화』. 서울: 지구문화사.

문광환. 1989. "우리나라 해외 이민의 경제적 효과에 관한 연구", 박사학위 논문. 경희대학교.

백시현. 1990. "호주 교포 이민사 개괄". 『소수민족』 4: 23-26.

송홍자. 2008a. "동포사회의 예술과 문화". 호주한인50년사편찬위원회 편집, 『호주한인 50년사』. 시드니: 진흥사.

_____. 2008b. "문화, 예술 및 학술단체". 호주한인50년사편찬위원회 편집, 『호주한인 50년사』. 시드니: 진흥사.

양명득. 2010. "호주 다문화사회와 재호 한인동포". 『재외한인연구』 22: 97-137.

엄인호. 1987. "캐나다 한인 이민 실태". 『해외이민』 44-53쪽.

이경숙. 2008. "거주지역, 상권 및 사업영역 확대". 호주한인50년사편찬위원회 편집, 『호주한인 50년사』. 시드니: 진흥사.

이재형. 2011. "한국인의 호주이민: 이민의 역사, 현상 그리고 발전방향". 『글로벌 정치연구』 2: 127-160.

조양훈. 2008c. "한인복지 파월 동지회 민주평통, Kowin". 호주한인50년사편찬위원회 편집, 『호주한인 50년사』. 시드니: 진흥사.

조학수. 2008a. "체육 관련 단체". 호주한인50년사편찬위원회 편집, 『호주한인 50년사』. 시드니: 진흥사.

_____. 2008b. "군단체". 호수한인50년사편찬위원회 편집, 『호주한인 50년사』. 시드니: 진흥사.

탁나현. 1987. "멕시코 이민 진출 배경 및 현황". 『해외이민』 9월, 7-9쪽.

한노덕. 1992. "해외이주 정책의 실태와 개선 방향에 관한 연구", 행적학 석사 논문. 서울대학교.

해외동포. 1992. "중남미를 다시본다". 『해외동포』, 36-37쪽.

현규환. 1976. 『한국 유이민사 2권』. 서울: 삼화인쇄사.

호주한인50년사편찬위원회. 2008. 『호주한인 50년사』. 시드니: 진흥사.

ADIC(Australian Department of Immigration and Citizenship). 2011. "Community Information Summary: The Republic of (South) Korea-born." Canberra: Australian Department of Immigration and Citizenship.

BIMPR(Bureau of Immigration, Multicultural and Population Research). 1995. *Community Profiles, 1991 Census: Korea Born.* AGPS: Canberra.

Birrell, Bob, and Lesleyanne Hawthorne. 1997. *Immigrants and the Professions in Australia.* Centre for Population and Urban Research, Monash University: Clayton, Vic.

Castles, Stephen, and Mark J. Miller. 1993. *The Age of Migration: International Population Movements in the Modern World.* Macmillan: Basingstoke, England.

Cole, David C., and Princeton N. Lyman. 1971. *Korean Development: The Interplay of Politics and Economics.* Cambridge, Mass. Harvard University Press.

Collins, Jock, and Joon Shin. 2012. "Korean Immigrant Entrepreneurs in the Sydney Restaurant Industry." Sydney: University of Technology Sydney.

Coughlan, James E. 1995. "Korean immigrants in Australia: the characteristics of recent Korea-born immigrants to Australia and a socio-demographic and economic profile of the Korea-born community from the 1991 Census." *Korea Observer* 26: 379-417.

DIC(Department of Immigration and Citizenship). 2011. "Community Information Summary: The Republic of South Korea-born." Canberra: Department of Immigration and Citizenship.

Duivenvoorden, Karel. 1997. "Recognition of overseas qualified professionals: an issue of human rights." In John et al. Tomlinson (ed.), *Unemployment: Policy and Practice.* Brisbane: Australian Academic Press.

Han, Gil-Soo. 1994. *Social Sources of Church Growth: Korean Churches in the Homeland and Overseas.* Lanham, MD., New York and London: University Press of America.

_____. 1996a. "Korean business migrants in Australia." *Asian Migrant* 9: 80-85.

_____. 1996b. *Race, Ethnicity, and Entrepreneurship in Urban America.*

_____. 1999a. "From professional to manual workers: the immigrant life of Korean skilled/family reunion migrants in Australia." *Korean American Historical Society: Occasional Papers* 4: 133-158.

_____. 1999b. "Immigrant life and work involvement: Korean men in Australia." *Journal of Intercultural Studies* 20: 5-29.

_____. 2000a. "Grabbing 3D works: Korean men in Australia." In Yun-Shik Chang, Donald L. Baker, Nam-Lin Hur, and Ross King (eds.), *Korea between Tradition and Modernity: Selected Papers from the Fourth Pacific and Asian Conference on Korean Studies*. Vancouver: Institute of Asian Research, University of British Columbia.

_____. 2000b. *Health and Medicine Under Capitalism: Korean Immigrants in Australia*. Madison: Fairleigh Dickinson University Press.

_____. 2000c. "Traditional medicine in the Korean community in Australia: a strategy to cope with health demands of immigrant life." *Health: An Interdisciplinary Journal for the Social Study of Health, Illness and Medicine* 4: 426-454.

_____. 2001. "Koreans." In James Jupp (ed.), *The Australian People: An Encyclopedia of the Nation, Its People and Their Origins*. Cambridge: Cambridge University Press.

_____. 2002. "From overt to covert racial discrimination in Australia: the experiences of Korean migrants." *Korean Social Science Journal* 9: 1-13.

_____. 2003. "The pathways of Korean migration to Australia." *Korean Social Science Journal* 30: 31-52.

_____. 2004. "Korean Christianity in multicultural Australia: dialogical or segregating Koreans?" *Studies in World Christianity: the Edinburgh Review of Theology and Religion* 10: 114-135.

_____. 2008. "Korean-Australians: present and impending contributions to Australia's future: an outsider's perspective." *Cross-Culture: Journal of Theology & Ministerial Practice* 1: 51-62.

Han, Gil-Soo, and Janice Chesters. 2001. "'Chasing money' and 'damaged health': Korean men in Australia, Part I, amnesty migrants." *Australian Journal of Primary Health* 7: 39-45.

Han, Gil-Soo, Joy J. Han, and Andrew Eungi Kim. 2009. "'Serving two masters: Protestant churches in Korea and money." *International Journal for the Study of the Christian Church* 9: 333-360.

Han, Joy J., and Gil-Soo Han. 2010. "The Koreans in Sydney." *Sydney Journal* 2.

Inglis, Christine, and Chung-Tong Wu. 1992. "The 'new' migration of Asian skills and capital to Australia." In Christine Inglis, S. Gunasekaran, Gerard Sullivan and Chung-Tong Wu (eds.), *Asians in Australia: The Dynamics of Migration and Settlement*. Sydney: Allen & Unwin.

Inglis, Christine, and Reg Philps. 1995. *Teachers in the Sun: The Impact of Immigrant Teachers on the Labour Force*. Canberra: AGPS.

Iredale, Robyn. 1988. "The recognition of overseas qualifications and skills." In South Australian Ethnic Affairs Commission Seminar: Recognition of Overseas Qualifications? Implications for Education, Employment and Training, Adelaide: South Australian Ethnic Affairs Commission, pp. 23-24.

KDI. 1979. 『한국 해외이민연구』. 서울: 한국개발연구원. Han'guk Haeoe Imin Yeongu(A Study of Korean Emigration Overseas). Korea Development Institute: Seoul.

Kim, Elizabeth. 2000a. *Ten Thousand Sorrows: The Extraordinary Journey of a Korean War Orphan*. New York: Doubleday.

Kim, Ill-soo. 1981. *New Urban Immigrants: The Korean Community in New York*. Princeton, N.J.: Princeton University Press.

Kim, John Man-souk. 1988. "Koreans in Australia." In James Jupp (ed.), *The Australian People: An Encyclopedia of the Nation, Its People and Their Origins*. Sydney: Angus & Robertson.

Kim, Yong-Ho. 1995. "Small Business Activities of the Korean Community in Sydney and Melbourne." M. A., Victoria University of Technology.

Laurence, Murray. 1986. "Recently arrived professional migrants in Sydney." In Peter R. Shergold and Loucas Nicolaou (eds.), *Why Don't They Ask Us? We're Not Dumb!: A Study of the Experiences of Specific Target Groups in Australia*. Canberra: Department of Immigration and Ethnic Affairs.

Light, Ivan and Rosenstein, Carolyn. 1996. *Race, Ethnicity, and Entrepreneurship in Urban America*. New York: Aldine De Gruyter.

Min, Pyong Gap. 1984. "From white-collar occupations to small business: Korean immigrants' occupational adjustment." *The Sociological Quarterly* 25(3): 333-352.

_____. 1996a. *Caught in the middle: Korean communities in New York and Los Angeles*. Berkeley: University of California Press.

New York Times. 1978. June 19.

Portes, Alejandro. 1993. "The new second generation: segmental assimilation and its variants." *The Annals of the American Academy of Political and Social Sciences* 530: 74-96.

Seol, Byung-Soo. 1999. "The Sydney Korean community and the IMF drifting people." *People and Place* 7 (2): 23-33.

Vogel, Ezra F. 1991. *The Four Little Dragons: The Spread of Industrialization in East Asia*. Cambridge, MA: Harvard University Press.

Yoon, In-Jin. 1993. *The Social Origins of Korean Immigration to the Unites States form from 1965 to the Present*. Honolulu: East-West Center.

제5장

세계화시대 '한류'와 브라질 코리아타운 '봉헤치루'

최금좌(한국외국어대학교)

1. 서론

2019년 브라질 한인의 수(약 5만 명)는 브라질 총인구(2억 1,500만 명)에서 차지하는 비율(0.02%)뿐만 아니라, 해외 한인(약 750만 명)에서 차지하는 비율(0.66%) 역시 매우 미미하다. 이러한 측면에서 브라질 한인에 대한 중요성이 쉽게 간과될 수도 있겠지만, 그들의 존재는 대한민국 수립 이후 최초의 공식 송출 이민으로서, 자유주의 국가로 이주한 해외 한인 이주 역사에 매우 중요한 장을 차지하고 있다.

1960년대 초 그들이 브라질로의 이민을 준비할 때만 해도 그들은 한국사회로부터 "도피이민"으로 비난받았다. 그런데 그들은 세계 제5위의 영토를 자랑하는 브라질에서(남한의 86배), 이민 30년 만에 '제품'이라 불리는 여성의류 제조업 — 브라질사회는 이를 '정성 들여 만들다'라는 뜻의 '콘펙성'(confecção)으로 부르고 있음 — 에서 경제적 터전을 마련하고, 이민 40년을 맞이했을 때는 브라질 언론으로부터 "가장 닮고 싶은 소수민족"이라는 칭송을 받았다. 그리고 이민 47주년을 맞이한 2010년에는 상파울루 시(市)정부로부터 자신들의 상업지역이자 주거지역인 '봉혜치루'(Bom Retiro)구(區)를 코리아타운으로 지정받았고, 2013년 이민 50주년을 맞이했을 때는 학계로부터 "세계 이민 역사상 가장 짧은 기간에 가장 성공한 집단"이라는 평가를 받았다.

브라질 한인사회가 이렇게 성장한 이유는 한국-브라질의 관계가 브라질의 1990년 시장 개방정책으로 급진전되었기 때문이다. 이를 다시 설명하면, 브라질 한인사회가 브라질의 시장 개방정책 이전까지는 한인 특유의 근면함과 성실함으로, 즉 자신들만의 힘으로 '제품'업계에서 경제적 기반을 마련했다면, 이후에는 한국의 기업 및 상품의 브라질 진출로, 즉 본국인 한국의 경제성장을 배경으로 급성장했음을 의미한다.

따라서 브라질사회의 한인들을 바라보는 시각도 긍정적으로 변했다. 예를 들면, 한국의 2002년 월드컵 대회 개최를 계기로 브라질의 시사 잡지 『베자』(Veja)는 2004년 브라질 한인들을 '새로운 브라질 사람들' 혹은 '새로운 상파울루주(州)의 주민들'이란 뜻의 "네오 파울리스타노"(Neo-Paulistano)라고 명명했고(Veja São Paulo Especial, 2004), 브라질 최대의 방송사 '글로부' (Globo)는 2018년 1월 25일 상파울루시(市) 건립 464주년 기념 특집 프로그램에서 한인들을 '상파울루시의 시민들'이란 뜻의 "파울리스타"(Paulista)라고 명명했다. 한인들이 상파울루주 주민에서 상파울루시 시민으로 인정받기까지 14년이라는 시간이 더 걸렸는데, 본 연구는 그것의 원인이 더욱 밀접해진 한국-브라질 관계에 있다고 보고 있다.

하지만 오늘날 브라질 한인사회는 2008년 시작된 세계 재정위기로 경제적으로 매우 어려운 상황에 처해 있다. 그것을 가장 잘 대변하는 것이 2019년 브라질 한국 이민 56주년을 기념하기 위해 한인신문에 기고된, "이민은 비극"이었다(「브라질 한인투데이」 2019.02.12).

그런데 본 연구는 이렇게 경제적으로 어려움에 처해 있는 브라질 한인사회가, 본국인 한국은 물론 브라질 주재 공관들과의 밀접한 유대관계를 유지하며, '한류'(韓流)를 또 다른 경제성장의 도구로 삼고 있음을 강조하고자 하는데, 그것의 근거는 다음과 같다. 첫 번째, 브라질이 2014년 월드컵 대회와 2016년 리우 하계올림픽 대회 개최를 앞두고 있었고, 두 번째, 일본과 중국이 21세기에 들어서서 브라질을 라틴아메리카 진출을 위한 교두보로 삼기 위해 "전략적 동반자" 혹은 "전략적 글로벌 파트너"로 재정의하며, 자국의 문화 확산 정책을 적극적으로 펼치고 있었기 때문이다.

한국 역시 이와 같은 환경 변화에 발맞추기 위해서 브라질과의 관계를 "포괄적 협력동반자 관계"로 정의했다. 그리고 정책적으로 이민 50주년을 기념하기 위해서, 2013년 3월 상파울루대학교 문과대학에 한국어과를 신설하고, 같은 해 10월 한국문화원을 개원했다. 그런데 이를 전후하여 탄생한 K-Pop 동호회 및 한류행사 관련 기업들의 등장은 오늘날 브라질 한인사회에 초국적 공동체의 강화시키고 있을 뿐만 아니라, 또한 한국의 문화·사회적 영토성(territorialization) 역시 확장시키고 있다.

일반적으로 특정 초국적 공동체의 형성과 변형을 연구하기 위해서는 이주의 역사적 과정, 이주민의 사회·문화적 특성, 타 민족과의 문화적 차별성 및 민족적 정체성, 그리고 이민수용국의 사회·경제적 조건을 다루어야 한다. 그런데 브라질 한인들의 이주 및 정착과정과 최근 브라질의 경기침체가 브라질 한인사회에 끼친 결과 ─ 경제의 중심축 변화, 한국으로의 귀환 ─ 에 대해서는 필자가 이전 글에서 다룬 바가 있기 때문에, 본 연구에서는 한류가 브라질 한인사회에 초래한 변화를 추적하고자 한다.

따라서 본 연구는 그동안 발표된 논문 및 보고서 그리고 브라질 한인사회 인터넷 신문에 기고된 칼럼, 한류 동호회, Facebook, Instagram 등을 우선 살펴보았다. 그리고 이후 개인적 의문을 해소하기 위해서 관련 사이트 책임자들과 인터넷 메일이나 Messenger를 통해서 접촉하여, 인터뷰하는 방식을 택했다. 참고로 본 연구가 중점으로 둔 시기는 봉혜치루가 코리아타운으로 명명된 2010년 이후이다.

〈표 5-1〉 브라질 한인사회의 시대적 구분: 경제 · 문화적 측면

첫 번째 시기 (1963~1989)	여성의류 제조업으로 경제적 터전을 닦은 시기
1990년 브라질 정부의 시장 개방정책	
두 번째 시기 (1990~2009)	양국 간의 교역 확대로 브라질 한인사회가 계층화 및 다변화를 겪은 시기 (2008년 세계 재정적 위기 발생 직전까지 한인사회가 성장함에 따라서 2007년 한인사회가 경제적으로 정점을 찍은 시기라고 할 수 있음)
2010년 상파울루 시(市)정부의 봉헤치루의 코리아타운(K-town) 지정	
세 번째 시기 (2010~2013)	브라질이 3대 아시아 교역국 — 중국, 일본, 한국 — 과의 인적·물적 교류를 확대함에 따라, 3국이 정책적으로 자국의 문화 우수성을 알리기 위해 적극적으로 '문화전쟁'에 열중하는 시기
2013년 세계 이민 역사상 경제적으로 가장 성공한 그룹으로 평가됨	
네 번째 시기 (2014년 이후)	최근 브라질 경기침체 및 볼리비아인과 중국인의 등장으로, 브라질 의류시장의 중심지가 봉헤치루(Bom Retiro)구(區)에서 브라스(Brás)구로 바뀌었음. 이에 브라질 한인공동체는 한류(韓流)를 새로운 도전과제로 삼아, 경제부흥은 물론 중국인들로부터 코리아타운을 지켜내려 하고 있음 (한인들의 '영토성' 유지 노력)

2. 브라질 한인사회의 특성

1) 인구학적인 측면

브라질 한국 이민은 대한민국 최초의 공식 이민이면서도, 그리고 브라질로의 한국 이민이 지속적으로 유입되었음에도 불구하고, 브라질 한인의 수는 5만 명으로 정체되어있다. 그것의 근본 원인은 가난한 국가의 사람들이 좀 더 부유한 국가로 이동한다는 이민의 특성에 있다. 미국은 제2차 세계대전 이후 세계 패권국가로 떠올라, 오늘날 세계에서 가장 많

은 이민자들을 수용하는 나라가 되었다. 미국이 한국의 의사, 간호사, 약사, 엔지니어 등의 전문직 종사자들을 이민으로 받아들일 수 있었던 근거는 1965년 새롭게 개정한 이민법 '하트 셀러 액트'(The Hart-Celler Immigration Act)이다. 그 결과 한국사회의 상류층에 속했던 사람들이 1960년대 후반 미국으로 이민했고, 미국의 이민조건을 충족시킬 수 없었던 사람들은 브라질을 포함한 라틴아메리카 국가를 경유하여 미국으로 재이주했다.

아래의 표들은 중남미 거주 한인의 수를 약 10만 명으로 제시하고 있는데, 이것은 실제로 약 30년 동안 정체된 것이다. 약 5만 명의 브라질 한인의 경우, 브라질 국적의 한인 후세들과 귀화자들을 제외하면, 브라질 거주 한국 국적 소유자들은 23,300명에 불과하다(외교부, 2017년 12월 자료). 그리고 2013년 후반기부터 시작된 한국으로의 역이민 증가(약 10,000명)로, 오늘날 브라질 한인의 수는 시민권자들을 포함하여 약 35,000명이 될 것으로 추정되고 있다.

〈표 5-2〉 북미 및 중남미 거주 한인의 수(2009~2017)

지역		2009	2011	2013	2015	2017	백분율 (%)	전년비 증감률 (%)
북미	미국	2,102,283	2,075,590	2,091,432	2,238,989	2,492,252		
	캐나다	223,322	231,492	205,993	224,054	240,942	36.78	10.97
	소계	2,325,605	2,307,082	2,297,425	2,463,043	2,743,194		
중남미	브라질	48,419	50,733	49,511	50,418	51,531		
	브라질 포함 중남미	107,029	112,980	111,156	105,243	106,794	1.44	1.47
총계		6,822,606	7,175,654	7,012,917	7,184,872	7,430,688	100	3.42

<표 5-3> 브라질 한인의 국적 및 거주 자격 구분(2017)

지역		거주자격별 재외국민				외국 국적 (시민권자)	총계
		영주권자	일반체류자	유학생	계		
브라질	주브라질 (대사관)	1,804	647	17	2,468	159	2,627
	주상파울루 (총영사관)	19,498	263	71	19,832	29,072	48,904
	소계	20,175	910	88	23,300	29,231	51,531

출처: 외교부 2015; 2017.

2) 역사적인 측면 : 경제성장과 함께 확장된 한인 영토성 (territorialização)

(1) 1990년 브라질의 시장 개방정책 이전

제1차 집단농업 이민으로 103명(17세대 92명과 11명의 독신자들)이 1963년 2월 12일 브라질에 도착하기 이전부터, 브라질에는 세 그룹의 한인들이 존재했다. 첫 번째 그룹은 일제강점기 하에서 일본 국적으로 일본 이민과 함께 브라질에 도착한 사람들이고, 두 번째 그룹은 1956년 무국적자로 브라질에 도착한 51명의 중립국 포로들(반공포로들)이고, 세 번째 그룹은 1962년 「문화사절단」이라는 이름으로 브라질에 도착한 14명의 이민 브로커들이다.

1968년까지 5차에 걸쳐 약 1,300명의 한인들이 집단농업 이민으로 브라질에 도착했는데, 특히 위의 두 그룹의 한인들은 브라질사회에 이미 적응 및 동화한 사람들로, 새로 도착한 한국 농업 이민자들의 브라질 사회 적응에 절대적으로 기여했다. 특히 두 번째 그룹의 중립국 포로들은 한국 농업 이민자들을 돕는 과정에서 한인으로서의 정체성을 회복했는데, 그것은 일부가 한인 여성들과 재혼함으로써 가능했다.

그런데 한국 농업 이민자들 대부분은 3년 농업 계약기간이 끝나기 전에 라틴아메리카 최대의 메트로폴리탄인 상파울루시(市)로 이주했는데, 여기에는 다음과 같은 내적 요인과 외적인 요인이 작용했다. 내적 요인 중 첫 번째는 초창기 농업이민의 구성원들 자체가 고등교육을 받은 도시 출신이었다는 점, 두 번째는 이민의 목적 자체가 '자녀교육'이었기 때문에 도시로의 이주를 갈망했다는 점, 세 번째는, 이미 상파울루에는 제1차 집단농업 이민자들이 브라질에 도착하기 이전부터 「교민회」가 발족되어있었다는 점이다(오늘날 「한인회」의 전신).

그리고 외적인 요인 중 첫 번째는 브라질의 1960년대는 시기적으로 브라질의 근대화 과정과 일치했다는 점이다. 즉 1960년 수도를 브라질리아로 옮긴 쿠비체크(Kubitschek) 정부가 급속한 산업화 및 도시화를 추구해, 브라질 전 지역에서 이촌향도 현상이 뚜렷하게 나타났다는 점이다. 두 번째는 브라질사회에 형성된 브라질 일본 이민사회의 긍정적인 이미지였다. 즉 한국보다 이민역사가 55년 앞선 브라질 일본사회는 브라질사회로부터 "일본인들은 신뢰할 수 있는 민족"(japonês garantido)이란 평가를 받으며 상파울루 시내(市內) 중심부인 '리베르다지'구(區)에 '일본인 촌'을 형성했다. 따라서 상파울루시(市)로 이주한 한인들은 일본인 촌 근처에 '한국인 촌'을 형성하여, 일본사회로부터 직·간접적인 도움을 받았다. 즉 당시 브라질 한인사회는 브라질 일본인 사회가 발행하는 2개의 일본어 신문을 통해 브라질의 경제 및 정치에 대한 정보를 얻을 수 있었다.

어쨌든 1960년대 후반 브라질 정부는 한국의 집단농업 이민을 실패로 판단하고 더 이상 한인들에게 비자를 내주지 않았다. 이에 한국 정부는 1971년 해외개발공사(Kodco)를 수립하고, 이 기관을 통해서 약 1,400명의 기술 이민자들을 브라질로 송출했다. 그런데 그들 중에는 한국의 남대문·동대문에서 의류 제조업에 종사하던 '가짜' 기술 이민자들이 포함되어있었는데, 그들은 브라질 한인사회가 '제품'을 중추 산업으로 키워내는 데 기여했다.

그리고 브라질 한인사회가 경제적으로 성장하게 된 또 다른 원인으로는 다음의 두 가지 사실을 들 수 있다. 첫 번째, 브라질의 "잃어버린 10년"으로 명명된 1980년대에 의사나 엔지니어 등과 같은 전문직에 진출했던 한인 1.5세들이 직장을 잃고 가족의 도움으로 '제품'업계에 흡수된 것인데, 이들은 한인 1세들이 키워낸 '제품'업계를 체계화시키는 데 기여했다. 두 번째, 파라과이, 볼리비아, 아르헨티나를 경유하여 들어오는 불법체류자들의 존재는 한편으로는 내부갈등의 원인이었으나, 또 다른 한편으로는 '제품'업계에 값싼 노동력을 제공하는 '양날의 칼'로 작용했다. 따라서 당시 브라질 한인사회의 특징은 파라과이, 볼리비아, 아르헨티나 한인사회와 마치 하나의 공동체로서, 정보 공유는 물론 자녀의 배우자 역시 그 내부에서 찾는 경향이 강하게 나타났다.

(2) 1990년 브라질의 시장개방 이후

1990년 브라질의 시장 개방정책은 브라질 한인사회에 급격한 변화를 가져왔다. 우선 대한항공(KAL)의 서울-상파울루 직항로가 개설되었는데, 이것은 브라질 한인사회가 '제품'에 사용되는 직물은 물론, 여성의류에 들어가는 부속품들 — 단추, 지퍼, 라벨 등 — 을 한국으로부터

직수입하는 것을 가능케 했다. 이렇게 한국기업 및 상품의 브라질 진출은 브라질 한인사회가 경제적으로 더욱 성장하는 계기가 되었지만, 또 다른 한편으로는 빈익빈 부익부 현상을 촉발시켰다.

따라서 그동안 '평등'했던 한인사회가 계층화되기 시작했는데, 그 것은 새로운 변화에 적응하지 못한 사람들이 상파울루에서 '제품' 대신 다른 업종으로 전환하거나 혹은 다른 주(州)의 수도(首都)로 이주하여 상파울루 한인들의 주 업종인 의류 제조업과 도매업 대신, 소매업에 종사하기 시작한 것이다. 그런데 이와 같은 한인들의 지방으로의 이주는 상파울루의 '제품'업계를 브라질 전 지역으로 확산시키는 결과뿐만 아니라, 더 나아가 브라질 의류산업의 유통구조를 혁신시키는 결과를 가져왔다.

그리고 또 다른 현상은 대한항공의 직항로가 로스앤젤레스를 경유하게 되면서, 브라질 한인사회의 '제품'업계가 미국과 한국으로까지 확장된 것이다. 로스앤젤레스에는 이미 브라질을 경유해서 미국으로 들어간 한인들이 역시 의류 제조업에 종사하며 자바(Jobber) 시장을 형성하고 있었고, 한국의 동대문·남대문 시장 역시 그들의 주문에 맞추어 상품을 공급하여, 브라질 한인사회의 사업 영역은 상파울루-로스앤젤레스-서울로 확장된 것이다. 이 과정에서 나타난 또 다른 현상은 브라질 한인사회가 자녀들의 결혼 배우자를 로스앤젤레스에서 찾는 경향이 강하게 나타난 것이다.

3) 사회적인 측면 : 남미(南美)인들의 북미(北美)로의 이주

(1) 한인들의 미국으로의 재이주

브라질 정부의 시장 개방정책이 있기 직전인 1989년 말 브라질 한인사회의 수는 약 3만 5천 명에 불과했다. 그러던 것이 시장 개방정책과 함께 약 5만 명으로 급증했다. 1990년 이전 한국에서 미국으로의 이민 조건을 갖출 수 없던 사람들은 무조건 브라질로 이주했고, 브라질로의 이민 조건조차 갖출 수 없던 사람들은 우선 파라과이나 볼리비아로 이주했다. 그리고 그들은 '기적의 시대'(1964~1973)를 구가하던 브라질의 국경을 불법으로 넘었다. 그리고 그들은 브라질에서 어느 정도 자본을 모은 후 또다시 미국으로 재이주했다. 이러한 현상이 20세기 말까지 지속됨에 따라서, 브라질 한인사회는 때때로 "미국으로 들어가고자 하는 한인들이 만들어낸 결과물"로 정의되기도 했다.

〈표 5-2〉에서 제시한 바와 같이, 오늘날 미국 거주 한인의 수는 해외 한인 총 750만 명 중 가장 많은 250만 명을 차지하고 있다. 그렇다면 브라질을 포함한 중남미 한인들은 왜 미국으로 재이주 한 것일까? 그것은 미국이 1960년대 중반에는 거대 노동시장, 경제 호황, 낮은 출산율이라는 사회적 특징을 보였기 때문이다. 그리고 1980년대에는 미국이 고령화 사회에 진입함에 따라서 노동 수요가 증가했기 때문이다.

그런데 브라질 한인들의 미국으로의 재이주 현상이 가장 두드러지게 나타난 시기는 1970~1980년대와 1999년 1월 브라질의 재정위기 직후였다. 그렇다면 얼마나 많은 한인들이 미국으로 재이주한 것일까? 그것을 브라질, 미국, 한국 측의 자료에 따라서 알아보면 다음과 같다.

브라질 측의 자료에 따르면, 약 20만 명으로 추정된다. 1996년 브라질의 지리경제 통계연구소(IBGE)는 한국인들의 브라질 정식 입국자 수를 26만 명 이상으로 집계하였다. 이것은 20만 명 이상의 한인들이 미국이나 제3국으로 재이주했다는 것을 보여주는 간접적 지표이기는 하지만 한인들의 남미 이웃국가로부터 브라질로의 불법이주와 브라질로부터 미국으로의 재이주 현상을 고려해볼 때, 실제로는 훨씬 더 많은 사람들이 이주했을 것으로 추정된다.

한국 측의 자료에 따르면, 약 30만 명으로 추정된다. 한국 정부는 지금까지 브라질, 파라과이, 아르헨티나, 우루과이 등의 중남미로 송출한 한인의 수를 약 30만 명으로 발표하고 있다. 그런데 한국의 대 남미 이민의 산증인이자 전 아르헨티나 조기성 대사는 2014년 그 수를 약 17만 명으로 추정했다(2014년 5월 인터뷰).

그리고 미국 측의 자료에 따르면, 약 100만 명 이상으로 추정된다. 미국의 *Ameriandatabank*의 2010년 통계에 의하면, 미국 거주 한인 중, 브라질을 포함한 중남미를 거쳐 입국한 한인의 비율을 50% 표시하고 있는데, 이것은 100만 명 이상이 중남미를 거쳐 미국으로 재이주했다는 것을 의미한다.

(2) 1980년대 브라질 : 이민 송출국으로 전환

남미 한인들이 브라질을 거쳐 미국으로 재이주하게 된 근본 원인은 당시 남미(南美)인들의 북미(北美)로의 이주가 대대적으로 일어나고 있었기 때문이다. 즉 1980년대 중반 신자유주의 경제정책이 본격적으로 시작되자, 제3세계 사람들이 선진국으로 이주하는 현상이 두드러지게

나타났다. 이러한 현상을 '글로벌 이민' 혹은 '노동자들의 이동'이라고
정의하는데, 이 시기 브라질은 전통적인 이민 수용국에서 이민 송출국
으로 전환되었다.

다음의 〈그림 5-1〉은 1960~2010년 사이 브라질인들의 해외 이주
증가를 보여준다. 그런데 특히 1985~1995년 사이, 브라질인들의 해외
이주가 약 200만 명(브라질 경제 유효인력의 3%, 우루과이 인구)으로 급증했는데, 그
것의 원인은 브라질의 취약한 경제구조, 대내외적인 경제 불안, 높은 출
산율 및 실업률에 있다. 그 결과 당시 비교적 학력이 높은 브라질의 고
급인력들이 포르투갈과 이태리를 포함한 유럽은 물론, 북미와 일본으
로 이주했다.

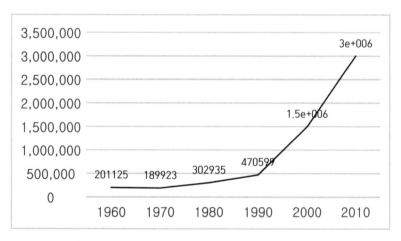

〈그림 5-1〉 브라질인의 해외 이주 증가(1960~2010)

출처: 세계은행, 2013a

그러나 같은 시기 브라질이 수용한 이민자들의 수는 50만 명에 불과했다. 따라서 브라질 정부는 150만 명의 인력 손실을 만회하기 위해, 브라질 내 존재하는 불법체류자들에 대한 사면을 거의 10년 마다 1번씩 — 1988, 1998, 2006, 2009년 — 시행하며 자국민으로 받아들였다. 이러한 브라질 정부의 이민 수용정책은 21세기에 들어서서도 인도적 차원에서 지속되고 있다. 그중 가장 대표적인 예는 다음과 같다. 첫 번째는 브라질 북부의 호라이마주(州)가 아이티 지진(2011)으로 삶의 터전을 잃은 사람들을 2014년에 1,891명을 수용한 것이고, 두 번째는 목축업이 발달한 남부의 히우그란지두술(Rio Grande do Sul)주(州)가 이슬람 국가에 수출할 할랄 음식 손질에 능한 벵골인 1,195명을 수용한 것이다.

4) 한국-브라질 관계

(1) 21세기 양국 간의 무역 증가

브라질은 1986년 군정에서 민정으로 이양되었고, 또한 민정은 신자유주의 경제정책을 본격적으로 받아들이기 위해 1990년 6월 23일 시장을 개방하였다. 그런데 브라질의 시장개방은 1959년 한국과 외교관계를 수립한 이후 처음으로 양국의 관계가 정치적 비중에서 경제적 비중으로 전환된 직접적인 원인이었다. 〈그림 5-2〉에서 알 수 있듯이, 1960년대 초반 한국의 국내총생산(GDP)은 브라질의 25%(1960년 389억 달러로 브라질의 1/4)에 불과했으나, 한국-브라질 외교수립 50주년을 맞이한 2009년 한국의 국내총생산은 브라질의 60% 규모로 성장했다(2008년 9290억 달러).

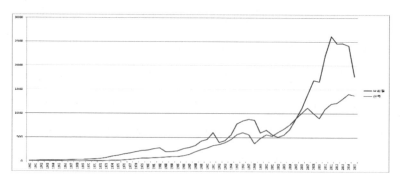

〈그림 5-2〉 한국과 브라질 국내총생산 비교(1960~2015, 단위: 미화 10억 달러)
출처: 세계은행 데이터베이스

그리고 한국이 브라질과의 교역에서 흑자를 내기 시작한 것은 2006년부터이다. 양국과의 교역규모는 2008년 100억 달러를 넘어, 브라질은 중남미 국가 중 한국의 최대교역국이 되었다.

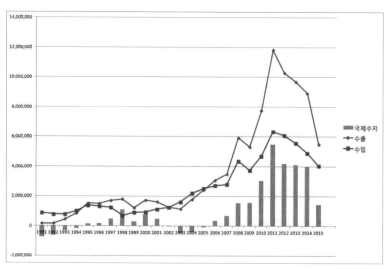

〈그림 5-3〉 한국의 대(對)브라질 수출입 동향(1991~2015, 단위: 미화 1,000달러)
출처: 관세청

(2) 브라질사회의 긍정적인 시각

브라질사회의 브라질 한인에 대한 시각은 시대에 따라서 달라졌다. 1970~1980년대 한인들이 파라과이나 볼리비아를 통해 불법으로 브라질에 지속적으로 유입되었을 때만 해도 브라질 언론은 한인들을 "개나 뱀을 먹는" 이상한 민족으로 여기며 관심을 보이지 않았다. 그런데 한국의 1986년 아시안 게임과 1988년 서울 올림픽 대회 개최는 브라질사회의 긍정적인 반응뿐만 아니라 한인 2세들의 정체성 회복에 기여했다. 즉 한국말과 한국문화를 배우고자 하는 수요가 증가하여, 1990년대 초반 토요한국학교의 수가 폭발적으로 늘어났다.

그리고 한국의 2002년 월드컵 대회 개최는 브라질 한인사회가 비로소 인정받는 계기가 되었다. 2004년 브라질사회는 브라질 한인들을 "새로운 상파울루주(州) 주민들"(Neo-Paulitano)이라고 인정하며, "브라질사회가 가장 닮고 싶은 소수민족"으로 정의했다. 그리고 한국기업들의 활발한 브라질 진출이 이루어진 21세기에는 브라질사회의 한국과 브라질 한인사회에 대한 시각은 매우 긍정적으로 바뀌었다.

특히 한국의 동국철강과 포스코가 브라질의 발리두히우도시(Vale do Rio Doce)와 3:2:5로 투자하여(총 투자금액 55억 달러) 브라질 북동부의 세아라(Ceará)주(州)에 세계 최대의 생산능력을 갖춘(연 300만 톤) '뻬쎙' 제철소(CSP-Companhia Siderugica do Pecém)를 2017년 완성시키자, 브라질 언론은 그 이듬해인 2018년 "한인들은 브라질에 단순히 살러 온 사람들이 아니라, 브라질을 변화시키려고 온 사람들"이라고 추켜세웠다.

3. 상파울루의 코리아타운 '봉헤치루'

1) 상파울루의 지정학적 특징

브라질의 최대 상공업의 도시 상파울루는 465년 전 해발 700미터 위에 세워진 도시로 아열대에 해당한다. 높은 고도에 위치하기 때문에, 여름에 에어컨이 필요 없고 또한 겨울에 난방시설이 필요 없는, 인간이 살기에 최적의 조건을 갖춘 도시라는 평가를 받고 있지만, 실제로는 "하루에 4계절이 있다"는 말이 있을 정도로 기온차가 큰 도시이다. 그리고 도시 상파울루의 또 다른 특징은 지역에 따라 고도의 차가 있다는 점이다. 따라서 기후와 토양이 좋은 고지대 ― 파울리스타(Paulista), 빠까엠부(Pacaembú), 이지에노폴리스(Higienópolis), 페르디지스(Perdizes)구(區) ― 는 고급주택지로, 장마철 홍수가 범람하던 저지대 ― 봉헤치루(Bom Retiro), 브라스(Brás), 모카(Moóca), 이피랑가(Ipiranga)구(區) ― 는 자연스럽게 저소득층의 주거지로 발전했다. 그리고 이 두 지역의 중간 지점에 위치한 지역 ― 산타 이피제니아(Santa Ifigênia)와 리베르다지(Liberdade)구(區) ― 은 상류층의 상업지역으로 발전했다.

2) 봉헤치루의 역사적 배경

봉헤치루는 상파울루 주정부(州政府)가 1888년 노예 해방 이전 커피농장에서 일할 노예 대신 유럽의 백인 이민자들을 계획적으로 받아들이기 위해서, 1872년 루스 기차역(Estação de Luz)을 준공시키면서 발전했다. 즉 루스 기차역은 산토스항과 연결된 마지막 종착역으로, 상파울루 주정부가 새로이 도착한 이민자들을 커피농장에 재배치하기 위해서 건설한 것이다.

봉헤치루에 새로운 이민자들이 본격적으로 유입된 시기는 1880년부터이다. 19세기 말부터 20세기 초 사이에는 유럽인들이 ― 포르투갈인, 스페인인, 이태리인, 그리스인 ― 이 도착하여 산업지대를 형성했고, 이후 도착한 이민자들이 ― 1930년대 유대인, 1960년대 말 한국인, 그리고 1990년대 볼리비아인 ― 봉헤치루를 라틴아메리카 최대의 의류봉제 산업지역으로 키워냈다. 그리고 그 과정에서 이미 브라질 목축업의 중심인 남부에 정착한 소수민족으로 핸드백이나 벨트와 같은 가죽제품을 생산하던 아르메니아인들이 패션업계의 수요 및 완성이라는 필요충분조건에 의해 2000년대에 진출했다. 이 외에도 봉헤치루에는 아랍인, 러시아인, 리투아니아인, 폴란드인, 일본인 등이 '브라질식 조화'를 이루며 살고 있다.

그런데 2010년대 중국인들의 봉헤치루로의 진출은 위의 모든 소수민족들을 위협하고 있다. 중국인들은 1990년 브라질 정부의 시장 개방정책과 함께 브라질에 도착했다. 당시 약 700명의 조선족을 포함한 중국인들은 시내 중심에 위치한, 의류 관련 부속품 시장 ― '빈치 싱쿠 데마르수'(25 de Março) 거리에 형성됨 ― 에서 한인들의 여성의류 제조업을 뒷받침했다. 그런데 막강한 자본과 수적으로 우세한 중국인들의 존재는 오늘날 한인사회를 위협하고 있다.

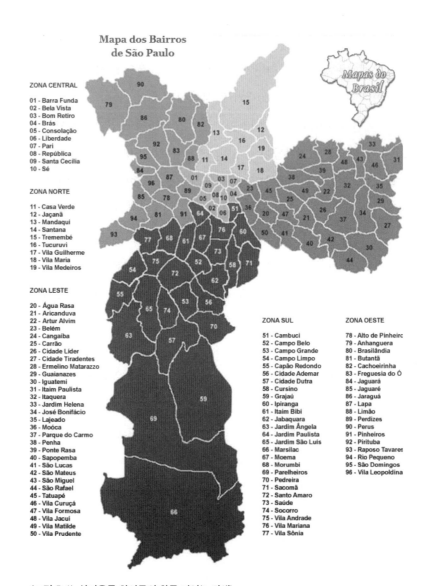

〈그림 5-4〉 상파울루 한인들의 활동 지역(노란색)

3) 2010년 코리아타운으로 지정된 '봉헤치루'

'봉헤치루'(Bom Retiro)구(區)는 1930년대 이후 유대인의 지역으로 알려진 곳이다. 그런데도 불구하고 2010년 상파울루시(市)정부가 그곳을 '코리아타운'(Korea Town)으로 지정한 데에는 다음과 같은 원인이 작용했다. 한편으로는 그동안 한인들의 공로 ─ 봉헤치루의 활성화와 경제성장 ─ 를 인정한 것이고, 또 다른 한편으로는 한국-브라질 양국의 관계가 전략적 파트너로서 그만큼 밀접하게 발전하고 있었기 때문이다.

상파울루주(州)정부는, 무역을 비롯한 한국-브라질 양국 간의 교류가 활발하게 되자, 2006년 한인사회에 정식으로 〈한국 문화의 날〉 행사를 개최할 것을 요청했고, 상파울루시(市)정부는 새로운 시(市) 조례(條例)를 입법하여 한인들의 상업지역이자 주거지역인 봉헤치루를 2010년 '코리아타운'으로 지정했다. 이렇게 상파울루 시(市)정부의 코리아타운 명명으로 봉헤치루구(區)는, 1950년대 후반 형성된 '일본인 촌' 리베르다지(Liberdade, '자유'라는 뜻)구(區)에 이어 두 번째로 큰 동양인 촌이 되었다.

하지만 상파울루시(市)정부의 이러한 조치는 과거 리베르다지 개발 때처럼 봉헤치루의 재개발 사업의 책임을 한인들에게 부과하는 것으로 해석될 수 있다. 왜냐하면 시(市)정부가 봉헤치루의 일부를 "문화 보호지역"으로 지정하며, 재개발을 추진하는 과정에서 '코리아타운'으로 명명했기 때문이다.

■ Bom Retiro
■ Subprefeitura Sé

〈그림 5-5〉 도시 상파울루에서의 봉헤치루 위치

(1) 2010~2013년 사이의 변화

브라질 한인사회가 2013년 2월 12일 이민 50주년을 맞이할 당시 한인사회의 특징은 다음과 같다. 첫 번째, 인구 5만 명 중 80%가 상파울루주(州)에 거주했는데, 그중 98%가 상파울루시(市)에 집중되어있었다. 그리고 이들 중 60%가 의류 제조업에 종사했다. 두 번째, 그동안 패션이나 미술을 전공한 한인 후세들이 '제품'업계로 흡수됨에 따라서 한인사회의 "제품"업계는 전문화와 고급화를 추구했다. 세 번째, 2014년 월드컵 대회와 2016년 리우 하계올림픽을 앞두고, 브라질의 아시아 3대 교역국 ― 중국·일본·한국 ― 이 자국의 문화 우수성을 알리기 위한 "문화전쟁"에 돌입함에 따라서, 한국 정부는 2013년 3월 상파울루대학교(USP) 문화대학에 '한국어학과'를 신설하고, 같은 해 10월 '한국문화원'을 개원했다.

(2) 2014년 이후의 변화

2013년 후반기 본격적으로 시작된 브라질의 정치·경제적 혼란은 한인사회에 악영향을 끼쳤다. 지금까지 한인사회에 미친 부정적인 영향 또는 새로운 변화로는 주재상사의 철수, 대한항공(KAL) 직항로의 폐쇄, 한국으로의 역이민 증가, 브라질 한국학교 폴리로고스(Polilogos)의 폐교 (2017), 제품업계의 붕괴로 한인 후세들의 진로 불확실, 한국식 빵집, 찻집, 미장원, 김치푸드트럭(Kimchi Food Truck), 한인주말장터 등 새로운 업종의 등장, 브라질 한인회관의 봉헤치루구(區)로의 이전 확정 등이다. 마지막의 경우, 「브라질 한인회」가 2019년 2월 그동안 '깜부시'(Cambuci)구(區) '한국인 촌'(Vila Coreana) 인근에 위치했던 한인회관 건물(Rua dos Parecis, 107)을 봉헤치루구(區)로 이전한 것임을 확정·발표했다. 이것은 브라질 한인사회가 오늘날의 경제적 어려움 타개와 한인사회의 문제를 좀 더 전략적으로 접근하기 위하여, 거의 30년 만에 합의를 이끌어낸 결정이다.

(3) 한인들의 구심점이 된 봉헤치루

1990년 브라질의 시장 개방정책은 한인들이 봉헤치루로 집중하는 계기가 되어, 오늘날의 모습을 갖추게 되었다. 주요 기관들이 봉헤치루로 이전함에 따라서, 봉헤치루는 한인들이 포르투갈어를 한 마디도 할 필요 없이 오직 한국어로만 소통하면서, 그리고 가고 싶은 곳은 어디든지 걸어서 갈 수 있는, 한인들의 지역으로 거듭났다. 다른 지역에 자리 잡고 있던 수많은 개신교 교회들, 학원들, 음식점들이 봉헤치루로 이전했는데, 그중 대표적인 예는 2001년 '브라질 한국학교 폴리로고스'(Polilogos)의 개교, 2004년 천주교 브라질 한인 이민성당(Associação Brasileira Católicos Coreanos)의 이전으로, 이후 다른 지역에 위치했던 수많은 개신교 교회들, 학원들, 음식점들이 봉헤치루로 이전했다.

그리고 2010년 상파울루 한국교육원이 봉혜치루로 이전했는데, 그
것은 매우 중요한 의미를 지닌다. 한인들이 가장 접근하기 쉬운 공관으
로서, 상파울루 한국교육원은 다음과 같은 기능을 수행했다. 상파울루
총영사관의 출장소(일주일에 두 번), 한인회를 비롯한 단체모임의 회의장소,
고유 업무인 한국어 교육(포르투갈어 교육 포함)은 물론, 사물놀이 및 서예교
실 과정을 운영하는 한국문화 교육기관이기 때문이다. 아래의 〈표 5-3〉
에서 알 수 있듯이, 브라질 한인사회에 존재하는 총 65개의 한인 종교단
체 중 33개가 봉혜치루에 집중되어있다.

〈표 5-4〉 한인 종교단체의 지역별 분포도

	개신교	가톨릭	불교	총합계
봉혜치루(Bom Retiro)	31	1	2	33
브라스(Brás) 파리(Pari)	5	-	-	5
아클리마써웅(Aclimação) 리베르다지(Liberdade) 깜부시(Cambuci) 파라이주(Paraíso) 빌라 마리아나(Vila Mariana)	14	0	1	15
다른 지역(SP 외곽의 기도원 포함)	12	-	-	12
총합계	62	1	3	65

출처: 하나로 닷컴(http://www.hanaro.com.br/zbxe/index.php?mid=local_info)
(접속일 2019년 3월 6일)

2010년 봉혜치루가 코리아타운으로 지정된 이후, 2018년 상파울
루 시(市)의회는 봉혜치루를 '한국전통문화 관광특구'로 지정했다. 이에
한인사회는 봉혜치루 입구에 한국의 '장승'을 모델로 삼은 상징물 '우리'
를 세웠다. 2018년 3월 17일 '우리'(Uri) 기공식에는 이낙연 국무총리가

참석해서 축사했다. 그는 2018년 3월 아르헨티나에서 열린 '세계 물포럼'에 참석차 브라질을 방문했다가 기공식에 참석한 것이다. 그리고 2018년 8월 13일 '우리' 완공식에는 김찬우 대사, 기춘 재외동포 재단 사업이사, 김학유 총영사, 김요진 한인회장, 고우석 한인상징물 조성위원장과 주요 한인단체장 및 한인상징물 조성위원 및 한인교민 등이 참석하였으며, 브라질 인사로 알폰소 상파울루 국제국장, 와테르 이요시 상파울루 주의원, 아우렐리오 노무라 시의원, 또닝뇨 빠이바 시의원 등 주요 브라질 정계 인사들도 대거 참석했다.

〈그림 5-6〉 2018년 8월 13일 '우리'(Uri) 완공식

봉헤치루 코리아타운은 한인들의 여가 및 문화활동의 중심지이며, 2014년 브라질 월드컵 대회 기간에는 봉헤치루에서 한인들이 한국 축구팀을 위해 거리응원을 벌여 한국팀의 선전을 기원했다.

〈그림 5-7〉 봉헤치루 입구에 위치한 루스 공원(Parque da Luz)의 아침 7시 광경:
체조 · 산책 · 배드민턴을 하는 한인들

출처: Chi, 2016: 161

〈그림 5-8〉 2014년 브라질 월드컵 대회: 봉헤치루에서 한인들의 한국 축구팀 응원 모습

4. 브라질에서의 한류

1) 2019년 브라질 경제상황

2019년 1월 '남미의 트럼프'로 불리는 브라질 우파의 볼소나루 (Bolsonaro) 대통령이 취임하고, 브라질 지리통계청(IBGE)의 2018년도 경제성과 발표(2.28.) ― 국내총생산 1.1%, 국내총생산(GDP) 6조 8천억 헤알 (약 1조 8,237억 달러) ― 는 브라질이 그동안의 최악 상태 ― 2015년 -3.5%, 2016년 -3.3% ― 를 벗어나, 회복되고 있음을 보여주고 있다.

2) 브라질 한인사회 현황

2019년 2월 12일 이민 56주년을 맞아, 브라질 한인사회의 1.5세 손정수는 "이민은 비극"이라는 주제로 다음과 같은 칼럼을 게재했다.

이민은 비극이 확실하다. 이민 초창기 시절, 부모님이 아프다는 연락을 받아도 바로 못 갔다. 며칠 걸리는 거리와 비싼 항공료, 이곳을 그냥 두고 갈 수 없는 현실에 대한 안타까움에 눈물 흘렸다. 이 비극은 끝이 아니었다. 요즘 먹고 살기 어려워 한국으로 돌아가는 사람이 꽤 된다. 1세대는 어떻게든 적응하며 살겠지만, 이곳에서 자란 2세에게는 말도 안 통하고 문화도 달라 한국으로의 귀환이 아닌 이민인 것이다. 가족이 생이별하고 아빠 혼자 한국에서 돈을 벌며 이곳에 생활비를 보내고 있다. 떠나는 사람, 남은 사람 모두 고생하고 있다. (…) 한때 5만 명 이상 된다고 많이 알려진 한인 숫자는 2만 명이 될지도 가늠할 수 없다. (…) 이러다 상파울루 총영사관도 철수하는 것이 아닌지 우려된다. 실제로 주위 남미 국가를 보면 얼마 안 되는 동포로 총영사관은 없고 대사관만 있을 뿐이다.

그럼 왜 이렇게 되었을까? 달걀을 한 바구니에 담지 말라는 속담이 있다. 그런데 우리 한인사회는 55년 동안 의류업에 너무 치중했다. 또 지금 세계는 경제가 위험하다. 꼭 이곳만의 문제는 아니다. 장사가 안 된다며 식당을 하는 사람도 있다. 브라질을 떠나 다른 나라로 가는 친구도 있다. 직장을 알아봐 달라 부탁하고 좋은 사업을 묻는 사람도 있다. 물론, 직장, 사업, 가족 모두 성공하여 잘사는 사람도 있다.

(그동안) 옷 장사만 해서 다른 것은 생각도 안 해 봤다며 불안감에 떠는 소리도 들었다.

결국, 이곳에서 무엇을 할지 몰라 허둥대는 모습이 안타깝다. 이제 10대에 들어서는 3세대 자녀를 책임져야 하는 상황이라 더욱 그렇다. 업종을 바꾸다 보니 결국, 비슷하게 되어 한인촌에 몇 년 안에 커피집만 10개 이상 생겼다. 치킨집도 생겼고 식당도 몇 생겼다. 카톡방에는 서로 음식을 판다고 광고하고 있다. 이것도 결국, 경험이 모자라 문을 닫고 열고 반복된다. 계속해서 변하는데 일본인 촌과 비교하면 그래도 한산하다.

3) 브라질의 문화산업 규모

브라질 문화산업은 크게 미디어와 엔터테인먼트 시장으로 구분된다. 미디어 시장의 경우, 브라질은 멕시코와 함께 중남미에서 가장 큰 음악시장을 갖고 있으며 엔터테인먼트 시장 역시 예상보다 빠른 속도로 성장하고 있다. 글로벌 컨설팅 업체인 PwC의 2017년 "글로벌 엔터테인먼트 및 미디어 아웃룩 2017~2021" 보고서는 세계 미디어 및 엔터테인먼트 시장은 연 4.2% 증가하여 2021년 총매출이 2조 2,300억 달러에 이를 것으로 예측했다. 브라질은 2016년 세계 미디어 및 엔터테인먼트 시장 점유국가 중 9위(349억 달러)를 차지했다.

그런데 동 보고서는 브라질시장이 2017~2021년 사이 20.7% 증가하여 437억 달러에 이를 것으로 예측했다. 특히 브라질의 스트리밍 음악 및 인터넷 광고 부문이 2021년까지 각각 20.7%, 18.5% 성장하여 세계 1위가 될 것으로 예측했는데, 그것의 근거는 2016년 브라질 디지털 음악 매출이 역사상 처음으로 녹음된 음악 매출을 초월하며, 총 85억 달러를 기록했기 때문이다.

4) 브라질에서의 한류

한국국제교류재단(KF)의 "2018 지구촌 한류현황" 보고서는 전 세계 1,843개의 한류동호회가 회원 약 8,919만 명을 확보하고 있다고 발표했다. 이것은 2017년 7,312만 명에서 22% 증가한 것(1,607만 명)으로, 동 보고서는 2020년에는 1억 명을 돌파할 것으로 예측했다.

(1) 한류의 기원

최근 한국학계는 '드라마와 영화' 중심의 한류를 한류1.0, 'K-Pop' 중심의 한류를 한류2.0, 그리고 이 두 한류의 한계를 뛰어넘을 수 있는 '전통문화'를 기반으로 한 한류를 한류3.0으로 정의하고 있다. 브라질사회에서의 한류1.0은 일반인들의 시청이 가능한 TV드라마보다는 2000년대 초반 국제영화제에서 좋은 평가를 받은 〈친구(2001)〉나 〈실미도(2003)〉와 같은 한국영화를 좋아하는 소수 마니아층들에 의해 시작되었다. 이후 한류가 K-Pop, K-Culture, K-태권도, K-Food로 점차 확산되면서 인터넷 동호회가 결성되었다.

그리고 앞에서 언급한 한국국제교류재단의 2018년 자료에 의하면, 브라질에는 200여 개의 K-Pop 동호회가 약 22만여 명의 회원을 확보하고 있는데, 그중 일부 동호회는 상파울루주(州) 정부 요청으로 2006년부터 「한인회」가 해마다 개최하고 있는 '한국 문화의 날' 행사뿐만 아니라, 브라질 주재 한국 공관들 — 대사관, 총영사관, 교육원, 문화원, 코트라 등 — 은 물론, 브라질에 진출한 한국기업들의 홍보 및 마케팅 행사에 빠지지 않고 참여하고 있다.

① 한류 1.0

브라질에서 한류 1.0의 확산에 '리베르다지'구(區)에 위치한 '일본인촌'이 한몫했다. 오늘날 브라질에 존재하는 일본사회의 구성원의 수는 혼혈 후세를 포함해서 약 190만 명 정도로 추산되는데, 그중 약 70만 명의 일본계 브라질 노동자('데카세기')는 1980년대부터 일본 산업현장에 노동력을 제공하기 위해 일본으로 건너갔다. 이들은 주로 일본의 도요타 자동차 공장 등에서 3D에 해당하는 분야에서 노동력을 제공하는데, 1990년대 후반부터 브라질로 귀환할 때, 한류의 진원지인 일본에서 〈겨울연가〉나 〈태왕사신기〉와 같은 TV 드라마와 가요 — 2001년 가수 보아의 일본 진출을 시작으로 대형 엔터테인먼트를 통해 일본에 활발하게 진출했던 한국 가수들의 가요 — , 그리고 〈실미도〉나 〈친구〉와 같은 영화의 해적판 DVD를 가져가 브라질 일본사회에 전파했다.

브라질 한인사회가 일본사회와 직접적인 관계를 갖는 경우는 드물지만, 일부 한인 학부형들은 동양인들이 선호하는 '반데이란치스'(Bandeirantes)와 같은 브라질의 일류 중·고등학교 학부형 회의에서 마주할 때가 있다. 이때 일본계 브라질인들은 한인들을 반갑게 맞으며 "한국의 드라마 〈겨울연가〉를 보고 있는데, 당신도 보고 있는가?"라는 질문을 했다는데, 이것은 브라질 일본사회가 한인사회보다 한류를 더 빨리 받아들였다는 것을 의미한다.

② 한류 2.0

브라질에서 한류 2.0은 2011년 6월 SM의 파리공연이 SNS에 의해 전파되면서 시작되었다. 이에 상파울루의 대형서점 '리브라리아 쿨투라'(Livraria Cultura)는 2012년 12월 8일부터 2013년 2월 3일까지 K-Pop 공연 DVD 시사회를 열었는데, 이 행사의 제목을 "한국의 침공"(K-Invasion)으로 명명했다.

한인사회는 한국 이민 50주년을 맞은 2013년 2월, 한류의 붐과 또한 그동안의 경제력을 바탕으로 한국을 주제로 브라질 카니발 — 리우데자네이루 카니발과 상파울루 카니발 — 에 참여했다. 리우데자네이루의 삼바학교 '벨포드'(Rio Inocentes de Belford Roxo, 3,600명 행진)는 "한국과 한국인, 그리고 이민 50년"을 주제로 행진했고, 상파울루의 삼바학교 '우니두스 데 빌라 마리아'(S.P. Unidos de Vila Maria, 4,000명 행진)는 "한강의 7개 물결"을 주제로 행진했다. 그리고 브라질 북동부의 페르남부쿠주(州)의 헤시페시(市) 카니발 축제 준비위원회는 당시 한창 세계적으로 유명했던 한국의 가수 싸이를 초대했는데, 그의 참석은 그동안 한국이나 K-Pop에 대해서 전혀 모르던 브라질사회 전체가 관심을 갖게 된 계기가 되었다.

〈그림 5-9〉 2013년 히우 카니발 퍼레이드

주: 히우의 벨포드 삼바학교(Rio Inocentes de Belford Roxo)가 "한국과 한국인, 그리고 이민 50년"
을 주제로 벌인 청룡 꽃마차 퍼레이드

〈그림 5-10〉 2013년 상파울루 카니발 퍼레이드

주: 상파울루의 빌라마리아삼바학교(S.P. Unidos de Vila Maria)가 "한강의 7개 물결"이라는 주제
로 펼친 퍼레이드

　　이 외에도 한류가 브라질사회에 끼친 영향을 살펴보면 다음과 같
다. 첫 번째, 한국어 실력이 신분상승의 무기로서 부상했다. 두 번째, 한
국에서 유학했던 브라질 정부의 '국경 없는 과학'(Ciência Sem Fronteira) 프로

그램의 수혜자였던 브라질 국비 장학생들이 귀국하여 한국기업에서 일하며 한류의 전도사가 되었다. 세 번째, 한국 식품 ― 빙그레의 '메로나', 신라면, 진로의 '하이트', 해태의 '봉봉' 주스와 과자 등 ― 을 한인들이 운영하는 식품점뿐만 아니라, 까레포(Carrefour)와 같은 브라질의 대형 슈퍼마켓에서 쉽게 만나게 되었다. 네 번째, LG, 삼성, 기아, 현대, 금호 타이어 등의 한국 상품의 판매가 증가했다. 다섯 번째, 초창기에는 K-Pop 커버댄스나 관련 행사를 일본계 이벤트 회사 '야마토'(Yamato)가 전담했으나 오늘날에는 K-Pop 축제나 한인사회 축제에서 주체적인 역할을 한인들이 맡아 하고 있다. 그중 대표적인 단체는 Kpop-Station 동호회(대표 엄인경), 푸드 트럭에서 한국음식을 제공하는 'OG 한국식품 수입 회사'(대표 하윤상), 이벤트 회사 'Storyvent'(대표 김주희) 이다.

〈표 5-5〉 브라질에서 열린 한류 관련 행사(2011~2018)

일 시	장 소	콘서트 및 축제명	비 고
2011.05.21. ~22	상파울루 봉헤치루	한국 문화의 날	코리아타운 지정기념 행사를 겸함
2011.08.05	에스페리아 클럽	제9회 드림콘서트	브라질 청소년들에게 문호 개방
2011.09.07	홈즈 클럽	'커버댄스 페스티벌 K-Pop 로드쇼 40120'의 브라질 예선	8천여 명 운집 (경찰 추산 5천 명)
2011.12.13	에스파수 다스 아메리카스	유나이티드 큐브 월드투어	비스트, 포미닛, 지아 등 출연
2012.01.19	봉헤치루 성당	스타 데이트	제국의 아이들, 동준, 케빈 출연
2012.06.	에스페리아 클럽	제10회 드림콘서트	제2회 K-Pop 커버댄스 콘테스트 겸함
2012.09.08	에스파시오 빅토리 공연장	JYJ 시아준수 콘서트	약 1,300명 참석
2012.10.12	이비라푸에라 공원	강남스타일 플래시몹	약 500명 참가

2012.12.8.~ 2013.02.03	리브라리아 쿨투라 (Livraria Cultura)	K Invasion	K-Pop 공연 DVD 시사회
2013.02	페르남부쿠주(州)의 헤씨페시(市)	싸이의 브라질 카니발 축제 참여	장사진을 이룸
2013.04	크레딧 카드 홀 (Credit Card Hall)	슈퍼주니어의 Credit Card Hall 단독공연	상파울루 최대 공연장 8,000석 매진
2013.12.18	파라나주(州) 쿠리치바시(市) 파라나클럽 (Paraná Clube)	뉴이스트(Nu'est)의 '서킷 오브 케이팝 (Curcuit of K-Pop)'	루나플라이, 방탄소년단, Mr.Mr 등 2,000석 매진
2014.05.13	월드컵축하 한국문화공연 I	아르치스 극장 (Teatro das Artes),	태권도, 비보이, 국악 등
2014.05.14	월드컵축하 한국문화공연 II	브라질 한국학교 (Polilogos)	태권도, 비보이, 국악 등
2014.05.17	월드컵축하 한국문화공연 III	피라시카바시(市) 다문화 축제	태권도, 비보이, 국악 등
2014.05.20	월드컵축하 한국문화공연 IV	월드컵 본선 개최도시 마나우스시(市)	태권도, 비보이, 국악 등
2014.05.31	에스페리아 클럽	김조한과 대니정의 Soul in Sao Paulo	
2014.06.07	리우데자네이루의 HSBC 아레나 공연장	KBS의 Music Bank	1만 5,000명이 들어가는 공연장에 2/3인 1만 명만 이 운집
2014.08.13.~ 2014.08.15	코리아브랜드 한류상품박람회 2014 (KBEE 2014)	World trade Center 골든홀 전시장	산업통상자원부와 문화체 육관광부(주최) KOTRA와 한국콘텐츠진흥 원(주관) 아이돌 빅스(VIXX) 참가
2015.06.05	에스파수 다스 아메리카스 (Espaço das Américas)	김범수	1만 5,000명이 들어가는 공연장에 6,000명 참석
2016.05.27	피라시카바시(市)	피라시카바시(市) 다문화 축제	상파울루 교육원, 서예반 등 참여
2017.03.19	Citibank Hall	BTS	7,000명 들어가는 공연장
2017,06-23~ 2018.07.01	2017 Wild Kard	KARD	포르탈레자, 살바도르, 헤 시피, 리우데자네이루, 상 파울루 5개 도시 공연

			첫째 날 K-Pop 콘서트
2018.11.02~ 2018.11.03	아넴비 컨벤션 센터 (Anhembi Centro de Convenções)	2018 브라질 K-콘텐츠 엑스포	(KARD 공연), 둘째 날 K-Food, K-Beauty, 모바일 게임 및 VR 콘텐츠 등 전시

출처: 정길화(2013)와 최금좌(2015) 자료를 바탕으로 본 연구자가 추가 재구성했음.

위의 표를 자세히 들여다보면, 2011년 한류 붐의 시작과 함께, 브라질의 2014년 월드컵 대회 개최를 축하하는 한국 문화공연이 급속히 증가한 것을 알 수 있다. 그중 2014년 5월 4번에 걸쳐 공연한 태권도, 비보이, 국악 행사는 브라질사회의 주목을 받았다. 특히 마지막 세 번째와 네 번째 공연은 상파울루주(州) 피라시카바시(市) — 현대자동차 공장이 들어선 곳 — 에서 열리는 다문화축제와 20일 브라질 마나우스시(市) — 브라질 북서부에 위치하며 월드컵 본선 개최도시로, 삼성과 LG 등 한국 기업이 많이 진출한 곳 — 에서 열려서 그 의미가 크다고 하겠다. 그리고 2014년 6월 리우데자네이루의 HSBC 아레나 공연장에서 열린 KBS의 〈뮤직뱅크〉는 6시간 거리에 위치한 상파울루 한인사회를 하나로 뭉치는 효과를 가져왔다(하지만 좀 더 일찍 기획을 확정했더라면, 상파울루 인근의 극장을 대여하여 더 좋은 결과를 가져올 수 있었을 것이라는 안타까움을 남겨두었다).

그 과정에서 BBQ와 같은 한국 요식업체가 진출했다(하지만 닭고기의 원산지인 브라질에 진출한 결과는 실패였다). 그리고 브라질 교포가 봉혜치루와 가깝지만 비교적 임대료가 저렴한, 산타 크루스(Santa Cruz) 지하철역 근처에 'K-Pop Chicken'(대표 조신영 부부)이라는 '치맥'집을 오픈했다(한국교육원이나 한국문화원에서 한국어 및 한국문화수업을 수강하는 한류 팬들을 고객으로 삼았으나, 지금은 폐업했다). 오늘날에는 고급화된 한국식 찻집과 빵집 등이 SNS 광고로 봉혜치루

한가운데에서 브라질 고객들을 유치하고 있는데, 남녀노소는 물론 지역을 불문한 고객들이 이곳을 찾고 있다.

한류 2.0이 브라질 한인사회에 끼친 영향은 다음과 같다. 첫 번째, 한류에 가장 민감한 동포 청소년들을 대상으로 하는 모든 행사 — 개신교 주최 청소년부흥회, 교육원 주최 운동회, 학습교재 개발 등 — 가 K-Pop을 앞세워 치러지고 있다. 두 번째, 청소년을 사랑하는 모임의 준말인 '청사모'가 한인 청소년들을 대상으로 매년 주최하던 '드림콘서트'를 2012년 제10회부터 브라질 청소년들에게도 문호를 개방했다. 세 번째, 2006년부터 '봉헤치루'(Bom Retiro)에서 개최되는 "한국 문화의 날" 행사(「한인회」 주최)가 지역축제로 승화되었다. 네 번째, 한류 관련 잡지 『K-Wave』(대표 김수한)가 발간되었고, 다섯 번째, 한국계 공연 및 이벤트 회사 '스토리벤트 프로모션'(Storyvent Promotion, 대표 김주희)이 등장하여 결혼식이나 조그만 가족행사를 한국식으로 하는 것이 유행하게 되었다. 여섯 번째, K-Pop 확산을 위한 한국계 엔터테인트 회사나 연예기획사들 중 'JS 엔터테인먼트'(대표 이정신)는 남성 5인조 브라질 아이돌 '챔스'를 탄생시켰다. 그런데 네 번째의 K-Wave와 여섯 번째의 '챔스'(Champs)는 활동기간은 1년 남짓으로, 2014년 브라질 월드컵의 개최 이후 모습을 감추었다. 하지만 다섯 번째의 '스토리벤트 프로모션'(Storyvent Promotion)을 운영하는 김주희는 오늘날 한인사회의 한류 관련 행사를 도맡아 할 정도로 우뚝 성장했을 뿐만 아니라, 최근 인터넷 방송 "뽕 브라질"(Bbong Brasil)은 '따봉 브라질'(Tá Bom Brasil, '지금 브라질은 좋아'라는 뜻)을 한국식으로 변형시킨 것으로 브라질사회와 한인사회로부터 좋은 호응을 얻고 있다.

〈그림 5-11〉 한류 전문잡지 K-Wave

〈그림 5-12〉 2013~2014년 B-Pop을 유행시킨 아이돌 그룹 '챔프'

③ 한류 3.0

브라질사회에서 한류 3.0이 본격적으로 확산된 것은 2014년 브라질의 월드컵 대회 종식 직후이다. '코리아브랜드 한류상품 박람회 KBEE 2014'(Korea Brand & Entertainment Expo 2014)는 라틴아메리카 최초 한국 문화콘텐츠 상품 소개와 한류산업의 브라질 진출을 타진하기 위한 것이다. 한국 정부의 산업통상자원부와 문화체육관광부 주최, 코트라

(KOTRA)와 한국콘텐츠진흥원(KOCCA) 주관으로, 2014년 8월 13~15일 동안 브라질 상파울루 모룸비구(區)에 위치한 '월드트레이드센터'(World trade Center) 골든 홀 전시장에서 개최되었다. 한국 정부가 "문화한류"의 저변을 "경제한류"로 승화시켜 중남미 시장의 판로를 문화와 산업을 융합한 한류박람회를 지향하고 있기 때문에 K-Pop의 다채로운 부대행사와 함께, 한류의 브랜드파워를 활용한 다양한 콘텐츠 상품들 ― 방송, 애니, 캐릭터를 포함해 문화콘텐츠와 IT, 한류상품, 프랜차이즈, 패션, 뷰티 등 ― 을 소개한 것이 특징이다.

〈그림 5-13〉 2014 코리아브랜드 & 한류
상품박람회(KEBB) 포스터

국내외 약 250개 회사가 참가한 이 행사는 브라질인들의 관심을 한국의 대중문화에만 한정시키지 않고 한국의 역사문화를 기반으로 하는 첨단제품과 한국문화를 체감할 수 있는 서비스를 제공했다. 브라질 진출 대기업 ― LG, 삼성, 기아, 현대, 금호타이어 등 ― 뿐만 아니라, 한국의 엔터테인먼트 관련 중소기업들이 참가한 이 행사에, 브라질 유력 지상파 방송국 '밴드 티브이(Band TV)'가 이례적으로 브라질에서 요리사로 활약 중인 손정수를 출연시켜 한식 소개 프로그램을 편성하기도 했다. 브라질 기업들은 한류와 융합된 콘텐츠, IT 정보기술 제품 등 다양한 분야에 관심을 보였다. 개막식 날에는 중남미에서 신흥 인기몰이를 하고 있는 아이돌그룹 '빅스'(VIXX)와 여가수 '김보경'이 공연했다. 그리고 한국만화의 확산을 위해 '공포의 외인구단'으로 유명한 이현세 화백이 참여했는데, 그는 현장에서 직접 작품을 그려주는 퍼포먼스로 현지인들의 눈길을 사로잡는 데 성공했다.

〈그림 5-14〉 2018 브라질 K-콘텐츠 엑스포 포스터

그리고 2018년 11월 2~3일 상파울루 '아넴비 컨벤션센터'(Anhembi Centro de Convenções)에서 '2018 브라질 K-콘텐츠 엑스포'가 열렸다. 이 행사는 한국콘텐츠진흥원(KOCCA)과 SBS가 주최하고, 한국국제문화교류진흥원(KOFICE)이 후원하여 첫째 날 전시와 K-Pop 콘서트를, 둘째 날 전시 및 이벤트 위주의 행사를 했다. 특히 K-Food, K-Beauty, 모바일게임 및 VR 콘텐츠 등의 전시가 인기를 끌었으며 총 6천여 명의 현지 관람객이 찾은 것으로 알려졌다. 그런데 이 행사를 자세히 살펴보면, 한류 3.0도 점차 진화하고 있음을 알 수 있다. 브라질에서 2011년에 한류의 붐이 일어난 이후, 하나의 문화현상을 넘어서, 소통의 개념으로서 전 세계적으로 유통되고 있는 문화콘텐츠로서 재정의되고 있기 때문이다.

(2) 한류 동호회

국제교류재단의 2018년 보고서에 의하면 오늘날 한류 동호회의 수는 34개이다. 가장 먼저 2006년 생겨난 '바가루미'(Vagalume, '개똥벌레' 혹은 '반딧불이'라는 뜻)라는 사이트가 KISS의 노래, 〈나는 여자이니까〉의 가사를 각각 영어와 포르투갈어 ─ 〈Because I'm a girl〉과 〈Pois eu sou uma garota〉 ─ 로 소개해서 회원 3만 7천 명을 확보했다. 한류사이트 중 재미있는 이름은 "나는 한국말로 노래할 줄 안다!"와 "난 엉터리 한국말로 노래한다!"이다(임윤정, 2011). 그리고 한국의 3인조 걸그룹 KISS의 노래, 〈나는 여자이니까〉를 브라질 북동부의 댄스그룹 "깔신냐 프레따" (Calcinha Preta, '검은 팬티'라는 뜻)가 〈내 마음에 와닿았으니까〉(Por que tocou meu coração)라는 제목으로 불렸고, 2007년 여가수 프랑시엘(Francielle)은 〈만일 당신이 '예스'라고 대답한다면〉(Se você disser que sim)이라는 제목으로 불러

커다란 인기를 얻었다. Korean Love로 알려진 이 뮤직비디오는 일찌감
치 유튜브 동영상 조회수 1천만 회를 상회했는데, 그것은 리듬이 빠른
춤추는 음악을 선호하는 브라질인들에게 로맨티시즘을 자극했기 때문
이다. 그런데 한류 동호회의 특징은 사이트들이 생겨났다가 없어지기
를 반복한다는 것이다. 따라서 Facebook에 게시된 브라질 K-Pop 동호
회를 정리하면 다음과 같다.

〈표 5-6〉 Facebook에 개시된 브라질 K-Pop 동호회(2019년 2월 15일 기준)

명칭	개시연도	회원 수	관리자
Grupo da Nação (아시아 문화 포함)	2014.10.14	4,024	Denise Antunes, K-Pobre 외 3명
CLC Brasil	2015.01.04	2,692	Iago Macedo외 2명
KPOP KAPPA TAU	2016.06.06	3,612	Eduardo Klemtz, Eduardo Jenner 외 4명
MOMOLAND Brasil	2016.07.18	2,218	Hedia Sol
BTS BRASIL	2017.01.29	40,941	Jeong Mahina, Kettelin Hoseok 외 2명
Uma dose de dorama	2017.06.13	123,100	Bárbara Mendonça, Bolinho Barbs
JIKOOKBRA	2017.07.08	18,147	Jimin Costa, Alda Costa
Seventeen Brazil	2018.02.22	4,101	West Gean, Risa Ribeiro 외 4명
K-POC	2018.03.01	31,186	Filipe Colucci, K-POC 외 4명
BTS-ARMY-BRASIL	2018.03.06	26,750	Eduarda Arruda, Ítala Rayane 외 4명
BTS - Armys de coração	2018.05.02	18,206	Kim Jujüh, Aline Malegone, Kaillany Cristina
Armys do Brasil - BTS	2018.05.25	37,518	Andrya Sillva와 Cleiton Silva Jr.
ATEEZ BRASIL	2018.06.02	1,203	Sara Do Chittaphon, Do Yeosang, Bruno Muñoz, Adriely Lima
TREASURE(13) & MAGNUM BRASIL	2018.11.05	431	Isa Dora 외 3명

K-BOP (아시아음악 포함)	2018.12.01	767	Dandara Beatriz, Gabriele Prudente 외 2명
YGore (revival)	2018.12.20	347	João Rodrigues, Valentim Da Son Chaeyoung 외 4명
PRODUCE X 101 BRAZIL	2019.01.09	664	Melissa Fidelis, Luma Lima 외 7명

한류 동호회 중 오늘날 가장 활발한 사이트로는 한국 프로그램을 포르투갈어로 번역하여 공유하여 회원 수가 20만 명이 넘는 '스바라시이 팬섭'(Subarashiis Fansub)[1]이 있고, 그 뒤를 잇는 사이트가 2013년 개설된 '케이팝 브라질'(K-POP BRASIL)[2]과 '브라질-코리아'(Brazil-Korea)[3]가 있다. 이 사이트들은 각각 K-Pop과 관련된 최신 기사와 소식 등을 전하며, 나름

〈그림 5-15〉 오늘날 가장 활발한 K-Pop 사이트들(2019년 2월 15일 기준)

---

[1]   https://www.facebook.com/subarashiisSub.

[2]   https://www.facebook.com/groups/724258687707048.

[3]   http://www.brazilkorea.com.br/?fbclid=IwAR3Y1OWW_n9tBx-ujO7IQEFU5r9GAM
Di8bUGRT6pkE2rXhntv52WmR_BqjQ.

대로 브라질 팬을 동원할 수 있는 능력이 있기 때문에, 브라질 주재 한국공관(특히 한국문화원)이나 한국문화산업교류재단(Kofice)이 재정적 지원을 하며, 한국 정부 주최 행사의 대부분을 주관하고 있다.

(3) 〈한국 문화의 날〉 행사와 K-Pop 경연대회 : 브라질 전 지역으로 확산

브라질 북동부의 세아라(Ceará)주(州)에 '뻬썽' 제철소가 건설되면서, 이 지역의 한국과 한국 문화에 대한 수요가 생겨나 '한국 문화의 날' 행사가 확산되고 있다. 한인 7세대가 거주하는 페르남부쿠(Pernambuco)주(州) 수도인 헤시페(Recife)에서 2014년 9월 27일 제1회 '한국의 날' 행사가 처음으로 개최되었다. 이를 계기로 북동부의 세아라주(州) 수도인 포르탈레자(Fortaleza)에서 개최되는 이 지역 가장 큰 동양 문화축제인 '사나 페스티벌'(Sana Festival)에 2015년부터 한국 만화가들과 관련 기업들이 참여하기 시작했다. 그리고 2017년 10월 8일에는 '아마존 K-POP 경연대회'(Amazon K-POP, 혹은 Korea Pop)가 한국 대기업이 진출한 아마존(Amazonas)주(州) 수도인 마나우스(Manaus)의 '마달레나 문화회관'(Centro de Convivência Magdalena Arce Daou)에서 개최되었다.

이러한 환경 변화로, 최근에는 상파울루 한인사회가 아마존 원주민을 대상으로 한국문화 알리기 사업을 시작했다. 전 중남미한글학교 연합회 회장 김성민이 그 주인공으로, 그는 아르헨티나를 거쳐 브라질로 재이주한 사람이다. 아버지가 선교사인 그는 특히 아마존 원주민에게 관심을 보이며 종이접기 사업을 진행 중에 있다(왕길환, 2019).

그런데 이러한 최근의 한인들의 태도 변화는 브라질에 손재하는 일본 및 중국 이민사회의 브라질 전역을 대상으로 하는 적극적인 행보에 영향을 끼쳤다. 예를 들면, 2014년 5월 19일 중국인들은 브라질 남부 히우그란지두술(Rio Grande do Sul)주(州)의 포르투알레그리시(市)에서 '브라질에서의 중국문화산업전시회'(China Cultural Industry Exhibition in Brazil)를 100명이상의 주정부, 브라질 문화산업계, 언론 및 방송 관계자들 앞에서 거행했고, 2015년 8월 15일 일본인들은 브라질 북부의 토칸친스(Tocantins)주(州)의 팔마스(Palmas)시(市)에서 제7차 일본문화 페스티벌을 개최했다.

(4) '상파울루 이민자 축제(Festa do Imigrante)'에 참여한 브라질 한인사회

브라질 한인사회는 2018년 6월 9~16일 사이 상파울루 이민박물관에서 열린 〈제23회 이민자 축제〉(Festa do Imigrante)에 참여할 정도로, 브라질사회가 주최하는 문화 행사에 적극 참여 중이다.

〈그림 5-16〉 제23회 '상파울루 이민자 축제'에 참여한 한인 어머니합창단

2012년부터 7년째 참여하고 있는 브라질 한인사회는 K-Pop Station(대표 엄임경)의 불고기 강좌, 한국서예팀(나성주 대표)의 한국이름 써주기 이벤트, 한인어머니합창단의 합창 〈울산아가씨〉, 〈밀양아리랑〉, 브라질 한인 무용협회(회장 박인선/대표 이화영)의 부채춤, 난타 등 화려하고 흥겨운 우리 전통음악과 춤, 그리고 K-Pop 커버댄스 등의 역동적인 무대 공연을 선보였다.

(5) 한류를 이끌어 가는 대표적인 인물과 단체들
① 김유나

김유나는 한인 1.5세로서 상파울루시(市) 가톨릭대학교 대학원 커뮤니케이션 석사과정에서 한국 이민사를 주제로 한 사진첩 제작이 오늘날 한류문화원장으로 활동하게 된 계기가 되었다. 그녀는 2013년 한국문화원이 개설되었을 때, 현지 직원으로서 근무하여 한국의 대(對) 브라질 문화정책을 몸에 익혔다. 그리고 그녀는 그곳을 나와 2016년 개인적으로 봉혜치루에 한류문화원을 개설하여, 500명의 브라질 수강생에게 한글, 전통춤, 한식, 종이공예 등을 가르쳤다.

그러던 중 2018년 5월 브라질 상파울루 시(市)정부가 새로이 신설한 인권부의 이민자대표 자문위원으로 선출되었다. 임기는 2년으로, 그녀는 상파울루 시(市)정부의 이민자 관련 정책에 대한 계획수립 수행 모니터링 및 평가 참여, 이민자의 권리 보호 및 증진, 공공정책의 분권화 작업, 이민자의 정치 참여 장려·회의·청문회 및 공개 상담을 통해 상파울루시의 이민자들의 참여 상승과 청취를 위한 공간 증진 등의 업무에 참여하게 된다. 그리고 그녀는 한인들을 위한 정책 수립과 한인들의 권익신장사업으로 "우선적으로 이민자를 위해 시(市)정부가 제작하는 가이드북의 한국어판 발행과, 코리아타운 봉헤치루가 한국문화거리로 조성되도록 힘쓸 것"이라고 포부를 밝혔다.

〈그림 5-17〉 2018년 8월 16일 이민자대표 자문위원 임명장에 서명하는 김유나

그리고 그녀는 2017년부터 브라질 라디오 방송국의 '꼬레아온라인'(Coreia on Line) 프로그램의 사회를 맡아 주 1회 한국을 알리는 방송을 진행하던 중, 2019 한국-브라질 외교수립 60주년을 기념하기 위해서 브라질 헤지 텔레비전 방송국(Rede Brasil de Televisão)이 신설한 'TV 한국 클럽'(TV Clube Coreia)의 진행자로 지명되었다. 2019년 2월 토요일 첫 방송을 시작으로 주 1회 방송될 예정인 이 프로그램은 브라질사회가 관심을 보이는 한국 문화, 요리, 미용 등을 주제를 다루게 될 것이다(강성철, 2019). 참고로 첫 프로그램에는 김유나가 브라질사회로부터 패션디자이너로 인정받은 추누리를 초청하여 한인사회가 추구하는 패션 방향을 다루었고, 또한 한인사회의 원로들을 초청하여 고전무용 및 승무(이화영 대표) 그리고 캘리그래피(나성주 선생) 등을 소개했다.

〈그림 5-18〉 브라질 헤지 텔레비전 방송국의 'TV 한국 클럽' 프로그램의 첫 방송: 원로들과
함께 음력 설날을 주제로 선보임

② 손정수

손정수 대표는 부모를 따라서 10살 때 브라질로 이민했다. 한국에
서 초등학교 5학년까지 학교를 다니다가 브라질에 도착한 그는 또다시
5학년 과정을 반복했지만, 1992년 한인사회에 일어난 '계' 파동으로 대
학교 진학을 포기했다. 그는 최근 브라질 상파울루 한인사회의 변화에
대해서 한인 신문에 자신의 글을 왕성하게 기고하여, 그것을 최근 『착
한 브라질 이야기』로 발간했다. 그리고 그는 한인회나 상파울루 총영사
관이 주관하는 동포경제 활성화를 위한 소통과 협력 포럼 등의 연사로
서 강단에 서기도 했다.

그는 2011년 〈반찬닷컴브라질〉 사이트를 열었는데, 그것은 개인
적으로 브라질사회에 한식을 바로 알리기 위해 시작한 활동이다. 처음

에는 그의 활동에 몇 개의 한인단체들이 참여했으나 오늘날에는 혼자서 하고 있다. 이것은 브라질사회의 어느 기관에서 한식 설명회를 요청하면 그 자신이 모든 비용을 부담하며 응하고 있다는 것을 의미한다. 그의 이러한 활동의 궁극적 목표는 브라질사회에 올바른 한국음식과 한식 식재료를 알리는 데에 있다. 그리고 한식의 식재료는 물론 조리방법 역시 한국말로 발음하게 하는 것이다. 예를 들면, 브라질인들이 일본식 명칭인 '쇼유' 대신 간장을, 그리고 '토후' 대신 두부로 쓰게 하는 것이다.

〈그림 5-19〉 손정수의 '반찬닷컴'[4]

그리고 그는 저소득층 학생을 대상으로 운영되는 '오테크'(OTEC)대학교의 조리학과에서 한국음식 강의는 물론, 브라질 방송 출연에도 응하고 있다. 이에 한국문화원은 한식에 관심 있는 브라질사회의 관심을

---

[4] https://drive.google.com/file/d/15wv_gNN54XOnMpLvEp_Ek7nDylf6ZTBr/view?usp=sharing.

고조시키기 위해 지금까지 '한식 경연대회'를 세 차례 개최했다.

〈그림 5-20〉 제2회 〈한식 경연대회〉에 심사위원으로 참여한 손정수(2017)

③ 김주희

김주희 대표는 부모를 따라서 고등학교 시절 브라질로 이민했지만, 대학은 미국의 미술대학 파슨스(Parsons School of Design)에서 마쳤다. 그녀는 다시 브라질로 돌아와 2000년대 초반 이야기가 있는 공연 및 이벤트 회사를 기획하고, 회사 이름을 '스토리벤트 프로모션'(Storybent Promotion, Rua Labavitch 83, 2nd floor, Bom Retiro)이라고 명명했다. 그리고 2014년 브라질 월드컵 대회를 앞두고 K-Pop 브라질 공연이 증가함에 따라, 전직 한국 총영사관 총영사 비서였던 박희란과 함께 이 회사를 통역 및 공연 이벤트회사로 전환시켜, 브라질 월드컵 대회에 참가한 한국대표팀의 응원에 기여했다.

오늘날 이 회사는 현재 2개의 자회사를 갖고 있는데, 하나는 기업 및 공관행사를 기획하는 '블랙 바이 스토리벤트'(Black by Storyvent)이고, 또 다른 하나는 웨딩기획 파트인 '호제 바이 스토리벤트'(Rosé by Storyvent)이다. 그동안 이와 비슷한 회사들이 다양하게 등장했으나, 오늘날 이 회사만이 유일한 이벤트 기획사로 남아있게 되었다. 이 회사가 가장 마지막에 진행한 중요한 행사는 2018년 8월 15일을 앞두고 봉헤치루 입구에 건립된 한국의 상징물 '우리' 완공식과 이를 위해 브라질을 방문한 이낙연 국무총리 환영행사였다. 참고로 '스토리벤트 프로모션'이 그동안 기획한 행사는 다음과 같다.

- 2018년 이낙연 국무총리 방문 관련 상파울루 전 행사 담당 기획
- 2018년 브라질 한인 상징물 기공식 및 완공식 기획
- 방탄소년단 안무 더렉터 손성득 브라질 워크숍 기획
- 2017 Big Picture Tour 블랑 세븐 브라질 투어 기획
- 2016 KBS 가요무대 브라질 특집 연출보조, 현지기획 및 코디네이트
- 2015 Korean Music Fest 기획
- 2015 김범수 겟올라잇 쇼인 브라질 기획 연출
- 브라질 상파울루 태권도 연맹주최 K-Tigers Demonstration Team 브라질 투어
- 김조한 & 대니정 상파울루 공연 연출
- 한국 문화원 주최 한국의 하모니 공연 연출
- 2014 브라질 월드컵 거리응원전 공연 및 행사 기획 연출

- 화가 전옥희 개인전 기획 연출
- 한국 퓨전 국악 그룹 들소리 상파울루 공연 연출
- 이명박 대통령 국빈 방문행사 지원
- 각종 파티 주최 Hotel Renaissance, Hotel Umique 외 100여 건
- SBS 방송국 특별 프로그램 〈일단 띄워〉 현지지원
- 2015 KAPID(한국광산업진흥회)무역사절단 브라질 방문행사 기획
- 2015 OKTA 중남미 무역스쿨 진행 및 총괄
- 2015년 10월 Colors of Korea(한국 문화의 날 행사) 기획 및 진행
- 2012 제7회 한국 문화의 날 총연출

〈그림 5-21〉 김주희 Facebook에 게시된 사진

④「브라질한인문화예술인연합회」

브라질 한인사회에는 아주 다양한 단체가 존재한다. 한인사회가
경제적으로 성장하던 시절 ― 특히 1980년대와 2000년대 ― 한인단체

들은 매우 활발하게 활동했다. 하지만 최근에는 브라질의 경기침체로 단체 고유의 활동이 급감했다. 이에 한인사회 내의 거의 모든 문화 관련 단체들이 2016년 12월 2일 연합회를 결성했다. 그것은 「브라질한인문화예술인연합회」인데, 한인사회와 브라질사회의 한국문화 및 관련 이벤트 행사에 대한 수요 — 축제 및 브라질 TV 방송 출연 등 — 를 좀 더 조직적이고 체계적으로 대처하기 위한 것이었다. 오늘날 이 연합회에 남아있는 단체는 사물놀이, 전통한국무용연구소, 태권도 시범단, 붉은 소나무회, 어머니합창단, 라인댄스, 라뮤직스튜디오, 7PM 밴드, 바이올린협주회이다. 이 연합회는 '3.1절 100주년 기념 및 한국-브라질 수교 60주년 기념 문화페스티벌'을 주 「브라질한국문화원」과 「브라질 한인회」와 함께 개최했다.

⑤ 「브라질 한인회」

2006년 상파울루 주(州)정부의 요청으로 시작된 '한국 문화의 날' 행사는 처음에는 5월 마지막 주말에 개최하기로 결정되었으나, 그동안 한국 및 브라질 한인사회의 기념일에 따라서 날짜가 지속적으로 바뀌었다. 따라서 2018년 「브라질 한인회」는 상파울루시(市)정부와 '한국 문화의 날'을 8월 15일로 확정했다. 그런데 8월 15일을 브라질의 테메르(Temer) 대통령은 2018년 6월 브라질-중국 외교수립 44주년을 맞이하여 '중국 이민의 날'로 지정·선포했다. 8월 15일 중국인들의 기념행사는 향후 수적으로 불리한 브라질 한인사회를 포함시켜 '동양 이민의 날'로 승화시킬 가능성도 높다. 그것은 중국인들이 진작부터 '일본인 촌' 리베르다지구(區)에서 '중국 음력 설날 축제'(Festa do Ano Novo Chinês)를 거행하고 있는데, 브라질 언론들은 이것을 "동양인들의 음력 설날 축제"라는 제목으로 다루고 있기 때문이다.

5. 결론

오늘날에는 어느 나라에 사는 소수민족이라 하더라도, 집단적 인구이동 현상과 본국과의 관계가 매우 중요해졌다. 다인종이 모여 사는 브라질에서는 최근 아시아의 최대 3대 교역국 ─ 중국, 일본, 한국 ─ 모두가 브라질을 '전략적 파트너'로 재정의하며, 브라질 전 지역을 대상으로 자국의 문화 가치를 높이려는 노력을 강화시키고 있다. 더군다나 룰라(Lula) 대통령이 정권 말기인 2010, 2014년 월드컵 대회와 2016년 올림픽 대회 개최가 확정되자, 이 아시아 3국의 문화마케팅은 더욱 적극적이 되었다.

이러한 현상에 대해서 필자는 이민 50주년을 맞이한 브라질 한인 사회(한국문화원을 앞세운 약 5만 명)가 이민역사 110년이 넘은 브라질 일본인 사회(일본재단과 Japan House를 앞세운 약 190 만 명)와, 21세기 직접투자 및 브라질 진출 인구가 급증한 브라질 중국인 사회(공자학당을 앞세운 약 200만 명)와 본격적으로 '문화전쟁'에 돌입했다고 보는데, 그것의 근거는 다음의 두 가지 사실에 있다.

첫 번째 일본의 경우, 1895년 브라질과 '우호 · 통상 · 항해 조약' (Tratado de Amizade, Comércio e Navegação)을 맺음으로써 외교관계를 수립하고, 이후 100년 이상 브라질의 아시아 최대 교역국의 지위를 유지했다. 그리고 두 번째 중국의 경우, 1978년 개방개혁보다 4년 전인 1974년 브라질과 비간섭, 평등·상호이익을 추구하며 외교관계를 수립했다. 양국의 관계는 2008년 세계 재정위기 회복에 신흥국가들의 역할이 강조되자, 같은 BRIC 국가로서 급속히 가까워졌다. 그 결과 중국은 2009년 일본은 물론 미국까지 제치고, 브라질의 최대 교역국이 되었다. 이 시기 한국-브라질 관계 역시 급속히 가까워졌는데, 그 과정에서 브라질의 언어 포르투갈어와 브라질 문화에 익숙한 브라질 한인사회의 역할은 아무리 강조해도 지나치지 않을 것이다.

브라질 한인사회의 인구는 거의 30년 동안 정체되어있다. 따라서 브라질 한인교회들은, 1990년 브라질 정부의 시장 개방정책 이후, 전도의 대상을 자신들이 데리고 일하는 브라질 종업원들이나 거래처 회사의 브라질인들로 확대했다. 그리고 최근 한류의 붐이 일어나자, 한글교육기관들 ―「상파울루한국교육원」, 「브라질한국문화원」 그리고 상파울루 한인사회 내에 형성된 모든 한글학교들 ― 은 자신의 교육의 대상을 브라질인들로 확대 중이다.

오늘날 브라질 한인사회는 경제적으로 매우 어려운 상황에 처해있다. 이를 극복하기 위해 브라질 한인사회는 본국인 한국과 밀접한 관계를 맺으며 한류를 앞세운 문화마케팅과 봉사활동으로 또 다른 도약을 시도하고 있다. 필자가 그것이 가능할 것이라고 생각하는 근거는 한국 이민자들이 브라질에 도착하기 이전, 주 상파울루 대한민국 총영사관 주도로 「교민회」가 조직되었다는 사실에 있다.

원래 이러한 성격의 단체는 구성원의 권익과 생활 향상을 도모하기 위한 목적으로 자발적으로 설립되어야 하는 것임에도 불구하고, 브라질에서는 공식 집단농업 이민자들이 브라질에 도착하기 이전인 1961년 6월 총영사관 주도로 교민회가 발족되었다. 회원으로는 1920년대 일본인 국적으로 브라질에 도착한 사람들, 중립국 인도를 거쳐 1956년 브라질에 도착한 51명의 반공포로들, 그리고 1961년 「문화사절단」이라는 이름으로 브라질에 도착한 14명의 이민브로커들이 전부였는데, 이에 대해 이민원로 고광순옹은 당시 교민회 형성과정에 대해서 다음과 같이 언급했다.

"내가 온지 두 달 만인가? 그러니까 6월 달이었습니다. 이민영 총영사가 당시 대사관이 없던 때라 대사 대리를 맡고 있었는데, 그가 우리를 불렀습니다. 그리고 말하길 '지금 이북에서 공작원들이 들어와서 활동하고 있으니, 빨리 우리 동포를 하나로 모아야 할 필요가 있다. 그러니 단체를 하나 만들어야 한다'라고 말했습니다. (…)

평양출신인 제가 반공포로를 상당히 많이 알고 있었습니다. 거의가 이북에서 온 사람들이니까 서로 말이 통했습니다. 그래서 「교민회」라는 것을, 즉 「재상파울루한인교민회」 혹은 「주상파울루한인교민회」 등의 타이틀을 만들어서 정관을 만들었습니다. (그것은) 「브라질일본문화협회」에 가서 그들의 정관을 참고한 것이지요. (…)

제가 정관을 만들게 된 것은, (주 상파울루 한국 총영사관이) 저의 한국에서의 사회적 지위와 또한 나이가 많다는 이유로, 그 발기인 총책임자를 나한테 맡겼기 때문입니다. 저는 그 정관을 가지고 반공포로들을 찾아다녔습니다. (그리고 당시) 무국적자였던 반공포로들이 대한민국 국적을 신청하면 무조건 주었습니다. (…)

그런데 우스운 점은 「교민회」의 회원자격이 '브라질에 영주하기 위해서 온 사람, 또는 여행으로 온 사람, 모두가 회원이 될 수 있다'는 점이었습니다. 제 자신도 다른 문화사절단과 함께 석 달 관광비자로 브라질에 들어온 경우였지만, 회원으로 등록할 수 있었습니다. 그리고 1962년 8월 15일 [광복절] 축하행사를 하고 끝난 자리에서 「교민회」 창립총회를 열었습니다. 그리고 회장에 [1920년대 일본 사람이랑 함께 들어온 사람 김군수의 둘째 아들] 김창수를 추대했습니다. 그 사람은 한국말을 잘했습니다. 이렇게 한인회의 전신인 「교민회」가 탄생했습니다(2008년 7월 인터뷰).”

그리고 고광순옹은 다음과 같은 사실을 덧붙였다. 제3차 집단농업 이민자들이 탄 배가 산토스항에 정박했을 때, 상파울루 총영사가 그들을 상파울루시(市)에 정착시키기 위해서 당시 「교민회」 회장직을 맡고 있던 자신을 보냈다는 것이다.

“빅토리아(Victória)라는 곳은 정말 덥고 (⋯) 그냥 앉아있어도 땀이 나는 데니까 (⋯) 그러니깐 우리는 다음에 오는 사람들을 하루라도 고생시킬 수 없다고 생각하고 (⋯) 해서 68세대 빅토리아 케이스 일부가 리우에 정박해 있을 때 (⋯) 당시 내가 한인 회장이었기 때문에 책임지고 갔습니다. 그리고 배에 올라타서 그 사람들을 설득했습니다.
'한국 사람 체질상 그곳 농장에서 농사를 제대로 짓지 못할 것이라고. 그래서 상파울루에 가야 한다'고. 이미 상파울루는 다른 사람들이 먼저 도착해 있는 도시니까, 뭘 하더라도 가족을 굶기지 않고 살 수 있을 거라고 (⋯) 그래서 거의 모든 사람들이 나를 따라 상파울루로 들어왔습니다. 하지만 그 많은 사람들이 아리랑 농장에 한꺼번에 들어갈 수는 없었습니다(2008년 7월 인터뷰).”

그리고 그는 초기 브라질 한국 이민이 브라질에서 성공할 수 있었던 가장 중요한 요인 중 하나를 "한국 정부가 대단위로 이민을 송출하지 않고, 아주 적은 수의 이민을 실험 삼아 보냈기 때문에, 낙오자가 생기지 않은 것"이라고 언급했다.

필자가 이 글의 마지막 부분에서 위와 같은 과거의 사실을 언급하는 것은, 대한민국 최초로 송출된 브라질 이민 초창기, 앞날을 예측할 수 없던 어려운 시절, 한국 공관의 개입에 대한 중요성 때문이다. 따라서 2019년 한국-브라질 수교 60주년과 브라질 한국 이민 56주년을 맞이한 브라질 한인사회가 오늘날의 경제적 어려움을 극복하는 데에는 한국 정부 및 관련 기관들의 한류를 앞세운 문화정책이, 중국과 일본이 브라질 시장을 놓고 경쟁하는 상황 속에서, 한국 정부의 입장에서도 매우 중요하다고 강조하는 바이다.

참고문헌

강성철. 2018. "브라질에 한국문화 전파하는 김유나 한류문화원장". 『연합뉴스』, 2018.06.21., in https://m.yna.co.kr/view/AKR20180621141700371(접속일 2018.12.27).

강수진. 2011. "프랑스 시위 한류 팬 결국 소원 이뤘다". 『경향신문』, 2011.05.12.

정길화. 2013. "르포와 진단: 중남미 K-Pop 신드롬의 현상과 실체". 『트랜스라틴』 26: 70-88.

_____. 2015a. "중남미 한류: 브라질 멕시코 칠레 아르헨티나". 한국문화산업교류재단, 『대한민국 한류백서 2014』: 383-408.

_____. 2015b. "브라질 케이팝 수용에 관한 연구". 『이베로아메리카』 17(1): 93-131.

최금좌. 2000. "삼바 춤을 출 수 없었던 재 브라질 한인 교포사회". 『국제지역연구』(한국외국어대학교 외국학종합연구센터) 4(2): 43-68.

_____. 2004. "세계화 시대 자유무역과 이민: NAFTA를 중심으로". 『라틴아메리카연구』(한국 라틴아메리카학회, 다사랑) 17(1): 161-196.

_____. 2005. "세계화 시대 자유무역과 이민: Mercosur를 중심으로". 『라틴아메리카연구』(한국 라틴아메리카학회, 다사랑) 18(1): 181-222.

_____. 2007a. "재브라질 한국이민사회: 세계화 시대 도전과 성취 그리고 전망". 『중남미연구』(한국 외국어대학교 외국학종합연구센터) 25(2): 267-306.

_____. 2007b. "신자유주의 시대 브라질한인 사회의 성격과 전망". 국사편찬위원회, 『재외동포사총서』, 214-260쪽.

_____. 2008. "이야기 브라질 한국이민사: 전 보사부 차관 한국진과 초기 이민자 고광순을 중심으로". 『포르투갈-브라질 연구』(한국 포르투갈-브라질학회) 5(2): 69-131.

_____. 2011a. "도시 쌍빠울로에서의 생활". 브라질 한인이민사 편찬위원회, 『브라질한인 이민 50년사』, 272-367쪽.

_____. 2011b. "브라질 상파울루市의 코리아타운 '봉헤쩌로'(Bom Retiro)". 『재외한인연구』 24: 235-277.

_____. 2011c. "포르투갈어 한글 표기 어떻게 해야 할 것인가?: 『브라질 한인이민 50년사』 출판기념회를 마치고". 『포르투갈-브라질 연구』(한국 포르투갈-브라질학회) 8(2): 157-186.

_____. 2012a. "재브라질 한인사회와 문화정체성". 『디아스포라 연구』(세계한상문화연구단) 6(1): 123-153.

_____. 2012b. "브라질 상파울루 시의 코리아타운 '봉헤치루'. 임영상 외, 『코리아타운과 한국문화』. 북코리아, 358-395쪽.

_____. 2013. "2013년 이민 50주년을 맞이한 재브라질 한인사회의 현황과 문제점". 『중남미연구』(한국 외국어대학교 외국학종합연구센터) 33(2): 49-87.

_____. 2014. "브라질 동포사회의 현황과 K-Pop시대 동포 청소년을 위한 한국어교육의 방향". 재

외동포재단, 『재외동포사회 실태조사 2014』.

_____. 2015a. "상파울루 코리아타운과 한국문화축제". 임영상 외 『코리아타운과 축제』. 북코리아, 295-328쪽.

_____. 2015b. "카니발을 통해 본 브라질 사회와 문화". 전남대학교 박물관, 『세계 축제의 향연』(전남대학교박물관 문화전문도서 01). 심미안, 219-249쪽.

_____. 2015c. "브라질에서의 '한류': 현황과 활성화 방안에 관한 연구". 『전략지역심층연구 논문집 III(인도·남아시아·중남미)』, 대외경제정책연구원(전략지역심층연구), 517-570쪽.

_____. 2017. "브라질인들의 해외이주 증가 현상". 『Emerics 이슈분석』(사회 2017-430).

_____. 2018a. "21세기 일본의 대브라질 접근전략 변화: 상호보완적 관계에서 전략적 경제파트너로 전환". 『포르투갈-브라질 연구』(한국 포르투갈-브라질학회) 15(1): 171-197.

_____. 2018b. "브라질의 재외동포 현황과 정책". 『중남미연구』(한국 외국어대학교 외국학종합연구센터) 37(3): 20-50.

_____. 2018c. "최근 브라질의 경기침체와 한인사회의 도전". 『포르투갈-브라질 연구』(한국 포르투갈-브라질학회) 15(2): 95-133.

_____. 2018d. "브라질-중국관계 변화". 『중남미연구』(한국 외국어대학교 외국학종합연구센터) 38(1): 1-38.

Abrahamson, Mark. 2005. *Urban Enclave: Identity and Place in the World.* New York: Worth Publishers.

Albuquerque, José Lindomar C. 2009. "A dinâmica das fronteiras: Deslocamento e Circulação dos "brasiguaios" entre os limites nacionais, Porto Alegre." *Horizontes Antropológicos* 15(31): 137-166.

Barreto, Renata. 2012. "Multiplicação das Fronteiras e Práticas de Mobilidade." São Paulo: Dessertação da Universidade de São Paulo (para Mestrado).

BBC. 2012. "Após anos de discriminação, cultura pop sul-coreana 'invade' Japão." 2012.01.12, in http://www.bbc.co.uk/portuguese/noticias/2012/01/120102_kpop_japao_dg.

Chi, Jung Yun. 2016. "O Bom Retiro dos Coreanos: Descrição de un Enclave Étnico," ("봉헤치루의 한국인: 인종적 지역에 대한 묘사"). 상파울루 주립대학교(USP) 지리학과 석사논문.

Choi, Keum Joa. 1991. "Além do Arco-íris: A Imigração Coreana no Brasil," ("무지개를 넘어서: 브라질 한국 이민사"). 상파울루 주립대학교(USP) 역사학과 석사논문.

_____. 1996. "Aspectos fonético—fonológicos do português falado por coreanos: evidências de transferências/interferências da língua materna na segunda língua," ("제2언어인 포어에 있어서 모국어인 한국어의 전이현상"). 상파울루 주립대학교(USP) 기호학 및 일반언어학과 박사논문.

Consiglio, Marina & Úrsula Passos. 2018, "Conheça coreanos que escolheram São Paulo não só para viver, mas também para transformá-la." 2018.08.18. in https://www1.folha.uol.com.br/saopaulo/2018/08/1979233-como-coreanos-escolheram-sao-paulo-nao-so-para-viver-mas-tambem-para-transforma-la.sht ml.

Guimares. Lytton L. 2006. "The Korean Community in Brazil: Challenges. Achievements and Prospects." presented at the 3rd World Congress of Korean Studies about "Cultural Interaction with Korea: From Silk Road to Korean Wave" at Cheju National University on 27—30 of Oct. 2006 in http://www.unb.br/ceam/neasia/boletins/artigo_lytton041006.pdf (2006. 12).

Motta, Anaís & Daniela Frabasile. 2017. "Midia e entretenimento vão movimentar US$ 2, 23 trilhões em 2021." *Globo*, 2017.06.22., in https://epocanegocios. globo.com/Mercado/noticia/2017/06/midia-e-entretenimento-vao-movimentar -us-223-trilhoes-em-2021.html(접속일 2019.2.25.).

Souchaud, Sylvain. "A confeccao: nicho etnico ou nicho economico para a imigracao latino-americana em Sao Paulo?" in *Imigração Boliviana no Brasil*.

Veiga, Edison. 2018. "A nova face da imigração nos 464 anos de São Paulo-São Paulo." *Estadão*, 2018.07.25. in https://sao-paulo.estadao.com.br/noticias/ geral,a-nova-face-da-imigracao-nos-464-anos-de-sao-paulo,70002158825.

Veloso, Fernanda & Bitar, Marina(Governo do Tocantins). 2015. "Tocantins-História O que dizem por aí Abertura do 7º Festival da Cultura Japonesa reúne grande público na praça dos Girassóis," 2015.08.15. in http://cultura.to. gov.br/noticia/2015/8/15/abertura-do-7o-festival-da-cultura-japonesa-reune-grande-publico-na-praca-dos-girassois/.

『오마이뉴스』. http://star.ohmynews.com.

『월드 코리안』. http://www.worldkorean.net.

『좋은아침』. http://bomdianewsbr.com.br/.

『코리아넷 뉴스』. www.korea.net.

『한겨레 21』. http://h21.hani.co.kr.

『한인투데이』. http://www.hanintoday.com.br.

브라질 한인회. http://www.haninbrasil.com.br.

외교통상부. http://www.mofat.go.kr.

김민. 2019. "삼바의 열정 가득한 화려한 색감의 잔치", 『동아일보』, 2019.03.18.

김재순. 2014. "한류 저변 확대: 한국문화원, 최대 규모 한류 커뮤니티와 공동행사", 2014.11.03.

_____. 2019. "中 견제 위해 美-브라질 협력?…브라질서 타당성 둘러싸고 논란", 『연합뉴스』, 2019.03.21.

박상주. 2014. "브라질에서 맛보세요, '사볼 다 코레아': 고추장·된장 등 한국 식품의 판로를 개척하는 하윤상·강승은 부부가 '케이푸드 전도사'가 되기까지", 『한겨레 21』 (2014.11.12.), in http://h21.hani.co.kr/arti/world/world_general/38497.html.

손정수. 2017. "봉혜찌로 한인촌은 변했다: 외형보다 내형을 살려야 한다". 『브라질 한인투데이』, 2017.02.08.

_____. 2019. "57살, 잔치는 끝나고 있는가?", 『브라질 한인투데이』, 2019.02.12.

이선희. 2013. "K팝 이제는 남미시대", 『매일 경제』, 2013.02.17.

왕길환. 2019. "아마존에 종이접기 알린 브라질 동포 김성민 씨", 『연합뉴스』, 2019.02.15.

『좋은아침 News』. 2018. "제23회 이민자 축제서 선보인 '한국 문화'", 2018.06.19., in http://bomdianewsbr.com.br/zbxe/board_MaSb48/8239.

• 유튜브 동영상

한국경제TV. 2014. "한식의 재발견·대기업 한식 뷔페 열풍", 2014.05.07., in https://www.youtube.com/watch?v=vftrR6yfpil.

_____. 2014. "한류콘텐츠, 세계를 점령한다?", 2014.05.08, in https://www.youtube.com/watch?v=bsromBXuZZI.

inspirekpop. 2015. "Documentário do show de G-Dragon será exibido na América Latina em 2015?" 2015.03.13, in http://inspirekpop.com/documentario-do-show-de-g-dragon-sera-exibido-na-america-latina-2015.

KBS. 2011. "K-Pop: 세계를 춤추게 하다", 〈KBS 스페셜〉, 2011.06.26.

___. 2013. "Korea Wave in Brazil 삼바를 홀린 한류열풍", 2013.03.02., in https://www.youtube.com/watch?v=QZ5sQt4_F80.

_____. 2014. "나도 한류다! 2014 신(新) 한류시대", 〈VJ 특공대〉, 2014.05.02., in https://www.youtube.com/watch?v=GQt_74s-IMw.

_____. 2014. "월드컵 달군 KBS 뮤직뱅크… 현지 팬들 열광", 〈KBS 수요기획〉, 2014.06.08., in http://www.yourepeat.com(브라질 한국이민 50주년 기념 2부작).

KF & TV조선. 2013. "한류! 삼바와 춤 1부: 한국이 좋아요", 2013.01.23., in https://www.youtube.com/watch?v=X5chEtMMqlc.

KOR SUBS. 2015. "K-Pop, 브라질 방송 RedeTV! - Leitura Dinâmica(레이뚜라 지나미까)에서 소개되다"(KOR SUBS), 2015.08.19(2015년 8월 19일 검색).

Mari, Angelica. 2014. "Google launches music streaming offer in Brazil: Company expects to provide the service to all Android users: but the free offering will be limited." BBC, 2014.09.23., in http://www.zdnet.com/article/google-launches-music-streaming-offer-in-brazil.

SBS. 2014. 〔생방송투데이 브라질 2014 특집〕, "브라질 붉은악마 K-POP 열풍", 2014.03.14., in https://www.youtube.com/watch?v=sRih2d4OpR8.

YTN. 2013a. "한글학교, 세계와 소통하다 1부", 〈YTN 스페셜〉, 2013.10.07., in http://www.ytn.co.kr/_pn/0465_201310070925148646.

_____. 2013b. "한글학교, 세계와 소통하다 2부", 〈YTN 스페셜〉, 2013.10.07., in http://www.ytn.co.kr/_pn/0465_201310080947562343.

_____. 2013c. "한글학교, 세계와 소통하다 3부", 〈YTN 스페셜〉, 2013.10.08., in https://www.youtube.com/watch?v=qr41z1EHzM8.

KBS. 2019. "'카니발'에 울려 퍼진 3·1운동 100주년", 2019.03.03., in http://mn.kbs.

co.kr/mobile/news/view.do?ncd=4149267.

• 인터뷰

KBS 브라질 지국의 관련 인물 이정신과의 인터뷰 파일(2014.10.26).

Leandro Cruz〔일본 이벤트회사 야마토(Yamato)의 안무 프로듀서〕와 인터뷰(2014.10.24).

김수한(Pro-Brasil 대표)과 인터뷰(2014.10.24.~2015.08.24., 2019.02.15.~2019.02.20).

김정삼(Artive3 대표)과 인터뷰(2014.10.24).

김정수(Kowin 회장)와 인터뷰(2018.04.28).

김정희(YTN 브라질 특파원)와 인터뷰(2014.10.24.~2015.08.30).

김주희(Storyvent Promotion 대표)와 인터뷰(2015.02.10.~2015.08.30., 2018.12.~2019.2).

나성주 전 한인회 부회장과 인터뷰(2018.04.21., 2019.01~2019.01.03).

박동수 전 한인회장과 인터뷰(2015.02.10).

박유경과 인터뷰(2014.10.26).

박지웅 목사와 인터뷰(2018.04.05., 2018.12.28.~2018.12.31).

손정수 반찬닷컴 대표와의 인터뷰(2019.01~2019.02).

안경자 전 한국학교 교장과 인터뷰(2018.04~2018.10, 2019.02).

엄인경과 인터뷰(2014.10.28.~2015.08.11. 2019.03.15.).

제6장

베이징 한인 공동체의 변화와 분화[1]

이윤경 · 윤인진(고려대)

1. 서론

최근 이주의 특성은 이주의 초국가적 특성(跨國性)에 초점이 맞추어져 있다. 국내 이주 연구의 동향을 보더라도 1990년대와 2000년대 초반까지 빈번하게 사용되어왔던 국제이주 또는 해외이민의 개념하에서 이주현상을 논의하던 추세에서 벗어나 2000년대 중반 이후로 두 국가 사이에 걸쳐 있는 이주 현상에 주안점을 두는 이주자의 초국가적 이주에 대한 논의로 확대되고 있다. 초국가적 이주는 1990년대 초반 쉴러와 동료들에 의해 제창된 초국가주의 담론이 지적 토양이 되어 발전된 개념으로, 하나의 국민국가의 경계를 넘어서 거주국 및 출신국 사회와 맺고 있는 이주자의 활동과 종족공동체에 주목한다(Schiller et al., 1992).

초국가적 이주는 기존 국제이주의 논의틀에서 제기하지 못하였던 모국의 영향력을 강조하면서 이주 현상의 새로운 쟁점을 도출하여 이주 연구의 인식론적 전환을 가능하게 하였다. 이주를 바라보는 기존의 관점이 거주국 사회에 배태된 이주자의 삶에 한정되어있었던 반면, 초국가적 이주는 거주국과 모국의 복수 공간 속에 놓여있는 이주자의 삶으로 논의를 확장하고 두 국가 간에 걸쳐 삶을 영위하는 이주자의 인식과 행위를 연구한다. 이로써 그간 간과되어왔던 이주자와 모국 간의 관계와 서로에게 미치는 영향을 설명하는 유용한 개념과 이론을 제공한다.

최근 20년간 전례 없는 규모와 속도로 발생한 한인 이주 현상을 분석하는 데 있어 초국가적 이주로의 인식론적 전환은 유용한 분석틀이

---

1   이 논문은 필자들이 2014년 4월 25일 퀸즈 칼리지(Queens College)에서 개최된 제5회 재외한인 연구소 학술대회에서 발표된 논문 『재외한인연구』 47호에 게재된 논문(이은경·윤인진, 2015)을 수정·보완한 것이다.

다. 중국 조선족의 이주는 모국과 밀접한 연관성을 갖고 있으며 모국지
향적 요인은 한인 이주의 새로운 전기를 맞이하게 할 만큼 한인 이주사
에 유의미한 변화를 야기하기 때문이다. 중국에 거주하는 한인 후손인
조선족은 19세기 말엽 모국에서 재해와 흉년이 연속적으로 발생하자
비옥한 간도지역을 개간하고자 이주하기 시작했고, 1910년부터 시작된
일제 식민 시기에는 만주를 대륙 침략을 위한 식량기지로 개발하려는
일제에 의해 집단이주를 하게 됐다(윤인진, 2004).

　이들은 중국 동베이(동북) 3성에 종족공동체를 구축하여 살아오다
중국의 개혁개방 정책과 맞물린 정치경제적 전환기를 통해 대규모의
이주를 하기 시작하였고, 한중 수교는 조선족 이주 경로의 특정한 방향
성을 설정하는 데 상당한 영향을 미쳤다. 1990년대 이후부터 조선족의
이주는 대부분 모국인 한국으로 이주하거나 모국 기업이 진출한 중국
내 도시로 이주하는 양상을 보이는 모국 지향성이 특징적으로 나타난
다. 선행연구에서 지적하듯 조선족의 이주는 지리적으로 근접한 도시
로의 이주 양상을 보이고 있는 한족의 이주 패턴과는 확연한 차이를 보
이며, 조선족의 이주를 설명함에 있어 모국과 관련된 활동을 제외하고
는 적절한 설명을 할 수 없을 만큼 조선족 이주 경로의 모국 지향성은
짙다.

　중국으로 한국의 기업들이 진출하면서 중국의 대도시를 중심으로
한인 종족공동체가 형성되어있고, 특히 중국의 수도인 베이징은 중국
에 진출한 한국기업들의 본부기지로 자리매김되면서 한인 종족공동체
의 구심적 역할을 수행해왔다. 한국기업이 창출하는 다양한 경제활동
의 기회는 조선족의 이주를 유인하는 유입 기제로 작용하면서, 베이징

의 동북쪽에 위치한 왕징 지역을 중심으로 기업들이 진출하고 이들을 따라 동반이주한 한국인과 조선족이 공생하는 종족공동체가 형성되었다. 동베이 3성의 호구를 지닌 조선족이 한족 이주자와는 다르게 베이징시에서 축출되지 않고 베이징으로 이주하고 정착할 수 있었던 배경에는 모국경제라는 대안이 존재했기 때문이며 조선족은 종족을 기반으로 한 종족공동체 속에서 상대적으로 안정된 생활을 누릴 수 있었다 (정종호, 2013).

종족공동체의 모국 기업과 자본이 제공하는 고용 기회를 발판으로 조선족은 중국사회의 변화된 경제 체제와 외부 환경에 적극적으로 대처할 수 있었다. 한인 이주의 현황과 성격을 파악하는 데 중국에 형성된 한인 종족공동체는 학술적으로 중요한 연구지역으로, 그간 국내외 연구자들이 베이징 종족공동체인 왕징 코리아타운의 형성, 특징 및 종족 관계 등을 다루어왔다(박광성, 2004; 윤인진, 2007; 예동근, 2009; 김윤태, 2009; 정종호, 2013). 그러나 기존 연구는 종족공동체가 형성될 당시의 이주 상황과 급격히 변화된 최근의 왕징 코리아타운의 변화와 분화에서는 미진한 부분이 있다.

이 글은 이와 같은 학술적 공백을 메꾸고자 왕징 코리아타운의 형성 이후로 점차적으로 진행된 종족공동체의 변화과정과 결과적 현상에 초점을 맞춘다. 분석을 위한 자료로는 질적 연구방법의 다각화 기법 (triangulation)을 활용하여 필자들이 왕징 코리아타운에서 실시한 한국인과 조선족 면담, 한인단체 면담과 참여관찰 등의 현지조사를 기반으로 한 1차 자료와 정부 통계자료, 아카이브 자료, 신문 기사 등의 문헌을 분석을 위한 2차 질적 자료로 활용하였다.

2. 한인의 초국가적 이주

1) 한국인의 베이징 이주

한국인의 한중 간 초국가적 이주는 국내외적인 상황 변화에 따라 이주의 배출요인과 흡입요인이 변화해왔다. 시기별로 살펴보면 크게 네 차례의 시기적 변곡이 있었다.

첫 번째는 1992년 한중 수교 이후 정식 비자절차를 거친 한국인의 중국 방문이 가능해진 시기이다. 이로써 관광, 사업 계획, 소규모 자영업자, 민간 기업 등 한국인이 중국으로 유입되는 첫 공식적인 시발점이 되었다. 이 시기는 중국의 사회주의 현대화 건설의 2단계 전략목표 실현을 위한 중국의 제8차 5개년 계획이 진행 중인 시기였고, 베이징시는 『베이징시 종합계획 (北京城市总体规划) 1991~2010』을 발표하면서 전자, 에너지, 정보 통신 등의 23개 업종에 대해 외국기업의 세제 혜택을 주고 투자를 유치하였다.[2] 이에 따라 한국기업이 중국의 개발 사업에 적극적으로 진출하거나 투자를 모색하면서 삼성, 대우 등 중국에 합작 생산공장을 설립하거나 정보기술통신 등의 대규모 개발 프로젝트의 참여가 두드러졌다.[3]

두 번째는 1997년 말 한국에 닥친 외환 위기로 인한 IMF 체제 시기이다. IMF외환 위기 시기는 한국인의 중국으로의 두 번째 이주 흐름을 부추겼다. 한국에서 명예퇴직을 당하거나 경제적 어려움을 겪는 많은

---

[2]   北京市發展和改革委員會(http://www.bjpc.gov.cn).

[3]   한겨레. 1993. "한중 과학기술 협력 본격화·다목적 위성 등 5개 과제 공동연구합의". 1993년 11월 6일.

한국인들은 이와 같은 역경을 극복하기 위해 한국에 있는 자산을 들고 새로운 기회의 땅이라고 여긴 중국으로 이주하였다. 그러나 한국의 경제 악화는 중국 내에서 자영업을 하는 사람들에게도 치명적인 경제적 손실을 안겨주어 중국에서 한국으로의 역이주를 발생시켰고, 중국에 거주하는 많은 한국인들이 차이나 드림을 접고 한국으로 귀국하도록 하는 배출요인으로도 작용하였다.

베이징으로의 한국인 이주 유입의 흐름이 뚜렷이 나타난 시기는 대기업의 베이징 진출이 본격화된 2000년대 이후의 세 번째 시기이다. 2001년에는 중국의 WTO 가입이 확정되었기 때문에 중국 진출을 막아온 그간의 비합리적인 관행과 제도가 사라지게 될 것이라는 기대감이 컸다. 반면 국제 시장을 향해 무섭게 돌진하는 중국의 부상에 대한 우려감도 커졌다. 또한 2008년 올림픽의 개최지가 베이징으로 결정되면서 베이징시는 도시 발전의 일환으로 베이징 지하철, 고속도로 및 사회간접자본 시설의 확충을 위해 선진 건설업체를 선정하여 대규모의 건설사업을 추진하였고, 이런 건설 사업에 한국의 건설업체들도 적극적으로 참여하였다.

한국의 중소기업진흥공단은 2002년 베이징에 수출 인큐베이터를 설치하여 사무실 공간, 현지 컨설팅 등 초기 기반시설과 판촉활동 서비스를 무료로 제공함으로써 중소기업의 중국 진출을 지원하였다. 기업뿐 아니라 미래 중국이 세계 강국으로 부상할 것을 예측하고 중국통으로 성장하고자 베이징으로 유학 가는 한국인 학생들도 증가했다. 그래서 2000년대에 들면서 대기업 주재원, 유학생, 자영업자 등 여러 다양한 목적을 가진 사람들이 이주의 새로운 물결에 합류했고 그 수는 급격히 증가했다.

　이와 같은 베이징시의 한국인 유입 흐름에 대해서 재중국한국인회의 사무국장은 이주 시기에 따라 베이징에 진출한 한국인을 1세대, 2세대, 3세대로 구분하였다.[4] 이러한 세대 구분은 한국인의 베이징 이주의 배경과 특성에 기초한 것이다. 그는 한중 수교 이후에 베이징에 이주한 소규모의 1세대, IMF 이후에 소자본을 가지고 베이징에 진출하여 음식점 등의 자영업을 하는 2세대, 2000년대 외국인에 대한 중국 내수시장이 개방되면서 한국 대기업이 활발하게 들어오기 시작한 시기에 맞물려 들어온 3세대로 한국인 이주 세대를 구분하였다. 1990년대의 이주 1세대와 이주2세대의 경우에는 베이징 내 한국인의 이주 규모가 크지 않았고 생산 가공형과 생계 탈출형의 특징을 보이지만, 3세대가 이주한 시기는 한국기업의 베이징 진출 양상이 본격적이고 가시화된 시기로 베이징에 한인 밀집지역인 왕징이 발전되는 시기와도 맥을 같이한다.

　　"1992년에 수교가 되었잖아요. 1997년에 IMF가 닥쳤잖아요. 한국기업의 중국 진출은 생산기업의 진출이에요. 생산 가공형이에요. IMF이후의 2002년도까지는 중국에 진출에 사람들은 생계를 위한 탈출이었어요. 한국에서 명퇴를 당하든가, 사직을 하든가, 회사가 망하든가. 그래서 심지어는 한국과 중국을 왔다가는 페리호에서 보따리상을 했던 사람도 있었고, 그렇게 들어온 사람도 있었고, 돈 1~2억 들고 와서 여기서 식당 차린 사람도 있었고. 그런 사람들이 대거 들어왔죠. 그게 중국 진출 2세대고, 3세대는 2000년대 외국인의 중국 내수시장이 개방되었잖아요. 그러

4　인터뷰 일자, 2012년 7월 25일.

면서 관련 규정 같은 게 바뀌어가면서 한국의 중견기업이 중국 내수시장에 진출하면서 들어온 게 그때부터에요. 지금 대기업들은 다 그때 들어왔고, 중견기업도 그때 들어왔고 (…)" _(재중국한국인회 사무국장과의 인터뷰)

대기업의 본격적인 베이징 진출에 맞물려 들어온 3세대 한국인들이 증가함에 따라 베이징에 거주하는 전체 한국인의 직업 분포에서 대기업 근무자나 파견자가 차지하는 비중이 높아졌다. 이는 중국의 다른 도시들의 한인 종족공동체와 구별되는 베이징 한인사회의 특징이 되었다. 외교부 재외동포현황자료(2011)의 베이징 한국인의 직업분포를 보면 전체 한국인 중53%가 상사주재원이나 기업체 장기출장자이며 이들의 가족으로 동거하는 인원이 12.9%를 차지하고 있다. 즉 대기업 주재원 가구가 전체의 65.9%를 차지해 그 비중이 매우 높다는 것을 알 수 있다. 그 뒤를 이어 유학생이 12%, 자영업자가 10%의 순으로 나타나 베이징시는 자영업자 비율이 매우 낮은 비중을 차지하고 있다. 칭다오시의 경우 한국인의 80%가 자영업자인 것을 감안하면 베이징의 직업 분포는 타 지역과는 큰 차이가 있다는 것을 알 수 있다.

한편, 한국인의 중국 이주는 송출국인 한국이 유입국인 중국보다 경제적으로 우세한 시기에 발생했다. 한국의 대기업 주재원들이 높은 비율로 유입되던 베이징의 경우에는 이러한 경제적 위계에 따른 이주 유입-유출의 역행된 흐름이 더욱 뚜렷하게 나타났다. 베이징 주재원들은 한국 대기업이 지역전문가 프로그램을 도입하여 양성한 중국 지역 전문 핵심인력으로, 이들의 베이징 이주는 고숙련-고임금 직종의 이주로서 저숙련-저임금 직종으로 유입되는 노동이주와는 전혀 달랐다.

한국인의 이주는 기존에 형성된 거주국의 노동시장으로의 진입이 아닌 모국 기업이 새롭게 산출한 기회구조와 노동시장으로의 유입이었다. 한국기업들은 베이징으로 이주하는 주재원들로 인한 불편을 최소화하기 위해 이주와 체제에 소요되는 비용을 풍부하게 제공해왔다. 따라서 이들 주재원들의 이주는 비록 경제적으로 낙후된 지역으로 향했지만 거주국의 열악한 경제상황이나 노동시장에 무방비하게 노출되기보다는 모국 기업들의 제도적 보호 속에서 이뤄졌다.

그러나 2008년 후반기에 닥친 글로벌 금융 위기로 인하여 한국인의 이주 흐름은 주춤거리게 된다. 글로벌 금융 위기의 발발은 대량의 한국인 귀국행렬을 이끄는 배출요인이 되었다. 한국의 원화가치가 2배가량 떨어지면서 1위안에 125원 하던 환율이 1위안에 245원까지 치달아 많은 수의 한국인들은 환율로 인한 생활고에 시달리기 시작하였고 경제적으로 감당할 수 없는 처지에 놓이게 되었다. 한국에서 송금을 받는 유학생의 경우 학업을 중단하고 한국으로 돌아가는 사례도 급증하였다. 한국인을 주 소비자로 영업하던 자영업자들의 경우도 손님이 없어 폐점을 하는 경우가 다반사 일어났으며 무단철수 및 야반도주를 하는 사례가 상당수 발생하였다. 당시의 베이징과 관련된 뉴스들은 이와 같은 베이징 한국인들의 생활상의 어려움을 토로하는 기사로 가득 채워졌고, 결국 중국 내의 한국인들은 갖고 있던 부동산, 사업체 등을 헐값에 정리하고 손해를 감수하면서도 귀국을 감행해야 했다.

2) 조선족의 베이징 이주

1990년까지 동베이 3성에 거주하는 조선족은 다른 도시로 이주할 수 있는 기회가 적어서 1990년 당시에 조선족 인구의 97%가 동베이 3성에 거주하였다(박광성, 2006). 조선족 사회는 중국 특유의 도농이원화 구조에서 비롯된 지역적 안정성이 특징적으로 나타났다고 박광성은 지적하였다. 조선족 인구이동과 변화는 1980년대 후반부터 중국의 호구제도가 느슨해지면서 시작되었다. 베이징시의 경우 조선족은 1990년 당시 7,375명이었고, 1990년대에 베이징에 거주하던 소수의 조선족은 베이징에서 대학교육을 받은 엘리트들이 대부분이었다(예동근, 2009). 1990년대 초반 베이징에 진출한 한국의 정부기관과 기업들은 베이징대나 칭화대를 졸업한 엘리트 조선족을 기용하기 시작하였고, 이들 엘리트 조선족의 경우에도 한국기업의 통역이나 관광 가이드와 같은 업종에서 일하는 것을 선호하였다.

베이징에 조선족 대졸 고급 인력이 들어오기 시작한 것은 1988년 서울올림픽 대회와 1990년의 베이징올림픽 대회를 계기로 갑작스럽게 늘어난 한국인 출장자와 방문객들로 인해 이들을 안내해주는 통역과 가이드의 역할에 대한 수요가 폭증했기 때문이었다. 월드옥타 베이징지회 김영국 회장은 베이징 현지에는 조선족의 수도 적었을 뿐만 아니라 한국어를 할 줄 아는 정부기관이라고 해봤자 인민방송국과 국제방송국, 민족대학 등 소수기관에 편중되어있었기 때문에 조선족 인력수급이 필요하였다고 설명하였다.

1990년대부터 가이드로 일해온 조선족 임(林)씨에 의하면 교육 수준이 높은 조선족이 가장 선호했던 직업은 한국인 가이드였다고 한다. 당시에는 외국인을 대하는 일이 거의 없는 상황인지라 외국인을 접촉하는 것만으로도 행복한 일이었으며 한국인의 소비력이 가장 커서 한국인 가이드가 되면 큰 액수의 커미션을 챙길 수 있었다고 한다. 당시에는 커미션이 여행사의 몫이 아닌 가이드의 몫이었기 때문이다. 뿐만 아니라 한국기업과 정부기관에서 조선족을 고용할 경우 그들이 이전에 받았던 봉급을 훨씬 상회하는 임금을 주었기 때문에 조선족은 기꺼이 베이징으로 이주하기 시작했다는 것이다. 1990년 초기 타 지역에서 대학을 졸업하고 베이징으로 이주했거나 베이징에서 대학을 졸업한 조선족은 대체적으로 교육 수준이 높았고 그래서 이들은 음식점이나 숙박업과 같은 직종에서 일하지 않으려 했다.

    "숙박업은 처음에는 안 하다가 부동산도 아니고 (…) 조선족들은 당시에 얼굴이 있어가지고 좀 자기네 생각에 좀 그런 건 안 했거든 (…) 음식업도 초반에는 (…) 베이징에 있는 사람들은 음식점을 안 했다고 (…) 자기네 생각엔 레벨이 떨어진다고 생각해서 (…) 여기에 나온 사람들은 가이드로 많이 남아있지."(林씨, 조선족 50대 가이드)

조선족 무역업자 권(權)씨도 베이징에서 대학을 나와 국가에서 지정해준 출판사에서 근무하다가 무역업을 시작하였다. 그는 베이징의 조선족 경제의 또 다른 특성을 무역업이라고 설명하였다. 그는 조선족 초 · 중 · 고교에서는 한족학교와는 다르게 제 2외국어를 영어보다는 일본어에 집중해서 가르쳤기 때문에 조선족 중에는 일본어에 능통한 사람이 많다고 하였다. 텐진만 해도 조선족이 제조업종에서 일을 많이 하지만 베이징을 보면 일본 쪽과 비즈니스를 하거나 한국과 무역하는 사람들이 자리 잡고 있다고 설명하였다.

> "베이징 쪽에는 무역하는 사람이 많이 남아있지. 외국어 제일 많이 배운 게, 조선족들이 일본어가 제일이었지. 학교 고등학교, 초등학교, 중학교에서 다 가르치는 게 영어가 아니라 일본어였다고. 계속 지속적으로 가르치는 영어교사가 없고 (…) 현재까지만 해도 70대 30으로 보면 교사 7명이 일본어 가르치면, 3명이 영어를 가르친다고. 우리는 영어를 못 배우고 일어를 배웠다고. 한족학교는 영어를 가르쳤지. 그래서 지금 일본 쪽 비즈니스 하는 사람 (…) 베이징만의 특징은 무역업이 많고 (…)"(權씨, 조선족 50대 무역업자)

1990년대까지만 해도 중국 정부는 대학생들에게 숙소, 교육비, 교재, 생활보조금과 같은 비용을 일체 부담해주었고 대학을 졸업한 이후에는 대졸자의 직업 결정권은 국가가 결정하였다. 국가에서 정한 대로 대졸자의 직업이 배분되고 이들의 거주지역도 국가가 정해주는 방식이었다. 그러나 1988년부터 중국은 국영기업을 분류·심사하여 3분의 1에 해당되는 국영기업을 폐쇄하거나 합병하였고, 1992년 공산당 제14차 전국인민대회에서 사회주의 시장경제 전략을 수립한 이후 1993년 기업법을 제정하여 국영기업이 스스로 구조 재조정을 할 수 있도록 하였다. 이런 국영기업 개편과 함께 국영기업은 적자를 내는 상황을 모면하고자 체불 및 인력방출 등을 일삼았고 이로 인한 대규모의 시위나 노동쟁의가 빈번하게 일어났다. 국영기업에 대한 국가의 직접 운영방식이 줄어들면서 파산한 국영기업도 속속 나오게 되었다.

이와 같은 당시의 중국의 상황은 인터뷰 대상자인 조선족 林씨와 權씨의 사례에서처럼 대졸의 엘리트 조선족이 국영기업을 그만두거나 국영기업에 적만 둔 채, 한국기업의 중개자나 통역 및 가이드 업종에 뛰어들게 하는 데 커다란 유인으로 작용하였음을 설명해준다. 1994년 대우 베이징 지사가 조선족을 대상으로 직원 공개 모집공고를 내었을 때, 총 32명 선발에 1,200여 명이 지원해 40:1의 치열한 경쟁률을 보였다. 선발된 조선족의 대부분은 베이징대와 칭화대를 비롯한 중국 명문대 출신이었다는 것을 보면 당시의 상황이 어떠했는지 짐작하게 한다.

동베이 3성 조선족의 베이징으로의 이주는 1990년대 초기부터 시작되었고 모국 기업, 모국 자본, 모국 사람들을 통해 여러 다양한 일자리 기회가 확대되면서 조선족의 이주는 가속화되었다. 1994년 경향신문은 조선족의 이농현상을 보도하면서 대졸 조선족은 베이징에 진출한 한국기업의 통역을 겸한 직원으로, 학력이 낮은 조선족은 한국인을 대상으로 한 서비스 업종에 몰려들고 있어 조선족 사회의 공동화 현상이 나타나고 있음을 지적하였다. 1999년의 연변 방송도 베이징에 이주한 조선족은 한국인 대상의 음식점, 유흥업, 여행사 등을 운영하고 있다고 보도하였고, 단일적 형태의 조선족 기업들이 우후죽순으로 생성되었던 초기 양상에서 점차 조선족 기업이 다원화의 방향으로 발전하고 있다고 설명하였다.

2000년대 들어 한국인이 왕징에 거주하게 됨에 따라 한국인 경제에서 일거리를 찾아 조선족도 왕징에 몰려들기 시작하였고 왕징 코리아타운을 중심으로 종족경제가 형성되었다. 한국 대기업의 베이징 진출로 인해 베이징에는 한국인 주재원의 비중이 높아졌고 이때 파견되는 대부분의 주재원들은 중국 생활이 처음인 데다 언어에 서툴기 때문에 조선족을 사적으로 고용하는 것을 선호하였다. 한국인은 왕징에 거주하면서 조선족을 고용하여 적응상의 어려움을 해결하고 생활상의 편의도 누리고자 하였다. 조선족의 이동이 인근 도시로의 이주가 아니라 한국 자본이 들어서 진입장벽이 낮아진 한국기업의 중국 진출지역을 중심으로 이루어졌다(예동근, 2009). 동베이 3성에서 이주한 조선족은 음식점, 민박집, 부동산 중개소뿐만 아니라 한국인의 가사도우미, 보모, 통역 등 한국인의 경제에 의존하거나 경제적 보조 역할을 하기 시작하였다.

조선족의 중국 도시로의 이주 흐름은 모국기업의 초국가적 자본이 이전한 곳으로 향했다. 따라서 이들 이주의 특성은 베이징뿐만 아니라 타 도시에서도 한국 자본에 대한 의존도가 무척 높았다. 베이징으로 이주한 조선족은 호구제도와 같은 제도적인 제약으로 인해 불법적인 신분으로 지내야 했지만 한국 대기업이 제공해주는 다양한 일거리와 한국인에 의한 사적 고용 등의 비공식 경제에서 경제활동을 영위할 수 있었다. 베이징 이주자 대부분이 베이징 도심 내에 정착하지 못한 채 사라지거나 더 가난한 지역으로 축출된 것과는 달리 동베이 3성에서 이주한 조선족이 왕징 지역에 정착할 수 있었던 이유가 한국기업과 자본에 있었다(Jeong, 2013). 타 이주자들과는 다르게 조선족은 종족을 기반으로 한 대안적인 경제 기회와 더불어 사회적 네트워크를 구축할 수 있었기 때문에 왕징에서의 정착이 가능하였다.

조선족의 이주는 비록 중국 내에서 발생된 국내 인구이동의 형태이긴 하지만 전반적으로 전통적인 이주이론이 설명하는 국가 간 경제적 위계에 따른 이주 흐름을 보이며, 모국 자본이 진출한 지역으로 조선족 이주가 특징적으로 나타나 자원이 희소한 지역에서 모국 기업이 창출한 임금이 더 높고 일자리가 많은 곳으로의 유출-유입 흐름을 보이고 있다. 따라서 조선족의 이주는 모국(모국 자본이 진출한 곳)이라는 초국가적 공간으로의 귀환이주의 형태로 특징지어진다.

특히 베이징으로의 이주는 인구 유출지역과 비교해볼 때 경제적 위계의 간극이 타 도시보다 크므로 조선족이 베이징 이주로 얻는 이주 효과는 타 지역으로 이주한 것보다 월등하게 높았다고 볼 수 있다. 베이징에 대기업 본부가 대거 진출하면서 한국인 경제를 지원하는 보조 역할로의 노동 기회뿐 아니라 조선족들이 선호할 만한 사회적으로 위신 있고 임금수준이 높은 일자리도 창출되었기 때문에 타 지역에 이주한 조선족과 비교하였을 때 베이징으로 이주한 조선족은 모국 기업을 통한 사회적이며 경제적인 다양한 혜택을 누릴 수 있었다.

3. 베이징 왕징 코리아타운의 형성과 변화

1) 베이징 왕징 코리아타운의 형성

한중 수교 이후 베이징으로 유입되는 한국인은 초기에는 주중 대사관과 한국기업들이 있는 차오양취(朝陽區)를 중심으로 체류하기 시작했다. 왕징(望京)은 1990년대 초부터 신흥 중산층의 거주지역으로 개발되기 시작하였다. 베이징 동북부 외곽지역인 왕징 지역은 1980년대에는 농민들의 거주지인 농지였으나 베이징시의 종합적인 도시계획의 일환으로 1993년에 베이징시건설개발공사(北京城市建设开发集团总公司)에 의해 개발을 시작하였고(백권호 외, 2010), 1994년에는 베이징시정부가 왕징을 상품주택지역으로 선정하였다.

1995년에는 왕징의 첫 상품주택 개발단지인 왕징신청 4구의 건설이 추진되어 1997년에 완공되었다. 그 후 3구와 대서양신청도 각각 건설되어 2000년과 2001년에 입주를 시작하였다. 2000년대 중반에 들어 왕징 4구와 3구 주변으로 보성원, 후이구영광, 올리브 등 많은 수의 아파트 단지들이 건설되었고 화정세가, 동호만, CLASS 등 큰 평수의 아파트들이 건설되면서 왕징 거주지역의 고급화에 기여하였다.

왕징 지역에 코리아타운이 형성되기 이전에 외국인 거주지로 허용된 곳은 1990년 베이징 아시아 경기대회를 위해 건설된 아시아 선수촌인 야윈촌(亞運村)과 대사관 주변 지역, 화자디(花家地) 지역 등지였다. 한국인은 이 지역들에 분산하여 거주하였다. 당시에는 중국 법률상 외국인 거주지역이 제한적이었고, 외국인의 주거제한 조치가 일찍 풀린 상하이(上海)와는 다르게 한국인은 조양구 내의 특정 고급 아파트에만 거주할 수 있었다. 외국인 거주지로 지정된 아파트의 임대료는 회사에서 지원해주는 특정 대기업의 주재원이 아닌 이상 감당하기 힘들 만큼 가격이 매우 비쌌다. 그래서 많은 한국인은 주거 제한지역 밖에 거주하는 일이 많았고 중국 공안은 수시로 외국인 불법 거주지역에 거주하는 한국인을 단속 대상으로 삼았다. 베이징의 외국인 거주제한은 2003년 10월이 돼서야 완전히 철폐되어 한국인은 거주의 자유를 누릴 수 있게 되었다.

주택단지로 개발되기 전에는 농지와 밭이었던 왕징 지역은 4구(四區)가 1997년에 입주를 시작하고 난 후에도, 2000년 초반까지도 가게나 상점도 띄엄띄엄 있을 정도로 미개발 상태였다고 한다. 1980년도부터 베이징에 거주하기 시작했다는 한 조선족 김(金)씨는 자신을 베이징대학교 80학번으로 소개하며 왕징 코리아타운이 생기기 전의 상황을 다음과 같이 묘사하였다. 한중 수교 전후로 베이징으로 모이기 시작한 한인들은 서로가 접촉할 수 있는 공간이 필요했고 초기에는 한인의 접촉 공간이 조선족 지식인들이 있는 민족대학을 중심으로 이루어졌다는 것이다.

> "90년대 들어오면서 비즈니스 하는 사람들이 몰려들고, 왕징이 그땐 정말 여기가 4구, 3구가 허허벌판이었거든 (…) 그때는 코리아타운이 아니고, 제일 처음에는 민족대학이 있는 해정구가 코리아타운이었다고 (…) 타운이 아니고 모든 비즈니스 하는 동포들이 거기 몰려있었다고. 한국에서 온 비즈니스맨이 다 그쪽 동네에 있는 호텔이나 (…) 80년대 후반, 90년대 초반 웨이공춘 (…) 조선족들도 여기에 모여 있고 (…) 통역들도 하고 (…) 거기에 있다가 어디로 이동했냐 하면 쿤룬 호텔로 그쪽에서 한 모든 영업소도 호텔 주변으로 모였다고 (…). 90년대 이러다가 2000년도 돼 가지고 왕징에 가게들이 하나둘씩 생기면서 (…)"(金씨, 조선족 50대 기업가)

왕징에 건설된 4구의 새 아파트는 당시 한국인이 많이 거주하던 야원촌보다 훨씬 집세가 저렴하면서 야원촌 못지않은 신식의 고급스러운 시설을 갖춰 한국인이 옮겨오기 시작하였다. 한국인이 4구와 3구에 대거 입주하면서 왕징은 초국가적 종족공동체로서 코리아타운의 형상이 서서히 드러나기 시작했다. 정종호(2013)는 1997년 당시 왕징신청 아파트의 월세가 동일 평수의 야원촌의 아파트에 비해 15~25%에 불과하였다고 보고하였다. 정종호는 왕징신청의 아파트 임대료는 베이징 일반

주민들이 감당하기 어려웠지만 한국인에게는 외국인 거주지역보다는 상대적으로 저렴하였기 때문에 아파트를 소유한 베이징의 중국인은 한국인에게 임차를 하기 시작하였다는 것이다. 따라서 왕징 코리아타운은 중국인 소유주와 한국인 임차인의 결합으로 발전할 수 있었다고 설명하였다.

그러나 대체적으로 조선족은 왕징 코리아타운의 형성과 한국의 중국 진출에 있어서 조선족의 역할이 매우 컸다고 인식하고 있었으며 이에 대한 자부심을 드러내고 싶어 한다. 조선족은 불법 이주자의 신분으로 한국 자본에 의존적으로 생활하면서 경제적인 성장을 할 수 있었던 측면을 인식하기보다는 한국과 관련된 크고 작은 일에서 조선족이 한국의 중국 정착에 큰 도움을 주었다고 인식하고 있다. 이러한 인식을 바탕으로 조선족은 자신들의 공적에 대한 한국인이 제대로 된 평가와 보상을 받지 못했다고 생각한다. 실제로 조선족 사회는 지식인 집단을 중심으로, 특히 한국의 중국 진출과 남북 통일과 같은 사안에 있어 조선족의 역할이 중요하다는 담론을 생산해오고 조선족 대중과 한국사회로의 담론 확산에 힘을 기울여왔다.

2001년부터 왕징에서 한국인을 대상으로 부동산 중개업을 시작하였다는 조선족 부동산 중개업자 박(朴)씨의 경우에도 왕징이 한국인 밀집지역이 된 데에는 조선족의 역할이 컸다고 강조하였다. 그는 왕징신청이 건설된 당시 새로 이주해온 한국 주재원들이 넘쳐났으며 이들이 왕징의 아파트에 거주하게 된 이유는 조선족이 왕징 근교에서 숙박업과 여행업, 그리고 부동산업을 먼저 시작하였기 때문이라고 설명하였다. 조선족 부동산 업자들은 새로 유입된 한국인 이주자들에게 왕징 아파트를 소개하였기 때문에 왕징에 한국인이 밀집해 거주하게 되었던 것이지, 단지 지리적으로 가까웠기 때문만은 아니었다고 말하였다. 특히 왕징 내에는 고층 아파트는커녕 변변한 건물도 들어서 있지 않은 상태여서 새 고층건물인 왕징신청은 돈 있는 사람들이 거주하는 단지로 자리 잡게 되었고 조선족들이 주재원을 4구와 3구에 소개하면서 왕징에 한국인들이 집중될 수 있었다는 것이다.

> "집을 살려면 누구한테 사겠어요. 여기 있는 교포들이 이쪽에 집을 소개하는 거죠. 그때는 왕징에 3구, 4구에 돈 있는 사람들이 들어와 살았어요. 나머지는 이주민들이 와서 사는 거였어요. 3구, 4구는 고층건물 (…) 그때 당시 외국인은 집을 살 수 없는 상태였고 한국인 포함해서 (…) 조선족들이 음식점, 식품점, 특히 부동산하는 사람들이 생기니까 현대나 엘지나 삼성이나 이런 주재원이 몇백 가구가 1년에 들어오니까 (…) 다 그 주변에 고가가 형성이 된 거죠. 왕징이 가깝기 때문이 아니라. 만약 중국 사람들 통해서 왔으면 흩어졌겠죠. 근데 조선족들이 부동산을 하니까 일루 집중된 거죠."(朴씨, 조선족 50대 부동산 중개업자)

왕징 코리아타운이 형성되면서 한국인과 조선족 간의 공생은 경제적인 고용-피고용 관계를 중심으로 촘촘하게 엮어져 갔다. 그러나 초기에는 둥베이 3성에서 이주해온 조선족이 왕징 아파트 단지 내에 거주하는 경우가 많지 않았다. 조선족이 감당하기 어려울 만큼 임대료가 비쌌기 때문에 저렴한 월 임대료를 내는 개발되지 않은 지역인 성중촌(城中村)을 중심으로 조선족 거주지가 형성되었다(정종호, 2013). 조선족은 왕징 인근이나 조양구 내의 고려촌이라 불리는 곳에 살면서 왕징 아파트 단지로 출퇴근을 하며 한국인의 경제적 보조 역할을 하였다. 왕징 코리아타운의 아파트 단지는 한국인이 밀집하여 거주하는 공간이었으며 한국인 편의시설이 들어선 곳이었다. 그런 의미에서 초기의 왕징 코리아타운은 조선족과 한국인의 공동의 주거지를 의미하기보다는 한국인과 조선족이 경제적·사회적 활동을 하는 공통의 공간을 지칭하는 측면이 컸다.

2) 베이징 왕징 코리아타운의 변화: 한인 종족 내부의 집단관계

초기에 조선족과 한국인이 빈번하게 맺었던 생활편의-경제적 보조 관계가 서서히 줄어들기 시작하면서 왕징 코리아타운의 종족집단 간의 관계양상이 변해갔다. 이와 같은 종족 내부의 관계 변화 이유는 거주국인 중국의 경제성장률이 7%대의 성장세를 이어가면서 환율차익으로 받던 혜택이 줄어들고, 조선족이 한인 종족경제를 발판으로 경제적 성공을 이루었기 때문이기도 하지만, 다른 한편으로는 종족 내부집단 간의 관계가 주는 편리함보다는 불편함과 거리감이 점차 부각되어 나타났기 때문이었다.

예를 들어, 초기에 한국인이 조선족 고용을 선호한 이유 중의 하나로 동일한 언어를 사용한다는 점이 있었지만, 언어장벽이 없어 편리하다고 느꼈던 부분은 오히려 같은 언어를 사용하기 때문에 임금을 더 많이 줘야 하고, 가족 내 프라이버시가 침해되는 등 여러 가지 불편함의 속성으로 인식되기 시작하였다. 한국인 주부 배(裵)씨는 한국인들은 굳이 조선족을 고용할 필요성이 없다고 말하며 최근에는 조선족보다 임금이 더 낮은 한족을 고용하는 추세라고 언급하였다. 한국인은 이주 기간이 길수록 중국 생활의 적응상의 어려움이 없기 때문에 중국 생활에 있어 더 이상 조선족의 역할이 큰 영향을 미치지 못한다는 점을 지적하였다. 4구에 위치한 한국가정센터의 직원 허(許)씨도 예전에는 조선족을 많이 찾았지만 지금은 임금이 낮은 한족을 선호하는 편이라고 하였다.

> "조선족들은 우리가 하는 말을 다 알아들으니까 불편해 (…). 비밀이란 게 없고 또 우리 이야기를 듣고 이야기를 다른 데 가서 하고 그래서 안 좋더라고 (…). 한족 가정부의 경우에는 처음에 익숙해지는 데 시간이 걸리지만 일을 설명해주고 나면 알아서 하니까"(裵씨, 한국인 40대 주부)

> "요즘 환율이 올라서 힘들어 (…) 한족이 훨씬 싸 (…) 조금 줘도 하겠다는 사람 많고 (…) 조선족은 한국말 할 줄 안다는 거 그거 때문에 얼마나 비싸다고 (…)"(許씨, 한국인 50대 한국가정센터직원)

조선족도 한국인과의 경제적 공생관계는 예전에 비교해서 이점이 줄어들었다고 판단한다. 과거 조선족은 한국인 고용주의 피고용인 역할에 그치지 않고 공식적 계약 이외 사적 업무의 보조원의 역할도 함께 수행했지만, 고용-비고용의 계약관계 내에서 서로 간의 신뢰를 쌓기가 어려워지자 사업이 실패한 경우가 많이 발생했기 때문이다. 이로 인해 서로에 대한 비판과 관계 단절이 늘어났다. 한국인 고용주의 입장에서는 사기를 치는 조선족 종업원을 경험하는 횟수가 많아지고, 조선족의 입장에서는 한국인 고용주가 조선족을 제대로 대접하지 않는다는 생각으로 상호 간의 부정적 인식이 축적되어갔기 때문이다.

한국기업과 무역업을 했던 조선족 30대 무역업자 백(白)씨의 경우에는 재외동포 기업가들로 구성된 협회인 월드옥타(World OKTA)의 회원으로 활동하면서 한국 중소기업의 물건을 납품받아 영업할 당시를 떠올리며 한국인 고용주의 무책임함을 비판하였다. 한국인보다 현지의 사정을 잘 아는 조선족을 현지책임자로 영업을 맡게 해놓고 제대로 된 지원을 해주지 않았다고 하였다.

> "한국 중소기업들은 아무것도 안 해주면서 우리 보고 알아서 팔래요. 자기네들은 손 놓고 편하게 돈 벌겠다 이거죠. 그래서 이제는 그렇게 안 하려고요. 지금은 한족들이랑 수입차 판매를 하고 있어요."(白씨, 조선족 30대 무역업자)

한국인과 조선족의 관계는 경제적 공생관계에서 경제적 경쟁관계로 점차적으로 변화되었다. 종족경제 내에서 개인 사업체를 운영하는 한국인의 경우, 종족경제 내에서 자본을 축적한 조선족 자영업자들이 속속 나타나면서 한국인 자영업자와의 경쟁관계를 구축하게 되었다. 종족공동체 구성원 간의 경제적 관계의 성격이 경쟁적으로 변화하여, 특히 작은 규모의 개인 사업체의 경우에는 종족경제를 넘어서지 못하기 때문에 조선족과 한국인의 경쟁구도는 더욱 치열해졌다.

종족경제 내에서 소규모의 개인사업체를 운영하는 자영업자들을 소한상으로 구분짓는 정종호(2013)의 연구에서는 소한상 간의 경쟁에서 한국인이 조선족에게 경쟁에서 밀리고 있는 상황을 기술하고 있다. 후발주자로 등장하는 조선족 자영업자의 많은 경우, 2008년 글로벌 금융위기 시기에 중국에서 개인사업체를 운영하던 한국인들이 사업체 운영의 어려움으로 사업을 접고 한국으로 귀국을 선택하면서 한국인이 일궈 놓은 개인사업체를 인수하여 경영하게 되는 경우이다. 한국인 자영업 자의 귀국은 종족경제에서 종사하는 조선족 자영업자의 수를 증가시켜 한국인과 조선족 간의 경쟁구도를 부추기기도 하지만, 조선족들이 사 업체 운영의 파트너로서도 한국인을 배제하는 결과를 낳기도 하였다.

> "한국 사람들이 중국에 와서 같이 일하다가 망하면 그냥 사라져버려 요. 그럼 그 뒤처리는 누가 다 하는지 알아요? 우리 조선족이 다 해야 돼 요. 2008년을 기점으로 많은 한국 사람들이 일이 잘못 돼서 돌아간 게 태 반인데 (…) 그래서 다시는 한국 사람하고는 일 같이 안 해요."(尹씨, 조선족 40 대 사업가)

개인적 차원의 종족 내부집단 간 관계뿐만 아니라 단체의 차원에 서도 한국인 단체와 조선족 단체는 분리적으로 변해갔다. 조선족은 조 선족 회원만으로 구성된 단체를 형성하여 활동하고 한국인은 한국인 회원만으로 구성된 단체를 기반으로 네트워크를 구축해왔기 때문에 구 조적이며 조직적인 측면에서도 조선족과 한국인 간의 관계는 종족을 바탕으로 하는 유대감과 결속을 특징으로 하는 종족관계 형성으로 발 전되지 못하였다.

이와 같은 종족단체의 분리현상은 거주국 사회의 법적 환경의 제 약으로 더욱 강화되었다. 중국 정부는 소수민족인 조선족이 한국인과 단체 활동을 함께하는 것을 법적으로 금지하고 있다. 예를 들어, 한국인 사회에서 교회와 성당과 같은 종교단체의 경우에도 한국인은 한국인

신도만으로 구성된 교회를 다니고, 조선족은 조선족 신도만으로 구성된 교회에서 예배를 드리고 있어, 한국인과 조선족이 공동의 목표를 공유하는 집단생활을 통한 상호 접촉의 기회구조 자체가 형성되기 어려운 상황이다.

　　마찬가지로 베이징의 대표적인 한국인 단체인 재베이징한인회와 재중한국상회의 경우에도 조선족 회원이 없다. 반면 한국의 지식경제부 산하의 월드옥타의 베이징지회의 경우에는 조선족 사업가들로만 구성되어있다. 그러나 이들 한인단체들이 초기부터 이렇게 한국인과 조선족으로 분리적이었던 것은 아니다. 2000년 초반에는 월드옥타에 한국인 사업가들도 조선족 사업가들과 함께 회원으로 활동하고 있었다. 그러나 회장선거와 관련되어 서로 회장이 되려고 다툼이 있고 난 이후에 차츰 한국인 회원들이 빠져나가 한국인 사업가들로만 구성된 월드옥타 한국인회를 만들었으나 곧 해산되었다. 이러한 변화과정을 거쳐 월드옥타가 모국 정부의 지원을 받고 조직되는 단체임에도 불구하고 월드옥타 베이징 지회에는 한국인 회원은 1명도 참여하지 않은 채 조선족 회원으로만 운영되고 있다.

3) 베이징 왕징 코리아타운의 변화: 조선족의 계층적 분화

한국기업과 한국인을 상대로 하여 점차 자본을 축적하거나 한국에서 노무를 하여 자산을 확보하여온 조선족이 베이징에 등장하면서 조선족의 계층적 분화가 변해갔다. 10년 넘게 베이징에서 모국 자본에 기대어 경제적 기반을 다져온 사람들이 많아졌다. 한국기업과 한국인 고객을 상대로 사업 발전을 이룬 조선족은 한족과의 경제 네트워크의 구축뿐만 아니라 중국의 제도적 틀 속에서 한국인보다 유리한 위치를 점할 수 있었다. 이런 종류의 조선족이 성장하면서 조선족 경제는 다원화되었고 조선족 집단 내부의 계층별 분화는 빠르게 진행되었다.

조선족이 왕징 아파트를 임대하여 거주하는가 하면 중국의 호구제도가 풀리면서 조선족이 왕징 지역의 부동산을 구매하게 되어 왕징 아파트의 조선족 거주자들도 늘어났다. 조선족 정(鄭)씨는 한국인을 대상으로 하는 한식집을 작게 차려놓고 운영하기 시작하였는데 왕징 지역 중에서도 개발되지 않은 외진 곳에 위치해 있었음에도 예상치 못할 만큼 장사가 번창했다고 하였다. 그때 번 돈으로 왕징 아파트를 구입하고 위치 좋은 곳으로 식당을 확장 이전할 수 있었다고 하였다.

> "그때 집을 살려고 생각을 했는데, 집을 살까 말까 하다가 새로 짓는 집 기다리다가 3년을 더 기다렸다고 (…) 첨엔 임대해서 살자 그러다가 그때 당시에는 우리가 집을 맘대로 사지 못하니까 호적제도 때문에 그게 풀리면서 산 거라 (…) 98년에 여기 와서 돈이 없었다고 한식집을 했는데 엄청 장사가 잘됐어. 외딴 데 있었는데 주변에 다 밭이었는데 (…) 장사가 잘됐다고 (…)"(鄭씨, 조선족 40대 음식점 주인)

베이징으로 유입되는 조선족 중에는 한국에 가서 노무를 하여 벌어온 돈을 바탕으로 자산축적을 하는 조선족들도 있었다. 조선족 경제 발전에는 왕징의 종족경제에서의 경제활동뿐만 아니라 모국인 한국에서의 경제활동도 밀접한 연관성을 보이고 있다. 화정세가의 40평대 아파트에 거주하는 조선족 성(成)씨는 현재 왕징에서 가장 유명한 조선족 음식점 중의 하나를 운영하고 있었다. 成씨는 한국에서 8년간 일하면서 돈을 벌어 베이징에 돌아온 후 조선족 남편을 만나 결혼한 30대 여성이다. 그녀의 가족은 음식점을 해서 번 돈으로 화정세가의 아파트를 구매하고 유통 쪽으로도 사업을 확장하여 병행하고 있었다. 成씨를 면접할 때 같이 있던 조선족 친구들은 그녀 가족의 성공을 무척이나 부러워하면서 식당 상호를 알려주며 얼마나 유명한 곳인지를 귀띔해주었다. 그러나 成씨는 성공한 조선족이 워낙 많아져서 왕징 내에 아파트를 여러 개 갖고 있는 조선족도 있고 사업규모가 큰 사람들도 많아 자신들은 그리 잘사는 축에 끼지 못한다고 말했다.

물론 여전히 조선족 중에서 한국인의 경제적 보조 역할을 하는 사람들이 많으나 예전에 비교해서 현저히 줄어들었다. 최근 한국인 상점이나 한국인 가정에서 일용직(打工) 형식의 일로 한국인 보조 역할에 진입하는 사람들은 대부분 베이징으로 이주한 지 얼마 되지 않은 조선족 신이주자들이거나 나이가 많은 조선족이다. 이들은 왕징의 아파트 한 채에 여러 명이 함께 거주하면서 종족공동체 내에서 한국인이나 조선족 경제에서 일감을 찾아 살아가는 조선족 집단의 최하층을 형성하는 사람들이다.

중국의 도시 위계 서열에서 최상의 지위를 차지하고 있는 베이징에 거주하는 조선족은 여타 지역의 조선족과 비교해서 높은 생활 수준을 보이고 있다. 조선족 권(權)씨는 "베이징에 거주하는 조선족 중에는 노동자들도 있지만, 베이징에 거주하는 것 자체가 조선족 중에서도 높은 레벨이라고" 강조하였다. 경제적으로 성공한 조선족은 한국인과 마찬가지로 보모를 고용하고 안전한 먹거리를 찾아 한국식품점에서 장을 보고 질 좋은 제품을 선호하며 생활 방식과 소비 수준에서 한국인과 별반 차이가 없다고 생각하였다.

베이징의 조선족이 안정된 경제적 기반을 갖추면서 다양한 커뮤니티들도 함께 생성되었다. 왕징에 정착한 조선족은 기존에 거주하고 있던 지역에서 형성된 혈연, 지연 등 비공식적 사회관계를 바탕으로 기업가들은 베이징조선족기업가협회를, 여성들은 베이징애심여성네트워크를, 노인들은 베이징조선족노인협회를, 학생들은 중국 조선족학생센터를 결성하여 다양한 활동을 전개하고 있다. 또한 차세대 조선족의 민족교육 문제를 해결하기 위해 '정음우리말'학교를 운영하고 있으며, 축구, 골프 등 스포츠 커뮤니티를 결성하여 회원 간의 친선 교류 및 결속력을 강화하는 활동을 하고 있다. 왕징을 중심으로 베이징의 조선족은 기업가, 여성, 노인, 학생 등 무분별 커뮤니티를 형성하여 초국적 공간이라는 낯선 곳에서 받는 물리적 · 정신적 스트레스를 해소하고 내적 결속력을 강화하는 활동을 전개하고 있다(선봉규, 2017: 260).

왕징을 벗어난 새로운 조선족 집단거주지도 형성되고 있다. 2007년에는 왕징에서 차로 15분 거리인 추이거좡샹(崔各莊鄉)에 '새마을 민족촌'이라는 조선족 타운이 건설되었다. 동베이 3성을 제외하면 최초의 조선족 집단 거주 타운이다(최경선, 2007). 왕징의 코리안타운과 그 규모를 비교할 수 없지만 베이징에 거주하는 조선족 사회는 눈에 띄게 변화하고 발전하고 있다.

베이징 조선족의 경제적 여건이 개선되면서 한국인의 조선족에 대한 인식은 예전과는 많이 달라졌다. 이제 한국인은 중국의 경제 성장과 더불어 조선족도 경제력이 향상됐다는 것을 인식하고 있고, 성공한 조선족 사업가들을 자신의 사업 발전에 있어 중요한 고객으로 유치하고자 한다. 왕징에서 고급 커피 시장을 겨냥하여 창업을 준비하고 있는 40대 바리스타 김(金)씨의 경우에도 조선족의 변화된 소비능력을 인식하고 조선족을 주요 고객층으로 확보하면서 자신의 비즈니스를 확장하고 있었다.

"조선족들의 의식이나 생활수준이 많이 향상돼서 지금 제 단골고객들 중에 조선족들이 상당수 차지해요. 더치커피가 12시간 동안 한 방울씩 커피를 내리는 건데 가격이 한잔에 80위안이에요. 제 커피원두도 유기농이고 해서 제 커피에 대해서 자부합니다. 앞으로 중국에 고급 소비시장이 무궁무진하다고 생각해서 중국에서 커피사업을 시작한 지 1년 조금 넘어요."(金씨, 한국인 40대 바리스타)

한국인 사업가 이(㈜)씨는 조선족이 한국의 경제성장 과정을 학습하고 실천해왔다고 설명하였다. 즉 부동산이 중요한 자산획득의 통로임을 배웠기 때문에 부동산 구매에 촉각을 세웠고, 부동산으로 자산을 불린 경우가 많이 있다고 하였다. 한국인은 외국인이라 부동산을 사기도 힘들었고 베이징에서 얼마나 거주하게 될지 알 수 없는 불확실함이 있어 주로 아파트를 임대하여 거주하였기 때문에 부동산으로 돈을 벌지는 못했다고 하였다. 비록 산 사람들이 있다고 해도 그들 중 많은 사람들이 금융 위기 여파로 부동산을 팔고 귀국하여 한국인은 조선족과는 달리 중국 부동산 투자로 인한 혜택을 거의 못 받았다고 설명하였다.

> "조선족들은 왕징에 아파트를 많이 샀죠. 한국이 경제발전 시기에 부동산으로 돈 번 걸 배운 거죠. 우리들은 예전에는 부동산을 살 수도 없었고 (…) 산 사람들이 있어도 2008년 많이들 팔고 갔어요. 그냥 갖고 있었으면 엄청 돈 벌었을 텐데 (…)"(李씨, 한국인 50대 사업가)

4) 베이징 왕징 코리아타운의 변화: 한국인의 계층적 분화

주재원의 유입은 베이징의 한인 계층적 분화에 큰 영향을 미쳤다. 앞서 언급한 바와 같이 베이징 한인 종족공동체의 직업분포에서 주재원이 차지하는 비중이 65.9%로 이례적인 경우에 해당된다. 특히 거주국 사회의 외국인 집단에 대한 사회학적 분석이 거주국의 사회적이며 경제적 환경에 영향을 받는 이주자의 삶에 주목하고 있지만, 주재원 집단은 거주국의 환경으로부터 상대적으로 독립적이다. 베이징으로 유입되는 상당한 인구규모의 주재원 집단의 존재는 타 지역과는 매우 큰 차이를 보일 뿐 아니라, 베이징에 거주하는 한국인의 주관적 계층의식을 형성하는 데 주요한 준거집단으로 기능한다. 베이징 한인사회의 분화를 다루고 있는 선행연구에서는 베이징 한인의 사회적 분화로 한상, 한간, 한태, 한생, 한무, 한공 등으로 구분하고 있다(정종호, 2013). 한간이라고 표현되는 한국기업의 간부들인 주재원 집단은 비한간 집단 간 사이에서 베이징 지역에서 갖는 사회적 의미와 사회적 집단구분은 뚜렷하다.

베이징 한국인들은 대기업 주재원들이 베이징에 거주하는 한국인 집단 중에서 가장 상층 계층을 형성하고 있다고 생각한다. 주재원 집단은 내부적으로 한국 대기업, 공기업, 중소기업, 중국계 기업 등으로 내부적으로도 분화되어있지만, 대체적으로 대기업 주재원이 단연 독보적인 집단으로 인식된다. 대기업 주재원이나 공기업의 파견 직원의 경우 기업 차원의 제도적 지원으로 거주국 사회환경으로부터 상대적으로 자유로울 수 있고, 국제학교 학비와 고급 아파트 월 주거비 등 상당한 정도의 체제 지원을 제공받기 때문에 베이징의 라이프스타일 등에서 가장 혜택을 많이 받기 때문이다. 성공한 자영업자의 경우에도 국제학교와 고급 아파트의 입주는 그리 쉽지 않기 때문에 비주재원들은 주재원들이 누리는 복리를 누리기는 현실적으로 어렵다. 현지 부동산 업자 구(具)씨는 한국인 주재원들은 새로운 아파트가 건설되면 앞다투어 새롭고 더 좋은 곳으로 이사를 한다고 묘사하였다.

베이징 왕징 코리아타운이 형성되던 초기에서부터 한국인 집단은 내적으로 위계적 서열이 주재원과 비주재원으로 뚜렷이 구분되어 나타났다. 이러한 구분은 베이징에서는 한국인 집단이 서로를 평가하는 사회경제적 지위에 대한 기준으로 작동하였다. 주재원의 경우에는 자녀의 교육문제는 말할 것도 없이 의료나 다른 복지 부분에서도 타 한국인들에 비해 상대적으로 혜택을 누릴 수 있어 불안정한 타지 생활을 하는 한국인들에게 위화감을 느끼게 하였다. 거주국 사회의 외국인 신분으로 모든 것을 개인이 혼자서 알아보고 해결해야 하는 비주재원들에 비해 기업이라는 든든한 버팀목이 있는 주재원들의 삶은 외국인이라는 동일한 법적 신분을 공유하면서도, 외국인으로서 겪는 공통의 불편함을 통해 우리의식을 형성시키기보다는, 질적으로 차이 나는 혜택에 대한 접근성에서 비주재원과는 다르다는 것을 체감하게 하기 때문이다.

한국인 자영업자 문(文)씨는 주재원들은 주재원들끼리의 커뮤니티를 형성하고 있다고 말했다. 한국인 모임이 끼리끼리의 문화양상으로 위계 서열화되어있어 배타적인 속성을 강조하여 이야기하였다. 한국인 집단에 대한 계층화된 군상은 지난 10년의 베이징 생활을 반영하면서 자영업자의 입장에서 대응하는 주재원에 대한 의식화되고 예리해진 계층의식을 보여준다. 중국 베이징의 한인사회의 준거집단이란 그 폭이 좁았다. 한국사회처럼 다양한 요소들로 나뉠 수 있는 계층의 의미와는 다르게 '나'를 평가하고 한인사회 내에 위치 짓는 과정 속에서는 우선 주재원 집단과 비주재원 집단에서부터 구분되었다.

> "솔직히 여기서 어느 아파트 산다고 하면 그게 우리들끼리는 암묵적으로 (…) 음, 알아요. 왕징에 사는 사람들끼리는 통하죠. 별표 5개짜리가 동호만이고, 별표 4개로는 대서양신청 중에서도 여기 (…) CLASS, 별 3개 화정세가 (…) 이런 식으로 주재원 아줌마들 목에 힘주고 다니고 자기네들끼리만의 그런 게 있어요. 왕징을 보면 여기 3구나 4구는 가장 가난한 한국인들이 산다고 보면 되고 돈 많은 주재원들은 이런 데 안 살죠."(文씨, 한국인 30대 자영업자)

이러한 주재원과 비주재원의 분리는 조직의 차원에서도 유사하게 나타났다. 베이징의 대표적인 한국인 단체는 한국상회와 한국인회가 있는데, 전자는 대기업 임원을 중심으로, 후자는 자영업자를 중심으로 나뉘어져 있다. 이러한 단체의 구조 역시 한국인 집단의 계층화에 일조했다. 중국에서는 외국인 민간단체를 법적으로 허용하지 않기 때문에 중국에서 정식으로 허가를 받은 곳은 중국 한국상회가 유일하며 가장 오래된 한국인 단체이다. 1999년에는 한국 거주 교민들을 위한 중국 한국인회와 재북경 한국인회가 정식 발족하였지만 중국 당국의 허가를 받지 못해 여러 차례 행사가 무산되기도 하는 등 한국상회에 비해 영향력이 적다. 베이징 한국인 단체에서 초청을 많이 받아 한국인을 대상으로 강연을 자주 한다는 한 조선족 주(朱)씨는 한국인 단체가 서로 분리되는 경향이 있다고 지적하였다.

> "한인회 하는 사람들은 중소기업 하는 사람들이 많지. 대기업하는 사람들은 회사 위주로 모임을 많이 하지. 4월 말에 현대에서 초청이 와서 강연해달라고 (…) 거기 현대자동차하고 회사하고 계열사하고 이 사람들은 자기네끼리 모이지, 한인회 나가지 않는다고."(朱씨, 조선족 60대 강연자)

그러나 2008년 금융 위기 전까지만 해도 주재원의 신분은 아니더라도 한국인의 중국 이주는 잘사는 나라에서 상대적으로 못사는 나라로의 이동이기 때문에 비주재원들도 거주국 내에서 사회경제적 지위 상승을 경험하였다. 그래서 비록 주재원처럼 기업의 제도적 지원을 받지 못하였더라도 전반적으로 한국인 집단이 지각하는 이주 효과는 부정적이지만은 않았다. 기업이 중국의 값싼 노동력과 투자환경을 확보하여 경제적인 차익을 높이고자 한 것처럼 거주국의 낮은 경제발전 수준은 이주자가 적은 비용으로도 풍족한 생활을 할 수 있게 하고 이주와 연계된 미래 가치를 추구하도록 동기 부여가 되었다.

사업, 학업, 조기교육 등의 다양한 동기로 베이징으로 이주한 비주재원들은 상향적 계층이동에 대한 유사한 기대를 하고 있었다. 베이징에 가면 한국과 비교해서 훨씬 적은 돈으로 가정교사를 고용해 중국어를 교습 받을 수 있으며 중국어를 할 수 없어도 가사도우미나 보모 등을 고용해 한국보다 훨씬 편안한 삶을 살 수 있다는 것이다. 한국에서 송금받은 액수가 많지는 않지만 2007년까지는 환율이 1위안에 120원대인데다가 값싼 물건이 많기 때문에 풍족하게 지낼 수 있어 베이징 생활에 상당히 만족해했다고 하였다.

> "제가 여기에 처음에 왔을 때는 정말 너무너무 쌌어요 (…) 처음에 베이징에 탐색하러 왔을 때는 호텔에서 지냈는데 엄청 좋은 호텔인데도 몇만 원밖에 안 했어요 (…) 그니까 발 마사지 받는 것도 거의 몇천 원 수준이고, 제가 중국 말을 잘 못하지만 (…) 조선족 아줌마가 있으니까 같이 장보고 (…) 조선족 아줌마 써도 얼마 안 들고 (…)"(申씨, 한국인 30대 학부모)

그러나 중국의 경제는 초고속으로 상승하면서 한국인의 계층적 분화는 덜 가시화되기 시작하였다. 조선족의 계층적 분화는 시간이 흐름에 따라 중국 경제의 상승세와 함께 점차 두각을 드러내면서 동반성장하는 반면 한국인은 여전히 그 자리에서 머물고 있는 듯 저성장하고 있다고 느꼈다. 한국인은 고답상태를 면치 못하고 있는 현 상황에 대해 두려움과 위기의식마저 갖는다. 민(閔)씨는 인프라도 구축되어있지 않았던 조선족 기업이 한국인 기업과 비교조차 할 수 없는 단위의 규모에서 시작하였음에도 불구하고 출발 지점의 열악함을 극복하고 성공한 조선족

기업가들이 눈에 띄게 증가하고 있다고 설명하였다. 한국인의 경우 조선족이 성장한 폭만큼 성공한 사람은 그리 많지 않기 때문에 한국인 사업가 홍(洪)씨는 이러한 상황을 비관적으로 받아들이고 있었다.

"한국 사람들은 조선족처럼 그렇게 성공한 경우가 거의 없지요. 솔직히 한국 사람 성공한 거랑 조선족들이 성공한 거랑은 비교하는 게 말이 안 되죠. 처음에 얼마나 상황이 달랐는데 (…)"(閔씨, 한국인 40대 사업가)

"잘 생각해봐라 (…) 이제 우리가 중국 사람한테, 조선족한테 발 마사지를 해줘야 하는 처지가 된 거야. 한국 사람들 만나면 우리끼리 이런 말 농담처럼 던지지만 이게 실제로 벌어지고 있는 일이야. 앞으로 얼마나 심해지겠냐고 (…) 한국 사람들이 중국에 와서 얼마나 뻐겼어. 근데 이젠 여기서 '작은(小) 한국인'이라고 불린다고, 상황이 이렇게 바뀌었다고 (…)"(洪씨, 한국인 50대 사업가)

조선족의 성장은 한국인에게 더욱 상대적인 정체감(停滯感)을 느끼게 하였다. 중국의 가파른 경제성장과 조선족의 성장과 같은 외적 요인이 더욱 위기의식을 느끼게 하는 요인이 되었고, 이러한 가운데, 중국의 물가 상승, 위안화의 가치 상승까지 겹쳤다. 주재원의 경우에도 경제적인 상황이 위축된 것은 마찬가지였다. 한국 대기업의 주재원으로 북경 생활을 한지 5년 차의 옥(玉)씨는 체제 보조금이 정액제로 바뀌어 한국 주재원들의 생활도 이전과 같이 풍요로운 생활은 어렵다고 말하였다.

"예전에 회사에서 집을 구하면 구한 집세 그대로 지원을 해줬어요.

그래서 왕징에서 맘에 드는 아파트를 골라서 임대할 수 있었는데, 2년 전부터 주택보조금이 정액제로 바뀌었어요. 아파트 월세도 많이 올랐는데, 일정 한도를 정해놓고 그 안에서 집세를 내야 하니까 예전처럼 여유가 없네요 (…)"(玉씨, 한국인 30대 주재원)

"중국에서는 되는 것도 안 되는 것도 없어요. 안 될 것 같다고 생각하는 것도 중국이니까 되는 것도 있고 (…) 중국에 대해서는 아무것도 확실하게 말할 수 있는 게 없어요. 근데 솔직히 지금 중국에서 현대자동차를 빼면 대기업들도 다 죽을 쓰고 있죠."(徐씨, 한국인 40대 사업가)

"특별히 중국에서 성취한 건 없지만 한국보다는 중국 내에서 생활기반을 다져놓았기 때문에 (…) 한국에 부모님이 계시긴 하지만 퇴직하면 중국 내에서 창업을 통해 자리를 잡을 예정이에요. 우리 딸 교육 문제도 얽혀 있고 (…) 중국 내에서 일을 하다가 막상 한국으로 돌아가면 할 수 있는 일이 많지 않을 것이라는 걱정도 되고 해서 (…)"(于씨, 한국인 50대 주재원)

거시적 환경 변화는 한국인 이주자의 불확실한 상황을 배가시켰다. 특히 2008년 글로벌 금융 위기 이후로 위안화 가치가 무려 2배 이상 상승되면서 지금이라도 돌아가야 손에 쥐고 있는 중국 돈이라도 본전 뽑는다는 생각에 많은 한국인은 귀국을 선택했다. 한국인 계층의 말단에는 베이징에 와서 사업에 실패하거나 한국에서 가져온 자본을 모두 잃어버리고 방 한 칸을 임대하여 힘들게 살고 있는 사람들과 한국인 불법체류자가 있다. 2012년 상반기에는 베이징 당국이 불법체류자 집중단속을 실시하여 재베이징 한인회는 불법 체류 한국인 귀국 프로그램을 시행하기도 할 정도로 베이징 내 한국인 불법체류자의 문제도 생겨났다(재베이징한국인회, 2012).

5) 베이징 왕징 코리아타운의 변화: 종족공동체의 지리적 분화

왕징의 코리아타운으로 집결되었던 초국가적 종족공동체는 여전히 구심적 힘을 갖고는 있지만 베이징의 외곽지역으로 분산되는 형태를 보이고 있다. 예전과는 다르게 중국의 위안화가 170에서 180대에 이르면서 물가 수준도 서울과 비슷하거나 다소 높은 데다 왕징 아파트 임대료도 점점 상승하다 보니 한국인이 체감하는 생활 수준은 상대적으로 예전에 비해 낮게 느껴질 수밖에 없다.[5] 남아있는 한국인은 경제적으로 어려운 상황이 지속되는 가운데 왕징 지역을 벗어나기 시작했고 최근 들어 이른바 '탈왕징화' 현상으로 나타나고 있다.

"점점 왕징에서 한국 사람이 빠져나가고 있어요. 지금 왕징이 서울 강남 정도예요, 아파트 값이 얼마나 올랐는지 몰라요. 앞으로 한국인들이 왕징을 더 많이 빠져나갈 수밖에 없는 구조인 거예요."(李씨, 한국인 50대 사업가)

이런 상황은 베이징시정부가 2010년에 왕징을 제 2의 CBD(상업금융중심지)로 지정한 후 왕징 부동산 가격이 급증하면서 심화되었다.[6] 베이

---

[5] 2012년 8월 14일 현지 부동산 업자 具씨 인터뷰. 2012년 8월 왕징 부동산의 거래를 보면 오래된 4구의 경우에는 매매의 경우 ㎡당 25,000위안 정도이지만, 가장 최근에 지어진 대서양신청 신구역은 ㎡당 45,000위안을 넘는다. 임대의 경우는 동호만의 방 3칸 자리는 15,000위안 정도로 한국 돈으로 월세 250만 원을 상회하는 수준이며 대서양신청의 F구역, 보성, 구풍상관 등 방 4칸의 경우에는 25,000위안(한국 돈 430만 원)을 넘어선다.

[6] '다왕징과학기술비즈니스창신구역'(大望京科技商務創新區)이라는 이름으로 2011년 개발계획 확정.

징시는 왕징에 입주하는 외국 기업들에게 다양한 혜택을 주면서 마이 크로소프트, 벤츠, 지멘스 등 많은 세계의 글로벌 기업들이 왕징에 입주 하게 되었다. 왕징에 외국계 기업까지 가세하자 부동산 붐은 지속적으로 나타났고 왕징은 글로벌화된 고급 주택단지로 변모하고 있다. 왕징 지역은 글로벌 기업에 근무하는 외국인뿐만 아니라 한족들이 선호하는 주거지역으로 탈바꿈되고 있다. 이러한 상황에서 한국인의 탈왕징화는 점차 지속적으로 나타나면서 한국인은 현대자동차 공장이 있는 순이취 (順义区)를 비롯하여 베이징 동부의 허베이성(河北省) 싼허(三河)시 옌자오(燕 郊) 경제기술개발지구 등 베이징의 외곽지역으로 점차 분산되는 양상을 보인다.

한국인이 많이 살고 있는 베이징시 인근의 순이취는 베이징시 도 시총체계획(2004~2020)에 의해 동부발전의 중요한 지역으로 선정된 신도 시로 베이징시내에서 35km 떨어진 거리에 위치해 있다. 순이취 정부는 인재도입 관련 정책으로 한국기업의 전문인력에게 베이징시 직업거주 권을 제공하고 경영자 및 임원직 가족들에게는 사회보험, 자녀교육 등 중국 주민과 동일한 대우를 해주며 한국기업 유치와 한인 타운 걸설에 총력을 기울였다. 순이취에는 왕징 한국국제학교보다 명문으로 통하는 ISB 미국계 국제학교 등의 교육기관이 있으며 기본적인 각종 한인 편의 시설들이 갖추어져 있다.

옌자오의 경우에는 행정구역으로는 베이징시에 속하지는 않지만 순이취와 20km 떨어져 있어 베이징시의 다른 외곽지역보다 가까이 위 치해 있다. 2011년부터 서울원이 건설 중에 있고 한국의 대기업인 삼 성, 현대, SK 등 43개 기업이 투자협의서를 체결하였다. 중국에 거주하는 한국인을 대상으로 교육, 문화, 비즈니스의 공간과 시설을 제공할 목적으로 건설되는 서울원이 완공되면 옌자오도 점차 베이징 한인들의 새로운 주거지로 자리 잡을 가능성이 클 것으로 보인다.

이들 지역의 부동산 임대료는 왕징에 비해 훨씬 저렴하여 원룸, 방 2칸짜리의 경우 1,200위안에서 1,500위안 정도로 왕징의 임대료와 큰 차이가 난다. '베이징 코리안'이나 '기업정보' 등 한인 잡지에 생활 편의 시설 전화번호를 왕징 지역과 우다코 지역으로 나누어 수록한 이전과는 달리 최근 발행되는 한국인 정보지에는 순이취, 옌자오(燕郊) 등의 교외지역까지 세분화하여 구성하고 있다.

재베이징 한국인회 이창호 회장과의 면담에서도 베이징 한인사회의 가장 큰 변화로 언급했던 측면이 한국인들의 '탈왕징화'였다. 왕징에 거주하였던 한국인이 왕징을 벗어나고 있는 현상은 단지 한국인이 분산되어 거주한다는 의미가 아니라 한국인이 베이징시내로부터 점차 베이징 외곽으로 밀려난다는 것을 의미한다. 다시 말해 '탈왕징화'로 베이징 도심에서 지리적으로 멀어지는 현상은 한국인이 베이징의 주류사회로부터 멀어지는 것을 가시적으로 드러내는 현상으로 한국인의 약화된 경제적 위상을 보여주고 있다.

4. 결론 및 논의

한국인과 조선족의 베이징 이주로 형성되었던 초기의 강한 공생관계는 시간이 지나면서 약화되기 시작하였다. 조선족의 베이징으로의 이주는 모국 경제에 의존적이었고 한국인의 경제적인 보조 역할로 모국 경제로 편입해가는 방식이었다. 이로 인해 경제적으로는 공생관계였지만 심리적으로는 출발부터 친밀성은 약했다. 뿐만 아니라 조선족과 한국인의 이주 특성이 각기 달랐기 때문에 두 집단 간의 사회경제적 지위가 확연히 차이가 났고, 조선족은 모국 자본이 산출한 분절된 노동시장으로 저임금-저숙련 직종에 유입되었다. 결국 두 집단 간의 관계는 공생관계보다는 고용-피고용의 관계로 특징지어지게 되었다. 이런 상황에서 두 집단 간의 접촉이 증가할수록 동족 상호 간에 부정적인 인식이 쌓여갔고 거리감이 늘어났다.

그뿐만 아니라 재중한인의 왕징 코리아타운을 주축으로 이루어지던 종족공동체는 빠르게 변화하고 있으며 무엇보다 탈왕징화 현상이 두드러지게 나타나고 있다. 탈왕징화 현상은 베이징의 외곽지역으로 크고 작은 코리아타운이 생겨나면서 한인들이 분산되어 거주하는 양상을 지칭한다. 이전의 왕징 지역에서 누렸던 경제적 차익의 효과나 동족 관계에서 누렸던 편의의 효과 등 동족 하위집단 간 사회적 관계를 통한 로컬적 자원 확보 효과가 퇴색하면서 다른 방식의 삶을 찾아가고 있다.

그러나 베이징 도심에서 지리적으로 멀어지는 '탈왕징화' 현상이 함의하는 바는 한국인이 베이징의 주류사회로부터 멀어지는 것을 가시적으로 드러내주는 현상으로 한국인의 약화된 경제적 위상을 상징적으로 표현해준다. 왕징 코리아타운의 초국가적 종족공동체는 모국 경제를 통해 경제생활을 영위해왔던 조선족의 한국인과의 공생관계에서 출발하였지만, 중국의 경제성장, 모국 자본에 기대어 발전한 조선족 집단의 계층적 분화, 도시공간의 분화, 한국인의 위축된 경제 상황과 맞물려 분산되고 있다.

이상과 같이 조선족과 한국인이 밀집해 거주하는 왕징의 초국가적 종족공동체는 새로운 국면으로 나아가고 있음을 확인할 수 있다. 본 연구에서는 순이취와 옌자오를 연구지역으로 포함시키지는 않았으나 초국가적 종족공동체의 분산과 다원화는 향후 한국인과 조선족과의 관계 형성에 어떠한 변화를 가져오게 될지 주목되는 부분이다. 조선족들은 왕징을 벗어나 안정적인 정착을 모색하기 위해 호구문제를 해결할 수 있는 옌자오 지역으로 분산되는 경향을 보이고 있어 두 집단이 같은 생활권에서 밀집해 살아가는 양상을 보일지 아니면 한국인 집단과 조선족 집단의 독자적인 사회공간이 조성될지 후속연구의 주제가 될 수 있을 것이다.

참고문헌

김윤태. 2009. "중국의 신선족과 한인타운".『중소연구』33(4): 39-67.

박광성. 2004. "중국 조선족 대이동과 공동체의 변화: 현지조사 자료를 중심으로".『한국인구학』 27(2): 61-89.

_____. 2006. "세계화시대의 중국조선족의 노동력이동과 사회변화". 서울대학교 박사학위논문.

백권호 외. 2010.『중국 종합연구총서』. 경제인문사회연구회.

선봉규. 2017. "초국적 공간에서 중국조선족의 커뮤니티 활동과 기능".『동북아 문화연구』52: 243-263.

예동근. 2009. "글로벌시대 중국의 체제 전환 과정하의 종족 공동체의 형성: 베이징 왕징 코리아타 운을 중심으로". 고려대학교 박사학위논문.

외교통상부.『재외동포현황』, 2003~2011.

윤인진. 2004.『코리안 디아스포라: 재외한인의 이주, 적응, 정체성』. 고려대 출판부.

이윤경·윤인진. 2015. "중국 내 한인의 초국가적 이주와 종족 공동체의 형성 및 변화: 베이징 왕징 코리아타운 사례 연구".『중국학논총』47: 271-305.

정종호. 2013. "왕징모델(望京模式): 베이징 왕징 코리아타운의 형성과 분화".『중국학연구』65: 433-460.

최경선. 2007. "베이징 코리아타운 인근에 조선족타운 '새마을촌' 등장".『매일경제』2007.2.20. (https://www.mk.co.kr/news/home/view/2007/02/87193).

北京市發展和改革委員會 (http://www.bjpc.gov.cn).

Jeong, Jong-Ho. 2013. "Transplanted Wenzhou Model and Transnational Ethnic Economy: Experiences of Zhejiangcun's Wenzhou migrants and Wangjing's Chaoxianzu (Ethnic Korean Chinese) Migrants in Beijing." *Journal of Contemporary China* 23: 1-23.

Schiller, N. G., L. Basch, and C. Blanc-Szanton. 1992. "Transnationalism: A New Analytic Framework for Understanding Migration." *Annals of New York Academy of Sciences* 645: 1-24.

제7장

심양 서탑
코리아타운과
'심양현상'의 확산[1]

임영상(한국외국어대학교)

1. 서론

중국의 개혁개방 정책과 1992년 한중 수교 이후 중국의 연해도시와 대도시로 진출한 조선족과 중국으로 진출한 한국인 사이에 공존(혹은 갈등 사례도 포함)의 만남이 계속되는 과정에서 새로운 '한겨레 집거지', 이른바 코리아타운이 형성되었다. 수도인 북경뿐만 아니라 '제2의 연변'이라고 일컬어지는 산둥성 청도를 비롯하여 동남의 연해도시인 천진, 상해, 광주, 그리고 동북의 주요 도시인 심양, 장춘, 할빈, 목단강, 대련, 단동에서도 같은 현상이 나타나고 있다. 그러나 근래 한중관계의 변화로 중국 내 코리아타운의 양상이 크게 변화하고 있다.

북경의 코리아타운 왕징과 상해의 코리아타운 홍천로에서 한국인의 위상은 과거와 판이해졌다. 한국인과 조선족의 이주로 형성되었던 초기의 강한 공생관계가 시간이 지나면서 변화된 것이다. 한국인과 조선족의 관계가 전자의 우월에서 양자 간 갈등관계의 심화 또는 후자의 우월 현상으로도 나타나고 있다. 무엇보다도 적지 않은 한국인들이 중국의 코리아타운, 아니 아예 중국을 떠나 한국으로 돌아왔거나 베트남 등 동남아 지역으로 사업체를 이전해버린 사례도 많다.

동북 3성의 관문도시 심양도 예외는 아니다. 중국 코리아타운의 대표이자 '한국주간' 축제의 시작을 열었던 심양 서탑의 코리아타운도 큰 변화를 겪었다. 서탑 코리아타운의 역사에서 반드시 기록되어야 하는 백제원, 경회루, 신라성 등 대표적인 한국기업들이 모두 역사 속으로

---

1   이 글은 2016년 4월25일 퀸즈칼리지 재외한인사회연구소 학술회의에서 발표한 논문 "심양 서탑 코리아타운: 과거와 현재"의 내용을 일부 활용했으나 많은 부분 새로 작성했다.

사라졌다. 심양의 한국인(商)회가 운영하던 한국인문화원도 문을 닫았다. 그런데도 심양 서탑 코리아타운에서는 선착 한민족인 조선족과 후착 이주민인 한국인 간의 관계가 중국의 어떤 도시와 달리 상호교류와 협력이 타 도시 코리아타운의 모범이 될 만하다.

2004년에 창립된 심양조선족기업가협회(회장 길경갑)가 시작한 기업과 문화, 기업과 사회의 공존인 문기결합(文企結合)인 '심양현상'은 단순히 기업인들이 민간단체나 개인에게 행사 경비의 원조를 주는 것으로 그치지 않았다. 조선족 사회 각계가 화합과 공생, 공동발전을 전제로 서로 뭉치고 단결하여 조화로운 사회를 만들어가는 시범이고 실천이었다. 또한 2004년은 심양의 한민족 공동체 역사에 의미가 깊은 한 해였다. 심양시조선족 사회(처음에는 심양시조선족기업가협회)와 심양한국인(商)회 간의 친선교류가 조선족과 한국인의 교류의 장을 만들어내면서 '심양현상'의 함의가 깊어진 것이다.

그로부터 10년, 2014년 7월에 개원한 한중교류문화원이 새 역사를 쓰기 시작했다. 한국인 기업인이 출연하여 만들었으나, 처음부터 한국인-조선족 공동이사장 체제로 운영하는 한중교류문화원은 국적과 무관하게 유소년부터 노년층에 이르기까지 각종 교육 · 문화 · 체육활동을 지원하기 시작했다. 이는 개원 1년 만에 중국 정부의 공식 인정을 받게 되었으며, 한국 정부기관들도 한중교류문화원의 기획과 연출 능력을 인정하고 한중협력사업을 의뢰하기 시작한 것이다. 한중교류문화원이 지난 4년 동안 펼친 대내외 활동과 지원사업은 '신심양현상'으로 평가할 수 있다는 것이 필자의 생각이다. 심양 서탑 코리아타운에서 '심양현상'이 '신심양현상'으로 심화되고 있음을 확인하자는 것이 이 글의 목표이다.

2절에서는 서탑 지역이 1900년대 초부터 조선인이 모여 살게 되어 조선거리로 발전하는 모습을 심양과 서탑의 조선인 인구의 증가와 상업활동을 통해 살펴본 후, 1945년 광복 전후부터 현재에 이르기까지 심양 서탑이 조선거리에서 선착 한인인 조선족과 1992년 한중 수교 이후부터 본격적으로 진출하기 시작한 한국인, 또 북한인이 어우러지는 코리아타운으로 변화·발전되는 과정을 살펴볼 것이다. 3절에서는 심양 조선족기업가협회 길경갑 회장의 문기결합에 대한 철학과 활동이 가져온 '심양현상'과 상익그룹 안청락 회장이 제시한 한중교류문화원의 마중물 정신 운영철학과 실천이 '신심양현상'을 가져온 바를 구체적인 성과를 통해 살펴볼 것이다.

2. 심양 서탑: 조선거리에서 코리아타운으로

심양의 서탑(西塔) 지역은 1992년 한중 수교 이후 연변조선족자치주 연길시와 더불어 한국인들이 가장 먼저 진출한 지역이다. 심양시 인민정부의 홈페이지에는 화평구 서탑가 지구를 '중국 최대의 코리아타운'으로 소개하고 있다. 이는 조선족들이 밀집해 있고, 한국인들이 대거 진출하여 상업 활동을 이루고 있는 집거지역이기 때문이다.

심양이라는 명칭은 심양 남부를 흐르는 혼하(渾河)의 옛 이름인 심수(瀋水)의 북쪽에 있다는 의미의 '심수지양(瀋水之陽)'에서 유래된 것으로, 성경(盛京), 봉천(奉天) 등으로 불리기도 했다. 청조는 1644년 북경으로 수도를 옮겼는데, 이후 심양은 제2의 수도가 되었다.

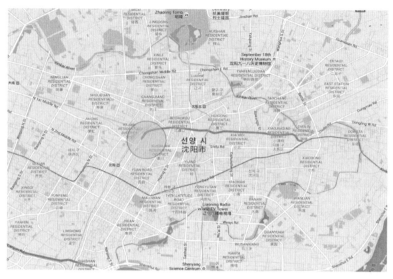

〈그림 7-1〉 심양 지도

　　서탑에서 사방 10㎞ 이내에는 병자호란의 여파로 1637년부터 1645년까지 소현세자와 봉림대군이 거처한 심양관(瀋陽館)의 구지가 있으며, 50~60만 명의 조선인 포로들이 속환(贖還)무역으로 매매되던 남탑(南塔)이 있다. 그리고 1882년부터 1887년까지 스코틀랜드 선교사 존 로스(John Ross)가 서상륜, 백홍준과 함께 한글 성경을 번역·출간한 동관교회가 있다.

　　〈그림 7-2〉는 서탑(지역) 지도로, 서탑가를 중심으로 서쪽으로는 안도가, 동쪽으로는 연변가와 남경대로까지 확장되었고, 남쪽 시부대로에서부터 돈화일로, 도문로, 훈춘로, 무순로까지 범위가 넓어졌다.

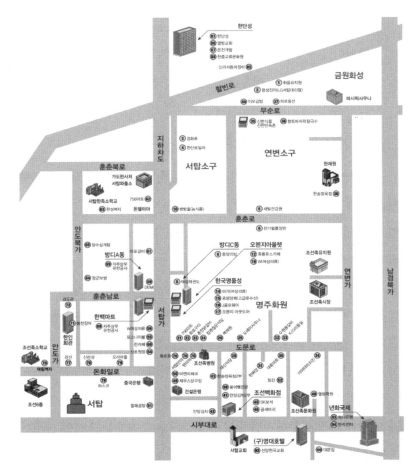

<그림 7-2> 서탑 코리아타운

2016년 현재 서탑 지역 전체인구는 2만 8,900명인데 조선족이 8,338명
이며 한국인이 4,743명이다. 한민족이 거의 절반을 차지하고, 전통적인
조선족의 집거지에서 중국으로 진출한 한국인들의 상업 활동 및 거주
지로 공간의 의미가 확대되면서 한국의 문화가 형성되고 있는 '중국 속
한국'으로도 불리고 있다. 또한 서탑에는 조선족학교, 조선족유치원, 조

선족병원, 조선족백화점, 조선족음식점, 조선족서점, 조선족문화관 등이 집중되어있어서 심양시 사람들은 조선족이라 하면 서탑을 떠올리고 서탑이라 하면 조선족을 떠올리는 것이 일반적이다.

1) 조선인의 이주와 상업활동: 서탑 조선거리

심양에 조선인이 이주하기 시작한 것은 19세기 1870~1880년대부터로 알려져 있다. 1882년부터 1887년 사이에 서상륜, 백홍준 등이 심양(서탑 동관교회)에서 한글로 된 『성경(聖經)』을 번역·출판했다. 1900년 5월경 평안북도 영성군의 안봉태가 중국인 유씨와 왕씨의 도움으로 서탑 밑에 처음 조선 집을 짓고 장사를 시작했으며, 1906년 심양시 우홍구 대홍조선족향 오가황촌 왕가황툰에서 김시순 등 3가구가 수전을 개발했다. 또 신민현 공태보촌(현 홍기보촌)에서 조선인 5명이 수전을 개간했고, 1912년 봄에 또 3가구의 조선인이 들어왔다.

한편, 1910년경부터 일제의 수탈을 피해 조선인들의 중국 망명이나 이주가 크게 이루어지면서 당시 서탑지구에 정착한 조선인 가구가 50여 호에 이르렀다. 1911년 압록강 철교가 부설되고 1912년 안동과 봉천을 잇는 안봉선(지금의 심단선)이 개통되자 일제의 탄압을 피해 중국으로 이주한 한인들이 대거 서탑으로 밀려들면서 1910년대에 한인 집거지가 형성되었다.

1910년부터 1920년까지 매년 동북지구로 이주해온 조선인들은 1만 2천여 명이었는데, 20세기 1920년대 초에 이르러서는 압록강 이북으로 이주한 조선인들은 9만 8,657명이나 되었다(沈陽朝鮮族志, 2012: 2). 1920년대 한인들의 이주가 끊임없이 증가하면서 동북 각 지역 곳곳에는 조선인마을들이 형성되었고, 교통이 편리하고 인근 마을들의 중심지가 될 수 있는 곳에 시장이 생기기 시작했다. 심양시 인구통계에 의하면 심양시 조선인 인구는 1931년 5,425명에서 꾸준히 늘어나 1941년에는 46,125명으로 증가했다. 그러나 1945년 8월 일본의 패전과 동시에 심양지역의 많은 조선인은 다시 한반도로 귀국했고, 1947년 12,424명으로 감소세를 나타냈다. 이는 1945년에 조선인들이 대거 귀국한 원인으로 볼 수 있다.

〈표 7-1〉 심양시 조선족 1931~1947년 인구분포

연도	가구 수	인구
1931	1,126	5,425
1932	1,620	7,838
1933	2,155	10,763
1934	2,434	12,612
1935	3,339	16,122
1936	3,273	15,725
1937	3,214	16,914
1938	3,910	19,016
1939	4,427	22,657
1940	5,901	33,658
1941	7,453	46,125
1947	2,524	12,424

출처: 瀋陽市民委民族志編纂辦公室編(1989), 『沈陽朝鮮族志』, p. 25.

과거 서탑 지역은 잡초가 무성한 황폐한 들판이었고, 늪과 무덤 투

성이였다. 또한 심양남역의 석탄 하적장이였고 인력시장이 개설되어있어 사람들은 이곳에서 품팔이하며 생활을 유지했다. 자연히 이곳을 드나드는 유동인구도 많아지다 보니 잡화점, 구멍가게 등이 하나둘 들어서고 후에 수십 개로 늘면서 영세상업 구역이 생겨났다. 특히 조선인들이 이곳에 정착하면서 조선인이 운영하는 정미소, 냉면점, 고무신 가게, 포목상 등이 늘기 시작했다. 이것이 서탑 발전의 시작이다.

서탑의 시장거리는 당시 동북에 사는 조선인들에게 많은 편의를 가져다주었다. 그것은 심양은 동북의 중심지일 뿐만 아니라, 안봉선 철도를 통하여 조선과 무역을 할 수 있는 무역중심지여서 조선민족의 특수상품, 일용품, 부식품 등을 대부분 서탑의 여러 상점과 서탑 시장에 와야만 살 수 있었기 때문이다. 그때 서탑 시장거리에는 소상인들이 골목골목 장사를 하고 있었다. 오늘의 서탑은 고층건물이 즐비하지만, 십수년 전만 해도 빈민거리였다. 찌그러진 벽돌담, 일그러진 양철지붕, 질펀이는 골목길에 떡집, 국숫집, 개장집, 순대집과 여인숙들이 촘촘히 들어앉아 오가는 길손을 맞이하고 있었다.

당시 다른 민족들이 서탑을 조선거리라고 한 것이 결코 과장이 아니었다. 개인기업뿐만 아니라 조선글로 된 간판을 건 조선족상점, 조선족식당, 조선족진료소, 조선족문화관 등 국영상점과 기관들도 연이어 생겼다. 상점 진열대에는 여성들의 옷감이 있는가 하면, 식생활 준비에 편리한 도구들과 고리짝도 있었다. 고무신도 진열되었고 노인들이 좋아하는 모시, 삼베도 있었다. 조선족식당의 국수 맛은 유명해 다른 민족들도 줄지어 모여들었다. 서탑은 현지인의 표현대로 '조선거리'였다.

속치레보다 겉치레에 더 신경을 쓰는 우리 민족의 습속에 따라 4대

명절은 물론 평시에도 타 민족에게 지지 않으려고 곱게 차려입고 나섰다. "땅에 잘잘 끌리는 주름치마에 빨간 옷고름을 산들바람에 날리면서 색동저고리를 입은 아이들의 손목을 끌고 나들이하는 그 모습은 고우며 남정네도 옷솔로 어깨며 앞자락을 쓸고서야 문을 나선다." 그리고 날이 저물면 가야금, 장구 소리를 찾아 문화관 구락부로 삼삼오오 모여드는 남녀노소의 모습도 그렸다(중국조선민족발자취총서간행위원회, 1994: 50-52).

해방 전에 심양지구에 조선족 인구가 날로 증가함에 따라 심양 시내에 조선족이 많이 집결하여 사는 서탑 일대에 조선족 음식업이 신속히 발전하기 시작했다. 그중에서도 조선족의 민족 특색을 가진 냉면집과 하숙집이 많이 증가했으나, 그 규모들은 모두 크지 못했다. 서탑은 새끼를 꼬아 가마니를 짜서 생계를 유지하는 '새끼골목' 수준이었다. 위생상황도 안 좋고 사회 치안 질서도 어지럽고 가난한 조선인이 많이 모여 산다고 하여 중국 타 지방에서 거주하는 조선인들은 서탑사람과는 혼사를 안 한다고까지 하며 머리를 절레절레 흔들 정도였다.

따라서 서탑사람들도 멸시받는 '서탑 새끼골목'을 벗어나려는 생존 투쟁을 전개했다. 주민들은 자발적으로 주식을 공모하여 심양시조선인 민소비합작사를 세웠다. 후에 여기에서 가공식품상점이 분리되어 나갔다. 심양시백화공사조선족상점과 심양시조선족가공식품상점이다.

심양시백화공사조선족상점은 화평구 시부대로 2단 18호에 있다. 1949년 5월 전복민(시정부 민정과 과장)의 주관하에 박인본, 김의담, 리정호, 김태현, 김시욱, 한홍운 등은 소비합작사의 설립을 준비하기 시작하였다. 1949년 7월 10일 정식으로 개장하였고 상점은 현재 서탑가도판사처 위치에 있다. 주요 곡물, 가공식품, 생필품, 천, 비단 등 250여 가지의 상품을 판매하며 1949년 연말에는 700여 가지로 증가하였다. 소비합작사의 설립은 조선족 주민들의 생필품 공급을 보장하고 시장을 안정시키는 중요한 역할을 하였다.

1955년 영업지점을 7개로 늘렸고 면적도 4배로 확장하였다. 직원은 5배로, 상품 품종은 4배로, 거래액은 16.4배로, 이윤은 9.8배로 증가하였다. 1956년 1월에 소비합작사로부터 심양시지방무역공사 북시장구공사 조선민족상점으로 전환하였다. 그 후 소속이 몇 번 바뀌고 나서 1979년에 다시 심양시백화공사에 귀속되었는데, 심양시 조선족의 생활용품을 공급하고 성내 36개 소수민족용품상점에 상품을 공급해왔다. 또한 길림성, 흑룡강성의 45개 조선족상점과 연결되어 상품의 과부족을 조절하여 동북3성 소수민족 무역사업에 큰 역할을 해왔다.

심양시조선족가공식품상점은 화평구 서탑가에 있다. 그 전신은 심양시조선인민소비합작사이다. 1964년 4월, 심양시조선족상점의 가공식품 코너가 상점에서 분리되어 나왔고 그 이름은 심양시가공식품공사 북시장지사 서탑상점이 되었다. 1983년 5월에 다시 가공식품상점이 독립되어 심양시화평구가공식품공사 조선족가공식품상점으로 되었다. 술, 담배, 사탕과 차, 디저트, 육류, 가공식품, 수산품, 청과일, 장아찌 등 품목은 350여 가지였다. 이 중에 조선족이 특히 좋아하는 30여 가지가 있는데, 예를 들면 명태, 황태, 조개고기, 소곱창, 고사리 등이다. 가을이 되면 또 마늘, 고춧가루, 빨간 고추, 생강, 새우젓 등의 상품이 나오는데, 시내나 변두리에 사는 조선족의 특수한 수요를 만족시켰다(沈陽朝鮮族志, 1989: 85-86).

2) 개혁개방 이후 서탑의 발전: 서탑 코리아타운

개혁개방을 알린 1978년 제11차 3중전회 이후, 중국에서는 개체(인) 상업이 빠르게 발전하였다. 1985년의 조사에 따르면 심양시 전체 조선 족의 개체상업호는 258호가 있었는데, 대부분 조선족 장아찌 판매업이 었다. 그 구체적인 분포는 다음과 같다.

〈표 7-2〉 조선족 개체상업호 분포 상황(1985년 조사)

구(현)	합계	화평구	심하구	대동구	철서구	황고구	동릉구	우홍구	소가툰구	신성자구	신민현	료중현
호수	258	57	5	7	18	33	56	15	30	36	1	0

출처: 瀋陽市民委民族志編纂辦公室編(1989), 『沈陽朝鮮族志』, p. 88.

1970년대, 특히 80년대 개혁개방 후 조선족 집중촌인 서탑지역은 변신하기 시작했다. 1988년 심양시전기기계국주택개발공사 총경리인 조선족 김학수가 큰 뜻을 품고 서탑지역을 심양시 조선족의 정치·경 제·문화의 중심지구로 건설할 설계도를 내놓았다. 서탑지역 중심가의 길을 넓히고 연장하여 상업가로, 길 양쪽에는 조선족상품무역청사, 백 화점, 문화센터, 병원, 호텔 등 16~20층의 대형 현대화 건물을 짓고 대 형 지하주차장, 조선족공원까지 기획했다. 인민폐 3억 6,000만 원을 투 자하여 41만㎡에 달하는 서탑지역을 개발할 목적으로 짧은 기일 내에 주민들을 전부 이주시키고 낡은 주택을 불도저로 모조리 밀어버렸다.

그러나 그 후 자금 부족 등 여러 가지 원인으로 김학수는 서탑지역 개발 설계도를 오랫동안 실천에 옮기지 못하였다. 서탑지역의 조선족,

한족, 만족 등 원주민들은 6년간이나 큰 불편을 겪었다. 1992년 한중 수
교 후 심양시 정부의 배려와 노력으로 서탑지역의 개발이 가속화되었
고, 서탑지역 '심양코리아타운'의 꿈이 실현되기 시작하였다. 심양 시정
부는 1994년에 2억 원의 자금을 투자하여 33만㎡의 아파트를 짓고
2,400여 가구의 주민들을 새 집에 입주시켰으며 1,000여 가구의 거주·
경제 활동조건을 크게 개선했다. 서탑지역의 초기 개발은 이렇게 첫걸
음을 내디뎠다.

초기 개발을 거친 서탑지역에는 심양시 화평구 서탑가도판사처,
화평공안분국 서탑파출소, 조선족백화점, 심양시 조선족제6중학교, 심
양시 서탑조선족소학교, 심양시 세종한글학교, 심양시 조선족문화예술
관, 심양시 기독교서탑교회, 심양시 조선족병원, 심양시 조선문서점, 은
행, 우체국, 사진관, 고려호텔, 연화국제빌딩, 방디빌딩, 한국인이 운영
하는 백제원, 신라성, 경회루식당, 청와대식당 등과 노래방, 사우나, 태
권도체육관, 북한사람이 운영하는 평양관, 묘향산, 목란관 등 식당과 태

〈표 7-3〉 심양시 조선족 1953~2010년 인구분포

연도	인구조사 및 통계	인구수
1953	전국 제1차 인구조사	27,579
1964	전국 제2차 인구조사	49,732
1982	전국 제3차 인구조사	72,069
1990	전국 제4차 인구조사	83,329
2000	전국 제5차 인구조사	92,114
2010	전국 제6차 인구조사	94,600

출처: 송해련(2017), p. 33.

권도체육관 등 상업·문화·오락·체육·음식업이 자리를 잡고 비약적인 속도로 발전해 갔다.

〈표 7-3〉은 중국인구센서스(제1~6차) 자료로 송해련이 작성한 것인데, 이 표에 따르면 심양시의 조선족 인구는 1953년 27,579명, 1964년 49,732명, 1982년 72,069명, 1990년 83,329명, 2000년 92,114명, 2010년 94,600명으로 증가했다. 심양시 조선족 인구수가 늘어난 것은 동북3성 다른 지역의 조선족이 심양시로 이주한 것도 영향이 있는 것으로 보인다. 심양시에 외지인구가 많이 흘러들어 유동인구까지 포함하면 조선족 인구는 어림잡아 12〜15만 명이 된다.

심양시 조선족은 주로 화평구(和平区), 우홍구(于洪区), 동릉구(东陵区)와 소가툰구(苏家屯区)에 집거해 있다. 이 지역의 조선족 총인구는 65,259명으로, 심양시 조선족 총인구의 68.98%를 차지한다. 화평구와 황고구(皇姑区)는 심양시 중심지역에 있는데, 이 지역의 서탑가(西塔街), 명렴가(明廉街), 주강가(珠江街)는 조선족이 상대적으로 많이 모여 사는 곳이다. 특히 서탑가는 심양시 조선족의 경제·문화·교육·상업 중심지로서 국내외에 명성이 높다.

이렇게 심양시와 서탑의 조선족 인구가 늘어나는 가운데, 1994년 12월은 서탑이 가난한 조선족의 새끼골목에서 중국 조선족, 한국인, 북한사람들이 한국어로 의사소통이 가능한 코리아타운으로 발전해가는 특별한 시기가 되었다. 먼저 한국정통식당과 사우나, KTV가 복합된 요식공간인 백제원의 개업이다. 러시아 군인 묘비관리사무소 자리에 문을 연 백제원은 휴식공간이 없어서 헤매던 한국인뿐만 아니라 한국식 사우나와 KTV 문화에 매력을 느낀 현지인들이 서탑에 몰려들면서 한국

식당과 한국유흥업소가 폭발적으로 증가하기 시작했다. 백제원의 개업은 '서탑 코리아타운 형성에 불쏘시개 역할'을 했는데, 여기에 대한항공의 심양 노선 취항은 '서탑 코리아타운의 발전에 기름을 붓는 역할'을 한 셈이었다. 직항노선으로 교통편이 열리자 장사 목적 이외에도 유학생들도 급격하게 증가하는 등 수많은 한국인이 심양에 직접 들어올 수 있게 되었다[심양한국인(상)회, 2013: 25].

1994년 12월 백제원의 개업에 이어서 1996년 철서구의 신라성이 서탑으로 장소를 옮겨 재개업하고 1997년도에 또 하나의 한국정통식당인 경회루가 서탑가에 문을 열었다. 한국의 투자를 유치하려는 심양 시 정부 공무원들이 서탑 한국식당에서 한국고객을 접대하였고 KTV, 사우나, 안마, 그리고 도박장 문화도 함께 들어오면서 서탑은 그야말로 불야성(不夜城)을 이루기 시작했다.

한국 KTV의 성공은 가라오케 기계 제조업체가 중국시장에 진출하는 큰 기회를 제공했고, 식당과 유흥업소에 이어 전자제품과 식품, 화장품, 의류 등 한국상품을 취급하는 상점들이 하나둘씩 서탑에 자리를 잡아가기 시작했다. 심양에 한국인들의 숫자가 늘어나자 중국현지학교에 다니면서 언어와 역사 문화의 갈등을 겪는 자녀들을 위한 심양한글학교(1997. 9.)가 문을 열었다. 서탑조선족교회에서 예배를 드리던 한국인들이 서탑조선족교회 5층을 빌려 독립적인 예배(1997. 11.)를 통해 한인교회를, 또 중국성당에서 미사를 드리던 한국인들도 독자적인 한국성당을 만들었다[심양한국인(상)회, 2013: 29-31].

1997년 12월 외환보유고 위기로 한국이 IMF 관리체제로 들어가자 1992년 한중 수교 이후 두 번째로 한국인들의 중국 진출, '차이나 드림'

이 시작되었다. 이번에는 회사 차원이 아니라 개인들의 진출이 두드러졌다. 한국에서 직장을 잃은 사람들이 물가가 저렴하고 사업 기회가 보이는 중국으로 관심을 기울이게 된 것이다. 특히 조선족이 많이 사는 서탑은 접근성이 비교적 쉬워 특별한 연고가 없는 사람들도 서탑에 모여들면서 한국식당과 유흥업소가 폭발적으로 발전하였다. 심양한인사회는 기존의 심양한국인투자가협회, 2002축구단과 낚시회와 골프회 등의 동호회 외에 새롭게 한인회가 태동하기 시작했다. 이러한 변화를 종합한 것이 당시 주중 한국대사관으로부터 전 중국 최초의 교민운동회로 인정을 받은 제1회 한국인체육대회(1998년 5월 30일 요녕대학교 운동장 개최)였다.

제1회 한국인체육대회는 심양시의 지원과 심양교민들의 전폭적인 참여로 큰 성공을 거두었는데, 제2회 대회는 심양뿐만 아니라 무순, 안산, 요양 등지의 모든 한국인이 참여했다. 어린이로부터 노인까지 축구, 족구, 피구, 탁구, 농구, 테니스, 육상, 부부동반 달리기, 줄다리기, 씨름, 어린이 장애물 경기, 굴렁쇠 달리기, 단체줄넘기 등 다채로운 경기와 또 요식업협회의 지원으로 풍물시장도 함께 열려 도시락과 국밥이 제공되었다[심양한국인(상)회, 2013: 32-33].

1998년 한국위성TV의 보급 또한 심양 한국인의 생활상에 큰 변화를 주었다. 당시 심양의 한국인이 한국소식과 뉴스를 접하는 방법은 해외동포를 대상으로 하는 라디오방송이 있었으나 실시간 뉴스를 청취할 수는 없었기 때문에, 항공편으로 한국신문을 가져다가 심양에서 배달하는 서비스가 등장한 상태였다. 구독가격은 당연히 비쌀 수밖에 없었다. 가정에서 한국문화를 접할 기회가 전혀 없는 한국인 자녀들은 정체성을 잃어갔는데, 한국에서 위성방송을 실시하고 심양에서 전파가 잡히면서 위성TV가 급속도로 보급되어갔다.

위성방송의 파급효과는 한국인뿐만 아니라 한국말을 이해하는 조선족 사회에도 큰 영향을 끼쳤다. 한국의 세련된 문화와 드라마가 아무런 장벽 없이 바로 중국인 가정에 접속되면서 한류의 기반이 형성되기 시작한 것이다. 재미없고 평범한 중국TV와는 달리 한국의 드라마 · 음악 · 연예방송은 중국인의 마음을 흔들었으며, 동북3성 방방곡곡의 조선족마을에 한국위성수신기가 보급되면서 이들의 코리안드림을 부채질했다[심양한국인(상)회, 2013: 34].

중국 최초의 한국교민체육대회를 1998년과 1999년 연속으로 치른 심양한국인 사회는 기존의 기업인 위주의 투자기업협의회로는 모든 교민을 포용할 수 없음을 인식했다. 마침내 심양 한국영사관의 지지 아래 1999년 12월 30일 심양한인회 창립대회가 개최되었다. LG전자 유철곤 법인장이 회장으로 선출되었는데, 투자기업협회 회장직까지 수행하게 된 유철곤 회장이 한인회 직무를 포기함으로써 손명식 구미시 대표가 초대 회장으로 추대되었다.

심양한국인회는 초창기 지도부 내의 갈등으로 내분의 위기를 맞았으나, 손명식 회장은 한인회 체제를 정착시키기 위한 다양한 활동을 전개하였다. 그는 한민족의 화합을 위한 최초의 축제 한마당, '동북3성 한민족화합노래자랑'을 서탑거리에서 개최했다. 2000년 당시 서탑의 굴다리 부근은 지하도 공사로 인해 막힌 골목이었는데 그 끝에 대형 공연 무대를 설치하고 설운도를 비롯한 한국의 인기가수를 초청한 것이다.

현지 지역신문에 '동북3성 한민족화합노래자랑'을 대대적으로 홍보하면서 동북3성 각 지역한인회의 지원 아래 지역의 조선족문화관을 통해 각 지역별 대표를 선발했다. 2000년 8월 26일 최초의 한국가수 공연 및 대규모 한민족 노래자랑인 '동북3성 한민족노래자랑'은 심양뿐만 아니라 동북3성 전역의 조선족 동포, 현지인들의 지대한 관심을 모았는데, 특히 인기가수 설운도와 현숙의 심양공연은 조선족 사회를 들끓게 만들었다. 이 행사는 이후 심양한국주간 서탑무대의 모델이자 시발점이 되었다[심양한국인(상)회, 2013: 35-39].

2002년부터 시작된 '심양한국주간(沈陽韓國周)' 행사는 조선거리인 '새끼골목' 서탑지역이 조선족문화를 넘어 한국문화를 발신하는 코리아타운의 '명성'을 대내외에 선포한 것과 다름없었다. 2002년 7월 2일 개최된 심양한국주간 이전에, 심양한국인회와 심양투자기업협회를 하나로 묶는 데 결정적으로 기여한 2002년 한일월드컵 응원전을 기억할 필요가 있다. 2002년 한일월드컵 경기는 '길거리응원'이라는 한국인의 역동성과 신명을 전 세계에 드러낸 대사건이었는데, 이 같은 현상이 심양 서탑에서도 발생한 것이다.

처음 한국 유학생들이 서탑교회 소예배실에 모여 응원하던 행사를 경회루 봉태성 사장(당시 심양한국인회 부회장)의 체육관 임대료 후원(2천 위안)으로 동북대학교 체육관에서 갖게 됐다. 이어서 월드컵 응원전이 심양한국인회 차원에서, 또 심양투자기업협회의 월드컵 응원 티셔츠 제작지원과 함께, 서탑소학교에 대형빔프로젝트 스크린 및 위성안테나 설치, 경품 마련 등과 함께 진행된 것이다. 주최 측은 이탈리아와의 16강전부터는 라운드 면 티셔츠를 구입하여 'Be the Reds'라는 문구와 함께 붉은 악마 로고를 프린트하여 매 경기 나누어주었는데, 당시 서탑거리에는 한국인, 조선속, 한속 할 것 없이 붉은악마 티셔츠를 입고 다녔을 정도였다. 2천 위안의 후원(체육관 임대료)으로 시작한 월드컵 응원전은 심양한국인회와 심양투자기업협회를 하나로 묶고 결국 통합 심양한국인(상)회를 출범시키는 계기를 만들었다[심양한국인(상)회, 2013: 44-45].

당시 심양시는 경제활성화와 실업률 해결을 위해 한국 등 외국의 투자유치가 절실했다. 이런 상황에서 심양의 한국인 사회는 심양 정부에 '한국인의 날'과 같은 행사를 심양에서 개최하여 한국의 정관계 인사를 초청할 것을 제안했다. 마침내 심양 시정부는 2002년 5월 29일 심양한국주간 추진위원회 설립 승인을 내주었다. 결과적으로 심양 시정부가 한국기업의 투자유치 목적으로 한국 정부에 제의하여 시작된 한국주간 행사는 심양 코리아타운의 발전과 함께 심양의 한류현상에 크게 기여했다.

한국상품전시회, 투자설명회와 함께 다채로운 한국 문화 행사가 열린 것이다. 특히 심양과 자매결연도시인 성남시 문화예술단의 활동은 매우 활발하였다. 행사가 회를 거듭하면서 심양한국주간 행사 기간에 한국의 많은 문화예술 공연단체, 관계기관들이 심양을 찾았다. 심양의 조선족 사회에서는 한국주간 기간에 행사장을 찾아 한국문화 행사는 참여하지 못해도 길거리 음식이라도 사먹지 않으면 소외된다는 느낌조차 들기도 했다. 심양에서는 한류가 반드시 한국의 대중문화에만 그치지 않고 한국의 생활문화 자체가 바로 한류였으며, 서탑은 심양과 중국사회에 '한국을 알리는 창'으로서 코리아타운으로 발전해갔다.

2002년부터 진행된 초창기 한국주간 행사는 대부분 서탑 지역을 중심으로 진행되어왔기 때문에 서탑의 지역경제 활성화에 크게 기여했다. 서탑의 발전에 직접적인 영향을 끼친 것이다. 주최 측인 심양 시정부의 지원도 적지 않았다. 그러나 심양한국주간행사는 횟수를 거듭하면서 점차 민족적 일체감을 조성해주었던 소규모 행사들은 줄어들고 대형 이벤트성 행사들이 개최되기 시작했다.

특히 제8회 심양한국주간(2009)의 주요 행사이면서 대표적인 한류행사인 〈KBS 전국노래자랑〉과 제9회 심양한국주간 및 중국글로벌한상대회(2010)의 주요 행사인 〈KBS 열린음악회〉는 서탑이 아닌 심양 올림픽경기장에서 열렸다. 서탑에서는 대형 이벤트를 개최할 수 있는 장소가 없었고 당시 여건상 실내행사로 치러야 했기 때문이었으나, 조선족 사회와 한국인들의 거점인 서탑을 벗어나게 됨으로써 한민족의 생활터전인 서탑에서 펼쳐지는 '장날'과 같은 축제의 형태는 찾아보기 어렵게 되었다(신춘호, 2012: 260).

한편, 심양 시정부가 2007년 8월 심양시의 화평구 산하 가도판사처를 기존 17개에서 12개로 축소하면서 서탑가도판사처 담당지역이 기존의 방적(方池), 안도(安圖), 서철(西鐵), 방직(紡織) 5개 사회구역(社區)에서 심방북(沈紡北)을 추가하여 6개 아파트단지로 늘어났다. 면적도 기존 0.99㎢에서 1.2㎢로 확대되었다. 현재 서탑지역은 동쪽으로 남경북가, 서쪽으로 철도선과 황고구 경계선, 남쪽으로 시부대로 남쪽, 북쪽으로 동서쾌속간선까지이며, 인구는 기존 4.4만 명에서 5.5만 명으로 증가되었다. 이렇게 서탑은 심양시 정부의 지원 아래 미국의 LA 다음으로 큰 코리아타운으로 발전해나갔다.

서탑지역은 식당과 노래방 등 식당과 오락업 위주에서 쇼핑, 관광과 비즈니스까지 아우르는 지역으로 탈바꿈했는데, 특히 공상은행, 인민은행, 건설은행, 교통은행 등 10개의 은행지사들이 들어서 심양의 그 어느 지역보다 은행 밀도가 높아졌다. 그러나 서탑은 무분별한 투자와 국내외 경제적 여건의 급변으로 부정적인 현상을 드러냈다. 상권의 80%가량이 요식업과 유흥업종인데 퇴폐성 문화까지 자리 잡으면서 이러한 향락문화에 대한 자정이 요구된 것이다. "코리아타운 1호 '서탑', 이대로 망할 것인가?"라는 칼럼과 함께, "서탑이 망해야 조선족 사회가 산다"라는 자조적인 말이 나오기조차 했다(임영상, 2012: 23). 이후 서탑가도 판사처는 낡고 허름한 서탑의 분위기를 일소하고 '新서탑'을 만들기 위해 노력했고, 또 상당한 성과도 올렸다.

3. 서탑 코리아타운과 '심양현상', '신심양현상'

단동과 심양은 남북한(서울과 평양)과 중국(북경)을 잇는 간선에 있다. 연변조선족자치주와는 또 다르게 한국과 북한, 중국이 만나는 곳이자 한국사람, 북한사람, 중국 조선족, 그리고 북한화교라는 4개 집단이 한국어로 의사소통을 하는 공간이기도 하다. 남북한의 교류(철도)가 활성화될 경우, 연변주를 포함한 중국의 동북 전체가 동북아시아의 허브 역할을 할 것이지만, 특히 심양은 그 중심에 서게 될 전망이다. 신춘호는 심양의 세 가지 한민족문화를 언급한 바 있다. 이른바 한류를 이끄는 한국문화, 조선족의 전통문화인 조류(韓流=朝鮮族流)와 또 하나의 조류(韓流=北韓流)이다(신춘호, 2012: 249-255).

이제 우리는 최소한 한국문화와 조선족문화가 상호교류하고 또 협력할 수 있도록 해온 '심양현상'과 또 '신심양현상'의 주역인 심양조선족

기업인협회 길경갑 회장(그는 다시 심양조선족연의회 회장으로서)과 한국인 기업인으로 상익그룹 안청락 회장의 기업의식과 그들이 주도한 단체들이 이루어온 문화와 기업의 결합을 넘어선 활동을 살펴볼 차례이다.

1) 심양시조선족기업가협회와 민족문화 행사 지원과 '심양현상'

2004년 심양시조선족기업가협회(沈陽市朝鮮族企業家協會)가 설립되었다. 뜻 있는 젊은 기업인들이 모여서 기업성장을 도모하기 위해 경험을 교류하고 새로운 도약을 모색하기 위함이었다. 동시에 그들은 힘을 합해 사회적 기여를 통한 가치실현을 실천해왔다. 사회적 기여의 주 사업은 교육과 문화에 맞춰졌다. 장학금을 내어 대학입시에 수석 합격한 학생, 우수학생 등을 장려했고 가난한 학생들을 지원했으며, 해마다 '스승의 날' 행사에 후원을 아끼지 않았다. 심양의 조선족 기업인이 문화인과 손잡고 문화를 공동으로 추진하는 상황을 일컫은 '심양현상'은『길림신문』이 2006년 심양조선족민속절 행사를 보도하면서 처음 언급되었다.

'심양현상'의 주역은 심양 기원그룹의 길경갑 회장이다. 그는 심양시 출신으로 심양시 북릉향 화평촌 공청단위원회 서기, 집체(国영)기업인 심양화신그룹 이사장 및 서기를 거친 후에 사영기업을 창업했다. 그는 화신그룹을 크게 일으킨 후, 새로운 경제환경에서 집체기업을 사영기업으로 전환하는 작업에 착수하였다. 그러나 다년간 집체라는 큰 산에 업혀 이득을 챙겨왔던 기업주들은 한결같이 반기를 들었다.

이에 그는 2004년 8월, 촌민들이 말리고 향정부에서 동의하지 않았지만, 화신그룹 이사장 겸 당 서기직을 사직한 뒤 심양굉달(宏達) 무역

회사를 만들고 대외무역을 본격적으로 시작했다. 회사는 불과 반년 만에 산하에 무역, 건자재, 디지털, 환보, 건축자재, IT, 실리콘 등 계열사를 가진 기원그룹으로 성장했다. 같은 해 조선족 기업들의 친목과 화합을 취지로 한 심양시조선족기업가협회가 설립되었고 길경갑은 초대회장으로 추대되었다. 심양시조선족기업가협회 회장직을 맡으면서부터 그는 기업을 넘어 심양 지역 조선족 사회 전반의 발전을 위해 고심하기 시작했다.

이때부터 그는 심양 지역 조선족 사회에서 조직하는 각종 대형 행사들의 자금문제를 해결해야 했고 여러 조선족단체와 조선족학교들의 경비난에도 고심해야 했다. 기업가협회는 심양시조선족연의회에서 조직하는 심양시조선족민속절, 6.1북릉유원회, 조선족예술절 등 행사들과 노인협회, 부녀협회, 문학회 등 민간단체들의 행사들, 여러 조선족학교의 행사에 해마다 근 80여만 원을 후원했는데 그중 약 30여만 원은 길경갑 자신이 부담했다. 또 매년 교사절에 심양 지역 조선족교원 1,000여 명이 한자리에 모여 기념행사를 갖는데, 이 역시 기업가협회의 자금후원으로 이뤄지고 있다.

조선족작가와 문학도들로 구성된 심양시조선족문학회도 해마다 기업가협회의 지원으로 여러 가지 행사들을 벌이고 있다. 2005년 심양시기업가협회의 후원으로 『요녕성조선족문학작품집』이 출판되었다. 1978년부터 2000년까지 요녕성 우수문학작품들을 선발하여 수록한 것으로 요녕성 조선족문학사상 획기적인 의미가 있는 일이었다. 이어 심양시조선족기업가협회의 후원으로 학생시집 『꿈나무꽃』 책자 등이 출판되었다. 그리고 '기원컵문학상'을 설립하고 우수작품을 창작한 요녕성 작가, 시인들을 장려했다(송해련, 2017: 40-41).

길경갑 회장은 언론과의 인터뷰에서 조선족기업인의 역할에 관한 그의 철학을 정리했다.

심양시조선족기업가협회 회장으로서 저는 항상 사명감을 잊지 않고 뜻 있는 동포기업인들을 묶어 세워 조선족 사회발전의 디딤돌, 후원자 역할에 충실할 것을 다짐하고 있다. 돈을 버는 것도 중요하지만 보람 있게 쓰는 것이 이 시대 민족기업인들이 인생 가치를 실현하는 도경이라고 저는 믿어 마지않는다. 오로지 제 일생의 부귀영화를 위해 돈을 버는 기업인은 진정한 기업인이라고 할 수 없다. 장사꾼에 지나지 않는다. 이 시대 우리 민족의 기업인이 저마다 민족의 흥망성쇠에 관심을 가지고 발 벗고 나서야 우리 민족사회는 생기가 넘치고 발전할 수 있다.

- 길경갑 회장 인터뷰 중에서

심양 지역 조선족기업인들은 길경갑 회장의 인솔하에 심양시조선족연의회의 이름으로 심양현상이라는 신드롬을 일으키면서 기업과 문화, 기업과 사회의 공존을 도모해왔다. 그러나 기업인의 일방적인 후원만으로 '심양현상'이 나타난 것은 아니다. 지역문화와 교육발전을 위해 온갖 힘을 써오던 지성인들은 겸손하게 기업인들의 후원을 받아들였고, 그들은 돈을 유용하게 썼으며, 기업인들을 널리 알렸고 기업인들에게 명예를 안겨주었다. 학교에는 기업인들의 이름으로 명명된 장학금, 예술단이 생겨났고, 10여 명의 기업인이 학교 명예교장으로 되었다.

기업인과 교육자들은 자주 만나면서 서로의 기쁨과 고뇌를 이해하며 교류를 진행해왔다. 민족전통문화를 계승 발전하고 동포사회 문화

생활을 풍부히 하고 심양 한민족사회의 단합을 도모하는 데 힘을 합치자는 뜻을 가지고 기업인과 문화교육자들은 서로 주고받으며, 손에 손잡고 '심양현상'이라는 드라마를 공동주역으로 출연한 것이다.

한편, 길경갑 회장이 이끄는 조선족기업가협회, 또 2011년부터 그가 기업가협회장을 사임하고 맡게 된 심양시조선족연의회는 현지 조선족 사회와 한국인 사회의 공동발전을 위한 진로를 모색하면서 그 모범을 보여주었다. 한중 수교 이후 심양 지역에도 많은 한국인이 상주하고 있다. 그동안 심양 지역 조선족들과 한국인들은 여러 가지 원인으로 단체 교류가 매우 빈약했다. 심양시조선족기업가협회가 설립되고 재심양한국인회가 비슷한 시기 조직체계가 정비되면서 기업가협회는 한인회와 상호 대화의 물꼬를 틔웠으며 이를 계기로 심양 지역 조선족들과 한국인들 간의 교류가 봇물 터진 듯 활발하게 이뤄지기 시작했다.

2008년 월드옥타 심양지회 회장직을 맡은 길경갑은 당해 회원사 성원들을 이끌고 글로벌 시장 진출의 행보를 시작했다. 현재 월드옥타 심양지회는 회원 수가 80여 명으로 늘어나 서울에서 해마다 갖는 본회의 정기총회에 참가자가 가장 많은 지회로 되었고 따라서 조선족 기업인들의 지위와 위상도 날로 부각되고 있다. 월드옥타 심양지회는 2008년 말 심양한인회와 함께 처음으로 개최한 심양한민족경제포럼을 시작으로 제2차 한민족경제포럼, 중국동북3성한민족경제포럼을 개최했으며 2009년 여름에는 심양한인회와 공동으로 중국 최초로 한국 KBS 전국노래자랑과 2010년 7월의 중국 글로벌한상대회 및 한국 KBS 열린음악회 등 굵직한 행사들을 성공적으로 개최하여 지역사회 홍보는 물론 주류사회에서 민족기업인들의 이미지를 부각시켰다.

2012년 9월 20일 심양SK호텔 4층에서 심양시조선족연의회와 심양 한국인⒮회가 공동주최로 "한민족 공동발전을 위한 간담회"를 가졌다. 양측에서 각 8명, 모두 16명이 참석했는데, 심양시조선족연의회 길경갑 회장은 "지난 2004년부터 시작된 심양시조선족 사회(처음에는 심양시조선족기업가협회)와 심양한국인⒮회 간의 친선교류가 조선족과 한국인의 교류의 장을 만들어냈으며, 심양 지역 조선족들과 재심양 한국인들이 공동참여로 이루어낸 '심양현상'의 함의가 갈수록 풍부해지고 있다"고 역설했다.

심양한국인⒮회 성순태 회장도 "그동안 한인회도 회장단이 여러 차례 교체되었지만 심양 지역 조선족들과의 친선의 끈을 놓지 않은 것은 우리들의 몸에 하나의 피가 흐르기 때문이고 재심양 한국인들의 사업과 생활이 조선족과 밀접하게 연관되기 때문"이라면서 "지난 8월에 있었던 제11회 심양한국주간 기간에도 심양한국인회와 심양시조선족

〈그림 7-3〉 선양한국인(상)회 · 심양시조선족연의회 주최 간담회

연의회는 노래자랑, 바자회, 걷기대회, 문예공연, 등산 활동 등 많은 행사들을 공동 진행하면서 조선족동포들과 재심양 한국교민들의 친선을 확인했다"고 말했다.

2019년 1월 12일 길경갑 회장이 이끄는 심양시조선족연의회는 심양골든호텔에서 조선족연의회 설립 30주년 축제를 성대하게 거행했다. 이날 조선족연의회는 1988년부터 2019년까지 30년의 성과를 7가지로 정리해 소개했다. 이 중에 2번째가 "재심양한인회와 함께 심양한국절(한국주)을 원만히 진행하면서 재심양 한국인들과의 화합을 강화하여 조선족과 한국인이 상부상조하고 호혜 호조하며 공동 발전하는 모범을 전 세계에 보여주었다"였고, 6번째로 "경제인과 문화인이 상호보완하면서 공동진보를 추진하는 '문기결합'에서 비롯된 '심양현상'의 내용을 끊임없이 보충하고 확대하여 '심양현상'의 내포를 크게 업그레이드시켰다" 라고 평가했다.

〈그림 7-4〉 조선족연의회 설립 30주년 축제

심양의 조선족 사회를 대변하고 있는 심양시조선족연의회는 '심양현상'이 업그레이드되었다는 지적과 함께 조선족과 한국인의 상부상조를 통한 공동발전의 모범을 전 세계에 보여주었다고 자체 평가했다. 2012년 심양시조선족연의회 길경갑 회장이 언급한 바대로, "심양 지역 조선족들과 재심양 한국인들이 공동참여로 이루어낸 '심양현상'의 함의가 갈수록 풍부해지고 있다"는 주장이 2019년에도 다시 확인되었다고 할 것이다.

2) 한중교류문화원의 대내외 문화 행사와 '신심양현상'

한중교류문화원은 2014년 7월에 순수 민간 차원의 문화단체로 출범했다. 한중교류문화원의 설립자는 상익그룹의 안청락 회장이다. 그는 국악의 고장 충북 영동군에서 태어나 유년 시절을 보냈다. 어려서부터 자연스레 국악을 접하게 되었고, 국립국악고등학교로 진학한 이래 대학에서도 국악을 전공으로 삼았다. 이후 문화인으로서 정통의 길을 걷지는 않았지만, 한국문화의 우수성을 체득한 터라 해외에서 한국문화를 보급 · 전파하는 활동에 큰 관심을 가져왔다.

안청락 회장은 중국에 진출하여 회사를 꾸린 지 20여 년 동안 변치 않은 신념이 하나 있다고 한다. 경영자는 "경제적인 이윤을 창출하는 것보다 우선 사회적·윤리적으로 신뢰받을 수 있는 사람이 되어야 한다"는 것이다. 그래서 '상익'(相益), 즉 이익을 서로 나눈다는 그룹의 명칭답게 이윤의 사회 환원 차원에서 한국과 중국의 문화 교류 사업에 앞장서고 있다.

한중교류문화원은 '마중물 정신'을 설립과 운영이념으로 표방해왔는데, 이는 2018년 7월에 가진 개원 4주년 기념식에서 안청락 회장이 직접 확인해주고 있다.

　개원 4주년을 맞는 이 자리에서 저희들이 갖고 있는 세 가지 마음, 즉 '초심'(初心), '신심'(信心), '성심'(誠心)을 말씀드리고자 합니다. 첫째, '초심'입니다. 한중교류문화원을 개원할 당시, 저희들은 '마중물 정신'을 표방했습니다. 마중물은 땅속 깊은 물을 끌어올리기 위해 펌프에 붓는 한 바가지 물입니다. 그런데 이 한 바가지 물은 보잘것없는 양입니다. 하지만 땅속 깊은 곳의 생명수를 세상과 소통하게 하는 힘이 있습니다. 이처럼 한중교류문화원의 활동들이 지금 당장에는 보잘것없을지라도 훗날 한국과 중국의 문화가 서로 소통하며 하나가 되는 큰 힘을 발휘할 것이라는 애초의 이 마음을 잊지 않겠습니다.
　　　　　　　- 안청락, 한중교류문화원 4주년 기념행사 환영사, 2018.

　나아가 한중교류문화원은 마중물 정신과 함께 '3무1존'(三無一存)이라는 실천이념을 갖고 있다. 여기서 '3무'(三無)란 첫째는 정치 논의이며, 둘째는 사람 차별이며, 셋째는 이익 추구다. 즉 한중교류문화원 내에서는 일체의 정치적인 언급을 삼가고, 한국인이든 중국인이든 북한인이든 차별을 두지 않으며, 문화 인프라를 활용하여 경제적인 이익을 추구하지 않는다는 것이다. 다만 '1존'(一存), 즉 문화 나눔이라는 한 가지만을 실천한다는 것이다. 지난 4년간 한중교류문화원을 운영하는 원칙이었으며, 그 원칙을 철저히 고수했기에 중국 내에서 문화활동을 전개함에 어떤 제재도 없었다고 할 수 있다.

한중교류문화원은 2014년 7월 19일 개원한 이래, '한국과 중국, 한국인과 중국인의 문화 교류를 통한 우호 증진'을 목표로 다양한 행사를 펼쳐왔다. 그간 활동 내역을 대별하면 '자체추진행사'와 '대외협력행사'로 나눌 수 있다. 자체추진행사는 공연, 교육, 체육, 전시, 보훈, 기타 등으로 하위분류할 수 있고, 대외협력행사는 '국가기관 협력행사'와 '민간기관 협력행사'로 하위분류할 수 있다. 지난 4년간 한중교류문화원의 행사를 정리하면 다음과 같다.

(1) 자체추진행사

자체추진행사는 공연, 교육, 체육, 전시, 보훈, 기타 등으로 하위분류할 수 있다. 먼저 공연은 국악이나 사물놀이를 중심으로 한 전통공연과 대중음악을 중심으로 한 현대공연으로 이루어졌다. 전통공연은 한국에서 전문인을 초청하여 실연을 펼치는가 하면, 유아부터 노년에 이르기까지 희망자에 한해 전통음악을 강습 받는 형태로 이루어졌다. 현대공연은 한중교류문화원의 산하단체 중 하나인 '심양노찾사(2018년에 광익문화예술단으로 귀속)'를 중심으로 개개 회원들이 동아리 활동을 하고, 정기공연을 만들어 경연하는 축제 형태로 이루어졌다. 2018년 2월 5일 광익문화예술단 창단 및 축하공연까지 공연 행사는 총 24회 개최되었다.

2018년 7월 4일 한중교류문화원은 러시아 우수리스크 고려인문화센터와 업무 협약을 맺고, 2019년 1월부터 한국의 전문 국악인을 파견하여 연해주 고려인 사회에 국악을 보급·전수하기로 했다. 고려인 청소년들에게 기존에 전수받지 못한 새로운 장르를 중심으로 국악교육을 지원하기로 한 것이다. 지금까지 중국 동북3성의 조선족 사회와 교류했던 문화의 전수 폭을 이제는 연해주의 고려인 사회로까지 넓히겠다는 의지로 볼 수 있다. 한민족이 머무는 곳이라면 그 어디라도 한민족의 전통문화를 전파하고, 그것을 통해 하나 되는 한민족을 만들겠다는 웅지가 뜻깊다고 할 수 있다.

교육은 '어린이, 청소년, 장년, 노년 등 전 세대를 포괄한다'는 목표하에 각 세대별로 맞춤식 교육 프로그램을 개발하여 이루어졌다. 어린이는 '슬로 리딩'(Slow Reading)이라는 교육 방법을 통해 조선어를 더욱 친숙하게 읽고 쓸 수 있도록 지도했으며, 청소년은 영상을 결합시킨 인문학 강좌를 통해 문학·역사·철학의 기본 소양이 배양될 수 있도록 지도했다.

장년은 심양시조선족여성연합회 회원을 중심으로, 주로 '여성들의 삶이 어떻게 전개되어왔는가?'를 통해 본인의 삶을 성찰할 수 있도록 했다. 그리고 노년은 배움에 대한 열망이 가장 높은 연령층으로, 대부분 대학교육을 받지 못했기 때문에 일종의 평생교육 차원에서 관련 커리큘럼을 도입하여 교육했다. 특히 노년층을 위한 실버건강문화대학은

〈그림 7-5〉 한중교류문화원 교육행사

그 수요가 폭발적으로 증가하여 연 2회(춘계, 추계) 운영하고 있으며, 연간 졸업생 수는 500여 명에 달하고 있다. 교육 행사는 2018년 6월까지 총 18회 개최되었다.

체육행사는 '부대끼며 하나 되다!'라는 목표하에 한·중 친선 배구 대회와 탁구대회를 중심으로 이루어졌다. 각 지역에서 활동하고 있는 배구동호회 및 탁구동호회를 규합하여 그 실력을 겨루는 것으로써 친목을 다졌으며, 다양한 부대행사를 곁들여 더 많은 사람의 참여를 유도했다.

〈그림 7-6〉 한중교류문화원 체육행사

그리고 특별 문화 행사가 벌어질 때마다 한국에서 전문 시범단을 초청하여 태권도의 진수를 선보였는데, 2018년부터 공간과 인력을 확보하여 한중교류문화원에서 자체적으로 태권도 시범단을 운영함으로써 중국 내 한국 태권도의 보급에 더욱 박차를 가할 수 있게 되었다. 기존 탁구단 운영과 함께 태권도 시범단이 짝을 이루게 됨으로써 명실공히 심양 내 문화·체육의 본거지로서 위상이 더욱 높아졌다고 할 수 있다. 체육행사는 2018년 7월까지 총 7회 개최되었다.

전시는 중한항일역사자료전시관(2016년 6월 개관)을 중심으로 한국과 중국의 공통된 화두로서 '항일'을 전시 주제로 설정하고, 동북3성에서 전개한 한·중 항일무장투쟁의 역사적 의미를 되새기는 전시 활동으로 이루어졌다. 또한 중국과 일본의 센카쿠열도 분쟁과 유사한 한국과 일본의 독도 분쟁을 중국인에게 널리 알리려는 목적으로 독도 특별 전시전이 이루어지기도 했다.

나아가 중국의 서화(書畵) 작품을 상설 전시하고자 요녕명인365서화원과 공동으로 2018년 2월에 '한중교류문화원 서화예술관'을 개관하기도 했다. 전시, 경매뿐만 아니라 국학교육까지 이루어지는 다문화교육 공간으로서 한중교류문화원이 한족사회에 한 걸음 더 다가갈 수 있는 계기를 마련했다고 할 수 있다. 2018년 2월까지 총 4회 개최되었다.

또한, 한중교류문화원은 기존의 전시 활동이 전시물을 통한 보여주기식 전시에 머물고 있다는 한계를 직시하고, 2018년부터 국가보훈처와 공동으로 동북의 항일 유적지를 개·보수하는가 하면, 한·중 청소년들과 함께 항일의 발자취를 좇는 현장답사를 수차례 추진했다. 중국에서 훈장을 받지 못한 항일유공자의 후손을 찾는 사업을 각 지역의 공관과 협조하여 추진하기도 했으며, ㈜항일영상역사재단과 함께 한·중 항일영화제를 개최하기도 했다. 그리고 일련의 사업 연장에서 『조선족 항일투사의 후손들 Ⅰ편』을 발간하기도 했다(한중교류문화원, 2018).

이러한 일련의 사업들은 항일이라는 목표 앞에서는 국가도, 민족도, 이념도, 좌우도, 노소도, 남녀도 따지지 않았던 위대한 선열들의 희생이 얼마나 숭고한지 그 가치를 일깨우는 데 목표가 있다. 보훈이야말로 대한민국을 더욱 강하게 만드는 주춧돌이라고 여기기 때문이다. 2018년 7월까지 총 5회 개최되었다.

(2) 대외협력행사

한중교류문화원은 주선양대한민국총영사관, 국가보훈처 등과 협력하여 국가 차원의 행사를 진행했다. 이는 한중교류문화원의 문화기획과 연출 실력을 인정했기 때문인데, 한중교류문화원이 중국 국무원 산하 동북아개발연구원의 '중한교류중심'(中韓交流中心)으로 편제가 되어서 결국은 중국 정부와 함께 이루어낸 의미 있는 행사라고 평가할 수 있다. 2018년 6월 6일 현충일을 맞아 국가보훈처 협력사업으로 〈독립유공자 훈장 전수 및 후손 초청 간담회〉 개최 등 총 11회 행사를 치렀다.

국내외 민간기관과의 협력도 활발했는데, 선양한국인(상)회, 대한민국독도사랑협회 중국총연합 등에서도 한중교류문화원의 문화기획과 연출 실력을 인정했기 때문이었다. 선양한국인(상)회가 주최한 심양한국주(메르스 질병 사태로 2015년 9월 9일부터 16일까지 개최) 등 2018년 5월까지 총 14회 행사를 치렀는데, 이미 갖춰져 있는 공간적 인프라를 활용하여 공동으로 다양한 활동을 펼칠 수 있었다.

이상에서 살펴본 바와 같이, 한중교류문화원은 심양시조선족연의회나 심양한국인(상)회보다 훨씬 체계적으로 다양한 분야의 행사를 조직했고 또 참석자들에게 감동과 감사를 주었다. 수요노래교실 졸업발표회에서 한 참석자는 " (…) 수요노래문화교실은 마치 산소처럼 전혀 기대하지 않은 신선함과 활력을 주입하는 새로운 만남이라고 할 수 있다. 이날만큼은 손바닥이 아프도록 손뼉 치며 나 자신을 자연스레 잊는다.

단지 스승과 제자로서. 나는 마음속 깊이 이렇게 의미 있는 활동을 조직해주신 분들에게 심심히 감사를 드리며, 또 수요노래문화교실을 사랑한다"(정막래, 2018: 67)고 말했다.

한중교류문화원은 다양한 문화사업을 체계적으로 추진하기 위해 문화콘텐츠 전문가인 안상경 박사를 초빙하여, 2015년 10월 문화원 산하에 한중문화콘텐츠연구소를 설립했다. 한중문화콘텐츠연구소의 전무기획과 사업추진으로 한중교류문화원의 사업은 이제까지 '심양현상'을 조선족 사회가 주도했다면, 한국인 사회가 주도하는 '신심양현상'을 낳고 있다고 할 것이다.

4. 결론

2004년부터 심양시조선족기업가협회가 심양시조선족연의회의 산하기구로 시작한 기업과 문화, 기업과 사회의 공존을 도모한 '심양현상'은 단순히 심양의 기업인들이 문화예술 등 민간단체에 경제적으로 지원한 메세나(Mecenat) 활동에 그친 것이 아니었다. 심양 지역 조선족 사회 각계가 화합과 공생, 공동발전을 전제로 서로 뭉치고 단결하여 조화로운 사회를 만들어가는 실천 운동으로 이어졌다는 점에서 의의가 있었다. 나아가 심양의 조선족 사회와 한국인 사회가 서로 교류하고 상부상조를 통해 심양의 한민족사회의 발전을 도모해왔다는 점에 큰 의의가 있었다. 즉, '심양현상'은 조선족 사회와 재심양한국인 사회의 조화로운 결합도 포함되었다.

동북 3성의 관문 도시 심양, 그리고 심양의 중심에 자리 잡은 서탑은 한민족의 역사에 특별한 '장소'이다. 중국의 개혁개방 이후, 내륙 교통의 요지에 있는 심양의 내수시장을 겨냥한 한국기업들의 진출이 활발했다. LG전자, 태평양화장품, SK가스, 롯데, 삼성 등의 대기업과 또 다양한 중소기업, 대한항공과 아시아나항공 등 항공사, 그리고 코트라, 한국관광진흥공사 등 한국의 공기업들도 진출했다. 재중국선양한국인 (상)회가 펴낸 『심양교민 20년』에서도 확인할 수 있듯이, 그동안 적지 않은 한국인과 기업들이 성공스토리를 썼다.

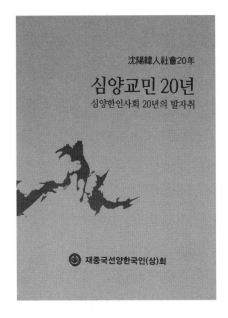

〈그림 7-7〉 심양교민 20년 표지

그러나 중국 비즈니스 상황의 변화와 함께 많은 한국인 사업가들이 중국을 떠났다. 심양에서도 심양한국인(상)회가 운영하던 한국인문화원이 2014년 마침내 문을 닫았다. 사업이 어려워지고 또 회원들이 떠나감에 따라 유지할 수 없었다. 바로 이때 상익그룹 안청락 회장은 경영자는 "경제적인 이윤을 창출하는 것보다 우선 사회적·윤리적으로 신뢰받을 수 있는 사람이 되어야 한다"고 말했다. 그래서 '상익'(相益), 즉 이익을 서로 나눈다는 그룹의 명칭답게 이윤의 사회 환원 차원에서 심양한국인문화원 자리를 인수, 한중교류문화원을 설립하고 조선족 사회와 함께 한국과 중국의 문화교류사업에 앞장서고 있다.

한중교류문화원은 순수 민간 차원의 문화단체로 출범했다. 그러나 '문화'를 겨냥한 중국 정부의 정치적인 시각 때문에 민간 차원의 문화단체라고는 하지만 어떤 활동을 전개하는 데 늘 제약이 따랐다. 그러나 2015년 7월 개원 1년 만에 한중교류문화원이 오히려 중국 국무원 산하 동북아개발연구원의 '중한교류중심'(中韓交流中心)에 편재되었다. 중국에서 중국인과 더불어 한국문화를 공유하기 위한 한중교류문화원의 적극적인 대처의 결과였다. 이에 한중교류문화원은 아예 한국에서 문화콘텐츠 전문가를 초빙하여 문화교류사업을 더 적극적으로 추진해 나갔다. 이로써 4년간의 짧은 기간에 한중교류문화원은 심양의 조선족 사회와 한국인 사회뿐만 아니라 중국 정부와 한국 정부기관의 위탁사업까지 추진하고 있다.

문화와 기업, 기업과 사회의 공존인 '심양현상'이 조선족과 한국인 사회의 결합으로 그 함의가 확산되었는데, 한중교류문화원은 이를 한 단계 더 조직적이고 체계적으로 다양한 분야의 문화교류사업을 추진함으로써 심양의 한민족 공동체의 마음을 사고 있다. 한국 정부기관 또한 중국에서 자신들 스스로가 사업을 진행하는 것보다 중국 정부의 공식

기구로 인정을 받는 한중교류문화원을 통해 추진함으로써 공공외교의 성과도 거두고 있다. 이 점에서 우리는 한중교류문화원이 조선족 사회가 시작한 '심양현상'을 심화 발전시키는 '신심양현상'을 일으키고 있다고 평가할 수 있을 것이다. 중국 내 다른 코리아타운, 아니 세계의 코리아타운이 주목할 수 있을 것이다.

참고문헌

강주원. 2013. "중·조 국경 도시 단동에 대한 민족지적 연구: 북한사람, 북한화교, 조선족, 한국사람 사이의 관계를 통해서". 서울대학교 대학원 박사학위논문.

상익그룹. 2018. 『상익그룹』. 기업 홍보책자.

송해련. 2017. "서탑 코리아타운과 심양한국주 축제의 지식맵 연구". 한국외국어대학교 대학원 박사학위논문.

신춘호. 2012. "심양 서탑 코리아타운과 한국문화". 임영상 외, 『코리아타운과 한국문화』. 북코리아.

심양한국인(상)회. 2013. 『심양교민20년: 심양한인사회 20년의 발자취』.

안상경. 2019. "심양 서탑 코리아타운과 한중교류문화원". 임영상·주동완 외, 『코리아타운 사람들』. 북코리아.

임영상. 2015. "심양 서탑 코리아타운의 변화와 민족문화축제". 임영상, 『동북의 조선족사회와 조선족문화관』. 신서원.

정막래. 2018. "심양 조선족사회에서의 한중교류문화원의 역할과 위상". 『재외한인연구』 43: 61-82.

중국조선민족발자취총서간행위원회. 1995. 『중국조선민족발자취총서2 불씨』. 민족출판사.

_____. 1994. 『중국조선민족발자취총서 6 창업』. 민족출판사.

재중국선양한국인(상)회. 2013. 『심양교민 20년: 심양한인사회 20년의 발자취』.

한중교류문화원. 2017. 『내 마음의 북두칠성』. 3주년 기념 특별부록.

한중교류문화원. 2018. 『그간 4년, 우리들의 행복했던 시간』. 4주년 기념 특별부록.

한중교류문화원. 2018. 『조선족 항일투사의 후손들 Ⅰ편』. 한중문화콘텐츠연구소.

瀋陽市民委民族志編纂辦公室編. 1989. 『沈陽朝鮮族志』. 요녕민족출판사.

세계한민족문화대전. www.okpedia.kr.

심양시조선족연의회. http://www.sykna.org/cn/oration.asp.

정무. "심양 서탑지역의 유래". http://cafe.daum.net/manjuloveme.

중국공산당뉴스. http://korean.people.com.cn/65106/65130/69536/6103533.html.

중국 한민족공동체 뉴스. http://blog.daum.net/hanphill21/13682449, 2007-12-25.

沈陽市政府网/沈陽民族宗敎/沈陽民族. http://www.symzzj.gov.cn/2010-09-28.

한국민족문화대과사전. http://encykorea.aks.ac.kr.

『선양한국인』

『심양조선족』

『요녕조선문보』

『인터넷료녕신문』

『월드코리안』

『중국민족』

『遼寧新聞』

심양시 제1조선족고급중학교 서정순 조선어교사 인터뷰(2011.9).

제8장

오사카 한인
커뮤니티의 형성과
변용[1]

임영언(한남대학교)

1. 서론

오사카 지역 코리아타운은 일반인들에게 1945년 해방 전부터 오랫동안 '조선시장'으로 알려져 왔다. 역사적으로 오사카 코리아타운은 백제의 왕인 박사가 인덕천황의 즉위를 기념한 노래비의 유래에서 알 수 있는 바와 같이 백제와의 교류가 깊었던 곳으로 도래인들이 많이 살고 있었기 때문에 '백제평야'(百済の野)라고 부르기도 했다. 또한 조선통신사가 이곳을 방문했다는 기록이 담긴 난파진(難波津)의 노래가 코리아타운 내 위치한 미유키모리 신사(御幸森神社)에 새겨져 전해오고 있다.

오사카 지역은 1910년 일제강점기 전후로 많은 조선인들이 배를 타고 일본으로 이주하여 정착한 곳이다. 이들은 해방 이후에도 여러 가지 사정으로 귀국하지 못하고 일본에 정착하여 생활수단으로 조선식당을 개업하여 생계를 이어갔다. 이들이 본격적인 이주를 시작한 이후 해방 전까지 이미 35년간의 생활기반을 가지고 있었기 때문에 일본 정착이 용이했고 다른 지역에서 생활하고 있던 재일동포들도 상대적으로 동포들이 많이 집거하고 있던 이곳으로 모여들었다.

조선시장은 해방 이후 1945년부터 1992년까지 상인들을 중심으로 임의단체로 존재해왔다. 그러나 1993년에 상점가의 활성화를 위해 회원들의 합의로 단체명을 '미유키도오리 동쪽 상점가 진흥조합'으로 조직을 개편하고 '코리아타운'이라는 새 명칭으로 출발하였다. 1993년 전후를 계기로 오사카 코리아타운은 상점가의 조직 강화와 더불어 코리

---

1   논문은 2014년 4월 25일 미국 뉴욕 Queens College Rosenthal 도서관 강당에서 재외한인사회연구소 주최로 개최된 국제학술회의에서 발표한 내용을 대폭 수정한 것임.

아타운의 상징인 아치형 4개 문과 가로등 18개를 설치하고 도로를 포장하였다.

그 가운데 서쪽 상점가는 타운의 상징 아치형 문 설치나 포장공사를 하지 않아 코리아타운의 실질적인 범위에서 제외되었다. 왜냐하면 당시 서쪽 상점가는 비교적 일본인들이 많이 거주하고 있었으며 타운 상징의 아치형 문이 설치되지 않아 상징탑(Symbol Tower)의 유무가 코리아타운의 지역을 가르는 경계 역할을 하였다. 따라서 서쪽 상점가는 '코리아타운'으로서의 역사도 짧고 재일동포 점포 수도 다른 지역에 비해 적었기 때문에 비교적 최근 한류 붐에 의해 코리아타운의 일부로 편입되었다.

오사카 코리아타운은 1994년 3월 이후 상점가 회원들을 중심으로 '코리아타운 아시아 민족 축제'를 개최하면서 지역주민들과 관광객들이 많이 방문하기 시작했다. 1996년 2월에는 부산의 자갈치 시장과 자매결연을 하고 공동으로 '코리아타운 아시아 민족 축제 야끼니쿠 김치 페어'를 개최하기도 했다. 1997년 3월에는 코리아타운 동쪽(백제문), 중앙(미유키도오리 중앙문), 서쪽 지역 등 3개의 상점가 대표들이 추진위원회를 구성하여 코리아타운에서 '공생의 거리', '코리아타운 축제'를 개최하였다. 코리아타운에서 개최된 이러한 일련의 행사들은 2002년 한일월드컵 공동개최와 한류 붐을 통해 재일동포들이 형성한 '조선시장'이 '코리아타운'으로 성장하는 계기가 되었고 상점가의 활성화를 통해 새로운 한류 관광지로서 변화를 거듭해오고 있다.

오사카 코리아타운은 현재 일본인과 재일동포들이 경영하는 150여 개의 다양한 점포들이 동쪽에서부터 서쪽 지역으로까지 약 500미터에 걸쳐 양쪽으로 즐비하게 들어서 있다. 최근 오사카 코리아타운은 일본학교 학생들의 수학여행 방문지로서도 각광을 받고 있으며 학생들의 다문화 공생(共生)의 학습장소와 다양한 인종 교류를 연결하는 거점 역할을 수행하고 있다.

이처럼 오사카 코리아타운은 원래 재일조선인과 일본인들이 오랫동안 혼재된 상점가였으며 1993년 이후에야 비로소 국제적인 관광지로서의 면모를 갖추기 시작했다. 따라서 오사카 코리아타운이 처음부터 일본인 관광객을 대상으로 개발한 관광지가 아니라는 점은 명백하다. 최근 오사카 코리아타운이 주변 상점가보다 활성화되고 있는데, 그 이유는 상점가에 거주하는 대표자들이 글로벌시대 다문화 공생과 한류붐을 기반으로 시대적 변화에 적응하기 위한 노력을 통해 대응능력을 갖추었기 때문이다.

이 연구의 목적은 이러한 변화를 거듭해온 오사카 코리아타운의 역사적 변화를 둘러싼 형성배경과 한인 커뮤니티의 형성과정, 인구통계학적 특성, 지리적 분포, 경제적 적응관계, 타 민족과의 관계 및 이민세대의 변용 등을 종합적으로 고찰하는 데 있다.

2. 선행연구 검토 및 이론적 배경

일본 내 재일동포 집거지역은 크게 1945년 전후와 1980년대를 전후로 형성된 것으로 구분할 수 있다. 1945년 전후 형성된 재일동포 집거지역은 올드커머 중심의 오사카 코리아타운(大阪)이며, 1980년대 전후로 형성된 집거지역은 뉴커머들이 중심을 이루고 있는 신오쿠보 코리아타운(新大久保)이라 할 수 있다. 이들 코리아타운에 대한 선행연구들을 살펴보면 대개 실태조사에 의한 집거지 형성과 특징, 글로벌시대 초국가성과 로컬리티의 혼종성, 집거지역에서의 한류의 영향과 확산, 집거지주변의 지역성과 축제와의 관련성 등을 분석한 것들로 분류할 수 있다.

먼저 재일동포 집거지의 특성에 관한 연구는 대표적인 한인 집거지로서 도쿄 신오쿠보 코리아타운과 오사카 이쿠노구 코리아타운이 뉴커머와 올드커머의 상징적인 집거지로 대비되어 다양한 연구가 진행되어왔다(장윤수, 2004; 조현미, 2007; 선봉규, 2010; 지충남, 2013). 이들 연구들은 도쿄 신오쿠보와 오사카 이쿠노구 코리아타운의 지역적 비교를 통해 올드커머들의 집거지역인 이쿠노구에 비해 신오쿠보 지역은 1980년대 이후 뉴커머들의 유입으로 기존 재일동포 집거지와는 다른 형태의 유흥업소및 서비스업종이 주종을 이루는 새로운 재일동포 집거지로 형성되었다는 시각이 강하다. 이들의 주요 연구결과는 두 지역에 거주하는 재일동포의 이주시기, 체류자격, 거주지의 지리적 · 경제적 조건 등에서 차이를 보이고 있다는 점을 지적하고 있다.

특히 정진성(2011)의 신오쿠보 지역 연구는 재일동포들 중 뉴커머집단의 형성배경과 맥락이라는 시각에서 분석하여 신오쿠보 지역에 거주하는 뉴커머 집단의 특성을 강조하였다. 좀 더 상세히 연구결과를 살펴보면 신오쿠보 지역은 2000년대에 들어서면서 마이너리티 집단으로서의 특징이 확연하게 드러나기 시작했고 그들 스스로 독자적인 형성과정을 거쳐 자립적인 집단으로 성장했다고 보고 있다는 점이다.

이와는 달리 다문화 공생의 차원에서 이호상(2011)은 일본에서 한인 커뮤니티와 지역사회와의 관계에 대해 도쿄 신오쿠보코리아타운의 사례를 분석한 바 있다. 그의 연구는 신오쿠보 지역에 혼재된 다양한 에스닉 집단의 이질성이 지역성장의 견인차 역할을 수행하고 있으며 그 가운데 한인사회가 지역사회의 중심축으로 성장했다는 점을 밝히고 있다. 특히 그의 연구결과는 신오쿠보 지역에서 한인 상권이 성장할수록 지역 내 거주하는 일본인 주민과의 갈등이 증폭되고 '코리아타운화'되는 것을 경계하는 목소리들이 팽배해왔음을 지적하였다. 그는 이러한 지역주민의 반대 목소리를 해소하는 차원에서 이 지역에 거주하는 다양한 재일외국인들까지도 포괄하는 이주자 네트워크 구축과 '다문화 공생'을 위한 노력이 필요함을 주장하였다.

한편 일본 내 한류 붐과 더불어 대표적인 한인 커뮤니티로서 코리아타운의 존재와 역할에 대한 연구들도 최근 주목받고 있다. 이들 연구들은 주로 코리아타운에서의 한류의 영향과 확산에 대한 의미를 규명하는 데 중점을 두고 있다(고정자·손미경, 2010; 임영상, 2013; 손미경, 2013; 임영언, 2012; 유연숙, 2011). 이들 연구들은 2000년대 중반 이후 일본에서 확산된 한류 붐이 신오쿠보 지역을 '코리아타운'과 에스닉 타운으로 발전시켰다는 점을 지적하고 있으며, 타운 내의 대상 고객이 한국인에서 일본인으로 바뀌었다는 주요 고객의 변화, 한인 업종의 다양화, 기업의 그룹화, 전문직 종사자의 증가, 소규모 자영업에서 중·기업으로 전환되고 있음을 주장하였다.

특히 이들 연구에서는 코리아타운이 상업적으로 성공하게 된 배경에는 한국문화와 재일동포 문화를 발신하는 장소를 제공하는 식품점, 교회에서 정규예배와는 별도로 한국어 강습, 요리교실, 음악교실을 제공하는 한인교회의 적극적인 일본인 대상의 서비스활동, 그 밖에 한국어 학습이 이루어지는 다양한 문화공간들이 존재하고 있음을 밝히고 있다. 특히 오사카 코리아타운에서 한국인들이 다양한 활동들을 통해 지역사회와의 활동공간을 연계하고자 하는 노력 또한 한국문화 발신에 중요한 역할을 담당하고 있는 것으로 알려지고 있다.

재일동포 커뮤니티와 축제(마쓰리)와의 관계도 재일동포 연구에서 주목받아온 연구 분야 중 하나이다. 김현선(2011)의 연구는 오사카의 지역성과 재일동포 축제와의 관련성에 주목하고 있다. 이 연구의 결과를 보면 오사카 이쿠노구(生野区)에서 시작된 민족축제의 의미에 대하여 재일동포 집거지의 게토화를 극복하는 자기 해방의 마당이자 저항의 수단, 차별적 낙인(stigma)을 극복하고 민족문화의 정체성을 탈민족적 관점에서 다문화 공생까지 포괄하는 새로운 축제의 형태를 보여준 실천운동으로 해석하고 있다. 코리아타운에서 민족축제의 변용과 더불어 2000년대 이후에는 한국문화가 '한류'라는 문화현상과 융합되어 일본사회에 영향력을 확대시킴으로써 '재일동포' 축제는 일본사회 구성원이 다 함께 참여하는 문화축제로 자리 잡아가고 있다고 주장하였다.

초국적인 글로벌시대 국가적 경계와 인종을 초월하여 형성되는 민족집단의 커뮤니티 형성에 대하여 이상봉(2010)은 인종-초국가성-로컬리티의 관계성에 주목하고 있다. 특히 그의 연구는 새로운 시각에서 민족집단 내 형성된 집거지로서의 디아스포라 공간, '로컬단위의 디아스포라'적 관계 형성에 주목하고 있다. 그는 이러한 이론적 관점을 재일동포의 정체성과 연결하여 새로운 주체자로서 '디아스포라 정체성'의 출현을 제기하면서 코리안 재패니즈(Korean-Japanese)로서의 가능성을 조심스럽게 타진했다.

이와 같은 연구의 연속 선상에서 임승연·이영민(2011)의 연구는 오사카 코리아타운의 커뮤니티를 구성하고 있는 올드커머-뉴커머-일본인과의 상호관계성을 조사하여 점차 로컬로서 장소의 성격이 변화하고 있다고 주장하였다. 그의 연구결과에 의하면 코리아타운 커뮤니티는 이들 민족집단 간의 상호 배타적인 갈등의 장소이자 다문화 공생관계가 동시에 상존하는 접점을 형성하는 장소임을 밝히고 있다. 특히 임승연(2009)의 연구는 오사카 지역에 거주하는 재일동포들의 초국적 이동과 재영토화 과정을 분석하여 각 커뮤니티 간의 정체성 형성과 갈등에 대해 고찰하고 있다. 그러나 그의 연구는 지역주민으로서의 재일동포의 정체성과 민족집단 간의 커뮤니티 형성관계를 분석하고 있지만 한인 커뮤니티의 형성과 변용과정에 대한 사회구조적 맥락과 역학에 대한 분석은 간과하고 있다.

이상과 같이 일본 내 존재하는 도쿄, 오사카, 가와사키 코리아타운을 중심으로 한 한인 커뮤니티에 대해 다양한 관점에서 연구들을 진행하고 있지만 과거의 역사적 배경과 현재의 존재양상의 변용과정을 거시적인 측면에서 접근하기보다는 한류 붐과 코리아타운의 역할, 축제, 민족 간의 갈등, 지역사회와의 관계 등 미시적 차원에서 접근한 연구들이 대부분이다.

그러나 본 연구는 거시적인 접근방법을 통해 오사카 코리아타운의 역사적 맥락에서 한인 커뮤니티의 형성과정, 인구통계학적 특성, 경제적 적응관계, 타 민족과의 관계 등을 살펴보고 현재적 시점에서 커뮤니티의 변용과정을 고찰하고 있다. 왜냐하면 오사카 지역 한인 커뮤니티는 새로운 환경에 의해 끊임없이 영향을 주고받는 생물체와 같은 사회적 유기체로서 변화를 거듭하고 있기 때문이다. 만약 오사카 지역 한인 커뮤니티 연구가 이러한 역사적 맥락이나 변용과정을 간과하게 되면 기존 연구와 같이 단편적인 실태조사나 미시적인 각론 연구에 머무를 가능성이 높기 때문이다. 따라서 이 연구는 오사카 지역 코리아타운을 둘러싼 다양한 범주의 커뮤니티 연구들을 하나로 엮어내고 코리아타운 커뮤니티의 현재적 시점을 분석하는 작업이 될 것이다.

3. 오사카 지역 한인 커뮤니티의 형성과 변화과정[2]

1) 역사적 배경

이 연구는 오사카 코리아타운의 한인 커뮤니티의 역사적 형성과정과 성장과정에서 경험한 변화과정을 살펴보고 지역사회와 한인 커뮤니티 간의 상호 변화상을 고찰하고자 한다. 이 연구방법은 2014년 2월에 실시한 현지조사를 바탕으로 수집된 각종 정보지 및 문헌자료, 인터뷰 자료를 참고하여 한인 커뮤니티의 실태 및 상가 변화상에 대한 제반현황을 분석하였다. 한인 커뮤니티에 대한 분석내용은 상점가 임원과 지역 상인들의 인터뷰를 정리하였으며 상점의 위치나 분포상태를 나타내는 지도는 현지에서 촬영한 사진을 참고하였다.

---

[2] 이 자료는 곽진웅(남, 40대 후반, 코리아NGO센터 대표), 요시모토(오사카 이쿠노구 코리아타운 부회장), 이형배(오사카 재일한국인연합회 회장) 등의 인터뷰에 의해 작성되었음.

〈그림 8-1〉 연구대상 지역(히라노강 주변 오사카 쓰루하시역 및 코리아타운)

　　조사 대상지역은 오사카 지역에서도 한인들 집거지인 쓰루하시(鶴橋), 미유키모리 코리아타운(御幸森コリアタウン), 이마자토 신지(今里新地) 등 세 지역의 커뮤니티 형성과 변용과정을 간략하게 살펴보고 중심내용은 미유키도오리를 중심으로 형성된 코리아타운을 살펴보았다. 〈그림 8-1〉에 제시한 바와 같이 오사카 코리아타운 중에서도 동쪽 상점가, 중앙상점가, 서쪽 상점가 등 동서를 가로질러 500미터가량 전개된 미유키도오리(御幸通り) 일대가 연구지역에 해당된다. 코리아타운 내에서도 한인 상가가 밀집된 지역은 일반적으로 동쪽 상점가와 중앙상점가로 최근 서쪽 상점가까지 한인 상가들이 많이 진출하고 있음을 현지조사를 통해 확인할 수 있었다. 따라서 이 연구의 대상은 지역적으로 오사카 코리아타운을 중심으로 한 주변지역 일대를 포함하고 있다.

〈표 8-1〉 오사카 코리아타운의 형성과정과 역사적 변화[3]

연도	상점가 역사	연도	지역 역사 관련
1926	쓰루하시 공설시장(현재 이쿠노 옥내풀장) 개설	1919	쓰루하시경지정리조합 결성
1940년대 초기	미유키도오리 상점가(조직) 발족	1922	기미가요마루 취항(오사카-제주 항로)
1940~1950	현재 미유키도오리 중앙상점가 뒤쪽으로 몇 개 점포에 의한 조선시장(비조직, 비단체) 형성	1941	이치조도오리 중앙삼점회 발족
1951	미유키도오리 상점가(조직) 발족 3단체로 분화(미유키도오리 상점가, 미유키도오리 중앙상점가, 미유키도오리 동쪽 상점가 발족)	1943	이쿠노구가히가시나리구에서 분리
1984	오사카청년회의소, 한국청년회 회의소 코리아타운 구상 제안	1944	소개도로 착공
1992	미유키도오리 동쪽 상점가 진흥조합 개조	1973	신주거 표시 실시, "이카이노" 소멸
1993	미유키도오리 상점가, 미유키도오리 중앙상점가에 게이트, 도로포장 완성	2013	이쿠노구 제70주년
1996	미유키도오리 동쪽 상점가 진흥회, 부산 자갈치시장과 자매제휴		
2000	미유키도오리 중앙삼점회, 미유키도오리 동쪽 상점가(진흥회), 상점가 일국운동(오사카시에 참가, 관련 이벤트 참가)		코리아타운은 차이나타운처럼 처음부터 계획화된 관광지가 아님
2002	중앙삼점회, 한일월드컵 개최기념 월드컵 축전(마쓰리) 개최		
2008	처음으로 3개 상점가 회동에 의한 코리아타운 축제 이벤트 개최		
2014	미유키도오리 상점가(조직) 가로등 대체 작업, 게이트 설치		

위의 〈표 8-1〉은 1910년 이후 오사카 코리아타운의 형성과정을 표로 작성하여 제시한 것이다. 이 표에 제시한 바와 같이 1910년 일제강

---

[3]   2014년 2월 현지조사 과정에서 입수된 자료를 바탕으로 필자가 작성하였음.

점기 이후 조선인들이 일본으로 대거 도항하기 시작하면서 쓰루하시역 주변에 재일조선인들이 집거지를 형성하기 시작했다. 특히 1922년 제주-오사카 항로를 연결하는 기미가요마루(君が代丸)가 취항하게 되면서 제주도 사람들이 많이 도일하게 되었다. 그리고 이들이 1930년대 중반부터 이카이노(猪飼野) 지역에 모여 조선시장의 최초 형태인 제주 출신 여성들의 노점행상이 시작되었다. 1940년대에는 이미 이카이노 지역에 조선시장이 형성되어 상점가 회원들을 중심으로 상점회가 발족되었다.

1950년대에는 코리아타운 내 상점가들이 확대되기 시작하면서 동쪽 상점가에서 중앙상점가로까지 진출하였다. 1980년대 이후 오사카 코리아타운은 일본의 다문화 공생 도래와 더불어 코리아타운 건설을 위한 구체적인 청사진을 제시하여 상점회 진흥조합을 중심으로 한 본격적인 건립활동이 시작되었다. 그리고 1993년에는 조선시장이라는 명칭이 '코리아타운'으로 개명되었고 상점가의 상징물 설치와 도로포장이 이루어졌다. 이를 계기로 모국 한국이나 지역 거주민과의 교류가 본격적으로 추진되었으며 2000년대 이후에는 한류 붐과 2002년 한일월드컵 공동개최로 코리아타운이 점차 서쪽 지역으로까지 전체적으로 1km 정도 확대되어 오늘에 이르고 있다.

2) 인구 구성의 변화

오사카 지역사를 연구한 김찬정(1985)에 의하면 재일동포 수는 1920년대 약 4,500명에서 1929년에는 65,000명으로 증가하였다. 1935년경에는 202,311명, 1942년에는 412,748명으로 증가한 것으로 나타났다. 당시 오사카는 특히 제주도로부터 유입되는 사람들이 많았는데 그 이유는 1922년 오사카-제주도 간 정기연락선이 운항되었기 때문이며 1924년 시점에서 제주도 출신 비율이 60% 이상에 달했다.

〈표 8-2〉 오사카시 출신지역별 재일동포 수의 변화추이(1937, 2000)[4]

1937(재일 코리안 전체 약 80만 명)		2000(재일 코리안 전체 약 64만 명)	
본적	오사카 지역(%)	본적	오사카 지역(%)
경상남도	63,989(27.3)	경상남도	36,287(22.6)
경상북도	32,419(13.8)	경상북도	24,579(15.3)
전라남도 (제주도 포함)	96,674(41.3)	제주도	64,730(40.3)
		전라남도	14,816(9.2)
경기도	4,308(1.8)		
충청남도	7,251(3.1)	충청남도	1,853(1.2)
전라북도	15,114(6.5)	전라북도	1,934(1.2)
충청북도	6,352(2.7)	충청북도	1,779(1.1)
강원도	1,804(0.8)	서울시	5,676(3.5)
황해도	1,703(0.7)	부산시	4,717(2.9)
평안남도	1,788(0.8)	기타지역	4,305(2.7)
평안북도	1,036(0.4)		
함경남도	1,067(0.5)		
함경북도	683(0.3)		
합계	243,188(30.4)	합계	160,676(25.1)

해방과 더불어 재일동포들이 모국으로 대거 귀국하게 되면서 일본 전국적으로 1944년에 200만 명에 달했던 재일동포들이 1953년에는 약

---

4   1937년 통계수치는 『生野區の五十年の歷史と現況』, 2000년도 수치는 『在留外國人統計(平成12年版)』을 참고하여 필자가 작성하였음.

55만 명으로 감소한 것으로 나타났다.[5] 다음 〈표 8-2〉는 일제강점기인 1937년과 2000년대 오사카 지역에 거주하는 재일동포들의 출신지역별 변화추이를 나타낸 것이다. 연도별 특성을 비교해보면 2000년대 경상도와 제주도 · 전라도의 비중이 1937년보다 감소한 것으로 나타났으나 여전히 이 지역 출신자들이 상위를 차지하고 있다. 1937년도에는 경상도와 제주도의 합이 82.4%에 달했으나 2000년에는 78.2% 정도로 감소하고 있다. 이러한 결과는 오사카 지역에 거주하는 재일동포들의 출신지역이 그만큼 다양화되고 있다는 현실을 반영하고 있는 것으로 풀이된다.

3) 오사카 한인 커뮤니티의 형성과 변화

다음은 오사카 지역의 대표적인 한인 커뮤니티인 쓰루하시(鶴橋) 국제시장, 이쿠노구 코리아타운(生野区コリアタウン), 이마자토 신지(今里新地) 지역 등을 중심으로 지역적인 특성을 개괄하여 살펴보고자 한다.

(1) 쓰루하시(鶴橋) 국제시장

쓰루하시역 주변은 1941년 태평양전쟁 당시 일본인들의 피난처이었으며 전쟁 후 노점상들이 증가하면서 자연적으로 골목시장이 형성되었다. 그러나 쓰루하시역 주변에 형성된 국제시장은 대동아전쟁 때 일본인들이 피난 가면서 조선인들이 빈 상점을 차지하게 되었다. 해방 이후에는 조선인 집거지가 형성되어 조선인들이 비누가루나 장화를 판매

---

5   桑田芳夫(1996). 『數字が語る在日韓國 · 朝鮮人の歷史』. 東京 : 明石書店, p. 33.

하여 쌀로 교환하기도 했다. 당시에는 대략 3,000명의 재일외국인 상인들이 비합법적인 노점시장을 형성하고 있었다. 그들은 주로 중국, 한국 등에서 도일한 재일외국인들이었으며 인근 오사카 지역이나 가까운 나라현 교토 지역 거주자들이 많았다. 쓰루하시역 주변시장은 1945년 전쟁 이후부터 1947년까지 본격적으로 국제시장이 형성되었으며 이와 더불어 시장조합도 설립되었다.

당시 쓰루하시역 국제시장에 거주하던 재일외국인의 민족구성 분포를 보면 일본인, 중국인(대만출신), 재일조선인 등 동북아지역 출신을 중심으로 한 다양한 민족들로 구성된 국제시장의 성격을 띠고 있었다. 이들은 쓰루하시역 주변지역 상인들을 결집시켜 6개의 상인조합(쓰루하시 진흥회, 고려시장 등)을 결성하였으며 나중에 국제시장연합에서 탈퇴하여 오늘날 지역명이나 상가 이름을 가진 조합(상점회)을 형성하였다.

〈그림 8-2〉 쓰루하시역 주변 상가 지도

(2) 이쿠노구 코리아타운(生野区 コリアタウン)

오사카 이쿠노구 미유키도오리에 위치한 코리아타운은 전쟁 당시 오사카시가 건립한 2개의 공설시장이 타운 내에 존재하였고 전쟁 이후 민간시장으로 바뀌었다. 일본 공설시장이 민간시장으로 바뀐 계기가 된

것은 이 지역에서 1920년대 철강을 실어 나르기 위해 히라노강(平野川) 운하건설공사가 본격적으로 시작되어 일본 각지에서 재일조선인들이 모여든 것이다. 1923년에는 제주도와 오사카 간의 항로가 개설되면서 한반도에서 오사카로 들어오는 기미가요마루(君が代丸)가 취항했기 때문에 특히 많은 제주도 출신자들이 배를 타고 일본으로 도항하기 시작했다.

일본에 도착한 이들은 처음에는 대부분이 히라노강 운하건설 현장에서 일일노동자로 일했다. 그리고 재일조선인들이 하나둘씩 지금의 오사카 코리아타운에 모여들어 생활하기 시작하자 시장을 중심으로 조선인 집거지가 형성되었다. 그리고 이들을 대상으로 조선시장 상인들이 돼지고기 내장을 이용한 호르몬구이와 제사상에 올리는 조선식품(주로 삶은 돼지고기와 김치 등)을 팔기 시작하면서 자연적으로 조선시장이 형성되었다. 오사카 코리아타운은 해방과 더불어 1955년 총련 결성과 1965년 한일 국교정상화의 혼란 속에서 남북 갈등의 대립 장소로 변모하기도 하였다. 오사카 코리아타운은 1945년 이후 다음 〈표 8-3〉에 제시한 바와 같이 형성기, 성장기, 전성기, 전환기 등 크게 3단계에 걸쳐 변화되어 왔다.

오사카 코리아타운은 1950년 성장기, 1960년대 이후 성장기를 거쳐 1980년대까지만 해도 민족구성 면에서 조선인과 일본인이 50대 50 정도로 각각 절반 정도를 차지하였다. 따라서 주요 고객대상도 오사카 인근지역에 거주하는 조선인들이 대부분이었다. 그러나 1980년대를 중심으로 일본사회에 크게 두 가지 변화가 발생했다.

〈표 8-3〉 코리아타운의 발전단계[6]

발전단계	연대 및 주요특징		
	이쿠노쿠 코리아타운	쓰루하시	이마자토 신지
제1단계	형성기(1945~1960년대)	1922년 기미가요마루 취항(오사카-제주항로)	
제2단계	성장기(1960~1970년대) 조선시장으로 조선일문이 제사, 결혼, 회갑, 장례 등에 쓰이는 음식 마련	1941년 태평양전쟁, 골목(암)시장, 국제시장 1945년 해방 이후 조선인 집거지 형성, 시장조합 설립	1945년 전후 일본인 매춘업이나 풍속업 성행
제3단계	전성기(1970~1980년대) 김치와 삶은 돼지고기 등을 사러 오사카 거주 조선인은 물론 인근 고베, 교토, 나라 등지에서 몰려들었음	1960~1970년대 쓰루하시역 주변 상인 결집, 6개의 상인조합(쓰루하시 진흥호, 고려시장 등) 결성, 국제시장 연합에서 분리되어 조합(상점회) 설립	1960~1970년대 이후 상권 일본인에서 조선인으로 전환, 주로 한국식당이나 클럽 성행
제4단계	전환기(1990~현재) 한류, 뉴커머의 유입, 재영토화에서 탈영토화로 변모, 소수의 뉴커머 진출, 조선시장의 정체성 변화	1980년대 이후 한국 남대문과 같은 의류와 가방을 취급하는 국제시장으로 발전, 다수의 뉴커머 진출	1980년대 전후 뉴커머 한국인 여성에서 조선족 여성으로 대체 1995년 고베 대지진 이후 상권 쇠락

첫째, 1988년 서울올림픽 개최를 계기로 일본 전국적으로 한국식품의 판매가 급격히 증가하면서 굳이 자신들의 거주지에서 멀리 떨어진 조선시장까지 가지 않아도 어디에서든 조선시장에서 팔던 상품의 구매가 가능하게 되었다. 이러한 일본 사회구조의 변화로 자동적으로 재일동포들의 상품 수요가 감소하면서 반대로 일본인들의 방문이 증가하게 되었다. 거기에다 1980년대 말 중국으로부터 불기 시작한 한류 열풍이 일본사회에까지 영향을 미치면서 코리아타운에서 취급하는 상품에도 큰 변화가 일어났다.

둘째, 재일동포 사회 내의 세대구성이 급격히 변화하기 시작했다.

---

6   2004년 2월 일본 오사카 현지조사에서 입수된 자료를 바탕으로 필자가 작성하였음.

당시까지만 해도 재일동포 사회구성원이 1~2세가 중심이었는데 1980
년대 이후 재일동포 3~5세 중심으로 사회가 변화하기 시작했다. 이러
한 재일동포 사회의 세대 변화 현상은 대가족 중심에서 핵가족 중심으
로 가족이 해체되는 것을 의미했다. 이것은 코리아타운에도 커다란 변
화를 초래하였는데, 그동안 재일조선인 사회에서 중시되어온 제사, 결
혼, 장례, 회갑 등 관혼상제에 대한 재일동포들의 생각 자체에 변화를
초래했다. 재일동포 1~2세까지만 해도 조선 유교사회의 영향이 강하게
남아있던 관혼상제가 재일동포 3세 이후부터는 영향력이 급격히 퇴색
되기 시작했다. 이로 인하여 재일동포 사회에서 중시되어온 제사, 결혼,
장례, 회갑 문화 등이 간소화되었고 이는 바로 코리아타운의 가게 매출
에도 직접적인 영향을 미치게 되었다.

〈그림 8-3〉 코리아타운 동쪽
상점가 지도

이러한 단계를 거치면서 1990년대 이후 조선시장은 재일동포들이
중심이 된 시장에서 일본인들이 많이 방문하는 코리아타운으로 변모하
기 시작했다. 특히 2000년대 이후 한류 붐에 의해 코리아타운에서 한국
음식이나 한국 상품의 쇼핑을 즐기려는 새로운 일본인 고객층을 확보
할 수 있었고 이와 더불어 각종 타운관광 및 한국문화 활동 관련 서비스

업도 증가하였다.

오사카 코리아타운은 올드커머들이 중심이 되어 형성되어오다가 2000년 한류 붐 이후에는 뉴커머들의 진출이 본격화되었다. 이들은 주로 올드커머와 일본인들이 고령화로 장사를 그만두거나 떠난 자리에 한류숍이나 화장품 가게들을 개업하였다. 그러나 뉴커머들의 유입이 아직까지 극히 소수이기는 하지만 이들 간의 상점가 운영이나 단체활동을 둘러싼 갈등이 발생하고 있는 것으로 나타났다.

예를 들면 올드커머들의 경우 이미 재일동포 4~5세 중심의 일본적 사고와 생활구조가 내면화 되어있는 반면에 뉴커머들은 여전히 한국적 요소가 강하다. 그렇기 때문에 이들 간에는 지역상인회 활성화 차원에서 단체활동 참여(회비 지출)나 지역사회 발전보다는 개인의 매출이익에 대해 더 관심을 보이며, 주변 환경과 관련된 쓰레기 처리문제 등 문화적 차이로 발생되는 각종 잠재된 갈등이 표면화되고 있는 것으로 나타났다. 그 이유는 올드커머들이 기존의 네트워크 요소가 강하여 일본인과의 지역적 기반이 견고한 반면, 뉴커머들은 아직 지역과의 연대가 약하기 때문이다.

오사카 코리아타운에서 벌어지는 문화축제를 살펴보면 매년 가을에 코리아타운 마쓰리를 개최하고 있다. 원래 이 행사는 다문화 공생 마쓰리(축제)였는데 코리아타운 상인회에 차세대 청년들이 대거 등장하면서 다문화 공생의 의미적인 측면에서 '공생'이라는 용어가 정치적인 색채가 농후하다고 판단하고 한반도에 뿌리를 둔 재일동포들의 폭넓은 참가를 기대하여 '코리아타운 마쓰리'로 개명했다고 한다.

현재 오사카 코리아타운은 크게 서쪽 조합, 중앙 조합, 동쪽조합 등

3개의 조직이 결합된 상인회로 구성되어있으며 코리아타운 마쓰리는 이들 상인회들이 상호 협력하여 해마다 개최하고 있다. 축제 내용은 재일동포와 지역거주 일본인들이 협력하여 주로 민족음악, 무용, 퍼레이드 등으로 구성되어있으며 오사카시 지방자치단체도 지원하고 있다. 이는 오사카시 역시 코리아타운이 관광지로서 지역발전에 기여하기를 기대하고 있기 때문이다.

(3) 이마자토 신지(今里新地)

일본 오사카시 이쿠노구 코리아타운에서 얼마 떨어지지 않은 지역인 히가시나리구에 이마자토 신지가 위치해 있다. 이곳은 한때 뉴커머들을 중심으로 한 풍속업이 유행한 대표적인 환락가이다. 원래 이곳은 해방 이전부터 일본인들에 의해 매춘이나 풍속업이 성행했던 지역으로 1970년대 이후 일본인에서 조선인으로 상권이 바뀌기 시작했다. 2000년대 이후에는 상권의 대부분이 뉴커머 한국인 여성에서 조선족 여성들로 대체되고 있다.

이 지역은 원래 오사카시 히가시나리구(東成区)나 니시나리구(西成区), 고베 나가타구(長田区) 지역과 같이 신발 제조, 플라스틱, 볼트나사, 경금속 등을 중심으로 재일조선인들의 가내수공업이 발달했던 곳으로 이들이 사업으로 돈이 생기면 찾던 곳이 이마자토 신지였다고 한다. 그러나 1995년 고베 대지진을 겪으면서 재일동포들이 주도하고 있던 고베 나가타구 신발공장이 폐업하거나 생산시설을 동남아로 이전하면서 지금은 재일동포 제조업체들 대부분이 쇠퇴한 상태이다. 1995년 고베대지진이 발생하기 전까지만 해도 이마자토 신지는 뉴커머와 중국 조선족들이 중심이 되어 풍속업으로 매우 활발한 상권을 유지하고 있었다. 그러나 고베 지역의 재일동포 중심산업이었던 고무산업이 붕괴되면서 지금은 쇠퇴의 길을 걷고 있다.

〈그림 8-4〉 이마자토 신지 주변
상가

오사카 코리아타운의 역사는 일본 지역사회와 재일동포 사회의 구조변화를 겪으면서 다양한 모습으로 변모해오고 있다. 글로벌시대 오사카 코리아타운은 일본인들이 재일동포의 역사를 배우는 학습장소로도 활용되고 있다. 이곳은 재일동포의 인권문제와 차별문제, 동북아시대 일본인의 아시아지역 이해교육의 장소, 다문화교육, 한글교실, 한국문화 체험교실 등 재일동포들의 살아있는 역사를 체험할 수 있는 학습장소로 탈바꿈하고 있다. 또한 코리아타운은 재일동포들의 인권과 역사 등 다문화교육의 공간으로서 코리아타운의 활성화를 도모하려는 새로운 계기를 맞이하고 있다. 오사카 NGO코리아센터 곽진웅 대표이사에 의하면 "일본 전국에서 매년 인권연수 프로그램에 일본인 학생 1만 명 이상이 참가하고 있다"고 했다. 그러나 한편으로 재일동포들은 마이너리티로서 일본에서 여전히 주택입주, 민족교육, 민족학교의 대우, 국민연금의 가입 등 다양한 차원에서 소수민족 차별에 직면하고 있기도 하다.

4. 코리아타운 에스닉 산업의 특징과 지역성의 변화

1) 주요 상품과 업종의 변화

오사카 코리아타운은 해방 전인 1930년대에는 일본인들이 먹지 않았던 소 꼬리, 뼈, 내장 등을 모아 재일동포들이 노점상을 시작하면서 조선시장이 형성되기 시작하였다. 홍성인 민단 오사카 지방본부 상임고문에 의하면 코리아타운은 "1937년경에는 히라노강 수로개설 공사현장에 수천 명의 조선인노동자들이 모여들었다. 이들 중 조선인 500명 정도가 공사과정에서 희생되었는데 아직까지도 유골조차 수습하지 못하고 있는 실정이다"라고 했다. 그는 당시 하얀 바지저고리를 입고 노동을 했기 때문에 하얀 세탁물이 널려 있던 시기나 추석과 설 명절을 전후하여 1만 명 정도가 코리아타운으로 모여들었다고 추정하였다.

해방 이후 코리아타운에는 설이나 추석 등 명절 때 시루떡, 돼지고기 등 제수용 음식을 장만하기 위해 많은 사람들이 모여들었다. 재일동포들이 제사음식이나 명절음식, 김치 등을 준비하기 위해 오사카 근교에서 이곳으로 많이 몰려들었는데 처음에는 김치가 많아 재일동포의 '김치골목'이라는 성격이 강했다. 주로 제주도 출신자들이 상권을 많이 장악하고 있었으며 이런 이유로 코리아타운 기념문에 새겨진 "보이소. — 사이소.- 오이소"라는 경상도식 표현은 적절하지 않을 수도 있다.

1970년대 코리아타운 조선시장은 부산 자갈치 시장과 자매결연을 했지만 이후 부산 자갈치 시장이 새로 개장되어 크게 번영하면서 자동적으로 코리아타운과의 관계가 멀어졌다. 현재 오사카 코리아타운에서는 김치 등 한국 식재료나 민속품, 한류 상품들을 판매하는 약 83개소의 가게들이 영업을 하고 있다.

코리아타운은 히라노강을 배경으로 동쪽 상점가, 중앙상점가, 서쪽 상점가로 구성되어있다. 동쪽에서 서쪽까지 약 500미터 정도 사이에 상점들이 즐비하게 들어서 있다. 현재 동쪽 상점가와 중앙상점가가 코리아타운의 중심지이고 1993년에는 한국식 코리아타운 기념문이 제작되어 현재 총 4개의 아치문이 설치되어있다.

처음에는 주로 동쪽과 중앙상점가를 중심으로 상권이 형성되어있었으나 최근 서쪽 지역으로까지 상권이 확대되면서 코리아타운의 확대를 위해 상점회에서는 최근 서쪽에도 코리아타운 상징문을 설립하였다. 서쪽 상점가는 미유키모리신사가 자리하고 있으며 그 안에 백제 도래인의 역사적인 기념비로서 이쿠노구 히라노강을 바라보면서 노래했던 왕인 박사의 노래비가 코리아타운 한인 상인들에 의해 2009년 10월에 건립되었다.

오사카 코리아타운은 해방 이전부터 형성되기 시작하여 타운의 역사가 오래된 만큼 각종 상인회가 형성되어있고 이들 단체들이 중심이 되어 지역민이나 방문객들을 위한 각종 정보지를 발행하고 있다. 이들 정보지들은 이쿠노구 코리아타운의 생활정보, 취업정보, 한국이나 일본 관광객을 위한 여행정보, 일본인을 위한 한인 타운 및 한류정보 등을 게재하고 있어 한인 상가 및 한국인을 대상으로 하는 실태파악을 위한 중요한 자료를 제공하고 있다.

이 장에서는 2014년 2월 현지조사를 통해 코리아타운 상가의 분포와 실태를 확인하고 입수된 '코리아타운 하이라이트 맵'(KOREATOWN HIGHLIGHT MAP)에 실린 정보를 분석하여 이쿠노구 코리아타운에 입주하고 있는 한인 상가의 실태분석을 시도하였다. 타운정보에 실린 자료의 분석결과 코리아타운에서 영업을 하고 있는 업체는 총 154개로 파악되었다. 현지 실태조사를 통해 이들 업체들의 위치를 지도상에서 직접 확인하였다.

〈표 8-4〉 오사카 코리아타운 업종별 한인업체 현황(2014년 2월 기준)[7]

업종별 구분		전체 점포 수(%)	일본인 가게 및 폐업 점포 수(%)
대분류	소분류		
식당음식업	한국요리, 야끼니쿠	7(4.5)	8.3
	다방, 커피숍	4(2.6)	4.8
오락 문화산업	한류숍, CD/DVD, 선물가게	4(2.6)	4.8
도소매업	한국 식재료, 김치	23(14.9)	27.7
	정육, 돼지고기, 내장 재료	19(12.3)	22.9
	한국 식재료, 건어물, 해산물	10(6.5)	12.1
	한국 떡 전문점	2(1.3)	2.4
	청과물	3(1.9)	3.6
	민족의상(한복), 이불	3(1.9)	3.6
	의류, 양복점	8(5.2)	9.6
기타 업종	기타	71(46.1)	83(100)
합계		154(100)	

주: 기타업종에는 일본인 가게와 폐업 점포를 포함.

위의 〈표 8-4〉의 자료는 업체현황을 파악하여 그 결과를 업종별로 정리한 것이다. 코리아타운 한인업체의 업종별 구성을 살펴보면 한국

---

7   코리아타운 사무국이 발행하고 있는 "KOREATOWN HIGHLIGHT MAP" 자료를 참고로 필자가 작성하였음.

식재료나 김치를 판매하는 도소매업이 23개 점포로 가장 높은 비율 (14.9%)을 차지하였다. 다음으로 돼지고기나 쇠고기를 판매하는 정육점 (소나 돼지의 내장 포함)이 19개로 전체의 12.3%, 건어물이나 해산물을 중심으로 한 한국 식재료를 취급하는 상점이 10개로 전체의 6.5%를 차지하였다. 따라서 코리아타운 상점가는 지역주민들과 재일동포들이 한국요리를 만들기 위해 필요한 식재료나 행사 때 사용하는 생활용품들을 판매하고 있다고 볼 수 있다.

분석결과를 종합해보면 오사카 코리아타운 한인업체의 33.7%가 김치나 정육, 한국 식재료나 음식 관련 서비스 업종들이다. 그러나 2000년대 한류 초기에 존재하지 않았던 한류숍(화장품 포함)이 2000년대 후반에 들어서면서 4개 점포가 한류상품을 판매하고 있는 것으로 나타났다. 그밖에도 코리아타운 내에는 한국요리, 커피숍, 청과물, 한복, 양품점, 한류숍 등 에스닉 상품을 판매하는 관련 업체가 약 22%에 달했다.

2) 올드커머와 뉴커머 간의 갈등

코리아타운 내 다양한 민족들이 등장하면서 이들 간의 갈등도 많아지고 있다. 타운 내 상가를 점유하고 있는 사람들 대부분은 일본인, 올드커머, 뉴커머들로 이들 간의 갈등문제는 크게 세 가지로 요약된다. 첫째, 일본인 경영자가 감소하고 재일동포 경영자들이 증가하면서 상점가 임원들도 재일동포들로 교체되고 있기 때문에 이곳에서 일본인들의 힘이 상대적으로 약화되거나 쫓겨나고 있다는 위기의식이 고조되고 있다. 둘째, 재일동포들 중에 올드커머와 뉴커머 간의 의사소통 부재의 문제가 있다. 먼저 정착한 올드커머들은 뉴커머들도 축제와 같은 상점가의 단체활동에 적극적으로 참여하기를 바라지만 전혀 참여하지 않거나 비협조적인 경우가 많다는 점이다. 셋째, 재일동포의 일본 적응 정도에 따른 영업방식이나 스타일의 차이에서 오는 갈등이다. 올드커머들은 상점가의 번영이나 단체활동에도 참여하지만 뉴커머들은 오직 자본형성(돈벌이)에만 열심이라는 것이다.

오사카 코리아타운에서 상인회 부회장으로 활동하고 있는 재일동포 3세인 요시모토(良元現雄) 씨에 따르면 "코리아타운에서는 전체적으로 현재 약 100개의 점포가 영업을 하고 있다. 이들 중 김치를 취급하는 점포가 40% 정도 된다. 나머지 한류상품이나 한국기념품을 판매하는 한류숍이 10%, 정육점이 10%, 기타 음식점이 40% 정도를 차지하고 있다. 뉴커머들은 돈이 될 만한 장사라면 어떤 것이든 모방하는 성향이 있기 때문에 경쟁이 치열해지고 있다. 최근 한류숍 장사가 조금 잘 되는 듯하자 여기저기에 한류숍이 등장하고 있다.

코리아타운 내에서는 원래 다문화 공생 마쓰리라는 대규모 축제를 개최해왔는데 10회째 때 중지하고 이를 코리아타운 마쓰리로 개명하여 올해 2회째를 맞이하고 있다. 매년 11월 둘째 주에 재일동포 민요가수와 전통악기를 동원하여 성대하게 개최하고 있다. 다문화 공생 마쓰리에서 코리아타운 마쓰리로 개명한 이유는 글로벌시대에 공생이라는 말은 공산당의 공과 뜻이 비슷하여 오해의 소지가 있기 때문이며 모든 임원들이 찬성하여 개명하게 되었다고 한다.

코리아타운 내 한류숍에는 한국화장품 가게들이 많이 들어서 있고 쓰루하시 국제시장에는 가방이나 의류를 취급하는 상점들이 많다. 코리아타운에서 약간 떨어진 이마자토 신지 지역에는 대부분 주점과 풍속업 가게들이 들어서 있다. 현재 재일동포 사회의 고령화와 후계자 부재 문제로 코리아타운 내 상점들도 어려움에 처해 있다. 재일동포 1세들이 경영하는 상점의 경우 재일동포 3~4세로 대체되고 있으며 일본인들의 경우 이곳에 거주하지 않거나 후계자가 없어 가게를 떠나는 일이 많이 발생하고 있다"고 했다.

코리아타운 내 일본인 상권의 축소는 한인 상가의 확대를 의미하지만 빈 공간에 뉴커머들이 들어오게 되면서 또 다른 문제들이 발생하고 있다고 한다. 간사이(関西) 한국인연합회 이형배 한인회장은 "코리아타운 내 조선시장은 올드커머들이 60%를 차지하고 있으며 주로 재일동포 3~4세들이 상가를 계승하고 있다. 그들은 이미 일본사회에 동화되어 일본인과 유사한 영업스타일을 가지고 있다. 그들은 대개 저녁 6시가 되면 가게 문을 닫고 영업을 더 이상 하지 않는다. 이와는 반대로 쓰루하시 국제시장은 뉴커머들이 60% 정도로 더 많다. 올드커머와 뉴커머의 영업시간이나 장사방식, 상인회 단체 가입이나 참가 정도가 다르기 때문에 종종 트러블이 발생한다"고 했다.

이마자토 신지의 경우 10년 전까지만 해도 한인 상가의 주인이나 종업원들이 대부분 한국인이었으나 한국 원화 절상과 고임금 등으로 서비스분야의 취업을 위해 도일하는 한국인 여성들이 급감하였으며 중국 국적의 조선족들이 상당수 거주하고 있다. 이 지역에서 중국 조선족 수가 급증하였고 이들을 대상으로 하는 중국인 또는 조선족 상가가 나타나기 시작하였다. 유흥업소에 종사하는 여성들도 과거에는 대부분 한국인이었지만 최근에는 중국 조선족 여성들로 대체되면서 이들이 상점가의 주요 고객으로 부상하고 있다.

3) 공간적 확대와 문화영토의 확장

코리아타운 내 거주하는 재일동포 사회는 동포세대 간의 단절, 일본인과의 주류와 비주류라는 커뮤니티 간의 소통 부재, 올드커머와 뉴커머 간의 갈등 등으로 다양한 문제에 직면하고 있다. 특히 가장 큰 갈등은 한인 상권의 공간적 확대로 인해 점차 일본인 상권이 축소되면서 기인하는 문제들이다. 과거 코리아타운은 동쪽 상점가와 중앙상점가를 중심으로 형성되었지만, 지금은 서쪽 지역으로까지 상점가의 공간이 확대되면서 한인 상가들의 입점도 증가하여 한인 상가의 분포지역이 점차 확산되고 있음을 현지조사를 통해 확인할 수 있었다.

과거 조선시장이라는 이미지가 강했던 코리아타운은 한류의 영향으로 1990년대 이후 주요 고객층이 일본인들로까지 확대되었다. 일본인들의 수요 급증은 한국 음식점뿐만 아니라 한류숍, 한국 식재료 등의 상점 증가로 이어졌고 자영업 수준의 한인 상가도 대형화, 또는 기업화되고 있는 실정이다. 그 대표적인 기업이 코리아타운 일대에서 영업을 하는 '덕산물산'이라 할 수 있다. 또한 한국 관광객의 증가로 숙박업소, 음식점, 여행사 등의 매출액도 크게 증가하였다.

코리아타운은 과거 조선시장이라는 부정적인 이미지에서 '한류'라는 새로운 문화코드를 수용하여 재생산하고 있다. 일본사회에서 한국 문화에 의해 코리아타운이 긍정적인 이미지로 지역성이 변화해가고 있는 것이다. 과거와는 달리 일본인들로 채워진 활기찬 거리 모습만 보아도 쉽게 짐작할 수 있다. 주말에는 일본 전국에서 단체로 코리아타운을 방문하는 일본인들이 거리를 메우고 있다.

　오사카 코리아타운의 한인 상권은 재일동포들을 위한 비즈니스 중심에서 한류나 한국음식을 중심으로 하는 관광지로서 그 기능도 달라지고 있다. 주요 고객들도 점차 재일동포들이 아니라 일본인들로 바뀌고 있는 것이다. 코리아타운의 이러한 변화는 지역의 이미지를 제고시켜 한류의 거리로 많은 일본인들이 방문하면서 한인 상가의 매출은 크게 증대되었으나, 반대로 일본인 상가의 매출이 감소하면서 폐업하는 일본인 상가가 속출하는 부작용도 있다. 이러한 코리아타운의 지역적인 변화에 대응하여 일본인 상가의 활성화를 위한 자구책이 절실한 상황이지만 아직까지 별다른 대응책이 제시되지 못하고 있는 실정이다.

　과거 오사카 코리아타운은 조선시장으로서 슬럼가나 다름없는 게토화된 낙후지역이었다. 최근 한류라는 외적 요인에 의해 기존의 한인 상권이 급속히 팽창하면서 지역사회도 변화를 거듭하고 있다. 코리아타운이 공간적 확대는 물론이고 한류 붐으로 인한 문화영토의 확장에 의해 관광지화 되거나 한류의 메카로 성장하고 있다. 그러나 코리아타운의 정체성이 재일동포들의 커뮤니티 공간의 역할보다는 단순히 한류 상품을 판매하는 비즈니스 장소로 전환될 수도 있다는 우려도 있다.

　오사카 코리아타운을 중심으로 형성된 코리아타운 일대의 상권 확대는 한인 커뮤니티의 성장과 지역경제 활성화에도 기여하는 바가 크다. 코리아타운은 과거 재일조선인 노동자들이 모여들면서 외적 요인에 의해 코리아타운화되었지만 점차 내부에 형성된 자영업자들의 대규모의 경제로 한인 상권이 형성되어 타운화되어온 측면이 있다. 그러나 코리아타운 한인 상권의 대부분이 여전히 자영업자 수준의 음식업이나 식재료 등 서비스업에 집중되어있기 때문에 향후 코리아타운에 거주하는 재일동포들의 경제적인 성공과 정착을 이루기 위해서는 타운 발전을 위한 장기적인 비전이나 계획이 수립되어야 할 것으로 생각된다. 현지조사에 따르면 코리아타운의 활성화를 도모하기 위하여 쓰루하시역과 미유키도오리 코리아타운을 연결하는 방안을 검토하는 등 다양한 활성화 방안들이 제시되고 있지만 아직까지 구체적인 실행계획은 없는 것으로 알려지고 있다.

5. 결론 및 시사점

이 연구의 목적은 일본 오사카 지역 코리아타운을 중심으로 한인 커뮤니티의 형성과 성장과정, 지리적 분포, 인구통계학적 특성, 경제적 적응과정, 글로벌시대 다문화 공생과 타 민족과의 관계 및 이민세대의 변용 등에 대하여 고찰하는 데 있었다. 특히 오사카 지역에서도 한인들이 가장 밀집되어있는 대표적인 지역으로 이쿠노구 쓰루하시(生野区鶴橋)와 미유키도오리 코리아타운(御幸通りコリアタウン), 히가시나리구(東成区)의 이마자토 신지(今里新地)를 중심으로 한인 커뮤니티의 형성과정과 변용에 대하여 조사하였다. 연구방법으로는 선행연구 검토, 오사카 지역 코리아타운 현지참여관찰 조사 및 인터뷰 조사자료, 그리고 현지에서 수집된 각종 정보지 자료를 활용하여 분석하였다.

연구결과, 오사카 지역 한인 커뮤니티는 인종적 · 지리적 · 세대적 특성에 따라 경제적 적응, 동족관계 및 타 민족 관계에서 확연한 차이를 보이고 있는 것으로 나타났다. 쓰루하시는 1945년 전쟁 이후 일본인, 중국인(대만 출신), 재일조선인들이 모여 가방이나 의류 등 잡화류를 판매하는 국제시장으로 발전되어왔다. 올드커머 중심인 미유키도오리 코리아타운은 재일조선인 제사음식과 김치시장을 중심으로 형성되었으며 2000년 한류 붐 이후에는 뉴커머들이 한류숍과 화장품 상점을 중심으로 번성하였다. 이마자토 신지는 1960년대 이후 일본인들에 의한 매춘업이 성행한 지역으로, 1980년대 이후에는 한때 뉴커머 한국인들이 진출하여 활기가 넘쳤지만 2000년대 이후에는 중국 조선족 여성들의 풍속업 진출이 활발한 지역으로, 지금은 쇠퇴의 길을 걷고 있다.

연구결과, 오사카 지역 한인 커뮤니티는 민족구성, 경제적 적응, 세대구성, 동족 및 타 민족과의 관계적 특성에 따라 생성과 소멸, 재영토화와 탈영토화, 정착과 갈등양상이 반복되고 있는 것으로 나타났다.

구체적으로 면담조사 결과, 코리아타운 상점가의 최근의 변화를 살펴보면 "새로운 가게들이 속속 등장하고 있다. 한류 붐에 힘입어 한류숍이 증가하고 있으며 가게의 변화가 빠르다. 장사 목적도 중요하지만 한일 간, 거주자 간 교류도 중시한다. 후계자 문제로 일본인 자영업자들이 줄어 가게가 빈 곳이 많고 그곳에 뉴커머 자영업자들이 증가하고 있다. 새로운 자영업자들의 증가는 상점가의 번영을 위해 중요하지만 단결이나 상호 협력에 방해가 되고 있다(코리아타운에서 일본인들이 사라진다). 코리아타운은 조선시장이라는 시장 감각에서 벗어나지 못하고 있으며 아침에 빨리 개점하고 이른 저녁시간에 폐점하기 때문에 방문하는 관광객들이 충분히 즐길 수 있는 시설이나 방문객의 시선을 끌 만한 특별한 노점상이 별로 없다."

이 연구의 결과를 요약하면 다음과 같다.

첫째, 오사카 지역 코리아타운에 거주하는 재일동포의 인구 구성의 변화는 여전히 경상도, 제주도, 전라도 지역이 높은 비중을 차지하고 있었지만 점차 다양화되고 있는 것으로 나타났다. 그러나 민족구성적인 측면에서 오사카 코리아타운은 일본인과 재일동포들이 대부분으로, 전 세계 170여 개 인종이 혼재하고 있는 신오쿠보 코리아타운과는 판이하게 다른 인종구조를 보이고 있다.

둘째, 오사카 지역의 대표적인 한인 커뮤니티는 쓰루하시 국제시장, 미유키도오리 코리아타운, 이마자토 신지 등이라 할 수 있다. 쓰루하시 국제시장은 1910년대 이후 한국으로부터 수입된 의류나 액세서리, 미유키도오리 코리아타운은 1960년대 이후 재일동포들의 제수음식 시장, 이마자토 신지는 1980년대 이후 풍속업이 발달된 지역적 특성을 지니고 있다.

셋째, 코리아타운에서의 취급상품 및 업종의 변화는 과거 한국 식재료나 돼지고기에서 최근에는 한류 영향으로 점차 한류숍이나 화장품 (코스메) 등을 취급하는 가게들이 증가하고 있다.

넷째, 코리아타운은 재일동포 세대 변화, 일본인 자영업자의 고령화와 폐업 증가, 뉴커머의 진출로 내부의 영업방식이나 지역사회단체 활동에 많은 변화를 예고하고 있다.

다섯째, 코리아타운은 1993년 동쪽 상점가와 중앙상점가를 중심으로 형성되었으나 최근 서쪽 지역으로 확대되면서 지역의 공간적 확대와 문화영토의 확장이 더욱 분명해지고 있다.

결론적으로 글로벌시대 오사카 코리아타운은 인구 구성, 세대 변화, 업종 변화, 지역성의 변화, 공간적 확대 등을 경험하고 있지만 과거와 같은 민족적 색채가 짙은 조선시장으로서의 정체성은 점차 퇴색되고 있다. 따라서 향후 코리아타운은 가와사키 코리아타운과 같은 코리아타운의 그림자만 남은 시장의 모습으로 변모될 가능성이 높다.

현재 오사카 지역 코리아타운은 인구 구성과 지역적 변화, 시장상품의 변화, 현지 거주민 및 올드커머와 뉴커머를 둘러싼 갈등 등 다양한 문제에 직면하고 있어 이를 중재하고 조정할 수 있는 새로운 세력의 등장이 절실하다. 오사카 코리아타운이 현재 정체성의 위기를 극복하고 과거 마이너리티 타운의 문화정체성을 회복하여 한국문화의 발신지로서 더욱 발전되기를 기대한다. 향후 연구에서는 코리아타운으로서의 과거의 정체성 분석과 현재 정체성 회복의 구체적인 증거들을 수집하고 분석하는 연구들을 계속해서 진행할 것이다.

참고문헌

고정자 · 손미경. 2010. "한국문화 발신지로서의 오사카 이쿠노쿠 코리아타운". 『글로벌문화 콘텐츠』 제5호.

김현선. 2011. "재일 밀집지역과 축제, 아이덴티티: 오사카 '통일마당 이쿠노'를 중심으로". 『국제지역연구』 20(1).

문재원 · 박수경. 2011. "'이카이노(猪飼野)'의 재현을 통해 본 재일코리안 디아스포라 공간의 로컬리티". 『로컬리티 인문학』 5.

선봉규. 2010. "디아스포라 이주와 재영토화" 『한국동북아논총』 60.

손미경. 2013. "문화플랫폼으로서 도쿄·오사카 코리아타운". 한국외국어대학교 박사학위논문.

안미정. 2010. "국경이 놓인 오사카 재일한인 여성의 가족과 친족". 『지방사와 지방문화』 20(2).

유연숙. 2011. "동경의 코리아타운과 한류: 오쿠보지역을 중심으로". 『재외한인연구』 25.

이상봉. 2010. "디아스포라와 로컬리티 연구". 『한일민족문제연구』, 120-128쪽.

이호상. 2011. "에스닉커뮤니티 성장에 따른 지역사회의 변화". 『한국도시지리학회지』 14(2).

이희숙. 2003. "재일 한인 축제를 통해서 본 장소의 정치". 『한국지역지리학회지』 9(3).

임승연. 2010. 『재일 한인타운의 사회-공간적 재구성과 정체성의 정치: 오사카 이쿠노쿠를 사례로』. 이화여자대학교 석사학위논문, 55-59쪽.

임승연 외. 2011. "오사카 한인타운의 장소성과 재일한인 정체성의 관계적 특성 연구". 『로컬리티 인문학』 5: 119.

임영상. 2013. "코리아타운과 한류, 한국문화원". 『역사문화연구』 48.

임영언. 2012. "도쿄(東京) 코리아타운 한류(韓流)확산과 영향에 관한 연구". 『지역개발연구』 44(1).

장윤수. 2004. "재일한인 집거지역 사회적 실태조사". 『한국동북아논총』 31.

정진성. 2011. "재일한국인 뉴커머 형성과정과 집주지역의 특징". 『사회와 사상』 90.

조현미. 1998. "재일한국 · 조선인의 집주화 과정과 현황: 가나가와 현을 사례로". 『일본어문학』 6.

_____. 2007. "재일한인 중소규모 자영업자의 직업과 민족 간의 유대관계: 오사카 이쿠노구를 사례로". 대한지리학회지, 42(4).

지충남. 2013. "재일한인 디아스포라 이주와 집거지 형성 비교 연구: 올드커머와 뉴커머를 중심으로". 『대한정치학회보』.

飯田剛史. 2002. 『在日コリアンの宗教と祭り: 民族と宗敎の社會學』. 京都: 世界思想社.

金贊汀. 1997. 『在日コリアン百年史』. 東京: 三五館.

康熙奉. 2001. 『日本のコリアン・ワールドが面白いほどわかる本』. 東京: 樂書館.

高贊侑. 1996. 『國際化時代の民族教育』. 大阪: 東方出版.

尹健次. 1992. 『在日を生きるとは』. 東京: 岩波書店.

谷富夫. 1995. "在日韓國・朝鮮人社會の現在: 地域社會に焦点をあてて". 駒井洋編 『定住化する外國人: 講座外國人定住問題第2卷』. 東京: 明石書店.

野村進. 1997. 『コリアン世界の旅』. 東京: 講談社.

森田芳夫. 1996. 『數字が語る在日韓國・朝鮮人の歷史』. 東京: 明石書店.

原尻英樹. 1997. 『日本定住コリアンの日常と生活: 文化人類學的アプローチ』. 東京: 明石書店.

原尻英樹. 1989. 『在日韓國人の生活世界』. 東京: 弘文堂.

樋口雄一. 2002. 『日本の朝鮮・韓國人』. 東京: 同成社.

福岡安則・金明秀. 1997. 『在日韓國人靑年の生活と意識』. 東京: 明石書店.

福岡安則. 1998. 『在日韓國・朝鮮人』. 東京: 中央公論社.

찾아보기

저자 소개

김광정 shinkim45@yahoo.com

웨스턴일리노이 주립대학 교수. 인디아나 주립대학 사회학 박사. 주요 논저로는 *Korean Immigrants in America* (공편), *Koreans in the Hood* (편저), *Korean American and Their Religion* (공편), *Koreans in the Windy City* (공편) 등 다수가 있다.

민병갑 pyonggap.min@qc.cuny.edu

퀸즈칼리지 사회학과 석좌교수. Research Center for Korean Community 소장. 조지아주립대학교 사회학 박사. 주요 논저로는 *Preserving Ethnicity through Religion in America*, *Korean Protestants and Indian Hindus in New York City*, *Solidarity for Economic Survival*, *Changes and Conflicts*, *Caught in the Middle* 등 다수가 있다.

신지연 shin@humgeo.c.u-tokyo.ac.jp

도쿄대학 총합문화연구과 광역과학전공(인문지리학교실) 박사과정. 주요 논저로는 『낯선 곳에 사는 사람들: 한국의 이주자와 한인디아스포라』(공저) 등이 있다.

윤인진 yoonin@korea.ac.kr

고려대학교 사회학과 교수. 미국 시카고대학교 사회학 박사. 미국 캘리포니아대학교 산타바바라 캠퍼스 아시안 아메리칸학과 조교수. 재외한인학회, 북한이탈주민학회 회장, 한국이민학회 부회장, 고려대 아세아문제연구소 부소장. 주요 논저로는 *On My Own: Korean*

Businesses and Race Relations, The Korean Diaspora: A Sourcebook (공편), 『코리안 디아스포라』, 『북한 이주민』, 『동북아시아의 국제이주와 다문화주의』, 『세계의 한인이주사』, 『한국인의 정체성: 변화와 연속, 2005-2015』(공편), 『디아스포라와 초국가주의의 이론과 실태』(편), 『재외동포 사회의 현황과 정책과제』(편) 등이 있다.

임영상 ysyim52@daum.net

한국외국어대학교 사학과 명예교수. 서울대학교 대학원 서양사학과 문학박사. 한국외 국어대학교 역사문화연구소 소장, 및 글로벌문화콘텐츠연구센터 센터장 역임, 인문콘텐츠학 회 회장, 재외한인학회 회장. 주요 논저로는 『코리아타운 사람들』(편저), 『코리아타운과 축 제』(편저), 『코리아타운과 한국문화』(편저), 『역사와 문화콘텐츠』, 『동북의 조선족사회와 조선족문화관』, 『구술사와 문화콘텐츠를 통해 본 고려인』 등이 있다.

임영언 yimye@hanmail.net

전남대학교 세계한상문화연구단 연구교수. 일본 조치대학교(上智大學) 사회학박사를 받았으며, 전남대학교 세계한상문화연구단 연구교수를 거쳐 현재 한남대사회적경제지원단 교수로 재직 중이다. 또한 현재 통일부장관 제21기 통일교육위원, 조선대학교『국제문화연 구』편집위원장, 재외한인학회 총무이사로 활동하고 있다. 주요 연구 분야로는 재일코리안 디아스포라, 일계인디아스포라 등 다문화와 디아스포라문제에 지대한 관심을 가지고 있다. 특히 전 지구적 글로벌화 현상에 따른 사람들의 이동에 의해 형성된 디아스포라타운(일본, 미국, 브라질 등)의 현지조사를 통해 그들이 생산한 기록문화자원의 자료수집과 분석에 주력 하고 있다. 저서로는 『재일코리안 기업가(2006)』, 『글로벌디아스포라와 세계의 한민족 (2014)』(공저), 『재일코리안 기업의 형성과 기업가정신(2015)』, 『일계인디아스포라의 문화 적응과 정착기제(2017)』(공저) 등 다수의 논저가 있다.

이윤경 demianne@korea.ac.kr

고려대학교 한국사회연구소 연구교수, 고려대학교 사회학 박사, 독일튀빙겐대학교 한 국학과 교환교수, 대만 중앙연구원 사회학연구소 방문학자, 미국 뉴욕유엔본부 DESA Population Division 방문연구. 주요 논저로는 『재중한인의 초국가주의: 베이징 왕징코리안 타운 사례연구』 등이 있다.

최금좌 felizchoi@gmail.com

한국외국어대학교 강사. 브라질 상파울루주립대학교(USP) 문학박사. USP 한국학 강사. 한-중남미협회, 한국라틴학회, 한국 포르투갈-브라질학회, 재외한인학회 이사. 주요 논저로는 "Além do Arco-Íris: A Imigração Coreana no Brasil(무지개를 넘어서: 브라질 한국 이민사)"(1991), "O papel da Igreja dentro da comunidade coreana no Brasil(브라질 한인 사회에서의 교회 역할)"(1995), "세계화시대 자유무역과 이민: NAFTA를 중심으로"(2004), "세계화시대 자유무역과 이민: MERCOSUR를 중심으로"(2005), "The Characteristics and Prospect of the Korean Community in Brazil in the Era of Neoliberalism"(2009), "브라질 상파울루市의 코리아타운 '봉헤찌로(Bom Retiro)'"(2011), "브라질 한인사회와 문화정체성"(2012), "2013년 이민 50주년을 맞이한 재브라질 한인사회의 현황과 문제점"(2013), "카니발을 통해 본 브라질 사회와 문화"(2015), "상파울루 코리아타운과 한국문화축제"(2015), "브라질에서의 '한류': 현황과 활성화 방안에 관한 연구"(2015), "세계화시대 인구이동이 경제발전에 끼치는 함의: 재브라질 한인사회를 중심으로"(2016), "브라질의 재외동포 현황과 정책"(2018), 『포르투갈어 회화사전』, 『브라질 한인이민 50년사』, 『브라질 · 포르투갈어 첫걸음(I, II)』, 『브라질 동포사회의 현황과 K-Pop시대 동포 청소년을 위한 한국어교육의 방향』 등이 있다.

한길수 Gil-Soo.Han@monash.edu

호주 모나쉬대학교 커뮤니케이션 미디어학과 교수. 호주 뉴잉글랜드 대학교 사회학 박사. 현재 수행하는 연구과제는 한국학 진흥사업단이 지원하는 한국학 세계화 랩 프로젝트 "세계화에 대한 로컬 에이전시와 국가의 대응: 비교론적, 초국가적, 그리고 디아스포라의 시각에서 보는 한국의 사례"이다(2018-23). 저서로는 *Social Sources of Church Growth: Korean Churches in the Homeland and Overseas, Health and Medicine under Capitalism: Korean Immigrants in Australia, Nouveau-riche Nationalism and Multiculturalism in Korea: A Media Narrative Analysis, Funeral Rites in Contemporary Korea: The Business of Death* 등이 있다.